GOVERNANÇA CORPORATIVA

No Brasil e no mundo

2ª EDIÇÃO

Alexandre Di Miceli da Silveira

Governança Corporativa
no Brasil e no Mundo

Teoria e prática

ELSEVIER

CAMPUS

Copidesque: Jacqueline Paulino
Revisão: Gabriel Pereira
Editoração Eletrônica: Estúdio Castellani

Elsevier Editora Ltda.
Conhecimento sem Fronteiras
Rua Sete de Setembro, 111 – 16º andar
20050-006 – Centro – Rio de Janeiro – RJ – Brasil

Rua Quintana, 753 – 8º andar
04569-011 – Brooklin – São Paulo – SP – Brasil

Serviço de Atendimento ao Cliente
0800-0265340
atendimento1@elsevier.com

ISBN 978-85-352-7938-2
ISBN (versão digital): 978-85-352-7939-9

Nota: Muito zelo e técnica foram empregados na edição desta obra. No entanto, podem ocorrer erros de digitação, impressão ou dúvida conceitual. Em qualquer das hipóteses, solicitamos a comunicação ao nosso Serviço de Atendimento ao Cliente, para que possamos esclarecer ou encaminhar a questão.

Nem a editora nem o autor assumem qualquer responsabilidade por eventuais danos ou perdas a pessoas ou bens, originados do uso desta publicação.

CIP-Brasil. Catalogação na Publicação
Sindicato Nacional dos Editores de Livros, RJ

M588g Silveira, Alexandre Di Miceli da
2. ed. Governança corporativa no Brasil e no mundo: teoria e prática/Alexandre Di Miceli da Silveira. – 2. ed. – Rio de Janeiro: Elsevier, 2015.
28 cm.

ISBN 978-85-352-7938-2

1. Empresas – Finanças. 2. Governança corporativa. I. Título.

15-22032 CDD: 658.15
CDU: 658.15

Apresentação da 2ª edição

Cinco anos se passaram desde a 1ª edição. Os comentários da apresentação que fiz na ocasião continuam válidos, com a ressalva de que certos acontecimentos importantes demoveram o Brasil do papel de destaque que havia conquistado entre os países emergentes para um posto em que é visto com ressalvas, sem que tenha declinado de forma muito acentuada como outras economias às quais costuma ser comparado.

Entre os eventos cruciais ocorridos nesses cinco anos, estão o esgotamento do modelo de crescimento e a estagnação de nossa economia, embora sem realmente entrar em recessão, e crises agudas em alguns dos maiores grupos empresariais brasileiros. Se, por um lado, o investimento estrangeiro nos mercados públicos de títulos arrefeceu, particularmente nas ações negociadas em bolsa, por outro, o país ainda atrai muitos investimentos por meio de vias de cunho privado, como em associações estratégicas, aquisições e fundos de capital de risco. O mercado de títulos da dívida pública e de outros entes controlados pelo Estado continua a atrair a atenção dos grandes investidores internacionais, inibindo, de certa forma, o carreamento de recursos para o mercado de capitais. Os imensos aportes federais nos grandes bancos públicos, que resultaram em financiamentos abundantes, cujo direcionamento não é uma unanimidade, também podem ter contribuído decisivamente para a apatia do mercado de capitais. Esse não é necessariamente um problema novo, mas a escala dos recursos oferecida pelas entidades federais foi incomum. Essa política foi uma resposta do país aos efeitos da crise financeira mundial, embora não caiba aqui discutir se a dose do remédio foi excessiva.

Um agravante para que o Brasil deixasse de ser um favorito entre os emergentes foram as sérias crises em grandes grupos empresariais brasileiros, tanto de controle privado, quanto de controle estatal, que trouxeram para o centro das atenções aspectos como controles internos falhos, erros estratégicos, gestão despótica ou arrogante, os dilemas do controle do Estado e a persistente debilidade dos conselhos de administração. Essas crises, além dos problemas de governança dos próprios investidores institucionais que, por sua vez, também são acionistas de muitos grupos problemáticos, trouxeram questionamentos sobre certas práticas propaladas no país como se fossem dogmas. Contudo, tudo muda e tudo pode ser questionado à luz dos novos fatos. O próprio Novo Mercado, que tanto contribuiu para a percepção de melhora das práticas de governança corporativa no Brasil, deve necessitar de ajustes, pois algumas medidas propostas para sua reformulação, em princípio percebidas como positivas, foram rejeitadas pela maioria das empresas que o constituem. Muitas das empresas com problemas de governança corporativa integram esse segmento do mercado.

Parece que vivemos em um tempo que demanda questionarmos certos conceitos, sermos criativos, reconhecermos o quanto evoluímos, mas sermos realistas sobre para onde e com que rapidez podemos continuar a aprimorar nosso modelo de governança corporativa e nossa atuação como agentes promotores das boas práticas. É assim que certas discussões retornam com vigor, como as virtudes e as limitações do modelo de maximização da riqueza do acionista, o paradigma de "uma ação, um voto", e a consequente demonização da ação preferencial, as responsabilidades do acionista controlador e as questões sempre cruciais a respeito da composição e da atuação do conselho de administração, que ainda tanto frustram os acionistas em geral. O aparentemente dogma da independência do conselheiro, por exemplo, não se livra de questionamentos, pois ficou claro que a independência pode ser mais facilmente relatada ou proclamada em documentos oficiais e exercida entre as quatro paredes da sala de reuniões do conselho de administração. Há, também, a persistente questão dos abusos de poder dos controladores ou grupos majoritários, muitas vezes em empresas listadas no Novo Mercado, o que não é exclusividade do nosso mercado.

As perspectivas um pouco mais difíceis para o País e os desafios encarados pelos acionistas com os fracassos empresariais recentes só reforçam a necessidade de uma obra atualizada e com o fôlego da produzida pelo brilhante Alexandre Di Miceli da Silveira. Essa nova versão contempla as novas dúvidas e as perplexidades que os desafios empresariais sempre colocam diante dos acionistas e da economia em geral com uma perspectiva global e comparada. Este livro nos ajudará a compreender melhor o fenômeno do governo das empresas e nos equipará para lidar de maneira esclarecida e não dogmática com desafios do presente e do futuro.

Ricardo P. Câmara Leal
Professor titular do Coppead/UFRJ

Apresentação da 1ª edição

Até meados da década de 1990, o termo governança corporativa era desconhecido de grande parte dos profissionais, com a exceção provável da academia, de alguns praticantes no âmbito jurídico e de um punhado de profissionais. A partir do final da década, aumentou significativamente o interesse pelo tema que se tornou até algo "da moda". Temos necessidade de abordar o governo das sociedades por ações desde que passamos a tê-las no país, no século XIX, com acionistas que não participavam da gestão diária dos negócios. Muito antes de ser moda, o governo das sociedades sempre foi uma necessidade.

Também foi na década de 1990 que o governo corporativo passou para o centro das atenções das principais economias. No Brasil, debelada a inflação descontrolada, houve o gradual regresso a uma normalidade econômica que permitiu que as empresas voltassem a pensar em prazos mais longos. Ao mesmo tempo, os agentes que financiam as empresas não só consideravam atender à crescente demanda por financiamento de projetos de risco no longo prazo como também passaram a intermediar recursos de investidores que voltaram a incluir investimentos por prazos mais longos em atividades empreendedoras em seu cardápio, abandonando parcial e gradualmente o investimento centrado no financiamento de curto prazo ao governo federal.

O Brasil como um país normal, num primeiro momento, e agora, como uma economia com perspectivas de crescimento mais acelerado, volta a poder oferecer oportunidades diversificadas para financiar a atividade empreendedora de risco. O regramento jurídico mais estável e que oferece cada vez mais segurança aos investidores também tornou-se um fator-chave para que eles almejem correr mais risco, alocando parte de sua poupança para financiar novos empreendimentos. A principal alternativa para financiar empreendimentos arriscados é o capital dos investidores que desejam tornar-se sócios do sucesso do investimento, aceitando níveis razoáveis de risco. O ambiente de país normal no Brasil favoreceu a mudança que tornou sócios das empresas muitos agentes econômicos que antes não consideravam sequer essa possibilidade. Esses investidores vieram de todas as partes do mundo, particularmente dos países mais desenvolvidos, e exigiram encontrar no país práticas das empresas em relação aos sócios que oferecessem níveis de proteção compatíveis aos que desfrutavam em seus países de origem. Além disso, também esperavam que as práticas legais brasileiras, bem como nossas leis, oferecessem um nível de proteção razoável.

Tais eventos conspiraram para que muito fosse feito no Brasil como num processo de bola de neve. Quanto mais se fazia para aprimorar a proteção aos investidores, mais investimento havia, o que motiva o aprofundamento contínuo e incessante do regramento e das práticas das empresas. Para quem estava no mercado financeiro brasileiro do início dos anos 1990, parece inacreditável tudo o que se fez e que aconteceu até hoje. Essa curta história de 20 anos mostra o quanto a estabilidade econômica e das regras do jogo é fundamental para uma melhoria rápida e expressiva do ambiente do mercado de capitais, favorecendo a todos que nele atuam, sejam investidores, financiados, intermediários ou demais prestadores de serviços.

Há muitas instituições que devem ser mencionadas nessa trajetória de sucesso, o que é feito com brilhantismo pelo autor desta obra.

Alexandre Di Miceli da Silveira é um jovem e brilhante pesquisador brasileiro, formado no Brasil e com atuação intensa nos últimos anos tanto no âmbito da pesquisa séria e sem concessões de popularidade, quanto na tentativa incansável de juntar a relevância prática com o rigor, sem deixar de passar para o meio maior dos praticantes do governo corporativo as principais conclusões e incertezas a respeito das práticas das empresas e de seus efeitos concretos.

Este livro reflete muito claramente essa visão. Iniciando onde se deve iniciar, com a teoria, pois nada é mais prático que uma boa teoria que ajude a explicar o que vemos no mundo e a estabelecer relações plausíveis e testáveis de causa e efeito. Esses temas ocupam os cinco primeiros capítulos do livro, em particular se destacando o problema central do governo corporativo que é o distanciamento de alguns ou de todos os sócios da gestão diária da companhia, por força do modo de financiamento e do crescimento do empreendimento, e os conflitos de interesse inerentes a tal distanciamento. Essa primeira parte da obra também se concentra em uma pergunta crucial: afinal, os sócios ficam mais ricos quando adotam melhores práticas de governo corporativo? O autor procura responder a essas questões fazendo o que a maioria das obras nacionais omite, revendo a evidência de melhor qualidade possível que a academia e outros pesquisadores sérios brasileiros procuraram oferecer. Muitas das obras existentes no Brasil passam ao largo dessa parte, seja por desconhecimento de seus autores, seja por conta de uma superficialidade indesejável.

A segunda parte do livro é crucial porque aborda o que é feito no mundo dos praticantes. São revistas práticas no Brasil e no mundo, as recomendações dos principais códigos de boas práticas, bem como casos reais. Contudo, não se pode esquecer que o conselho de administração é o centro de tudo no governo corporativo, o conselho é o principal responsável pelos fracassos, seja por omissão, conluio ou incompetência. O conselho de administração é a alma do governo corporativo. O autor também não se esquece de dedicar um capítulo ao principal tipo de empresa da maioria das economias capitalistas: aquela controlada pelas famílias. As empresas estatais, muito relevantes em nosso país, são igualmente contempladas com um capítulo exclusivo.

Os leitores desta obra terão pela frente um trabalho completo e executado com rigor, que é fruto da dedicação intensa do autor ao tema, seja como pesquisador, docente, palestrante, articulista ou consultor. Os leitores também se beneficiarão de um livro feito com a isenção de um acadêmico sério, a relevância prática de um consultor e o frescor de um jovem com uma visão moderna.

Ricardo P. Câmara Leal
Professor titular do Coppead/UFRJ

Prefácio da 2ª edição

Meus primeiros contatos com a governança corporativa se iniciaram no ano 2000, durante o mestrado em Administração de Empresas. Na ocasião, procurava um tema para minha dissertação que fosse simultaneamente importante para o mercado e para o mundo acadêmico, estimulante intelectualmente e pouco abordado até então.

A governança corporativa parecia se encaixar perfeitamente nesse perfil. No mundo empresarial, o tema começava a aparecer com maior frequência, principalmente devido ao surgimento do Novo Mercado da Bovespa no final de 2000. No mundo acadêmico, apesar de estudos pioneiros na década de 1970 e 1980, as publicações sobre governança ainda eram relativamente escassas e a área ainda estava distante do crescimento exponencial de publicações observado nos anos subsequentes. No Brasil, particularmente, havia escassos artigos e apenas um trabalho acadêmico sobre conselhos de administração. Adicionalmente, o tema se mostrava muito desafiador, exigindo uma abordagem multidisciplinar que englobava as áreas de gestão, economia, finanças, direito, ética empresarial, liderança, psicologia social e contabilidade, entre outros campos do conhecimento. Tratava-se, portanto, de um tema complexo e com enorme potencial para desenvolvimento. Foi uma escolha lógica cujo afeto se desenvolveu ao longo dos anos em decorrência da riqueza e das nuances do tema.

Meu período de dedicação integral à governança, portanto, coincide com os anos no qual o tema se tornou central para o mundo dos negócios no Brasil. Particularmente, os anos pós-crise financeira de 2008 reforçaram a importância do bom governo das empresas.

No exterior, problemas de governança incluindo ausência de transparência, sistemas de remuneração inadequados e deficiências na gestão dos riscos foram identificados como elementos centrais para o colapso de instituições financeiras de grande porte que levaram à crise global e a impactos negativos na vida de praticamente todas as pessoas.

No Brasil, sofremos grandes prejuízos decorrentes de falhas de governança em empresas tradicionais, como Sadia e Aracruz, e em diversas companhias recém-listadas na bolsa de valores – como as empresas do grupo X e o banco Panamericano.

Mais recentemente, observamos atônitos os problemas colossais de governança na Petrobras e nas empreiteiras privadas que atuavam como suas prestadoras de serviços, deixando claros os enormes impactos econômicos e sociais que a ausência de um bom governo de nossas organizações pode acarretar.

Tendo em vista que o movimento da governança tem um objetivo maior de fazer com que as companhias sejam transparentes, meritocráticas e sustentáveis a fim de contribuírem para uma sociedade melhor, esses episódios têm levado a uma revisão completa do tema atualmente.

Em conjunto com a enorme geração de novos conhecimentos no campo científico e com as mudanças em minha perspectiva pessoal em relação ao tema nos últimos anos, esses foram os principais fatores que levaram a uma nova edição – completamente revisada e modificada – desta obra cinco anos após seu lançamento.

Prefácio da 2ª edição

Mudanças da 2ª edição

Não seria exagero afirmar que a nova edição constitui um livro praticamente original em relação à 1ª edição, de 2010. Praticamente todo o texto foi reescrito, tanto no aspecto estético, a fim de torná-lo mais fluido e agradável, quanto no conteúdo, com a inserção de novos materiais. Capítulos novos foram incluídos, enquanto outros considerados menos relevantes foram reorganizados, fundidos ou mesmo eliminados.

Especificamente, foram criados cinco capítulos integralmente novos:

- Capítulo 2, "Histórico da Governança Corporativa", que apresenta a evolução completa do tema e os principais marcos do movimento da governança desde o surgimento da sociedade por ações no início do século XVII até os dias atuais;

- Capítulo 3, "No Interesse de quem as Companhias Devem ser Dirigidas?", que discute a importância da definição do propósito das empresas para orientar a atuação dos administradores, bem como identifica os riscos do foco excessivo na maximização do valor para os acionistas;

- Capítulo 5, "A Abordagem Comportamental para a Governança Corporativa", que apresenta de maneira original uma nova perspectiva para a governança baseada em centenas de estudos recentes nos campos da psicologia social e neurociência;

- Capítulo 7, "Principais Órgãos de um Bom Modelo de Governança Corporativa", que detalha, do ponto de vista aplicado aos principais órgãos, as políticas e práticas a serem seguidas pelas empresas para estruturar um bom sistema de governança; e

- Capítulo 8, "A Importância das Áreas de Controle para a Governança Corporativa", que descreve, sob uma perspectiva prática, como implantar de forma efetiva um ambiente que proporcione bons controles internos, gerenciamento dos riscos e *compliance* nas organizações.

Outros capítulos foram substancialmente ampliados. O Capítulo 4 "Teorias de Governança Corporativa", por exemplo, apresenta agora diversas teorias alternativas para o tema, indo além da primazia da teoria da representação (*agency theory*), que havia sido objeto único na edição anterior. O Capítulo 9 "Governança Corporativa no Mundo", por sua vez, mostra um comparativo mais claro entre os diferentes modelos de governança existentes no mundo, bem como passou a incluir uma seção sobre os países nórdicos. O Capítulo 10 "Governança Corporativa no Brasil", por sua vez, foi ampliado de forma a contemplar questões como o papel dos investidores institucionais, a importância da diversidade de gênero na alta gestão e a questão das contribuições políticas em nosso país.

Organização do texto

Embora se tenha procurado integrar teoria e prática em todos os capítulos, a nova edição continua a poder ser dividida em duas partes: uma mais conceitual (capítulos 1 a 6) e outra mais aplicada (capítulos 7 a 11).

O Capítulo 1 apresenta os conceitos fundamentais sobre a governança corporativa. O texto discute porque o tema se tornou tão importante em todo o mundo nas últimas décadas e quais os potenciais benefícios e custos das práticas de governança para as companhias. Discute também os potenciais impactos macroeconômicos da boa governança para o desenvolvimento dos mercados e, consequentemente, dos países. Por fim, apresenta os principais mecanismos de governança adotados pelas empresas e discute o papel dos investidores institucionais para a evolução do tema.

O Capítulo 2 descreve a evolução histórica da governança corporativa desde seus primórdios – o surgimento da Companhia Holandesa das Índias Orientais no século XVII, as bolhas acionárias na França e na Inglaterra no século XVIII, o nascimento da moderna sociedade por ações no século XIX e a ascensão da grande companhia moderna com a separação plena entre propriedade e controle no início do século XX – até os dias atuais. O capítulo apresenta os principais marcos do movimento da *corporate governance* iniciado nos Estados Unidos na década de 1980, incluindo seu pano de fundo ideológico, a abordagem do "valor para o acionista", o ativismo institucional e os documentos pioneiros sobre o tema como o código *Cadbury*.

O Capítulo 3 discute uma questão-chave para a governança corporativa: o propósito das companhias e da atuação dos administradores que as representam. Duas visões sobre esse debate clássico são apresentadas: a busca pela maximização da riqueza dos acionistas e a procura pelo melhor interesse de longo prazo da organização, o qual contempla todas as suas partes interessadas e a sociedade. O capítulo apresenta ainda questões recentes do movimento da governança, como as críticas ao foco excessivo no *shareholder value* e os temas da responsabilidade social e da sustentabilidade.

O Capítulo 4 apresenta as principais teorias acadêmicas para a governança corporativa. O texto discorre inicialmente sobre a teoria da representação (*agency theory*), principal abordagem tradicionalmente associada ao tema. Na sequência, são abordadas outras perspectivas sobre o tema, como a teoria dos stakeholders, a teoria da custódia (*stewardship theory*) e a teoria da dependência de recursos. Todas as teorias são discutidas de modo crítico, procurando-se destacar seus aspectos positivos e fragilidades.

O Capítulo 5 oferece uma nova perspectiva para a governança corporativa que emergiu nos últimos anos com base em centenas de trabalhos nas áreas da psicologia social e neurociência. Denominada de abordagem comportamental, essa perspectiva visa compreender os fatores humanos associados à qualidade da tomada de decisões e ao interesse das pessoas em agir (ou não) de acordo com as regras organizacionais e sociais. Questões como vieses cognitivos, técnicas decisórias para melhorar as decisões individuais e coletivas e fatores que ativam a consciência das pessoas são apresentadas, a fim de criar um ambiente no qual as pessoas desejem voluntariamente cumprir as regras e decidir no melhor interesse comum.

O Capitulo 6 discute a relação entre governança e criação (ou destruição) de valor. São apresentados os resultados de dezenas de estudos que mostram, por um lado, como a adoção de boas práticas de governança pode levar a melhorias relevantes no valor das companhias e a um melhor desempenho empresarial ao longo do tempo. Por outro lado, são apresentados os principais fatores associados à governança cuja ausência tende a levar a escândalos e colapsos corporativos, ocasionando destruição substancial de valor para acionistas e stakeholders.

O Capítulo 7 inicia a seção "aplicada" do livro, descrevendo os principais elementos que compõem um bom sistema de governança. São apresentados, de modo conciso e objetivo, o papel e o funcionamento esperado de órgãos como o conselho de administração, os comitês do conselho, a diretoria executiva, os comitês de gestão, o conselho fiscal e a secretaria de governança. O texto discute ainda o papel de personagens-chave para a boa governança, como o presidente do conselho, o diretor-presidente e os conselheiros independentes.

O Capítulo 8 complementa os elementos que compõem um bom sistema de governança, dessa vez com foco nas áreas de controle. Além de enfatizar a importância dessas áreas, o texto descreve as formas de implantação dos controles internos, gestão de riscos e atividades de *compliance*. Ao final, discutem-se ainda as responsabilidades legais dos administradores e os principais passivos aos quais podem estar sujeitos ao exercerem seus cargos, algo de ciência obrigatória para todos os executivos.

O Capítulo 9 descreve os modelos de governança presentes nos principais mercados mundiais, incluindo os dos Estados Unidos, no Reino Unido, da Alemanha, da França, dos países nórdicos e no Japão. Além de discutir a governança em cada um desses países com detalhes, o texto os compara nos aspectos relativos à concentração acionária, conselho de administração, informações prestadas, direitos aos acionistas e regulação *vs.* autorregulação, entre outros.

O Capítulo 10 tem como foco a governança no Brasil. O texto descreve o histórico da governança em nosso país, incluindo os principais marcos. Apresenta o "modelo de governança brasileiro", descrevendo como as pressões por melhores práticas de governança têm afetado este modelo e os principais indicadores de governança de nossas companhias abertas atualmente. Ademais, três temas-chave de governança em nosso país são discutidos separadamente: o papel dos investidores institucionais, como fundos de pensão e fundos de investimento; a importância do fomento à diversidade de gênero na alta gestão; e a questão das contribuições políticas nas delicadas relações entre empresas e Estado.

O Capítulo 11, por sua vez, conclui o livro descrevendo como as diferentes formas de controle acionário levam a riscos e desafios específicos de governança. Maior ênfase é dada às empresas familiares e estatais, tendo em vista sua predominância e o impacto social em nosso país. Além de detalhar as práticas recomendadas para essas empresas, o capítulo também discorre sobre as peculiaridades das companhias de controle compartilhado, pulverizado e estrangeiro, como as multinacionais.

Este livro, portanto, apresenta uma visão completa sobre o tema sob as perspectivas conceitual e aplicada, procurando suprir uma lacuna existente na literatura nacional.

Ao fim da leitura, meu interesse é que você conclua que a governança corporativa – quando abordada em sua essência – é um tema muito estimulante e que deve ser objeto de reflexão por todas as pessoas ligadas ao ambiente empresarial.

É sempre importante destacar que, ao aprimorar a governança de nossas organizações empresariais, você contribuirá para um país mais meritocrático, transparente e evoluído.

Boa leitura!

Público-alvo

Este livro foi concebido originalmente para alunos de cursos avançados de graduação e de pós-graduação (incluindo MBAs) dedicados à governança corporativa. A divisão da obra – inicialmente mais conceitual e posteriormente mais aplicada – foi estruturada de maneira que possa ser utilizada sequencialmente por professores desses cursos.

Visa também ajudar altos executivos e conselheiros interessados em aprofundar seu entendimento sobre as principais questões de governança, de forma que tenham mais conhecimento sobre seus potenciais passivos e, mais importante, possam elevar o padrão de governança de suas organizações.

Tendo em vista a relevância do tema para o ambiente empresarial, o livro procura ser útil para a mais variada gama de leitores, incluindo executivos, conselheiros, investidores, estudantes do mundo dos negócios, pesquisadores e agentes do mercado, como advogados e consultores.

Agradecimentos

Há muitas pessoas a agradecer pela elaboração das duas edições deste livro. Todas contribuíram direta ou indiretamente ao longo de meus 15 anos de dedicação integral ao tema, viabilizando a construção desta obra.

Em primeiro lugar, agradeço aos que se dispuseram a ler e a fazer sugestões valiosas para o aprimoramento do texto da 2ª edição (todos os erros e omissões são naturalmente de minha responsabilidade): André Antunes Camargo, Angela Donaggio, Edison Simoni da Silva, João Laudo de Camargo, Lélio Lauretti, Lucas Ayres Barros e Rafael Vieira Teixeira.

Agradeço também às pessoas com as quais desenvolvi trabalhos acadêmicos ao longo dos anos, muitos dos quais foram úteis para alguns capítulos do livro: Angela Donaggio, Fernanda Finotti Perobelli, Ligia Sica, Lie Uema do Carmo, Luciana Ramos, Rafael Liza Santos, Ricardo Leal, Richard Saito, Rodrigo Okimura, Rubens Famá e Viviane Muller Prado. Especialmente, agradeço ao grande amigo e coautor de inúmeros trabalhos Lucas Ayres Barros, pelo aprendizado acadêmico e de vida. Além destes, gostaria de destacar outros professores envolvidos pioneiramente com a temática da governança e que, por meio de seus trabalhos, contribuíram para esta obra: Antonio Gledson de Carvalho, Ary Oswaldo Mattos Filho, Eliseu Martins, Érica Gorga, Jairo Procianoy, Jairo Saddi e Ricardo Pereira Câmara Leal.

Academicamente, agradeço ainda ao professor Rubens Famá, meu estimado orientador de mestrado e doutorado, ao professor Antonio Angarita, pelo exemplo de vida e de questionamentos intelectuais, e ao professor Cléber Aquino (*in memoriam*), grande mestre e incentivador no início de carreira.

Ao longo dos anos, aprendi muito também com as pessoas ligadas à "comunidade da governança" no Brasil. É impossível nomear todas, mas gostaria de ao menos destacar aquelas com as quais pude me envolver mais. Agradeço a Adriane Almeida, Heloisa Bedicks e Luiz Martha do IBGC; Graziella Valenti do jornal *Valor Econômico*; João Laudo de Camargo, Maria Isabel do Prado Bocater e Francisco da Costa e Silva do escritório Bocater, Camargo e Costa e Silva; Luiz Roberto Calado da BRAiN; Marcelo Coimbra do escritório Fleury e Coimbra Advogados; Sandra Guerra da consultoria Better Governance; e Simone Azevedo da revista *Capital Aberto*. Além desses, gostaria de destacar também o aprendizado com personagens importantes e pioneiros da governança no Brasil, entre os quais Ary Oswaldo Mattos Filho, Bengt Hallqvist, Gilberto Mifano, Leonardo Viegas, Lélio Lauretti e João Juenemann.

Institucionalmente, agradeço aos executivos e conselheiros das dezenas de organizações nas quais atuei como consultor e que me propiciaram experiências ricas e uma compreensão *in loco* da complexa temática da governança empresarial.

Por fim, mas não menos importantes, agradeço às pessoas de meu convívio pessoal que me acompanharam e incentivaram ao longo desta jornada. Todas foram muito importantes em diferentes etapas de minha vida: Ado Huygens, Ana Carmen Oliveira, Ana Paula Freitas Marcelino, Ana Paula Lanzana, André Luiz Oda, Antonio Angarita, Caetano Altafin Cunha, Camila Morais, Cecília Schurig, Claudia

Yoshinaga, Eduardo Carvalho Leite, Eduardo Kayo, Eduardo Paz Araújo, Eduardo Pozzi, Elton Takimoto, Eric Mancini, Farah Diba Braga, Fernanda Del Guerra, Fernanda Finotti, Fernanda Michalischen, Francisco Henrique Castro, Gabriela Furtado, Héber Pessoa, Heitor Sica, Hugo Hanashiro, João Laudo de Camargo, João Quariguasi, Josefina Moraes Arraut, Junio Fuentes, Ligia Pinto Sica, Luciana de Oliveira Ramos, Lucas Ayres Barros, Luiz Calado, Luiz Martha, Milena Amorim Miranda, Patrícia Oda, Pedro Henrique Barros, Priscilla Koo, Rafael Liza Santos, Raquel Freitas de Oliveira, Rodrigo Furuta, Rodrigo Takashi Okimura, Taiguara Langrafe, Thaís Gallo e Wladmir Pimentel.

Gostaria de agradecer à minha família: ao meu pai Joaquim Albenísio, pelo amor e incentivo, à minha mãe Eliana, pelo amor e orações, e aos meus irmãos Bruno, Thaís e Jeruza, pelo afeto.

Em especial, agradeço e dedico esta obra à minha querida esposa Angela. Além do incentivo inicial e apoio diário, sem os quais este livro não teria sido gerado, Angela atuou em todas as etapas, como revisora, editora e debatedora (não poupando críticas!) do conteúdo. Mais correto seria dizer que esta obra é resultado de nosso esforço conjunto e indissociável.

Muito obrigado a todos!

Alexandre Di Miceli

Sumário

Lista de tabelas

Lista de figuras

Lista de quadros

CAPÍTULO 1

Governança Corporativa: conceitos fundamentais e panorama no Brasil e no mundo

CONCEITOS APRESENTADOS NESTE CAPÍTULO

- O que é governança corporativa? Princípios fundamentais
- Objetivos e desafios centrais da governança corporativa
- Benefícios e custos da governança corporativa
- Governança corporativa e desenvolvimento econômico
- Principais mecanismos de governança
- A questão-chave da governança no Brasil e nos Estados Unidos
- O papel dos investidores institucionais na governança corporativa
- Apêndice: Principais definições de governança corporativa

1.1. O que é governança corporativa? Princípios fundamentais

Mude suas opiniões, mantenha seus princípios;
mude suas folhas, mantenha suas raízes.

Victor Hugo (1802-1885)[1]

Todas as organizações empresariais possuem – como resultado de um processo de reflexão estruturado ou não – sua estrutura de poder e seu modo de direcionamento. Elas podem ser mais autocráticas, centralizadas e dependentes de pessoas específicas, ou mais democráticas, descentralizadas e institucionalizadas. Podem ter regras e processos decisórios mais formalizados, ou serem mais informais. Algumas podem ser mais orientadas a atitudes éticas e ao cumprimento das regras, enquanto outras desenvolvem uma cultura na qual os resultados financeiros se sobrepõem aos meios – mesmo que ilícitos ou antiéticos – para obtê-los.

O que chamamos de "governança corporativa" diz respeito à maneira pela qual as sociedades são dirigidas e controladas, incluindo suas regras explícitas e tácitas, com destaque para o relacionamento entre seus principais personagens: diretoria, conselho de administração e acionistas. Trata-se de um tema que exige uma abordagem multidisciplinar, englobando áreas como ética empresarial, gestão, liderança, psicologia social, direito, economia, finanças e contabilidade, entre outras.

Em última instância, a governança corporativa visa criar, nas empresas, um ambiente no qual as pessoas procurem voluntariamente cumprir as regras e tomar decisões no melhor interesse comum de longo prazo da organização. Para os públicos externos, o movimento da governança procura ainda fazer com que as empresas sejam transparentes e sustentáveis em relação a seus resultados financeiros e impactos não financeiros, bem como assegurar a todos os acionistas o exercício pleno de seus direitos.

O movimento da governança corporativa foi fundado com base em princípios sólidos. Como exemplo, o relatório Cadbury (ou *Cadbury Report*) – documento pioneiro sobre o tema criado no Reino Unido em 1992 – afirmava à época que: "os princípios sobre os quais o código se baseia são os da abertura, integridade e prestação de contas. Eles andam juntos".[2] Sete anos mais tarde, em 1999, a Organização para Cooperação e Desenvolvimento Econômico (OCDE) lançou outro documento de referência, denominado Princípios de Governança Corporativa, no qual reforçava o papel central da adoção de conceitos basilares.[3] No Brasil, o Instituto Brasileiro de Governança Corporativa (IBGC), organização de referência sobre o tema fundada em 1995, adota quatro princípios de governança em seu *Código das Melhores Práticas de Governança Corporativa*, a saber: transparência, prestação de contas, equidade e responsabilidade corporativa.[4]

Além do documento nacional, outros códigos internacionais[5] discorrem sobre preceitos basilares de boa governança empresarial. De modo agregado, pode-se afirmar que há, no mínimo, dez grandes princípios globais de governança aplicáveis a qualquer organização:

Tabela 1.1 Princípios globais de governança corporativa

	PRINCÍPIO GLOBAL DE GOVERNANÇA	ESSE PRINCÍPIO DIZ RESPEITO A:
1	Transparência e integridade das informações prestadas	Divulgação aberta, honesta e tempestiva das informações materiais financeiras e não financeiras aos públicos interno e externo. Entre os aspectos não financeiros, destacam-se os relativos ao modelo de governança, estrutura acionária, principais políticas e diretrizes, perspectivas estratégicas, sistemas de incentivos, avaliação de desempenho, impactos socioambientais etc.
2	Prestação de contas voluntária e responsabilização pelas decisões tomadas	Vontade dos administradores de apresentar os resultados de sua gestão e os elementos que fundamentaram as principais decisões tomadas, bem como de assumir a responsabilidade pelas ações e omissões ocorridas durante seus mandatos.
3	Avaliação de desempenho, remuneração justa e meritocracia	Necessidade de avaliar regular e formalmente o desempenho de todos os administradores e órgãos de governança, atribuindo remuneração em montante adequado, vinculada a desempenho e levando em consideração os riscos incorridos e a visão de longo prazo do negócio. Além de impactar a remuneração, a avaliação de desempenho deve resultar em recompensas e sanções justas, de modo a fomentar um ambiente meritocrático.[6]
4	Contrapesos independentes no processo decisório	Implantação de um modelo de governança que incentive visões diferentes na tomada das decisões, de modo a evitar excessiva concentração de poder e mitigar potenciais análises parciais ou vieses cognitivos.[7] Deve haver regras para mitigar situações envolvendo conflitos de interesses e mecanismos eficientes para a resolução de disputas.
5	Sustentabilidade e visão de longo prazo na condução do negócio	Adoção de um horizonte de longo prazo como prioridade nas decisões, o que implica assegurar relações saudáveis com as partes interessadas (stakeholders)[8] e iniciativas concretas a fim de melhorar a situação das comunidades nas quais a organização está inserida. Temas como sucessão de lideranças, mitigação de potenciais passivos futuros e impactos socioambientais inserem-se nesse princípio.
6	Respeito às formalidades, controles e supervisão independentes	Conscientização de que a informalidade é um inimigo da boa governança e de que controle e supervisão independentes são elementos essenciais. É necessário desenhar os processos e estabelecer as regras a serem cumpridas antes, durante e depois das reuniões dos órgãos de governança. Entre os controles contidos neste princípio, destacam-se os relacionados à gestão formal dos riscos do negócio, o *compliance* e as auditorias. Essas áreas e seus responsáveis devem contar com toda a independência e os recursos humanos, financeiros e tecnológicos necessários.
7	Tom e comportamento ético das lideranças	Necessidade de que os membros da cúpula organizacional, notadamente conselheiros e diretores, comportem-se com integridade e apliquem elevados padrões éticos e de conduta em suas decisões, liderando pelo exemplo. É preciso promover incessantemente os valores da organização por meio de ações de aculturamento e atitudes concretas, como a priorização da ética na seleção dos administradores.
8	Cooperação entre colaboradores e promoção do interesse coletivo da organização	Criação de um contexto social que fomente a cooperação entre os colaboradores e os executivos, evitando competição excessiva e rivalidades internas que releguem o interesse coletivo comum a um segundo plano. É necessária a conscientização de que o interesse da empresa deve prevalecer em todas as situações, mesmo quando houver conflito com os interesses pessoais dos indivíduos ou dos acionistas que os elegeram.

	PRINCÍPIO GLOBAL DE GOVERNANÇA	ESSE PRINCÍPIO DIZ RESPEITO A:
9	Equidade e promoção da participação efetiva de todos os acionistas	Observância da igualdade de direitos de todos os acionistas e facilitação do exercício efetivo desses direitos. A empresa precisa estabelecer uma boa comunicação com seus acionistas de maneira proativa, incentivando e facilitando ao máximo sua participação nas assembleias. O tratamento com os acionistas deve ser imparcial, evitando benefícios particulares decorrentes de informações privilegiadas.
10	Diversidade interna, tratamento justo dos stakeholders e ausência de políticas discriminatórias	Criação de políticas concretas para ampliar a diversidade (de gênero, etnia, formações acadêmicas, idade, cultural etc.) de pensamento nos órgãos de governança, bem como para evitar preconceitos e punir quaisquer atitudes discriminatórias para com seus stakeholders. É preciso definir e monitorar parâmetros concretos em relação a esses temas.

Com o passar do tempo, principalmente a partir da década de 1990, esses princípios evoluíram para um número crescente de "melhores práticas de governança", um conjunto de iniciativas que visam nortear a alta gestão das companhias em todo mundo. Atualmente, há centenas de recomendações de governança nos principais códigos de boas práticas. Entretanto, como cada empresa tem suas peculiaridades quanto a porte, estágio de vida, estrutura acionária, estratégia etc., não há naturalmente um conjunto único de práticas a serem adotadas igualmente por todas as organizações.

O mais importante para as empresas, na verdade, é internalizar de forma efetiva os princípios descritos na Tabela 1.1, em vez de procurar adotar práticas com o mero objetivo de atender às recomendações dos documentos de referência sobre o tema.[9]

A adoção de princípios de governança, associada a uma liderança efetiva e íntegra no topo das organizações, é o elemento mais importante de um bom modelo de governança. Isso molda a cultura das empresas e, em última instância, seu desempenho. Como resultado, é a adesão ao "espírito" desses princípios – mesmo que por meio de diferentes práticas ajustadas às peculiaridades de cada organização – que agrega valor às companhias e cria um ambiente empresarial mais sadio, com efeitos positivos para a atração de investimentos e o desenvolvimento econômico do país.

1.2. Objetivos e temas centrais da governança corporativa

Os princípios e as práticas de governança procuram ajudar as empresas a alcançar quatro objetivos centrais, sendo dois deles internos à organização e dois voltados para seus públicos externos:

Tabela 1.2 Objetivos da governança corporativa

	NATUREZA	OBJETIVOS DA GOVERNANÇA CORPORATIVA
1	Interna à empresa	Aprimorar continuamente o processo decisório a fim de assegurar que as decisões sejam tomadas no melhor interesse de longo prazo da organização.
2		Reduzir a probabilidade de surpresas negativas decorrentes de ações intencionais ou involuntárias por executivos ou colaboradores.
3	Externa à empresa	Proporcionar elevada transparência para os públicos interno e externo em relação a questões financeiras, impactos não financeiros e perspectivas do negócio.
4		Promover equidade de tratamento e assegurar o exercício efetivo dos direitos de todos os acionistas.

Cada um dos objetivos apresentados na Tabela 1.2 se desdobra em diversos temas, os quais têm constituído o foco das análises de governança ao longo das últimas décadas. A Tabela 1.3 a seguir desdobra esses objetivos nos temas que têm centralizado os debates sobre governança corporativa.

Há inúmeras definições de "governança corporativa" na literatura. Algumas são mais restritivas, concentrando-se nas relações entre executivos, conselheiros e acionistas. Outras, mais abrangentes, levam em consideração a relação das companhias com seus demais públicos de interesse. O apêndice ao fim deste capítulo apresenta diversas definições oriundas de acadêmicos, agentes de mercado e organismos internacionais. Neste livro, será adotado como definição o conceito de que **governança corporativa é o conjunto de atividades de aculturamento e mecanismos – internos ou externos, de incentivo ou controle – que visam fazer com que: (1) do ponto de vista interno, as pessoas tomem decisões no melhor interesse de longo prazo da organização, cumpram as regras e se comportem de forma ética; e (2) do ponto de vista externo, as empresas sejam transparentes com seus stakeholders e assegurem direitos plenos a todos os seus acionistas de forma equitativa.**

Tabela 1.3 Temas centrais abordados nos debates sobre governança corporativa

OBJETIVOS CENTRAIS DA GOVERNANÇA CORPORATIVA	PRINCIPAIS TEMAS ABORDADOS
Aprimorar continuamente o processo decisório a fim de assegurar que as decisões sejam tomadas no melhor interesse de longo prazo da organização	▪ Composição e funcionamento dos principais órgãos de governança: conselho de administração, comitês do conselho, diretoria executiva e comitês de gestão. ▪ Fluxo de informações e interfaces entre os órgãos de governança. ▪ Processo decisório na alta gestão: agilidade, concentração de poder, presença de contrapesos independentes, responsabilização pelas decisões tomadas e conformidade com as leis. ▪ Sistema de remuneração: montante, proporção dos componentes fixo e variável, horizonte temporal dos sistemas de incentivo etc. ▪ Sucessão de lideranças. ▪ Avaliação de desempenho e criação de ambiente meritocrático. ▪ Aculturamento interno em relação aos princípios e práticas definidas.
Reduzir a probabilidade de surpresas negativas decorrentes de ações intencionais ou involuntárias por executivos ou colaboradores	▪ Políticas e normas corporativas. ▪ Gestão de riscos: identificação, mensuração e tratamento. ▪ Controles internos e precisão das informações financeiras. ▪ Áreas de controle: independência e seus recursos humanos, tecnológicos e financeiros. ▪ *Compliance* em relação às normas internas e leis. ▪ Código de ética e conduta. ▪ Auditorias interna e externa: seleção, atuação, independência e avaliação. ▪ Conflitos de interesses e transações com partes relacionadas.
Proporcionar elevada transparência para os públicos interno e externo em relação a questões financeiras, impactos não financeiros e perspectivas do negócio	▪ Transparência em relação aos aspectos financeiros e não financeiros. ▪ Comunicação com acionistas, clientes e outros stakeholders-chave. ▪ Sustentabilidade, tratamento das externalidades[10] e atividades socioambientais. ▪ Relacionamento com reguladores e Estado.
Promover equidade de tratamento e assegurar o exercício efetivo dos direitos de todos os acionistas.	▪ Estrutura de propriedade e perfil dos principais acionistas. ▪ Assembleia de acionistas: informações fornecidas, estímulo à participação, prestação de contas e facilitação do exercício de voto. ▪ Atuação da área de relacionamento com investidores. ▪ Direitos estatutários concedidos aos acionistas. ▪ Resolução de questionamentos e demandas dos investidores.

1.3. Benefícios e custos da governança corporativa

Em geral, supõe-se que o administrador tem como missão criar valor de modo sistemático para o negócio. Isso significa fazer com que as perspectivas de longo prazo da companhia sejam cada vez melhores ao longo do tempo. Uma questão central, portanto, é avaliar se os investimentos em governança corporativa realmente contribuem de maneira significativa para esse objetivo.

Em primeiro lugar, deve-se definir o conceito de "valor do negócio". De acordo com a abordagem do fluxo de caixa descontado, a mais aceita para valoração das empresas, há dois elementos centrais que determinam o valor de um negócio: sua perspectiva de geração de fluxos de caixa e o risco percebido pelo mercado de que essa perspectiva de resultados vai, de fato, concretizar-se ou não.

No jargão técnico, o primeiro elemento é mensurado pelo chamado fluxo de caixa livre para a empresa (FCLE),[11] isto é, o montante disponível a distribuir para todos os credores e acionistas da companhia ao fim de um período. O segundo, medido pelo custo médio ponderado de capital (WACC),[12] representa a taxa geral de retorno exigida por credores e acionistas, levando em consideração os montantes que eles investiram na empresa.

Quanto maior a perspectiva de geração de fluxos de caixa ao longo do tempo (FCLE) e menor o custo de capital (WACC), maior o valor da empresa. A boa governança pode influenciar positivamente ambos os termos dessa equação.

De um lado, um sistema de governança efetivo tende a melhorar as decisões empresariais e a aumentar a probabilidade de cumprimento das regras, levando a melhores perspectivas de geração de fluxos de caixa. Esses são os chamados benefícios internos da governança corporativa. Entre eles, os cinco a seguir se destacam.

1. Aprimoramento do funcionamento da alta gestão, com delimitação mais clara dos papéis, melhoria das interfaces entre os órgãos e aprimoramento do processo decisório.

2. Relacionamento mais estruturado entre acionistas, conselheiros e executivos, levando a uma dependência menor de pessoas específicas.

3. Aprimoramento dos mecanismos de avaliação de desempenho e do sistema de incentivos dos executivos, contribuindo para um ambiente mais meritocrático.

4. Diminuição da chance de surpresas negativas, em decorrência da melhor gestão dos riscos, controles internos e mecanismos de aculturamento para assegurar aderência às regras.

5. Maior transparência e credibilidade com os stakeholders.

A implantação de um modelo efetivo de governança também gera maior confiança perante os stakeholders, os públicos que apostaram suas "fichas" na empresa. Logo, as organizações percebidas como bem governadas tendem a se tornar mais atraentes para os investidores – tanto credores quanto acionistas. Como resultado, elas tendem a ser beneficiadas por uma redução do custo do capital próprio (via ações) e de terceiros (via títulos de dívida e empréstimos de longo prazo), levando a um menor custo de capital geral (WACC) da companhia. Este é o racional por trás do chamado "benefício externo" da governança corporativa.

O impacto final dos benefícios interno e externo da governança é o aumento do valor de longo prazo do negócio. A figura a seguir ilustra os possíveis impactos positivos da boa governança sobre o valor das empresas.

Figura 1.1 Potencial impacto positivo da governança corporativa sobre o valor das empresas.

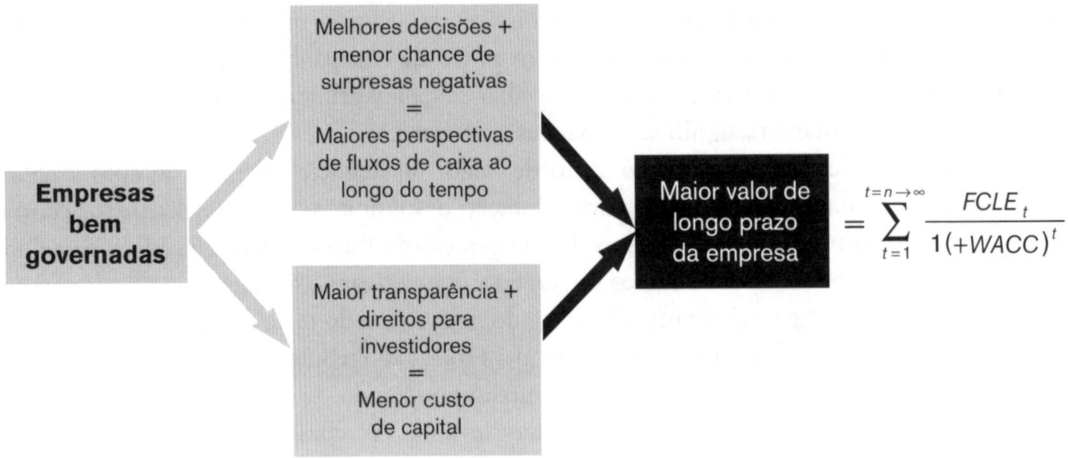

Siglas:
FCLE – fluxos de caixa livres para a empresa
WACC – custo médio ponderado de capital

Embora um bom sistema de governança possa trazer benefícios consideráveis para as empresas, sua implantação também envolve custos. A opção por maior transparência, por exemplo, pode ocasionar gastos adicionais na produção de relatórios financeiros mais amplos e sofisticados, além do maior investimento na área dedicada ao relacionamento com investidores. A eleição de conselheiros independentes, por sua vez, também tende a impor gastos adicionais, tendo em vista que a remuneração dos membros deverá ser compatível com suas elevadas responsabilidades.

Além dos custos explícitos, o aprimoramento da governança pode envolver custos mais difíceis de contabilizar. Uma transparência maior, por exemplo, pode facilitar a compreensão da estratégia da companhia pelos concorrentes, o que pode afetar sua posição competitiva. A perda do controle absoluto para tomar decisões por parte de fundadores e sócios controladores de companhias mais autocráticas também pode ser interpretada como um custo implícito decorrente dos aprimoramentos de governança. Tanto os custos explícitos quanto os implícitos – notadamente o apego dos administradores aos benefícios pessoais proporcionados pelo controle arbitrário e opaco do negócio – tendem a aumentar a resistência das empresas em adotar padrões mais avançados de governança.

1.4. Governança corporativa e desenvolvimento econômico

Há relativo consenso que a adoção de boas práticas de governança pode causar impactos positivos sobre as empresas individualmente.[13] Além do impacto microeconômico no âmbito empresarial, diversos trabalhos constataram que a adoção generalizada de melhores padrões de governança também resulta em impactos positivos do ponto de vista macroeconômico, com implicações para o crescimento e desenvolvimento econômico dos países.[14] O diagrama esquemático a seguir ilustra a conclusão desses trabalhos.

De acordo com a Figura 1.2, um ambiente com regulação adequada e proteção efetiva dos investidores[15] tende a induzir as companhias a elevarem seus padrões de governança. A percepção de boa governança no ambiente empresarial, por sua vez, tende a aumentar a demanda dos investidores pelos papéis emitidos no mercado de capitais.[16] Como resultado, as empresas teriam mais alternativas de financiamento e o mercado financeiro se tornaria mais relevante, ocasionando maior desenvolvimento econômico.[17]

Figura 1.2 Impactos macroeconômicos da governança: efeitos sobre o desenvolvimento

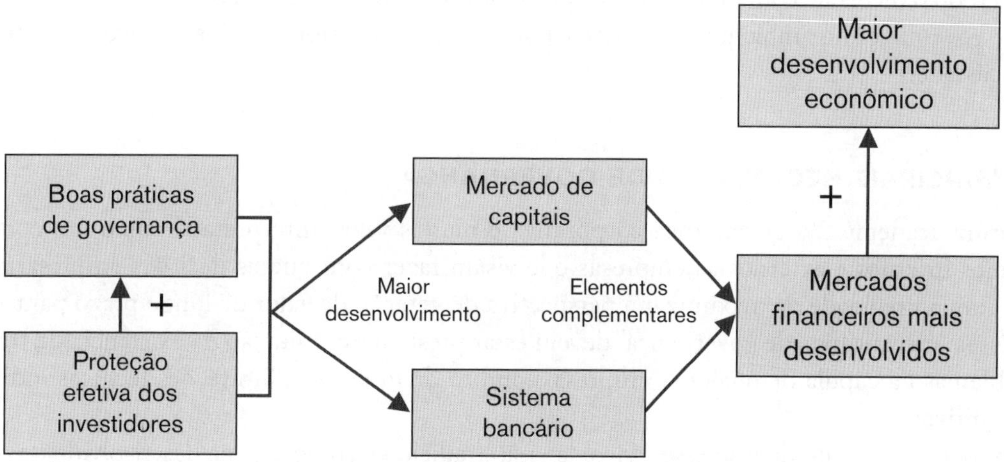

Além do diagrama apresentado, há outro argumento relevante que reforça a importância da governança corporativa para o desenvolvimento econômico. Após um longo processo de privatização ocorrido em todo o mundo desde a década de 1980, o crescimento de longo prazo dos países passou a depender mais dos investimentos privados. Nesse cenário, a capacidade de atrair investidores passou a ser fundamental não apenas para as empresas individualmente, mas também para o sucesso econômico dos países. Como as boas práticas facilitam a captação de recursos privados, a importância da boa governança sobre o crescimento econômico tende a ser maior atualmente do que outrora, quando os mercados eram menos integrados. Adicionalmente, na medida em que se aumenta a participação das pessoas físicas no mercado de ações, reforça-se a importância da governança corporativa como meio de assegurar a distribuição justa dos resultados das empresas para todos os seus acionistas.

Em resumo, a adoção generalizada de boas práticas de governança no ambiente empresarial pode ocasionar ao menos cinco impactos positivos do ponto de vista macroeconômico, a saber:[18]

1. Aumento do acesso ao capital externo pelas empresas, propiciando maior investimento, crescimento e geração de empregos.

2. Redução do custo de capital das companhias, levando a um aumento de seu valor de mercado e, consequentemente, de sua atratividade perante novos investidores.

3. Melhor desempenho operacional nas empresas como resultado de melhores processos decisórios na alta gestão, acarretando melhor alocação de recursos na economia.

4. Diminuição dos riscos de fraudes em grandes companhias e de crises financeiras sistêmicas (que ocasionam grandes prejuízos econômicos e sociais).

5. Melhor tratamento aos stakeholders, ocasionando impactos mais positivos do ponto de vista social, trabalhista e ambiental.

Além desses benefícios, deve-se destacar o outro lado da moeda: a existência um ambiente empresarial com más práticas de governança tende impactar negativamente o crescimento econômico. A crise asiática de 1997, a série de escândalos corporativos nos Estados Unidos de 2001 a 2003 e a crise financeira global de 2008 servem como exemplos dessa afirmação. Nesses casos, houve grande destruição de valor para todo o mercado, com prejuízos macroeconômicos e perigo para a economia mundial. Um baixo padrão de governança no ambiente empresarial, portanto, pode ocasionar sérios impactos negativos sobre toda a sociedade.

1.5. Principais mecanismos de governança

Na literatura acadêmica, a governança corporativa é muitas vezes interpretada como um conjunto de mecanismos internos e externos às empresas que visam fazer com que as decisões empresariais sejam tomadas com a finalidade de maximizar a perspectiva de geração de valor de longo prazo para a companhia.[19] Esses "mecanismos de governança" devem estar presentes em função da existência de três potenciais problemas na cúpula de qualquer empresa: conflito de interesses, limitações técnicas individuais e vieses cognitivos.[20]

Em relação ao conflito de interesses, foco da visão tradicional sobre o tema desenvolvida no campo da economia, é possível que as pessoas com poder decisório optem por cursos de ação que maximizam seu bem-estar pessoal ou o do acionista que o elegeu, em detrimento do melhor resultado para a companhia. Isso pode ocorrer tanto nas empresas com alta dispersão acionária – nas quais os executivos podem tomar decisões a fim de maximizar os resultados de suas carreiras em detrimento do valor da companhia –, como também nas empresas com elevada concentração das ações – nas quais um acionista ou grupo de controle[21] pode tomar decisões a fim de maximizar seu ganho individual em detrimento dos demais acionistas. Como resultado dos relacionamentos eventualmente conflituosos entre altos executivos, conselheiros e acionistas na alta gestão, tem-se a necessidade de implantar mecanismos a fim de promover o "alinhamento de interesses" entre os diversos personagens empresariais.

A limitação técnica dos tomadores de decisão é outro problema a ser mitigado pelos mecanismos de governança. Quando as decisões são concentradas em uma única pessoa, dificilmente ela terá todos os conhecimentos técnicos necessários para as decisões-chave de uma companhia, como as de investimento, financiamento, marketing, posicionamento estratégico etc. Logo, mecanismos como um conselho de administração qualificado, reunindo pessoas com diferentes formações e experiências, podem aprimorar as decisões nas empresas.

Mesmo que as situações de conflito de interesses sejam resolvidas e que os tomadores de decisão sejam éticos[22] e qualificados tecnicamente, a governança corporativa apresenta ainda outro valor em potencial: ela assegura a adoção de um processo decisório com "pesos e contrapesos" independentes que diminui a chance de serem tomadas decisões equivocadas em função de vieses cognitivos de pessoas ou grupos específicos. Uma extensa linha de pesquisa em psicologia, detalhada no Capítulo 5, demonstra os principais vieses aos quais os seres humanos tendem a estar sujeitos. Como exemplo, um empreendedor pode ser excessivamente otimista em relação às perspectivas do negócio (provavelmente em razão de seu apego emocional com a companhia ou de suas experiências vividas). Caso esse empreendedor tenha poder absoluto para tomar as decisões, é possível que ele ou ela, por exemplo, aprove planos de expansão demasiadamente arriscados, além do que seria razoável para um decisor "racional". Nesse caso, a presença de contrapesos adequados, como um conselho ativo e independente, pode levar a questionamentos por pessoas não envolvidas emocionalmente com tais projetos, evitando a exposição da empresa a riscos inadequados.

Como forma de mitigar os três potenciais problemas apresentados e assegurar que sejam tomadas decisões no melhor interesse de longo prazo da companhia, deve-se, então, estruturar um sistema de governança que combine diferentes mecanismos internos e externos, de incentivo ou controle. A tabela a seguir descreve os principais mecanismos de governança.

Tabela 1.4 **Principais mecanismos internos e externos de governança**

	MECANISMOS DE GOVERNANÇA	DESCRIÇÃO
	MECANISMOS INTERNOS	
1	Conselho de administração	É considerado o principal dispositivo de governança. Deve representar os interesses de longo prazo da organização, tomar as principais decisões de negócio – tais como as de investimento e captação de recursos – e selecionar, monitorar e avaliar o desempenho dos altos executivos. Um conselho ativo, independente e bem informado é considerado elemento essencial para um sistema de governança efetivo.
2	Sistema de remuneração	O montante e a forma de remuneração dos executivos podem determinar o grau de alinhamento de seus interesses aos da companhia. O sistema de incentivos do conselho também é importante, uma vez que pode influenciar o nível de comprometimento e de propensão a riscos de seus membros.
3	Concentração acionária e atuação dos acionistas	A estrutura acionária influencia o comportamento dos administradores, mitigando ou exacerbando potenciais conflitos de interesses. Estruturas acionárias concentradas, com a presença de um sócio controlador, podem propiciar maior monitoramento dos executivos. Por outro lado, podem levar a decisões prejudiciais em relação aos sócios minoritários. As estruturas mais dispersas apresentam outros benefícios e custos. Por um lado, podem resultar em companhias com administração mais profissional e ações mais líquidas. Por outro, podem dar margem a um poder excessivo nas mãos dos executivos, ocasionando sistemas de remuneração distorcidos.
4	Estrutura de capital	A estrutura de financiamento da companhia pode influenciar o comportamento de executivos e acionistas. Um maior nível de endividamento pode, por exemplo, obrigar os administradores a distribuir regularmente fluxos de caixa aos credores e acionistas, reduzindo os recursos a serem alocados discricionariamente e aumentando sua disciplina. Por outro lado, pode fazer com que os administradores deixem de empreender bons projetos para não elevarem ainda mais o financiamento com terceiros, bem como pode criar um ambiente interno que submeta os gestores a pressões excessivas.
	MECANISMOS EXTERNOS	
5	Proteção legal aos investidores	Relaciona-se ao ambiente institucional no qual a empresa está inserida. Uma extensa literatura demonstra que as situações de conflito de interesses tendem a causar danos menores em ambientes que protegem os direitos dos investidores de maneira mais efetiva.[23]
6	Possibilidade de aquisição hostil	O receio de os administradores serem substituídos como consequência de uma aquisição hostil da companhia é visto como um mecanismo disciplinador de sua conduta.[24]
7	Grau de competição no mercado	Os administradores de empresas sujeitas a maior concorrência têm menor margem para tomar decisões destruidoras de valor, o que tende a fazer com as ineficiências de governança sejam menores. Por outro lado, as companhias menos expostas a competição podem ser mais expostas a problemas de governança.
8	Transparência e fiscalização dos agentes de mercado	Uma fiscalização maior da companhia pelos agentes do mercado – como analistas de ações, mídia especializada e agências classificadoras de risco – aumenta a pressão para que sejam tomadas as melhores decisões empresariais.

A eficácia dos mecanismos apresentados na Tabela 1.4 tende a influenciar, em grande medida, a qualidade do sistema de governança, isto é, o quanto as decisões empresariais serão tomadas tendo como base um processo decisório menos sujeito a conflitos de interesses, limitações técnicas e vieses cognitivos dos indivíduos e grupos decisórios.

1.6. O problema da governança no Brasil e nos Estados Unidos

Grande parte da literatura sobre governança foi elaborada tendo como referência o ambiente empresarial norte-americano, berço do movimento da *corporate governance* na década de 1980.[25] É preciso, naturalmente, diferenciar os problemas críticos de governança enfrentados naquele país dos enfrentados em nosso mercado. Em primeiro lugar, as diferenças no ambiente institucional, na proteção ao investidor e nas decisões políticas históricas entre Estados Unidos e Brasil fazem com que a estrutura de propriedade típica das companhias de capital aberto norte-americanas seja muito diferente da observada na realidade brasileira.

Boa parte das companhias norte-americanas de grande porte apresenta propriedade difusa, com grande dispersão da base acionária e separação clara entre propriedade (titularidade das ações) e controle (gestão diária do negócio).[26]

Já as companhias brasileiras apresentam, em geral, uma estrutura de propriedade bastante concentrada, com a presença de um sócio controlador ou grupo de controle que elege a maioria do conselho de administração e, frequentemente, atua na gestão diária por meio de cargos na diretoria executiva.[27] O caso brasileiro, portanto, apresenta maior sobreposição entre propriedade e controle. Essa diferença fica evidente no gráfico a seguir, no qual se compara a concentração acionária de algumas companhias de grande porte dos dois países.

O Gráfico 1.1 mostra como a presença de um acionista majoritário – com mais de 50% das ações com direito a voto – não faz parte da realidade das grandes companhias norte-americanas. Tomemos como exemplo a Exxon, empresa petrolífera cujo valor de mercado era de cerca de US$ 385 bilhões ao fim de

Gráfico 1.1 Percentual de ações do maior acionista de companhias norte-americanas e brasileiras.

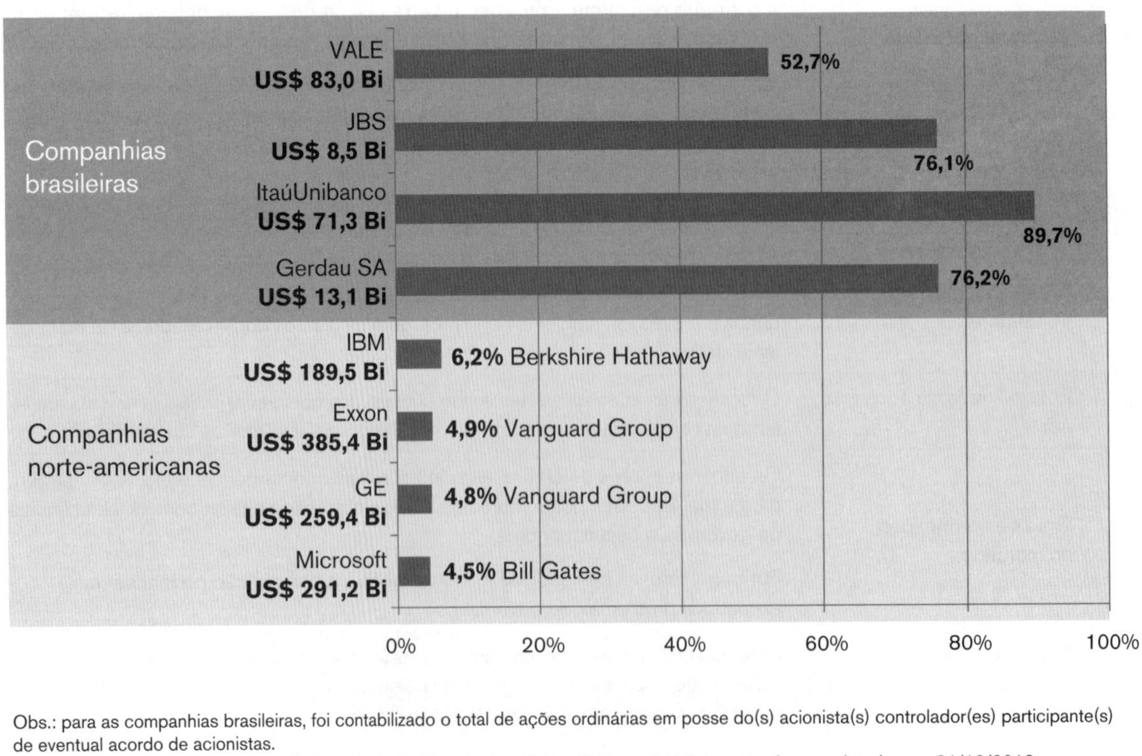

Obs.: para as companhias brasileiras, foi contabilizado o total de ações ordinárias em posse do(s) acionista(s) controlador(es) participante(s) de eventual acordo de acionistas.
Fonte: base de dados Economatica®, Formulário de Referência e Yahoo Finance. As informações foram coletadas em 21/10/2013.

2013. Para um investidor deter 20% das ações da Exxon, seria necessário investir cerca de US$ 77 bilhões na companhia na ocasião. Mesmo que algum indivíduo ou instituição tivesse um montante dessa ordem disponível para investimento, não seria razoável, do ponto de vista da diversificação de sua carteira de investimentos, alocar todos os recursos em uma única companhia.[28]

Logo, a elevada pulverização acionária gera uma situação peculiar no ambiente corporativo norte-americano: os acionistas são relativamente fracos para definir os rumos das companhias, enquanto os executivos, em tese contratados e subordinados aos primeiros, na prática detêm maior força e poder para tomar as principais decisões empresariais. Consequentemente, o principal desafio de governança nos Estados Unidos é fazer com que os executivos tomem decisões no melhor interesse dos acionistas.[29]

No caso brasileiro, por sua vez, a elevada concentração acionária e a sobreposição de grandes acionistas com a gestão fazem com que o principal conflito de governança tenda a ocorrer entre os acionistas controladores e os demais acionistas. Como resultado, o desafio fundamental no Brasil, historicamente, tem sido fazer com que as empresas aprimorem seu modelo de governança a fim de fazer com que os controladores (e as pessoas por ele indicadas) sempre tomem decisões no melhor interesse da companhia.

1.7. O PAPEL DOS INVESTIDORES INSTITUCIONAIS NA GOVERNANÇA CORPORATIVA

Os investidores podem desempenhar um papel-chave a fim de promover elevados padrões de governança. Afinal de contas, são eles que podem premiar ou punir as empresas em função de suas práticas, o que tende a fazer com que a governança corporativa passe a ser de fato uma prioridade para as empresas.

Entre os investidores, destacam-se os chamados "investidores institucionais". Atualmente, eles possuem a maior parte do capital disponível para a compra de ações, títulos de dívidas e outros papéis emitidos pelas companhias de todo o mundo.

Entre os principais institucionais, destacam-se os fundos de pensão, os fundos de investimento, as companhias de seguros, os fundos de hedge, os fundos de *private equity*,[30] os fundos soberanos e as fundações. Trata-se de um grupo muito heterogêneo, com diferentes estratégias de investimento, objetivos, horizontes temporais, *status* jurídico, sistema de remuneração etc. Essa diversidade os leva a ter diferentes níveis de engajamento em relação à governança corporativa. Apesar de suas diferenças, os institucionais apresentam alguns pontos em comum como: (i) a grande disponibilidade de recursos, oriundos da poupança coletiva de milhares de indivíduos; (ii) o investimento de uma parcela substancial de seu capital em ações ou títulos de dívida; e (iii) a atuação como minoritários de muitas companhias, de maneira a diversificar o risco de sua carteira.[31]

Como evidência de seu enorme peso econômico, os institucionais detinham US$ 84 trilhões em ativos ao fim de 2011, distribuídos da seguinte forma:

Tabela 1.5 Investidores institucionais: total de ativos sob gestão

	CLASSE DE INVESTIDOR INSTITUCIONAL	TOTAL DE ATIVOS AO FIM DE 2011
1	Fundos de investimentos	US$ 29 trilhões
2	Companhias de seguros	US$ 24 trilhões
3	Fundos de pensão	US$ 20 trilhões
4	Fundos soberanos	US$ 4,8 trilhões
5	Fundos de *private equity*	US$ 3,4 trilhões
6	Fundos de hedge	US$ 1,8 trilhão
7	*Exchange traded funds* (ETFs)	US$ 1,4 trilhão

Fonte: Çelik, S., M. Isaksson. 2013. *Institutional Investors as Owners*: Who Are They and What Do They Do? OECD Corporate Governance Working Papers n. 11.

Dos US$ 84 trilhões em ativos sob gestão, estima-se que 38% (US$ 32 trilhões) estejam investidos em ações de empresas listadas em bolsas de valores. Logo, os principais acionistas no mundo atualmente não são mais as pessoas físicas, mas, sim, os investidores institucionais,[32] que, apesar de atuarem em geral como minoritários, detêm muito poder perante as empresas quando unidos.[33]

O fundo de investimentos BlackRock é um dos melhores exemplos do peso dos institucionais atualmente como acionistas. Ao fim de 2013, o fundo, com US$ 4,1 trilhões sob gestão, era o maior acionista individual de seis das dez maiores companhias do mundo em capitalização de mercado, incluindo gigantes como Apple, Exxon, Microsoft, General Electric (GE) e J.P. Morgan Chase. Detalhe: nas quatro outras empresas restantes do grupo das dez maiores – Google, Berkshire Hathaway, Petrochina e Johnson&Johnson –, o BlackRock era, na ocasião, o segundo maior acionista individual.[34]

Outro investidor institucional, o fundo de pensão dos funcionários públicos do Califórnia (CalPERS),[35] constitui outro exemplo do poder expressivo dos institucionais. Em junho de 2012, o fundo detinha ações em quase 10 mil empresas diferentes listadas, sendo 4.658 delas nos Estados Unidos e 5.066 no restante do mundo. Os investimentos do CalPERS são realizados por meio de uma cadeia complexa de agentes, que inclui uma equipe interna de análise, 40 gestores de fundos de ações externos à entidade, 296 corretoras contratadas e três empresas para fornecer aconselhamento sobre os votos a serem proferidos nas assembleias de acionistas.[36] Além dos investimentos diretos em ações, o fundo contava, na mesma data, com recursos em 124 fundos imobiliários e 134 fundos de *private equity*.[37]

Internacionalmente, a ICGN (International Corporate Governance Network) é considerada o principal centro de congregação de investidores institucionais orientados para a governança corporativa do mundo. A entidade reúne associados de mais de 50 países, responsáveis pela gestão de mais de US$ 20 trilhões em ativos.[38]

Apesar de sua inegável relevância, os institucionais foram criticados nos últimos anos por seu comportamento como acionistas. Alguns investidores, como fundos de pensão, foram questionados em função de sua passividade como acionistas. Segundo os críticos, em muitos casos esses fundos deixaram de exigir a adoção de melhores práticas em suas companhias investidas, contentando-se apenas com retornos positivos (mesmo que temporários) no preço das ações. A própria ICGN realizou um *mea culpa* ao fim de 2008, quando reconheceu a parcela de culpa dos institucionais pela crise financeira global ocorrida à época. O quadro a seguir resume a nota oficial da entidade na ocasião.

Quadro 1.1 O papel dos investidores institucionais na crise financeira de 2008

ICGN destaca a importância da governança corporativa como parte da solução da crise financeira global

A ICGN (International Corporate Governance Network) divulgou uma declaração oficial em 10 de novembro de 2008 com sua visão sobre a crise financeira global. De acordo com a entidade, os problemas de governança foram um fator fundamental para a crise, com destaque para as falhas dos conselhos de administração na gestão dos riscos e em sua passividade com relação aos incentivos concedidos aos executivos das instituições financeiras.

Do mesmo modo que foi responsável por uma parcela do problema, a ICGN acredita que o aprimoramento das práticas de governança deve ser parte integral da solução. Duas iniciativas são consideradas fundamentais: assegurar maior poder aos acionistas e exigir que os investidores cumpram suas responsabilidades fiduciárias como acionistas.

Em relação à primeira, a ICGN argumenta que os acionistas deveriam conseguir eleger e destituir conselheiros mais facilmente, de maneira a aumentar a prestação de contas por parte dos conselhos, bem como deveriam aprovar (ou não) a remuneração dos executivos nas assembleias anuais.

A segunda iniciativa diz respeito ao reconhecimento, pelos institucionais, de sua responsabilidade como acionistas na geração de valor de longo prazo a seus beneficiários. De acordo com a ICGN, os fundos de pensão deveriam exigir mais esforços de seus gestores para que suas investidas adotem melhores práticas de governança. Além disso, deveriam passar a considerar explicitamente aspectos de governança em suas decisões de investimento.

Além disso, alguns investidores institucionais como os fundos de hedge têm sido criticados por pressionarem excessivamente as companhias a procurar ganhos financeiros de curto prazo, muitas vezes em detrimento dos impactos sobre os demais stakeholders.[39] Ficou famosa, por exemplo, a frase do líder do Partido Social Democrata alemão em 2005,[40] que apelidou esses fundos ativistas de "gafanhotos", acusando-os de produzirem resultados de curto prazo à custa de empregos e das empresas do país.

No Brasil, os investidores institucionais têm tido uma atuação significativa junto às companhias investidas, com destaque para os fundos de investimento pertencentes a gestoras de recursos independentes e os fundos de pensão. No caso dos fundos de pensão, destacam-se os maiores fundos, como a Previ (cerca de R$ 165 bilhões sob gestão em dezembro de 2013) e a Petros (cerca de R$ 60 bilhões). Essas entidades detêm cada vez mais recursos para investimentos em relação ao tamanho da economia[41] e, na medida em que as taxas de juros reais diminuírem, tenderão a alocar uma parcela cada vez maior em investimentos de maior risco e retorno esperado, como debêntures e ações.

O debate sobre o papel dos investidores institucionais na governança e no desempenho das empresas é polêmico e permanece em aberto na literatura.[42] O Capítulo 10 detalha o papel dos institucionais na governança corporativa no Brasil.

Apêndice
Principais definições de governança corporativa

A. Definições acadêmicas

1. *Corporate governance is the structure that is intended to make sure that the right questions get asked and that checks and balances are in place to make sure that the answers reflect what is best for the creation of long term, sustained value.*
   MONKS, R., MINOW, N. 2003. *Corporate Governance.* 4ª ed. John Wiley & Sons Ltd. 651 p.

2. *Corporate governance deals with the ways in which suppliers of finance to corporations assure themselves of getting a return on their investment.*
   SHLEIFER, A., VISHNY, R. 1997. "A survey of corporate governance". Journal of Finance. 52(2): 737-783.

3. *Corporate governance is, to a large extent, a set of mechanisms through which outside investors protect themselves against expropriation by the insiders.*
   LA PORTA, R., SHLEIFER, A., LOPEZ-DE-SILANES, F., VISHNY, R. 2000. "Investor protection and corporate governance". Journal of Financial Economics. 58: 3-27.

4. *Corporate Governance is the top-level control structure, consisting of the decision rights possessed by the board of directors and the CEO (Chief Executive Officer), the procedures for changing them, the size and membership of the board, and the compensation and equity holdings of managers and the board.*
   JENSEN, M. 2001. A Theory of the Firm: Governance, Residual Claims, and Organizational Forms. 1ª ed. Harvard University Press. Cambridge, Massachusetts. 320 p.

5. *Corporate governance is the set of mechanisms – both institutional and market-based – that induce the self-interested controllers of a company (those that made the decisions on how the company will be operated) to make decisions that maximize the value of the company to its owners (the suppliers of capital).*
   DENIS, D., McCONNELL, J. 2003. "International Corporate Governance". *Journal of Financial and Quantitative Analysis.* 38(1): 1-36.

6. *Corporate governance deals with the conflicts of interests between the providers of finance and the managers; the shareholders and the stakeholders; different types of shareholders (mainly the large shareholder and the minority shareholders); and the prevention or mitigation of these conflicts of interests.*
   GOERGEN, M. 2012. International Corporate Governance. Prentice Hall. 336 p.

7. *The process by which corporations are made responsive to the rights and wishes of stakeholders.*
   DEMB, A., NEUBAUER, F. 1992. The Corporate Board: Confronting the Paradoxes. Oxford University Press. 224 p.

8. *Corporate governance is about "the whole set of legal, cultural, and institutional arrangements that determine what public corporations can do, who controls them, how that control is exercised, and how the risks and return from the activities they undertake are allocated."*
   BLAIR, M. 1995. Ownership and Control: Rethinking Corporate Governance for the Twenty-First Century. The Brookings Institution. 372 p.

B. Definições de agentes e instituições de mercado

9. *Governança corporativa é o sistema pelo qual as organizações são dirigidas, monitoradas e incentivadas, envolvendo os relacionamentos entre proprietários, Conselho de Administração, Diretoria e órgãos de controle. As boas práticas de governança corporativa convertem princípios em recomendações objetivas, alinhando interesses com a finalidade de preservar e otimizar o valor da organização, facilitando seu acesso a recursos e contribuindo para sua longevidade.*
   IBGC (Instituto Brasileiro de Governança Corporativa), *Código das Melhores Práticas de Governança Corporativa*. 4ª edição. 2009. www.ibgc.org.br.

10. *Corporate governance refers to the structures and processes for the direction and control of companies. It concerns relationships among the management, board of directors, controlling shareholders, minority shareholders and other stakeholders. Good corporate governance contributes to sustainable economic development by enhancing the performance of companies and increasing their access to outside capital. The corporate governance activities of the World Bank focus on the rights and equitable treatment of shareholders, the treatment of stakeholders, disclosure and transparency, and the duties of board members.*
    International Financial Corporation – World Bank. Corporate Governance Policy Practice. 2007.

11. *CalPERS define "corporate governance" to be the relationship among various participants in determining the direction and performance of corporations. The primary participants are: shareholders; company management (led by the chief executive officer); and the board of directors. We recognize that, on its face, this may sound like an overly "American" definition because it does not expressly mention other stakeholder groups. In CalPERS' view, companies that are operated with long-term shareholder returns as the primary goal will, ultimately, also reward other stakeholders. We believe that companies that elevate these other stakeholders to the same level as shareholders are really simply diffusing accountability. When a company is accountable to any one of a diverse group of interests, the company is really not accountable to anyone. A CEO can always find some interest, at least on a short-term basis, that is benefited by any single action. Again, if in the long-term shareholders win, everyone else wins too.*
    CalPERS (California Public Employees' Retirement System). http://www.calpers-governance.org/.

12. *In its broadest sense, corporate governance is concerned with holding the balance between economic and social goals and between individual and communal goals. The governance framework is there to encourage the efficient use of resources and equally to require accountability for the stewardship of those resources. The aim is to align as nearly as possible the interest of individuals, of corporations and of society. The incentives to corporations and those who own and manage them to adopt internationally accepted governance standards is that these standards will assist them to achieve their aims and to attract investment. The incentive for their adoption by states is that these standards will strengthen their economies and encourage business probity.*
    Sir Adrian Cadbury, Foreword to Corporate Governance and Development, Global Corporate Governance Forum. World Bank. Focus 1. 2003.

13. *Corporate Governance is traditionally defined as the system by which companies are directed and controlled and as a set of relationships between a company's management, board, shareholders, and other stakeholders.*
The European Commission. 2011 Green Paper – The EU corporate governance framework. http://ec.europa.eu/internal_market/company/docs/modern/com2011-164_en.pdf.

14. *Corporate governance is one key element in improving economic efficiency and growth as well as enhancing investor confidence. Corporate governance involves a set of relationships between a company's management, its board, its shareholders and other stakeholders. Corporate governance also provides the structure through which the objectives of the company are set, and the means of attaining those objectives and monitoring performance are determined.*
OECD (Organization for Economic Cooperation and Development). Principles of Corporate Governance. 2004. http://www.oecd.org/dataoecd/32/18/31557724.pdf.

15. *Corporate governance is the relationship between corporate managers, directors and the providers of equity, people and institutions who save and invest their capital to earn a return. It ensures that the board of directors is accountable for the pursuit of corporate objectives and that the corporation itself conforms to the law and regulations.*
International Chamber of Commerce. http://www.iccwbo.org/corporate-governance/.

16. *Corporate governance refers to how a corporation is governed. Who has the authority to make decisions for a corporation within what guidelines? This is the corporation's governance. In the United States, each corporation must be "managed by or under the direction of its boards of directors."... That is why discussions of "corporate governance" often focus on boards.*
NACD (National Association of Corporate Directors). Report of the NACD Blue Ribbon Commission on Director Professionalism. 2005. www.nacdonline.org.

17. *Corporate governance is the system by which companies are directed and controlled.*
Cadbury Report, 1992. http://www.ecgi.org/codes/documents/cadbury.pdf.

18. *The relationship between the shareholders, directors and management of a company, as defined by the corporate charter, bylaws, formal policy and rule of law.*
The Corporate Library. http://corpgov.net/library/corporate-governance-defined/.

19. *How a company is managed, in terms of the institutional systems and protocols meant to ensure accountability and sound ethics. The concept encompasses a variety of issues, including disclosure of information to shareholders and board members, remuneration of senior executives, potential conflicts of interest among managers and directors, supervisory structures etc.*
Financial Times. 2014. http://lexicon.ft.com/Term?term=corporate-governance.

20. *Corporate governance broadly refers to the mechanisms, processes and relations by which corporations are controlled and directed. Governance structures identify the distribution of rights and responsibilities among different participants in the corporation (such as the board of directors, managers, shareholders, creditors, auditors, regulators, and other stakeholders) and includes the rules and procedures for making decisions in corporate affairs. Corporate governance includes the processes through which corporations' objectives are set and pursued in the context of the social, regulatory and market environment. Governance mechanisms include monitoring the actions, policies and decisions of corporations and their agents. Corporate governance practices are affected by attempts to align the interests of stakeholders.*
Wikipedia. http://en.wikipedia.org/wiki/Corporate_governance.

QUESTÕES PARA REFLEXÃO E DISCUSSÃO

1. A seu ver, o que é governança corporativa? Por que o tema é considerado importante para as companhias, acionistas e stakeholders atualmente?

2. Descreva alguns princípios globais de governança corporativa. Em sua opinião, há outros princípios importantes a serem considerados nas discussões sobre o tema?

3. Quais são os principais objetivos (internos e externos ao dia a dia das organizações) da governança corporativa? Descreva-os sucintamente.

4. Quais são os benefícios internos e externos que a adoção das boas práticas pode acarretar às companhias? Você acredita que a boa governança pode, de fato, gerar esses benefícios?

5. Quais são os principais custos (explícitos e implícitos) que tendem a aumentar a resistência das empresas em adotar padrões mais avançados de governança?

6. Por que o tema governança corporativa adquiriu tanta relevância nos últimos anos? A seu ver, trata-se de um assunto de interesse temporário (como um modismo corporativo) ou de importância duradoura para o mercado e sociedade em geral?

7. Como as práticas de governança corporativa vigentes no ambiente empresarial podem afetar (positiva ou negativamente) o desenvolvimento econômico?

8. Quais são os principais mecanismos (internos e externos) de governança? Em sua opinião, eles têm funcionado de modo adequado no ambiente empresarial brasileiro?

9. Qual é o principal desafio de governança do ambiente empresarial brasileiro, *vis-à-vis* o ambiente norte-americano? Qual a diferença marcante na estrutura de propriedade das companhias listadas nos dois países?

10. Quem são os investidores institucionais e qual tem sido seu papel na governança corporativa? Em seu ponto de vista, eles têm tido no geral um impacto positivo ou negativo para a governança corporativa e o desempenho das companhias?

CAPÍTULO 2

Histórico da Governança Corporativa

CONCEITOS APRESENTADOS NESTE CAPÍTULO

- Os primórdios da governança corporativa
  - Predecessoras das companhias modernas
  - O surgimento da grande companhia moderna: a companhia Holandesa das Índias Orientais (1602)
  - As bolhas acionárias na França e Inglaterra (1719-1720)
  - O descrédito das companhias abertas (1720-1856)
  - O nascimento da moderna sociedade por ações (1856)
  - A ascensão da grande companhia moderna (1886-1932)
  - A separação plena entre propriedade e controle (1932)
- Marcos do movimento da governança corporativa no mundo
  - A mudança no debate sobre o propósito das companhias (1970)
  - A Teoria da Representação: *Agency Theory* (1976)
  - O foco na geração de valor para o acionista (1981)
  - Aquisições hostis, mecanismos defensivos e ativismo dos institucionais (1984)
  - Relatório Cadbury (1992)
  - Princípios de Governança Corporativa da OCDE (1999, revisado em 2004)
  - A onda de escândalos empresariais (2001-2002) e a lei Sarbanes-Oxley
  - A crise financeira global (2008)
- Apêndice: O colapso da Enron – o caso mais emblemático da história da governança

2.1. Os primórdios da governança corporativa

2.1.1. Predecessoras das companhias modernas

Embora o termo *corporate governance* tenha sido cunhado apenas em meados da década de 1980 e de seu equivalente brasileiro "governança corporativa" ter surgido apenas no fim da década de 1990, o governo das companhias é uma questão muito antiga, iniciada séculos atrás com as primeiras sociedades por ações.

Para alguns autores, as *societas* dos romanos foram a primeiras entidades empresariais do mundo.[1] Elas eram associações de pessoas criadas para explorar alguma atividade específica, tais como o transporte marítimo ou o comércio de alimentos, dividindo ao final os ganhos auferidos. Cada sócio (*socius*) possuía uma ação, cabendo a administração diária a um deles, eleito como gestor (*magister*). Originou-se na era romana, portanto, o conceito de que um conjunto de pessoas poderia criar uma identidade coletiva separada de seus membros.[2]

Muito tempo depois, no século XIII, surgiram em Florença parcerias comerciais denominadas *compagnias*.[3] A palavra é resultado da junção de dois termos do latim *cum* e *panis*, e tem a conotação de "repartir o pão em conjunto". As *compagnias* eram quase sempre entidades familiares que operavam com base no princípio da responsabilidade solidária: todos os sócios eram responsáveis conjuntamente pelos passivos do negócio. Algumas dessas parcerias duraram dezenas de anos, chegando a alcançar grande porte para a época.[4]

No mesmo período, foi fundada em 1347 a entidade que é considerada a empresa comercial mais antiga do mundo em operação até hoje: a Stora Kopparberg (grande mina de cobre) da Suécia. O primeiro documento da mina, localizado na cidade de Falun, data de 1288. Na ocasião, o bispo de Västerås adquiriu 12,5% da mina em troca de um terreno. O estatuto de 1347 passou a conferir a seus mineiros um título representativo de uma fração da mina, similar a uma ação dos tempos atuais. A estrutura foi a precursora da moderna sociedade por ações. A companhia sueca Stora Enso,[5] multinacional da área de papel e materiais orgânicos com 29 mil funcionários em 2014, é a atual sucessora da mina de cobre Stora Kopparberg.

Na Europa medieval, foram criadas *corporations* (corporações), em geral entidades sem fins lucrativos – tais como universidades, igrejas e mesmo cidades. O objetivo das corporações era fazer com que essas entidades pudessem sobreviver muito além do tempo de vida de seus membros fundadores.[6] A palavra *corporation* advém do latim *corpus*, que significa corpo, enquanto a expressão *incorporation* (incorporação) tem uma conotação de "ganhar corpo ou forma". A "Corporação da Cidade de Londres" (*City of London Corporation*), fundada no século XII, é considerada a corporação mais antiga do mundo.[7]

Atribui-se também o termo "corporação de ofício" em português às associações de artesãos ou comerciantes (*guilds*,[8] em inglês) criadas no século XVI com o objetivo monopolizar o comércio das cidades europeias em troca de doações para os soberanos. Para fazer parte de uma associação, os membros deveriam passar por um treinamento específico e se adequar a determinados padrões de qualidade, além de contribuir financeiramente para a entidade.[9] As corporações de ofício, portanto, assemelhavam-se muito mais a sindicatos que a empresas, uma vez que tinham como objetivo principal proteger os interesses de seus membros.

2.1.2. O surgimento da companhia moderna: a companhia holandesa das Índias Orientais (1602)[10]

Os séculos XVI e XVII testemunharam o surgimento das primeiras *joint-stock corporations*, as sociedades por ações. A literatura utiliza a expressão "companhias certificadas" ou "concessionárias" (*chartered companies*) para denominar essas empresas, na medida em que sua autorização para funcionamento dependia da concessão de cartas patentes reais[11] emitidas pelos reinos da época.[12]

Para muitos, a primeira *joint-stock corporation*, com todas as características da moderna sociedade por ações, foi a Companhia Unida das Índias Orientais Holandesa (*Vereenigde Oost-Indische Compagnie* – VOC), fundada em 1602.[13]

A VOC foi criada a partir de uma iniciativa do Estado holandês com o objetivo de explorar o comércio de especiarias com o Oriente. Até então, esse comércio era explorado por meio de empreitadas: um grupo de comerciantes se cotizava para financiar determinada expedição. Após o retorno do navio, os produtos eram vendidos e os lucros repartidos, encerrando-se a "empresa". Essa espécie de aventura comercial tinha, portanto, duração limitada, além de não propiciar investimentos de grande escala e longo prazo em ativos como fortificações e portos no exterior.

Temendo perder a competição pelos mercados asiáticos para os demais países europeus, o governo holandês propôs, então, aos comerciantes de seis diferentes câmaras de comércio do país que se unissem em torno de um único grande empreendimento comercial.[14] Após intensas negociações, foi criada a Companhia Unida das Índias Orientais, com uma capitalização de 6,5 milhões de florins levantados junto a 358 pessoas – em geral pequenos comerciantes e empreendedores.[15]

O governo holandês concedeu à VOC um monopólio por 21 anos – de 1602 a 1624 – com o comércio asiático. A companhia detinha poderes quase governamentais, incluindo a autorização para declarar guerra, julgar, aprisionar, executar condenados, negociar tratados internacionais, cunhar moeda e estabelecer colônias. Tratava-se, portanto, de uma entidade híbrida: uma companhia privada com várias responsabilidades públicas.

A VOC contava com duas classes de acionistas: os diretores (*bewindhebbers*) – acionistas vitalícios que administravam a companhia – e os participantes (*participanten*) – investidores sem direitos políticos que podiam negociar suas ações livremente. O primeiro estatuto social se concentrava na relação entre os diretores e o Estado, praticamente sem mencionar os demais acionistas. O Estado tinha ascendência sobre a companhia e sobre as decisões dos diretores, podendo anulá-las caso as considerasse prejudiciais ao país. O artigo 6º do estatuto social deixava claro que os diretores deveriam priorizar o interesse público em suas decisões, mesmo que em detrimento do interesse dos demais acionistas.[16]

Assim como muitas companhias que abrem seu capital no mercado acionário atualmente, a VOC era um empreendimento de grande escala, elevado risco e, principalmente, longo prazo. O estatuto social previa a primeira prestação de contas apenas ao fim do décimo ano, em 1612.[17] Nessa ocasião, os acionistas poderiam exigir a liquidação da companhia ou optar por reinvestir seu capital por um novo ciclo de dez anos. Caso optassem por encerrar as atividades, todos os ativos deveriam ser vendidos e os recursos resultantes distribuídos proporcionalmente entre todos. Um mês antes do término do prazo, a cláusula de liquidação da companhia foi extinta pelo governo holandês, após pressão dos diretores da VOC. Com isso, pela primeira vez na história, uma companhia passou a ter duração ilimitada, uma das características-chave das modernas sociedades por ações.[18]

Tendo em vista o comprometimento de capital de longo prazo, o governo permitiu aos investidores da VOC negociar suas ações (*actie*)[19] livremente, como forma de proporcionar liquidez àqueles que não desejassem aguardar até o fim do período inicial de dez anos. Isso levou à criação praticamente imediata da bolsa de Amsterdam em 1602, um local onde as ações da VOC eram negociadas diariamente, com exceção dos domingos, das 11h às 12h.[20]

Outra característica marcante das modernas sociedades por ações desenvolvida de forma inovadora pela VOC foi a responsabilidade limitada dos sócios.[21] Inicialmente, os diretores tinham responsabilidade ilimitada em relação às dívidas contraídas, isto é, respondiam com seu patrimônio pessoal em caso de inadimplência da companhia. Ao longo dos anos, na medida em que a VOC passou a emitir mais títulos de dívida, a exposição dos diretores aos passivos financeiros aumentou substancialmente. Em 1623, os diretores tomaram uma decisão unilateral: os novos títulos da VOC passariam a prever expressamente a exclusão de sua responsabilidade pessoal em caso de inadimplência. As cortes holandesas aceitaram essa mudança, e, a partir daí, as dívidas da VOC passaram a ser de responsabilidade exclusiva da companhia, estendendo-se a responsabilidade limitada para todos os acionistas.[22]

Em relação a seu modelo de governança, a administração da VOC cabia a 76 diretores (*bewindhebbers*), um grupo de acionistas-gestores apontados de modo vitalício, pelas seis câmaras de comércio fundadoras da companhia.[23] Eles deveriam deter um número mínimo de ações de forma vitalícia como meio de demonstrar comprometimento com a companhia, bem como jurar publicamente que administrariam a empresa de maneira adequada e honesta, mantendo as contas íntegras. Entre os *bewindhebbers*, eram eleitas 17 pessoas – conhecidas como os 17 lordes (*Heeren XVII*) – para gerenciar as operações diárias.[24] A companhia também contava com um governador-geral (*Gouverneur-generaal*), uma espécie de CEO rudimentar localizado na Ásia com a função de liderar as operações *in loco*. Os demais acionistas não possuíam direitos políticos, o que levava a uma relação de poder desbalanceada. Isso levou a descontentamentos, na medida em que muitos reclamavam que a companhia priorizava objetivos políticos e de guerra em detrimento de seus objetivos comerciais.[25]

Apesar de algumas queixas e de um início turbulento, a VOC foi um sucesso. Ela obteve a primazia do comércio com a Ásia por quase dois séculos, sobrepujando de maneira avassaladora todos os seus concorrentes pelo mercado de especiarias orientais.[26] Em 1669, era a companhia mais rica do mundo, contando com 150 navios mercantes, 40 navios de guerra, 50 mil empregados e um exército privado de 10 mil soldados. O resultado financeiro para os acionistas também foi muito bom. O lucro anual médio da VOC em seu período de apogeu (1630 a 1730) foi de cerca de 2 milhões de florins por ano, distribuindo cerca de metade dos lucros nesse período. Estima-se que a VOC tenha pagado um dividendo médio de 18% sobre o capital investido ao longo de seus quase duzentos anos de vida.

Entretanto, como acontece com quase todas as companhias, ela teve seu ciclo de vida encerrado ao falir em 1799. Além de sofrer com a competição de produtos oriundos da América, a companhia também passou por diversos problemas na alta gestão em seus últimos anos de vida, incluindo fraudes. A abreviação "VOC" em holandês também significa "pereceu por corrupção" (*vergaan op corruptive*), sendo a companhia jocosamente lembrada por esse acrônimo ao seu final.

A VOC, de qualquer forma, merece destaque por ter sido uma entidade comercial inovadora, a primeira a ter estas cinco características, consideradas essenciais, das modernas sociedades anônimas:

1. Negociabilidade das ações: emissão de ações livremente negociáveis com quaisquer investidores.

2. Capital permanente, com prazo de vida ilimitado da entidade.[27]

3. Responsabilidade limitada: limitação das perdas dos acionistas ao capital investido na compra de ações;[28]

4. Personalidade jurídica: criação de uma "pessoa artificial" com patrimônio próprio, capaz de celebrar contratos e com passivos isolados dos passivos de seus acionistas;[29]

5. Separação entre propriedade e gestão: representação da companhia por seus administradores e vida autônoma dos acionistas.

2.1.3. As bolhas acionárias na França e Inglaterra (1719-1720)[30]

Ao longo do século XVII, as companhias abertas se disseminaram principalmente na França e na Inglaterra. Todavia, as sociedades por ações não foram um sucesso absoluto inicialmente. Duas grandes bolhas acionárias com enormes impactos sociais, ocorridas quase que simultaneamente nesses países por volta de 1720, fizeram com que o desenvolvimento das companhias estagnasse por cerca de um século.[31] Vamos a elas.

2.1.3.1. *A Companhia do Mississipi* (Compagnie d'Occident) *na França*

O principal personagem da bolha da Companhia do Mississipi foi John Law, apostador escocês que havia fugido da prisão em Londres após assassinar um rival em um duelo ocasionado por uma disputa amorosa.

Depois de passar uma temporada na Holanda e estudar *in loco* seu sofisticado sistema financeiro,[32] Law foi para a França, onde fez amizade com o duque de Orléans, então regente do jovem Luís XV.[33] Com boas conexões políticas, o escocês conseguiu autorização para fundar o Banco Geral (*Banque Générale*) em 1716, a primeira instituição a emitir papel-moeda na França.

No ano seguinte, Law usou sua influência crescente para adquirir uma pequena empresa de comércio exterior denominada Companhia do Mississipi, rebatizada de Companhia do Ocidente (*Compagnie d'Occident*). Ele obteve a concessão do monopólio do comércio, por 25 anos, entre a França e sua colônia norte-americana da Louisiana, à época uma faixa de quase 5 mil km pelo rio Mississipi que ia de New Orleans[34] até o Canadá.

Law vendeu sonhos de grande riqueza ao público nas terras ainda desconhecidas, suscitando enorme interesse pelas ações da companhia. O escocês incentivava a compra de ações com papel-moeda emitido por seu próprio banco, chegando inclusive a emprestar dinheiro para que as pessoas comprassem ações da Companhia do Ocidente. Para completar, a companhia passou a aceitar títulos de dívida do quase insolvente governo francês como moeda de troca pelas ações, o que incrementou ainda mais a demanda pelos papéis.[35]

A forte elevação dos preços fez com que Law realizasse novas ofertas de ações, captando cada vez mais recursos e se tornando cada vez mais forte financeira e politicamente. Em 1718, Law adquiriu o monopólio do comércio de tabaco com a África. No mesmo ano, assumiu o controle das companhias que realizavam comércio com a China e com as Índias Orientais.[36] Em 1719, o escocês converteu todos os títulos da dívida pública francesa em ações de sua empresa, passando a ser o grande credor do país. No mesmo ano, adquiriu os serviços de coleta de impostos do governo e o controle da Casa da Moeda.[37]

Após vertiginosa ascensão, o apostador escocês fugido da prisão havia criado um império e se tornado o homem mais poderoso da França.[38] Isso criou um verdadeiro frenesi em torno das ações da Companhia do Mississipi, que subiram dramaticamente. Em 1719, elas dispararam de 500 para 10 mil *livres tournois* (moeda da França na época), gerando retorno de 1.900%!

A rua em que as ações eram negociadas[39] se tornaram tão agitadas que soldados eram enviados com frequência para manter a ordem. Estima-se que a especulação desenfreada tenha levado cerca de 200 mil investidores de Veneza, de Gênova, da Alemanha e da Inglaterra a Paris para adquirir as ações da companhia. Muitas pessoas de baixa renda passaram a investir tudo que tinham na esperança de também se tornarem milionários,[40] expressão criada à época por causa do grande número de novos ricos.[41]

A manutenção do império de Law, entretanto, dependia dos resultados de suas atividades no Mississipi, considerada a grande promessa de ganhos de seu grupo. Na prática, as operações da companhia no mundo real se mostraram um enorme fracasso. Nada de relevante foi encontrado na região pantanosa ao redor de New Orleans. Como ocorre em todas as bolhas,[42] alguns investidores mais experientes começaram a vender suas ações para converter os recursos em ativos tangíveis, como moedas de ouro. A diminuição dos ânimos dos investidores, associada a boatos sobre o fracasso das descobertas no Mississipi, fez as ações despencarem em 1720. Muitas pessoas perderam suas economias. A inflação ocasionada pela emissão desenfreada de papel-moeda desestabilizou a já abalada economia francesa, com enormes impactos sociais.[43]

Após tentar, sem sucesso, manter o preço das ações, Law fugiu para Veneza com um passaporte falso e disfarçado de mulher, passando o restante de seus dias no exílio em mesas de jogos de azar. A Companhia do Mississipi é considerada o primeiro caso de bolha empresarial. Após o episódio, o governo francês assumiu o controle da companhia e proibiu a abertura de novas sociedades anônimas por cerca de um século. Para muitos, esse episódio levou a uma duradoura visão negativa do público em relação ao mercado acionário no país.

2.1.3.2. *A Companhia dos Mares do Sul* (South Sea Bubble) *na Inglaterra*

Na mesma época, ocorreu em Londres outra bolha empresarial de grande proporção. Seu principal responsável foi John Blunt. Assim como Law, Blunt era uma pessoa carismática e muito autoconfiante, com histórico em mesas de jogos de azar.

Em 1711, Blunt criou a Companhia dos Mares do Sul (*South Sea Company*), uma *trading* que, graças às suas boas conexões políticas,[44] obteve o direito ao monopólio do comércio da Inglaterra com as colônias espanholas na América.

Em contrapartida, a Companhia dos Mares do Sul se comprometeu a adquirir títulos da dívida pública inglesa em uma triangulação complexa envolvendo seus investidores e o governo. Inicialmente, os investidores aceitariam trocar £ 10 milhões em títulos do governo de curto prazo por novas ações da companhia. A companhia aceitaria, então, transformar esses títulos em uma anuidade perpétua de £ 600 mil a ser paga pelo governo. Com isso, seus acionistas teriam uma fonte de receitas estável. O problema é que o governo pretendia realizar seu pagamento periódico com os impostos cobrados dos produtos da própria Companhia dos Mares do Sul. Tudo dependia, portanto, do sucesso de sua iniciativa comercial.

A obtenção da exclusividade do comércio com uma região cheia de riquezas naturais atraiu enorme interesse dos investidores. Isso foi reforçado por rumores, espalhados pelos diretores da companhia, de que quantidades incríveis de ouro e prata seriam importadas para a Inglaterra. Em 1719, antes mesmo de entrar em operação, a Companhia dos Mares do Sul havia captado tantos recursos que detinha cerca de um quarto de toda a dívida pública britânica.[45]

O frenesi especulativo chegou a seu ápice em 1720: as ações passaram de £ 128 em janeiro para £ 950 em julho, uma valorização de 650% em seis meses![46] A companhia oferecia ainda aos políticos a compra de que ações em condições vantajosas, em troca de apoio. Uma delas envolvia a cessão de uma opção de venda na qual a companhia se comprometia a recomprar suas ações a um preço fixo no futuro. Isso levou os aristocratas a se tornarem grandes acionistas da Companhia dos Mares do Sul, incluindo personagens como o rei George I e sua amante. A presença de pessoas da elite política como acionistas reforçou o interesse pela companhia, uma vez que conferia certa legitimidade ao esquema.

Ao perceberem o enorme interesse da população por ações, outros empreendedores aproveitaram o momento de euforia para criar novas sociedades. Em um curto espaço de tempo, muitas companhias lançaram ações ao público. Várias delas eram claramente fraudulentas. Uma delas, por exemplo, apresentava em seu prospecto a vaga ideia de que iria "realizar um empreendimento de grande vantagem; mas que ninguém pode saber do que se trata".[47]

Essas empresas especulativas passaram a ser apelidadas de "bolhas", dando origem ao termo utilizado atualmente no mercado financeiro. Temendo que a demanda por suas ações diminuísse em função da maior oferta de papéis, a Companhia dos Mares do Sul pressionou o governo para que as novas empresas fossem banidas. Como resultado, em junho de 1720 o parlamento aprovou a Bubble Act, uma lei que passou a exigir que todas as companhias obtivessem uma carta patente real para abrir capital. Na prática, a lei dificultou enormemente a criação de novas sociedades por ações na Inglaterra por cerca de um século.

Ao longo do tempo, os resultados operacionais da Companhia dos Mares do Sul se mostraram muito aquém do esperado. Seus direitos de monopólio se baseavam no Tratado de Utrecht, um acordo assinado após a guerra da sucessão espanhola em 1713, que dava direito à Inglaterra explorar o comércio na região por trinta anos. Na prática, porém, a Espanha se manteve hostil a esse comércio, permitindo apenas uma embarcação por ano no território americano. Na medida em que os lucros se mostraram medíocres, a bolha explodiu e as ações da companhia despencaram para £ 150 em setembro de 1720.

Muitos investidores, de aristocratas a pequenos comerciantes, perderam fortunas. Muitos haviam se endividado para comprar ações da companhia, o que levou alguns bancos à falência. Até mesmo Isaac Newton, considerado um dos maiores gênios da humanidade, perdeu uma fortuna estimada em £ 20 mil com a Companhia dos Mares do Sul. Ficou famoso seu comentário a respeito do episódio: "Posso calcular o movimento das estrelas, mas não a loucura dos homens."[48]

Ao final, o governo teve que nacionalizar a Companhia dos Mares do Sul para salvar o sistema financeiro do país. Diversos diretores da companhia foram presos e tiveram seus bens confiscados, incluindo Blunt.[49] Ele foi posteriormente libertado, passando o resto de seus dias em uma mansão de seu filho – que havia enriquecido com a valorização das ações da companhia. Segundo o primeiro ministro da época, *sir* Robert Walpole, "o esquema da *South Sea*, para não ser jamais esquecido ou perdoado, amaldiçoou o nome de todos os tipos de sociedades por ações".[50]

2.1.4. O descrédito das companhias abertas (1720-1856)

As bolhas ocorridas na França e Inglaterra no início do século XVIII, em conjunto com os métodos cruéis das companhias das índias orientais inglesa e holandesa para com os povos colonizados,[51] levaram a um período de cerca de um século de má reputação das sociedades por ações. O descrédito pode ser constatado em declarações da época, como a do chanceler inglês Edward Thurlow (1731-1806), que afirmava que as "companhias não possuem corpos para serem punidos nem almas para serem condenadas, o que as faz agir da forma que quiserem".[52]

Até mesmo Adam Smith (1723-1790), pai da economia moderna, mostrava-se cético em relação ao sucesso das companhias abertas. Para ele, essas sociedades apresentavam três problemas principais. Em primeiro lugar, quase sempre se baseavam na concessão de monopólios, algo que tende a levar a ineficiências. Segundo, essas companhias contavam com o "subsídio" público da responsabilidade limitada, o que incentivaria os investidores a não assumir responsabilidade integral pelos passivos assumidos. A terceira crítica de Smith constitui o cerne da literatura predominante sobre governança corporativa atualmente. Para ele, essas companhias estavam fadadas à má gestão, na medida em que não se poderia esperar que os administradores, ao tomar decisões com recursos de terceiros, agissem no melhor interesse de todos os acionistas. Em uma das passagens mais famosas a respeito dessa questão, Smith afirmou:

Os administradores dessas companhias [listadas em bolsa], entretanto, sendo gestores do dinheiro de outras pessoas em vez do seu próprio, não se pode esperar que eles supervisionem sua utilização com a mesma vigilância com a qual os sócios de uma entidade de capital fechado supervisionarão os seus recursos... Negligência e excesso de liberalidade nos gastos, portanto, devem sempre prevalecer, em maior ou menor grau, na gestão das companhias de capital aberto.[53]

ADAM SMITH (1723-1790), *A RIQUEZA DAS NAÇÕES*, 1776.[54]

Além da má reputação perante o público e os economistas liberais, a Bubble Act inglesa – lei de 1720 que exigia aprovação real para abertura de novas companhias – dificultou, sobremaneira, o desenvolvimento das sociedades por ações no país. O processo para autorizar sua constituição era caro, lento e incerto do ponto de vista político, desestimulando sua adoção.[55] Como o maior centro financeiro da época, a Inglaterra era um local-chave para que as companhias abertas se disseminassem em todo o mundo.

2.1.5. O nascimento da moderna sociedade por ações (1856)

A sorte das sociedades anônimas começou a mudar em 1825, ano em que a Bubble Act foi revogada na Inglaterra. A eclosão da revolução industrial no fim do século XVIII havia fomentado empreendimentos de grande escala, como ferrovias e obras de infraestrutura, o que pressionou os governos a facilitar a formação de companhias que pudessem realizar investimentos vultosos.

Apesar da existência de iniciativas legislativas anteriores na França – como as sociedades anônimas e comanditas por ações de 1807–,[56] a maioria dos autores considera que a companhia aberta moderna, em seu formato atual, surgiu na Inglaterra durante a era vitoriana.

O processo legislativo que culminou com sua criação começou em 1843, quando William Gladstone assumiu a presidência de um comitê do parlamento dedicado às sociedades por ações.[57] Os trabalhos desse comitê levaram à aprovação da Joint Stock Companies Act de 1844; lei que permitiu, pela primeira vez na história, que um grupo de pessoas pudesse constituir uma companhia por meio de um procedimento de incorporação simples.

Entretanto, essa lei não previa a responsabilidade limitada dos sócios por prejuízos causados pela companhia, elemento central da moderna sociedade anônima.[58] Isso ocorreu apenas em 1855, com a aprovação da Limited Liability Act, e em 1856, com sua codificação na Joint Stock Companies Act.[59] Com essas leis, o registro de uma companhia com responsabilidade limitada passou a ser muito mais simples: bastava que ao menos sete pessoas elaborassem um memorando de entendimento mútuo, bem como que fosse inserida a expressão "limitada"[60] ao fim do nome da companhia, como meio de alertar os credores de que não poderiam recorrer aos bens pessoais dos acionistas.

Mesmo com seus avanços, as leis de 1855 e 1856 ainda apresentavam algumas lacunas, como a exigência de um número mínimo de 25 acionistas para que a responsabilidade limitada passasse a valer.[61] Essas questões foram resolvidas com a Companies Act de 1862, uma legislação consolidadora das leis e dispositivos anteriores, considerada o grande marco fundador da moderna sociedade por ações.[62]

A aprovação dessas leis deu origem a um aumento exponencial no número de companhias listadas na Inglaterra, principalmente nos setores de ferrovias, telégrafos e barcos a vapor. Apenas entre 1856 e 1862, foram incorporadas cerca de 25 mil sociedades anônimas no país.[63] Algumas décadas mais tarde, no fim do século XIX, um período de depressão econômica levou a um forte movimento de consolidação no setor de ferrovias, principal motor do mercado acionário, com muitas aquisições no setor.[64]

2.1.6. A ascensão da grande companhia moderna (1886-1932)

A despeito do fato de o "nascimento" da moderna sociedade anônima ter ocorrido na Inglaterra, foi nos Estados Unidos que as chamadas *corporations*[65] floresceram com maior intensidade, alcançado porte e relevância econômica sem precedentes.

Assim como nos países europeus, as sociedades por ações no mercado norte-americano começaram sob o formato de "companhias certificadas" com direito a certos monopólios. A mais antiga delas foi a New London Society for Trade and Commerce, uma companhia de Connecticut criada em maio de 1732.[66] Em 1800, já havia 335 sociedades anônimas no país; a maioria no setor de transportes[67] e dois terços localizadas no estado de New England.

Tendo em vista o regime federativo do país, cabia aos estados regularem as companhias. Nova York foi o primeiro a promulgar uma lei societária, em 1811.[68] No início, os estados tinham poder para alterar os estatutos das companhias a qualquer momento, já sua criação deveria ter como finalidade, acima de tudo, promover maior bem-estar social.

Ao longo dos anos, o número de companhias foi aumentando, enquanto o poder dos estados sobre elas foi diminuindo. Isso ocorreu principalmente em função de pressões políticas associadas a decisões tomadas pela Suprema Corte norte-americana.

Em 1819, a Suprema Corte Federal decidiu que os estados não poderiam mais alterar os estatutos das companhias arbitrariamente, passando a considerá-los invioláveis.[69] Em 1830, o estado de Massachusetts determinou que as sociedades por ações não precisavam mais desempenhar algum serviço de interesse público para obter o privilégio da responsabilidade limitada. Em 1837, o estado de Connecticut foi além, permitindo que as companhias fossem incorporadas sem necessidade de qualquer aprovação especial do legislativo.[70]

Na esfera política, o temor em perder negócios para outros estados levou a uma competição crescente para atrair mais empresas, o que fez com que as leis se tornassem cada vez mais permissivas e o controle público sobre as companhias cada vez menor.[71]

O principal marco na esfera jurídica ocorreu em 1886, quando a Suprema Corte Federal proibiu os estados de extinguir qualquer companhia de forma unilateral.[72] A decisão se baseou na "cláusula da proteção da igualdade",[73] um dispositivo da 14ª emenda da Constituição norte-americana que assegura direitos iguais a todas as pessoas, ao determinar que "nenhum Estado poderá privar qualquer pessoa da vida, liberdade ou propriedade sem o devido processo da lei".[74]

A cláusula, que havia passado a vigorar em 1868, tinha como objetivo proteger os negros norte-americanos após o término da escravidão. Habilmente, entretanto, advogados societários das companhias entraram na justiça argumentando que, como "pessoas jurídicas" com direitos e deveres similares às pessoas naturais, as companhias também deveriam ter direito à proteção, não podendo mais ser extintas (privadas de sua vida) por mera determinação pública. A Suprema Corte acatou esse argumento e, daí em diante, as sociedades por ações passaram a ter duração ilimitada e a estarem sujeitas a um menor controle estatal.[75]

Assim como na Inglaterra, as ferrovias foram as grandes propulsoras do mercado acionário norte-americano no século XIX.[76] A bolsa de Nova York, que negociava principalmente ações preferenciais de companhias do setor, retrata esta evolução: o número de ações negociadas diariamente em seu pregão aumentou de meras 31 ações, em 6 de março de 1830, para uma média diária de mais de 1 milhão em 1886.[77]

O crescimento do mercado acionário fez com que as companhias adquirissem proporções colossais no fim do século XIX nos Estados Unidos. Em 1891, por exemplo, a Pennsylvania Railroad empregava 110 mil pessoas (na mesma época, o exército norte-americano contava com menos de 40 mil pessoas). Sua capitalização de mercado, de US$ 842 milhões, era ligeiramente inferior à dívida pública de US$ 997 milhões do governo dos Estados Unidos à época.[78]

O aumento do tamanho das companhias levou a uma concentração crescente de poder e de renda no país. Foi a época do surgimento dos barões ladrões (*robber barons*), expressão cunhada para denominar os magnatas que criaram impérios empresariais, muitas vezes por meio de intimidação, práticas exploratórias e outros métodos implacáveis.[79] Dois personagens simbolizaram os "barões ladrões" dessa era: John D. Rockfeller (1839-1937) e J. P. Morgan (1837-1913).

Rockfeller percebeu desde cedo a importância da escala no setor de petróleo. Em 1870, ele abriu o capital da Standard Oil. Em 1882, a companhia – então parte de uma aliança de quarenta outras – transformou-se em um *trust* (uma espécie de fundação)[80] como meio de contornar a lei antitruste da época, que proibia as companhias de deter ações de outras empresas. A consolidação de diversos concorrentes no *trust* da Standard Oil resultou em uma racionalização substancial dos custos e do aumento do seu poder de mercado. Em 1892, a Suprema Corte do estado de Ohio determinou que o *trust* deveria ser desfeito, uma vez que violava a lei estadual por atribuir poderes para curadores (*trustees*) de fora do estado.[81] Rockfeller mudou, então, sua sede para New Jersey, onde uma mudança legislativa de 1889 havia passado a permitir, pela primeira vez no país, a constituição de sociedades *holding*.[82] Como resultado, em 1899 a Standard Oil havia se tornado uma gigantesca *holding* sediada em New Jersey e com participações em quarenta companhias.[83]

A formação de grandes grupos empresariais por meio da fusão de diversas empresas era engendrada pelos financistas de Wall Street, com destaque para J. P Morgan e seu banco.[84] A maioria das consolidações se dava pela troca de ações e pela emissão de papéis ao público, o que levou muitas companhias a abrir capital e a ter uma base acionária cada vez mais dispersa. Entre elas, merece destaque a operação que criou a gigantesca U.S. Steel, originalmente denominada Carnegie Steel. Seu fundador, o magnata Andrew Carnegie, era cético quanto ao sucesso das companhias com ações em bolsa. Em 1901, ele vendeu sua empresa para J. P. Morgan e Elbert Gary por US$ 480 milhões. Os financistas agregaram cerca de duzentas pequenas empresas ao grupo, rebatizando-o de U.S. Steel. Ao final, realizaram a oferta pública inicial da companhia, alcançando um valor de mercado de US$ 1,4 bilhão (mais de US$ 1 trilhão em valores atuais!).[85]

Os barões ladrões lançaram mão de diversas iniciativas menos ortodoxas para aumentar seu poder econômico e político. Eles sufocaram, por exemplo, o movimento trabalhista norte-americano, recorrendo muitas vezes à violência e à compra de políticos e juízes para defesa de seus interesses. O senado norte-americano, por exemplo, era conhecido como o "clube dos milionários" por contar com diversos empresários poderosos.[86]

De outro lado, crescia o número de críticos da enorme concentração de poder resultante da formação das grandes companhias.[87] A pressão popular contra os grandes monopólios, amparada pela Sherman Antitrust Act de 1890, fez com que, em 1911, a Suprema Corte Federal determinasse que grandes grupos como Standard Oil e American Tobacco fossem desmembrados.[88]

O desmembramento de grandes grupos, associado à morte de alguns magnatas icônicos como J. P Morgan em 1913,[89] fez com que, gradualmente, as grandes companhias do país passassem a ter uma administração cada vez mais profissional e uma base acionária cada vez mais pulverizada.[90] Com o tempo, os grupos controlados por grandes empresários deram lugar a sociedades por ações caracterizadas por uma separação cada vez mais clara entre propriedade (posse de ações) e controle (poder para tomada das decisões de negócio). A era dos barões ladrões havia, então, sido substituída pela era dos executivos profissionais.

2.1.7. A separação plena entre propriedade e controle (1932)

Nas primeiras décadas do século XX, os executivos alcançaram uma proeminência cada vez maior nas companhias norte-americanas.[91] O arquétipo do gestor profissional da época foi Alfred Sloan (1875-1966) da General Motors. Engenheiro de carreira, ele recriou toda a GM após ser alçado à presidência em 1923.[92] A companhia, então deficitária, sofria nas mãos de seu fundador, William Durant, descrito por Sloan como "um grande homem com uma grande fraqueza: ele consegue criar, mas não administrar".[93]

Sloan foi o primeiro executivo profissional a alcançar notoriedade nacional nos Estados Unidos. *Management* é a minha especialização, dizia ele.[94] Após concluir que a GM era grande demais para ser administrada centralmente, ele separou a companhia em diversas unidades,[95] cada uma com completa autonomia administrativa. O modelo de Sloan – a companhia multidivisional – permitia aumentar de tamanho sem perder eficiência administrativa. Seis anos após assumir o comando, a participação de mercado da GM havia quase dobrado, passando de 17% para cerca de 32%.[96] Seu modelo organizacional passou a ser copiado por outras companhias norte-americanas, principalmente as multinacionais.[97]

A separação plena entre propriedade e controle vigente nas grandes companhias do país foi documentada pela primeira vez pelo jurista Adolf Berle e pelo economista Gardiner Means[98] em seu clássico, de 1932, *The Modern Corporation and Private Property*.[99]

Nesse livro, os autores mostram, com base em dados empíricos, que os antigos oligopólios dos "barões ladrões" haviam se transformado em companhias com estrutura acionária dispersa, propriedade de cerca de 10 milhões de acionistas pessoas físicas.[100] Ao examinar as duzentas maiores companhias norte-americanas da época, Berle e Means constataram que 44% delas não tinham qualquer acionista com mais de 20% das ações.[101]

A preocupação dos autores com a passividade dos milhões de acionistas *vis-à-vis* o poder absoluto dos executivos profissionais – incluindo seus potenciais conflitos de interesses – fez com que a obra fosse a primeira a identificar o governo das sociedades por ações como uma questão relevante.[102] Em um dos trechos mais famosos, Berle e Means argumentam que:

> *O proprietário que investe em uma companhia moderna abre mão de sua riqueza em favor daqueles que controlam a companhia, de forma que ele passa e se tornar um mero recipiente da renda periódica oriunda de seu capital... Esses proprietários abriram mão do direito que a companhia deve ser dirigida em seu interesse exclusivo...*[103]
>
> ADOLF BERLE (1895-1971) E GARDINER MEANS (1896-1988).
> *THE MODERN CORPORATION AND PRIVATE PROPERTY*, 1932, P. 355.

Pela primeira vez, um trabalho mostrou inquietação com as decisões da nova oligarquia formada pelos altos executivos,[104] bem como passou a advogar a necessidade de maior transparência, prestação de contas e direitos para os acionistas.

É importante destacar que Berle e Means se preocupavam com a falta de prestação de contas dos altos executivos não apenas perante os acionistas, mas perante a sociedade em geral. Para eles, a existência de um pequeno grupo situado no topo de grandes organizações – com poder para construir e destruir comunidades, produzir riqueza e controlar sua distribuição sem prestar conta àqueles que os elegeram (os acionistas) ou a quem deles dependiam (o público em geral) – não constituía um motivo de celebração, mas, sim, de preocupação.

Como resultado da obra de Berle e Means, as autoridades norte-americanas passaram a se preocupar em proporcionar informações ao público e a proteger os pequenos acionistas.[105]

2.2. O MOVIMENTO DA GOVERNANÇA CORPORATIVA: MARCOS NO MUNDO

2.2.1. A mudança no debate sobre o propósito das companhias (1970)

Após o trabalho seminal de Berle e Means em 1932, passaram-se cerca quarenta anos até o próximo marco da governança.[106] Nas duas décadas posteriores à Segunda Guerra Mundial, as companhias multinacionais norte-americanas reforçaram sua supremacia global. Para seus executivos, esse foi um período de relativa estabilidade no qual as empresas, em geral, proporcionavam empregos para a vida toda, oportunidade de ascensão e boas pensões na aposentadoria.

Esse modelo fez com que o ambiente empresarial no país se aproximasse do sistema orientado para os stakeholders alemão em que as companhias procuravam manter relações de longo prazo equilibradas com seus públicos de interesse. Em 1951, por exemplo, indagado sobre o objetivo a ser perseguido pelos executivos, o então presidente do conselho de administração da Standard Oil, Frank Abrams, afirmara que "o objetivo dos gestores é manter um equilíbrio justo e funcional entre as reinvindicações dos diversos grupos de interesse da companhia... acionistas, funcionários, clientes e público em geral". [107] Nesse mesmo ano, a revista *Fortune* argumentava que os executivos tinham como dever agir como "estadistas industriais", trabalhando para o bem de seus funcionários e comunidades, além dos seus acionistas.[108] Para alguns autores, essa era a época das "companhias com alma".

Esse cenário começou a mudar no início da década de 1970, motivado pelos pensamentos de economistas liberais da chamada "Escola de Chicago".[109] Seu principal expoente era Milton Friedman, vencedor do prêmio Nobel de Economia em 1976. Em 1970, ele escreveu um texto polêmico em *The New York Times Magazine* intitulado *The Social Responsibility of Business is to Increase its Profits*. Nele, Friedman alegava que, como os acionistas eram os donos das empresas, a única responsabilidade social de uma companhia é aumentar seus lucros:

> ***Em uma economia de mercado, existe apenas uma responsabilidade social da empresa: utilizar seus recursos para atividades que visem aumentar seu lucro, desde que ela permaneça dentro das regras do jogo, competindo de forma livre e aberta, sem fraudes ou enganação.***[110]
>
> MILTON FRIEDMAN (1912-2006)
> *THE NEW YORK TIMES MAGAZINE*, 13/09/1970

Em outra passagem famosa, o autor questionou o próprio conceito de responsabilidade social: "o que significa dizer que o negócio tem uma responsabilidade? Apenas as pessoas podem ter responsabilidades".[111] Para Friedman, o executivo é um empregado dos acionistas, proprietários do negócio. Cumpridas todas as regras básicas da sociedade, incorporadas sob a forma de lei e dos costumes éticos, sua responsabilidade é simplesmente fazer o máximo de dinheiro ao longo do tempo.[112]

No texto, o autor reconhece que o executivo é uma pessoa com seus próprios direitos. Como tal, ele poderia ter diversas responsabilidades assumidas voluntariamente – junto a sua família, sua consciência, instituições de caridade, sua igreja, seus clubes, sua cidade e seu país. Impelido por essas responsabilidades, ele poderia dedicar parte de sua renda para causas que considerasse relevantes, ou mesmo recusar-se a trabalhar para companhias que considerasse danosas à sociedade. Para Friedman, essas escolhas poderiam ser chamadas de "responsabilidades sociais". Nesse caso, porém, o executivo estaria agindo por conta própria, e não como representante dos acionistas. Ele gastaria seu próprio dinheiro, tempo ou energia, não o dos seus acionistas, nem o tempo ou energia para qual foi contratado. Para o autor, as "responsabilidades sociais" seriam sempre de indivíduos, e não de negócios.

Para Friedman, o executivo de uma companhia aberta não deveria gastar recursos de terceiros para perseguir um interesse social mais amplo, uma vez que os acionistas poderiam gastar seus recursos próprios com causas particulares se assim o desejassem. Em sua opinião, isso deveria ser função do governo, e não de um executivo contratado com outros objetivos. Caso o fizesse, então o homem de negócios aplicaria uma espécie de imposto a sua companhia, tornando-se simultaneamente legislador, executivo e jurista. Ele decidiria quem taxar, qual o "imposto" a ser aplicado e a destinação dos recursos levantados. Na visão do autor, o executivo se tornaria uma espécie de funcionário público, apesar de trabalhar em uma empresa privada: "se fossem para ser funcionários públicos, os executivos deveriam ser eleitos por um processo político, e não contratados por um conselho de administração que representa os acionistas".[113]

O texto de Friedman proporcionou argumentos aparentemente convincentes para um grupo crescente de seguidores.[114] A partir daí, disseminou-se a ideia de que as companhias deveriam ter como objetivo tornar seus acionistas os mais ricos possíveis, o que ocasionou grande impacto nos debates sobre governança corporativa.[115]

2.2.2. A teoria da representação - *agency theory* (1976)

Não há alegria pública que valha uma boa alegria particular.

MACHADO DE ASSIS (1839-1908)[116]

As ideias iniciais de Friedman ganharam maior robustez teórica em 1976, com a publicação de um artigo acadêmico seminal de dois economistas, Michael Jensen e William Meckling, intitulado *Theory of the Firm: Managerial Behavior, Agency Costs and Ownership Structure*.[117]

Nesse artigo, Jensen e Meckling lançaram as bases de uma nova teoria microeconômica para analisar a distribuição de poder nas empresas. Sua teoria da representação (*agency theory*) se baseia na separação de papéis que existe nas sociedades por ações entre representantes (*agents*), encarregados de tomar as decisões de negócios, e os representados (*principals*), as pessoas que transferem seu poder decisório para terceiros.[118]

Segundo os autores, a relação entre esses dois personagens pode ser definida como "um contrato no qual uma ou mais pessoas (o representado ou *principal*) empregam outra pessoa (o representante ou *agent*) para desempenhar alguma tarefa em seu favor, envolvendo delegação de autoridade para a tomada de decisão pelo representante (*agent*)".[119]

A teoria prevê, entretanto, que o representante nem sempre agirá no melhor interesse do representado. Como resultado, haverá um desalinhamento entre ambos, denominado problema de representação ou *agency problem*.

No contexto empresarial, o executivo é o representante que recebe uma procuração com poderes para tomar decisões em favor do conjunto de acionistas, seus representados. Partindo da premissa de que os executivos agirão com o intuito de maximizar seu ganho pessoal, deverá ser necessário, então, alinhar seus interesses aos dos acionistas por meio do monitoramento e do estabelecimento de incentivos apropriados para os executivos.

De acordo com os autores, os custos arcados pelos acionistas para alinhar os interesses dos executivos aos seus devem ser chamados de "custos de representação" (*agency costs*). Esses custos compreendem principalmente os gastos de: criação e estruturação de contratos entre executivos e acionistas; monitoramento das atividades dos executivos pelos acionistas; e aqueles promovidos pelos próprios executivos para mostrar aos acionistas que seus atos estão alinhados a seus interesses. Além desses gastos, devem continuar a ocorrer perdas residuais decorrentes de decisões ineficientes, as quais também devem ser computadas como custos de representação.

A teoria da representação tem sido a abordagem conceitual mais utilizada para discutir a governança corporativa. O Capítulo 4 a descreve em detalhes, incluindo suas limitações e abordagens alternativas.

2.2.3. O foco na geração de valor para o acionista (1981)

O movimento da *corporate governance* surgiu nos países anglo-saxões durante os anos 1980 como resultado de mudanças substanciais ocorridas nos ambientes macroeconômico, acadêmico, financeiro e corporativo a partir do fim da década de 1970. Para compreender sua origem, é necessário fazer uma digressão sobre o panorama econômico e político da época.

Após duas décadas de forte crescimento e desenvolvimento social depois da Segunda Guerra Mundial, os países ricos começaram a passar por dificuldades[120] durante a década de 1970.[121] Em boa medida, os problemas foram consequência das crises do petróleo de 1973 e 1979.[122] Nesse período, Estados Unidos e Inglaterra passaram por "estagflação" (recessão associada a altas taxas de inflação),[123] elevado desemprego[124] e altas taxas de juros.[125]

Os problemas econômicos levaram a mudanças substanciais na esfera política nesses países, com a ascensão ao poder de Margaret Thatcher no Reino Unido em 1979 e de Ronald Reagan nos Estados Unidos em 1981. Ambos possuíam orientação econômica neoliberal, caracterizada por uma agenda que incluía redução do gasto público e dos benefícios sociais, desregulamentação,[126] privatizações,[127] enfraquecimento de sindicatos e redução das tarifas de comércio.

As dificuldades econômicas afetaram o mercado acionário e os resultados das companhias. Entre janeiro de 1973 e dezembro de 1974, por exemplo, o índice Dow Jones da bolsa de Nova York caiu cerca de 45%. No mesmo período, o índice FT30 da bolsa de Londres perdeu cerca de 73% de seu valor.[128] No mundo dos negócios, as grandes companhias norte-americanas passaram a perder terreno tanto no mercado internacional[129] quanto em seu próprio país para as empresas japonesas, consideradas, à época, como mais eficientes e bem administradas. Assim como na política, aumentou-se a percepção de que as empresas norte-americanas também precisavam passar por ampla reformulação.

Foi nesse contexto histórico que surgiu o conceito do "valor para o acionista" (*shareholder value*) como objetivo a ser perseguido pelos administradores. Até então, as companhias norte-americanas tinham uma abordagem mais orientada para equilibrar os interesses de seus públicos-alvo, sem pressões externas relevantes para que procurassem maximizar incessantemente sua eficiência econômica. O conceito do valor para o acionista rompeu esse paradigma, ao determinar que a medida final de sucesso de qualquer companhia deveria ser o aumento da riqueza de seus acionistas, algo a ser obtido pela maximização do preço das ações e do pagamento de dividendos.[130]

Apesar da expressão *shareholder value* ter ganhado popularidade ao longo da década de 1980, supõe-se que a ideologia do valor para o acionista como objetivo a ser perseguido pelos administradores teve início em agosto de 1981, quando o executivo Jack Welch assumiu o comando da GE. Em seu primeiro discurso como CEO, intitulado "Crescendo Rapidamente em uma Economia de Baixo Crescimento",[131] Welch determinou que sua companhia teria como objetivo gerar o máximo de retorno aos seus acionistas, permanecendo apenas nos mercados em que se posicionasse em primeiro ou segundo lugar.

O foco no valor para o acionista encontrou respaldo acadêmico na recém-formulada *agency theory* de Jensen e Meckling. Como resultado, formou-se certo consenso de que deveria haver maior pressão externa dos participantes de mercado, a fim de minimizar os desalinhamentos de interesse entre executivos e acionistas supostamente vigentes nas companhias norte-americanas.

A criação de valor para o acionista, portanto, serviu como pano de fundo para o início do movimento da governança corporativa na década de 1980. O tema passou a ser visto como um meio de alinhar os interesses entre administradores, acionistas controladores e minoritários para maximizar o retorno financeiro para os investidores. Como consequência, as práticas de governança recomendadas pelos agentes de mercado – remuneração atrelada ao desempenho das ações,[132] conselhos de administração independentes, maior prestação de contas sobre o resultado da empresa[133] – passaram a ser vistas como mecanismos para aumentar a riqueza dos acionistas.

O foco na criação de valor para o acionista passou a ser fortemente criticado após a erupção de sucessivas crises empresariais ao longo da década de 2000, com destaque para a ocorrida em 2008 com diversas instituições financeiras de países desenvolvidos. Para os críticos, o foco no *shareholder value* tem levado muitas companhias a se concentrarem excessivamente no curto prazo em detrimento de seu resultado de longo prazo, bem como tem prejudicado de forma severa outros stakeholders – empregados, clientes, comunidades etc. – como resultado da busca pelo máximo ganho financeiro a qualquer custo. O Capítulo 3 discute em detalhes os problemas atribuídos ao foco excessivo na criação de valor para o acionista como objetivo empresarial.

2.2.4. Aquisições hostis, mecanismos defensivos e ativismo dos investidores institucionais (1984)

A má situação do ambiente empresarial norte-americano no início da década de 1980 resultante da concorrência japonesa, associada à recessão do país, fez com que o modelo de governança de suas companhias passasse a ser cada vez mais percebido como ineficiente e carente de mudanças estruturais.

Essa percepção levou alguns investidores e fundos especializados, denominados "piratas corporativos",[134] a darem início a uma onda de aquisições hostis (*hostile takeovers*) com o objetivo de aumentar o valor das companhias por meio de reestruturações empresarias. Essa operação consiste na aquisição do controle acionário por um terceiro[135] sem que a administração da empresa-alvo tenha mostrado interesse na venda de seu controle.[136] Após a aquisição do controle, esses investidores promovem reestruturações profundas – em geral incluindo o desmantelamento de unidades com pior desempenho financeiro e demissões em massa – visando revender a companhia integralmente ou em partes a um preço maior posteriormente.[137]

Com o aumento das aquisições hostis, os executivos começaram a lançar mão de artifícios para evitar que as companhias em que atuavam fossem adquiridas por terceiros de maneira não solicitada. Esses mecanismos defensivos passaram a ser popularmente chamados de "repelentes de tubarões" (*shark repellents*).[138] O quadro a seguir detalha as principais defesas utilizadas pelas empresas norte-americanas.

Quadro 2.1 Mecanismos contra aquisições hostis: uma questão-chave na governança corporativa

Mecanismos contra aquisições hostis: uma questão-chave para o surgimento do movimento da governança corporativa

A legislação norte-americana permite que os conselhos adotem medidas para dificultar a concretização de aquisições consideradas indesejadas. Entre esses mecanismos, conhecidos como "repelentes de tubarões" (*shark repellents*), se destacam as "pílulas envenenadas" (*poison pills*), os "paraquedas dourados" (*golden parachutes*) e os "conselhos escalonados" (*staggered boards*).[139]

Poison pill é o nome popular para o "plano de direitos dos acionistas" (*shareholder rights plan*). Em geral, o mecanismo funciona do seguinte modo: caso um acionista ultrapasse um percentual preestabelecido de ações (p. ex., 20%), o conselho de administração pode, então, acionar uma cláusula que permita aos demais acionistas adquirirem mais ações da companhia a um preço altamente descontado, levando a uma diluição acionária do potencial adquirente.[140] A adoção da *poison pill* afugenta potenciais compradores, uma vez que tende a tornar o custo da aquisição do controle acionário proibitivo.

No caso dos *golden parachutes*, a companhia assina um contrato com seus executivos que lhes confere benefícios potencialmente astronômicos (incluindo ações, opções de ações, salários extras etc.) em caso de concretização de uma aquisição hostil. Isso aumenta substancialmente os custos do potencial adquirente, reduzindo seu interesse pelo negócio.

Os conselhos escalonados são uma prática na qual apenas determinado número de conselheiros (em geral, um terço) é eleito a cada ano. Com isso, a mudança completa do conselho passa a levar anos, o que tende a diminuir o interesse pela aquisição da companhia.

Após décadas de ativismo contra os mecanismos defensivos, o percentual de companhias com *poison pills* nos Estados Unidos caiu de 54% em 2004 para apenas 15% em 2011, enquanto o percentual de companhias com conselhos escalonados caiu de 33% para 8% no mesmo período.[141]

A onda de aquisições hostis e os mecanismos defensivos criados pela administração das companhias norte-americanas para evitá-las foram elementos centrais para o surgimento do movimento da governança corporativa.[142]

Esse cenário contribuiu para o aumento do ativismo dos investidores institucionais, até então passivos, o que levou de vez a governança corporativa ao topo da agenda dos participantes do mercado.[143] O Capítulo 9 descreve como os institucionais se tornaram um elemento central para o desenvolvimento do movimento da governança nos Estados Unidos.

Deve-se também destacar que o mundo acadêmico teve um papel importante para reforçar a percepção da necessidade de mudanças estruturais nas companhias norte-americanas. Para diversos autores da época, seus mecanismos internos de governança – principalmente os conselhos de administração – eram deficientes e incapazes de promover as iniciativas necessárias para reverter os problemas de baixa rentabilidade e competitividade. Como resultado, muitos acadêmicos passaram a defender as aquisições hostis e a advogar por mudanças que posteriormente se tornaram "bandeiras" de muitos investidores, tais como a adoção de planos de opções de ações para os executivos e o aumento do endividamento das empresas como meio de reforçar seu papel disciplinador sobre os gestores. Nas palavras de Michael Jensen, um dos principais defensores dessas mudanças, "as ações são suaves, a dívida é dura. As ações perdoam, a dívida é insistente. As ações são um travesseiro, a dívida é uma espada".[144]

2.2.5. Relatório Cadbury (1992)

O relatório Cadbury é considerado o primeiro código de boas práticas de governança do mundo. O nome pelo qual o documento ficou conhecido é uma homenagem a *sir* Adrian Cadbury, presidente da comissão responsável por sua elaboração.[145]

A elaboração do documento foi motivada por uma série de escândalos empresariais no mercado britânico no início da década de 1990 envolvendo companhias como Maxwell,[146] Polly Peck[147] e BCCI.[148] A série de colapsos de governança levou diversas entidades britânicas, pressionadas pelo governo, a criar uma comissão em maio de 1991 com o objetivo de investigar o ambiente empresarial britânico, bem como a propor sugestões para recuperar a confiança dos investidores. O relatório final foi publicado em dezembro de 1992.[149]

Apesar de se concentrar nos aspectos de governança relacionados com as demonstrações financeiras,[150] o relatório Cadbury inovou em diversos aspectos. Em primeiro lugar, o documento apresentou uma definição concisa e abrangente do tema que passou a ser utilizada como referência daí em diante: "governança corporativa é o sistema pelo qual as companhias são dirigidas e controladas. O conselho de administração é o responsável pela governança das companhias".[151]

Além disso, o relatório Cadbury estabeleceu que as práticas recomendadas de governança devem se basear em princípios sólidos. Especificamente, o documento elenca três princípios de governança posteriormente adotados por códigos de todo o mundo: transparência, integridade e prestação de contas.[152]

O relatório Cadbury inovou ainda ao propor a utilização do "pratique ou explique" (*comply or explain*) para as recomendações de governança. Como detalhado no Capítulo 9, esse conceito dá flexibilidade às companhias que prefiram deixar de adotar determinadas práticas recomendadas de governança. Nesse caso, caberá à companhia esclarecer ao público que práticas recomendadas optou não seguir, informando as razões que fundamentaram sua decisão.[153] O "pratique ou explique" criado pelo Cadbury foi replicado posteriormente em diversos países, sendo adotado atualmente na maioria dos países europeus.

2.2.6. Princípios de Governança Corporativa da OCDE (1999, revisado em 2004)

Em 1999, a Organização para a Cooperação e Desenvolvimento Econômico (OCDE)[154] criou as primeiras diretrizes de governança corporativa com escopo global. O texto é um considerado um marco por ter se tornado referência para muitos códigos de boas práticas nacionais elaborados posteriormente.

Os princípios da OCDE reconhecem que os sistemas de governança variam muito entre os países, não sendo possível elaborar uma relação rígida de práticas a serem adotadas pelas companhias de todo o mundo. Uma de suas principais inovações foi propor um conjunto de princípios de governança que deveriam ser considerados por reguladores e agentes de mercado. Esses princípios se dividem em cinco dimensões centrais de governança, a saber:

1. Direitos dos acionistas: a proteção dos direitos dos acionistas, incluindo seu direito de influenciar o comportamento das companhias, deve ser assegurada.

2. Tratamento equitativo de todos os acionistas: todos os acionistas – incluindo os estrangeiros – devem ser tratados de forma justa pelos sócios controladores, conselhos de administração e diretores.

3. Papel das partes interessadas (stakeholders): os direitos das partes interessadas devem ser protegidos por leis (direito do trabalho, direito ambiental etc.).

4. Transparência: a divulgação das informações financeiras e não financeiras deve ser um dos principais pilares da boa governança corporativa.

5. Papel do conselho de administração: o conselho deve ser o principal mecanismo de monitoramento dos executivos e responsável pela definição da estratégia da companhia.

Vale ressaltar que o documento denominado Princípios de Governança Corporativa da OCDE, elaborado em 1999 e revisado em 2004, está sob nova revisão, com previsão de lançamento de nova edição em 2015.

2.2.7. A onda de escândalos empresariais (2001-2002) e a lei Sarbanes-Oxley

As diversas crises ocorridas com países em desenvolvimento durante a segunda década de 1990, com destaque para a crise asiática de 1997, aumentou a percepção de que faltava aos países emergentes melhorar a forma de governo de suas empresas. Em contrapartida, acreditava-se, até então, que os países ricos haviam conseguido resolver de maneira razoavelmente satisfatória as questões de governança de suas companhias.

No início da década de 2000, entretanto, uma onda de escândalos empresariais envolvendo grandes companhias norte-americanas e europeias deixou claro que a governança corporativa precisava ser substancialmente aprimorada em todo o mundo, não apenas nos países em desenvolvimento. Daí em diante, o tema ganhou relevância inédita, ascendendo ao topo da agenda de reguladores, investidores, executivos e acadêmicos.

A série de fraudes empresariais começou nos Estados Unidos em 2001 com o escândalo da Enron, até hoje considerado o caso mais emblemático de governança. (Tendo em vista sua relevância, o apêndice ao fim deste capítulo descreve o caso em detalhe.) No mesmo período, outras companhias renomadas do mercado, como WorldCom, Tyco, Dynergy e Xerox, também vieram a público reconhecer a existência de números inflacionados.

Em pouco tempo, centenas de companhias norte-americanas foram obrigadas a republicar suas demonstrações financeiras. Um estudo, por exemplo, concluiu que 5,3% das companhias listadas norte-americanas incorreram em fraudes relevantes em 2001. Em geral, esses casos envolviam adulteração dos números, empréstimos ocultos para executivos, negociação de ações com informações privilegiadas (*insider trading*) e evasão fiscal.

Os problemas de governança também se manifestaram na Europa. O caso de maior destaque foi o da Parmalat, empresa que entrou em colapso em dezembro de 2003 após revelar dívidas ocultas da ordem de € 8 bilhões, cerca de 1% do PIB italiano. Outros casos no mesmo período, como o da Royal Ahold na Holanda e o da Vivendi na França, também ganharam as manchetes.

Mais do que apenas algumas "maçãs podres", os problemas de governança ocorridos com centenas de companhias dos países desenvolvidos expuseram a existência de questões estruturais com muitos agentes do mercado de capitais, tais como auditores, escritórios de advocacia, analistas de mercado e bancos de investimento.

Nos Estados Unidos, a busca pela recuperação da confiança dos investidores – elemento central de uma economia muito dependente do mercado acionário – levou a uma rápida e ampla resposta legislativa, com a aprovação, em julho de 2002, da lei Sarbanes-Oxley (SOX).[155]

A SOX foi a mais importante mudança de regulação das companhias norte-americanas desde a promulgação das primeiras leis sobre valores mobiliários de 1933 e 1934. Seu objetivo foi definido como "proteger os investidores por meio do aprimoramento da precisão e da confiabilidade das informações divulgadas pelas companhias".[156]

A lei teve impacto global por atingir centenas de empresas estrangeiras, na medida em que diversas de suas diretrizes se tornaram obrigatórias para as companhias com ações negociadas nos Estados Unidos por meio de programas de ADRs de Nível 2 e Nível 3. No início de 2014, por exemplo, cerca de trinta companhias brasileiras de grande porte estavam sujeitas aos requisitos da SOX.[157] Entre as exigências da SOX, posteriormente adotadas por muitos reguladores de todo o mundo, estas quatro se destacam:

1. Sistema de controles internos: em sua seção 404, a lei passou a exigir que as companhias elaborem anualmente um relatório de avaliação dos seus "controles internos relativos às demonstrações financeiras".[158] Um auditor independente deve avaliar esse relatório, emitindo sua opinião acerca da existência ou não de eventuais "deficiências materiais"[159] relevantes em seus controles internos. No pior cenário, os auditores podem concluir pela presença de "deficiências materiais" relevantes nos controles internos, isto é, que há uma probabilidade considerável de lançamento de números incorretos nas demonstrações financeiras, com potencial impacto sobre o valor de mercado da companhia.[160] Além disso, em sua seção 302, a lei passou a atribuir ao diretor-presidente (CEO)[161] e ao diretor-financeiro (CFO)[162] a responsabilidade pela implantação e manutenção do sistema de controles internos.[163]

2. Comitê de auditoria: a SOX aumentou o peso e a responsabilidade do comitê de auditoria. De acordo com a seção 301, o órgão deve ser composto apenas por conselheiros independentes[164] e ter como atribuição, entre outras tarefas, a seleção, remuneração e supervisão dos auditores externos. Ademais, a seção 407 passou a exigir que as companhias divulguem anualmente a existência ou não de ao menos um especialista em finanças[165] no comitê.

3. Responsabilização dos principais executivos sobre os números publicados: em sua seção 302, a lei passou a exigir a assinatura do CEO e do CFO nos principais relatórios públicos da companhia, incluindo os relatórios 20-F,[166] no caso dos emissores estrangeiros. Especificamente, eles devem atestar que revisaram o relatório e que, pelo seu conhecimento, esse não tem erros ou omissões relevantes, apresentando fielmente a condição financeira, resultados da operação e os fluxos de caixa da empresa.

4. Restrição à prestação de determinados serviços de consultoria pelas empresas de auditoria: a fim de mitigar situações envolvendo conflito de interesses, a seção 201 determinou que as auditorias não podem prestar oito tipos de serviço de consultoria concomitantemente às atividades de auditoria,

entre os quais: a concepção e implantação de sistemas de informações financeiras, a avaliação do valor da empresa, a prestação de serviços atuariais etc. A lei também criou uma agência, denominada PCAOB,[167] com o objetivo de supervisionar, regular, inspecionar e disciplinar os trabalhos das auditorias independentes.

2.2.8. A crise financeira global (2008)

A crise global de 2008 é considerada o maior colapso do mercado financeiro desde a quebra da bolsa de Nova York em 1929. A crise resultou na insolvência de dezenas de bancos norte-americanos e europeus, além do aporte bilionário de recursos públicos para salvar instituições financeiras globais de grande porte. Como os bancos possuem um papel central para a liquidez do mercado e para o financiamento das atividades produtivas, a crise ocasionou recessão econômica, diminuição do comércio internacional e forte aumento das taxas de desemprego na maior parte do mundo.

A crise financeira de 2008, originada no mercado de hipotecas norte-americano, foi resultado de diversos fatores mais amplos de mercado, incluindo: desequilíbrios financeiros globais entre os países, regulação deficiente no mercado norte-americano, taxas de juros excessivamente baixas nos países ricos, criação de produtos financeiros demasiadamente complexos e falhas das agências classificadoras de risco de crédito.

Entretanto, além desses fatores, a má qualidade da governança efetivamente praticada pelas grandes instituições financeiras também teve sua parcela de culpa. A comissão de inquérito sobre a crise financeira do governo norte-americano,[168] por exemplo, concluiu, em seu relatório final de janeiro de 2011, que "falhas dramáticas de governança corporativa e de gestão de riscos em muitas instituições financeiras sistemicamente importantes foram causa central da crise... Muitas instituições agiram de forma negligente, assumindo riscos excessivos com pouco capital e financiamento de curto prazo... os sistemas de remuneração – concebidos para um ambiente de liquidez abundante e regulação frouxa – premiavam o fechamento de negócios e os ganhos de curto prazo – sem considerar adequadamente as consequências de longo prazo".[169]

As diversas análises realizadas[170] concluíram que três problemas principais de governança foram culpados pelo colapso de diversas instituições financeiras:

- A adoção de sistemas de remuneração dos executivos desvinculada dos riscos incorridos e excessivamente atrelada aos resultados de curto prazo.
- As falhas dos conselhos de administração no monitoramento dos riscos aos quais suas companhias estavam sujeitas e na fixação de sistemas de incentivos adequados.[171]
- A falta de transparência das instituições financeiras em relação aos reais riscos decorrentes de suas complexas operações financeiras.

Além desses problemas, a passividade dos investidores institucionais – que deixaram de monitorar e analisar criticamente suas companhias investidas –, a existência de uma cultura empresarial de arrogância sem preocupações de ordem ética e o foco excessivo dos administradores em maximizar o preço das ações também foram apontados como problemas de governança que fomentaram o colapso de diversos bancos.

Em julho de 2010, de modo similar ao ocorrido com a SOX após a onda de escândalos do começo da década, foi aprovada a lei Dodd-Frank,[172] com o objetivo de aumentar a regulação sobre as instituições financeiras e evitar novos colapsos sistêmicos.

A crise financeira de 2008 também teve impacto no ambiente empresarial brasileiro, uma vez que contribuiu para o surgimento de diversos problemas de governança envolvendo companhias como Sadia, Aracruz e Banco Panamericano.

APÊNDICE
O COLAPSO DA ENRON – O CASO MAIS EMBLEMÁTICO DA HISTÓRIA DA GOVERNANÇA[173]

Em agosto de 2001, começava a derrocada da Enron, o caso mais famoso de governança corporativa da história. Nesse mês, ocorreram dois fatos: a inesperada demissão de seu CEO Jeffrey Skilling e o envio de uma mensagem de uma funcionária da área de contabilidade ao presidente do conselho, Kenneth Lay, na qual alertava que a empresa poderia "implodir em uma onda de escândalos contábeis".

Daí em diante, suspeitas e problemas se intensificaram, impulsionados pelo congelamento dos mercados de capitais após os atentados às Torres Gêmeas no mês seguinte, levando a Enron à falência no início de dezembro de 2001.

O caso gerou enorme repercussão, não apenas pelo porte da companhia – era, então, a sétima maior empresa norte-americana por receitas –, mas, principalmente, por ser considerada um modelo de sucesso pelos principais especialistas do mercado, como analistas de ações, repórteres, consultores e professores de escolas de negócios.

Os problemas da Enron não se resumiam a uma mera "fraude contábil". Na verdade, sete problemas internos principais ocasionaram seus problemas de governança:

1. *A seleção de pessoas inadequadas para os cargos*: a Enron se notabilizou por colocar pessoas erradas no lugar errado pelas razões erradas. O diretor de operações, Jeffrey Skilling, por exemplo, era reconhecidamente um homem de conceitos abstratos, avesso a detalhamentos operacionais e à implantação de ideias. O diretor financeiro, Andrew Fastow, havia tido um desempenho fraco em outros cargos que ocupara na organização, tendo sido alçado ao posto de CFO em função do excelente relacionamento pessoal com Skilling, que o tinha como alguém de confiança.

2. *Um sistema de incentivos inadequado*: a remuneração na Enron era demasiadamente agressiva e atrelada ao fechamento de negócios. Como resultado, os executivos se preocupavam muito mais com a venda que com a qualidade da execução dos projetos, conseguindo embolsar bônus milionários no curto prazo por investimentos que muitas vezes viriam a se mostrar deficitários ao longo de suas vidas.

3. *A grande rivalidade interna entre os executivos*: o ambiente interno era extremamente agressivo, diminuindo as possibilidades de esforços cooperativos necessários para o sucesso de qualquer empresa. Como exemplo, a Enron adotava um sistema de avaliação de desempenho em 360 graus no qual os funcionários, em tese, deveriam atribuir conceitos para seus pares com base nos valores da Enron (comunicação, respeito, integridade e excelência). Na prática, o processo se tornou viciado. Visando obter boas avaliações, muitos executivos começaram a produzir lucros fictícios e a fazer acordos com pares em função de relacionamentos pessoais para obtenção de boas notas. Como resultado, criou-se um ambiente com excessiva competição interna, beirando à paranoia em algumas áreas.

4. *As péssimas decisões de negócio decorrentes de problemas no processo decisório na alta gestão*: a Enron se notabilizou por várias decisões estratégicas erradas, aquisições caras e investimentos desastrosos no exterior. Como resultado, as manipulações contábeis se tornaram necessárias para a sobrevivência de uma empresa que sempre precisava de recursos por causa de operações pouco rentáveis.

5. *A existência de uma atmosfera de soberba e arrogância corporativa*: a exposição na mídia como caso de sucesso e a valorização das ações reforçaram a atmosfera interna de arrogância e de superioridade intelectual dos executivos da Enron em relação aos concorrentes e ao mercado em geral, levando-a a reforçar suas práticas deficientes.

6. *A enorme distância entre a retórica para os públicos externos e as práticas internas*: enquanto os principais executivos afirmavam externamente que a ética e as boas ações sociais eram princípios centrais da companhia, internamente todos sabiam que tais afirmações não refletiam a realidade e que a única questão relevante era maximizar o resultado financeiro a qualquer custo. Como exemplo, em 1987, o então CEO Kenneth Lay deixou de punir alguns funcionários pegos pela auditoria interna desviando recursos desde que, de acordo com suas palavras, "continuassem a fazer dinheiro".

7. *A presença de um conselho de administração ornamental*: apesar de adequado no papel, o conselho da Enron falhou, permitindo a aprovação de matérias sob conflitos de interesses, de atividades obscuras fora do balanço e de remuneração excessiva dos executivos. Como exemplo, tem-se uma decisão do conselho crucial para os problemas na Enron. De acordo com seu código de ética, nenhum funcionário poderia ser remunerado por atividades que não as realizadas como executivo. Logo, o CFO Fastow não poderia ser o gestor das sociedades de propósito específico (SPEs) criadas para realizar operações com a companhia. Em junho de 1999, o conselho simplesmente aprovou uma isenção especial do código de ética a Fastow, autorizando-o a atuar como gestor das SPEs e a negociar com a área financeira da Enron (comandada por ele próprio) as taxas que cobraria pela "administração" dessas entidades.

Além dos problemas internos da alta gestão, o escândalo na Enron foi propiciado pela atuação deficiente de entidades externas que deveriam servir como "guardiões"[174] dos investidores – tais como auditorias, bancos de investimento, analistas de ações, escritórios de advocacia e agências classificadoras de risco de crédito. Eis alguns casos:

- A Arthur Andersen, que auditou a Enron de maneira ininterrupta desde a sua fundação, em 1985, teve sua independência comprometida em função da prestação de diversos serviços de consultoria e da migração de muitos de seus auditores ao longo dos anos para a Enron.

- Os bancos de investimento participaram ativamente das operações de "engenharia financeira", chegando ao ponto de atuarem como sócios de muitas SPEs da Enron. Enquanto isso, seus analistas de ações continuavam a recomendar aos investidores a compra dos papéis da companhia. Em outubro de 2001, quando as ações já haviam despencado em função dos problemas contábeis, 16 dos 17 analistas que cobriam a companhia continuavam a recomendar compra ou "forte compra".

- Diversos escritórios de advocacia famosos receberam somas vultosas para ajudar a Enron a elaborar a documentação legal para suas SPEs, sem alertar qualquer potencial problema aos reguladores.

- As agências classificadoras de risco de crédito, apesar de terem acesso periodicamente à gestão da Enron para obtenção de informações e esclarecimentos, não alertaram os investidores sobre o perigo iminente. Algumas semanas antes do pedido de falência da empresa, quando as ações eram negociadas a cerca de US$ 3, a maioria das agências continuava a atribuir um conceito "grau de investimento" para a dívida da companhia.

A manipulação contábil foi, portanto, a consequência de um conjunto de falhas de diversos agentes internos e externos à companhia, e não a causa dos problemas.

Entre os sinais de alerta (*red flags*) que poderiam ter chamado a atenção dos investidores, merecem destaque:

- A presença de um líder excessivamente poderoso: Kenneth Lay – CEO e presidente do conselho de administração por 15 anos e responsável pela fusão que deu origem à Enron – exercia domínio quase que completo sobre as grandes decisões tomadas, não havendo um contrapeso a seus desejos e pontos de vista na alta direção da empresa.

- A presença de um CEO/presidente do conselho mais interessado em sua promoção pessoal que em dirigir o negócio: ao mesmo tempo em que exercia grande ascendência sobre o conselho, Kenneth Lay demonstrava cada vez menos interesse pelas questões do dia a dia. Ao longo dos anos, passou a dedicar cada vez mais tempo a eventos beneficentes e a outras atividades externas que aumentavam seu reconhecimento social e alimentavam seu ego que à gestão da Enron.

- A falta de transparência sobre as atividades e as origens das receitas: poucas pessoas entendiam o negócio da Enron e suas hipotéticas fontes de lucro. Mesmo assim, os investidores não deixaram de colocar dinheiro na companhia. Em entrevista em 2001, o CEO Skilling reconheceu a baixa transparência: "Sim, a empresa é uma caixa-preta. Mas é uma caixa-preta que está crescendo 50% em receitas e lucros. É uma boa caixa-preta."

- A presença de um sistema de remuneração inadequado: além de montantes claramente excessivos – US$ 750 milhões em bônus para os 65 mais altos executivos em 2000, ano em que a Enron havia reportado um lucro líquido de US$ 975 milhões – a política de remuneração era inadequada, permitindo aos executivos embolsar no curto prazo os lucros de projetos que, em tese, seriam concretizados no longo prazo.

- O extraordinário crescimento nos anos imediatamente anteriores: de 1996 a 2000, a receita da Enron saltou quase oito vezes (de US$ 13,3 bilhões para US$ 100 bilhões). Tal crescimento foi viabilizado principalmente por meio de aquisições, as quais se mostraram na maioria das vezes caras e com resultados aquém dos esperados. Ao longo do tempo, as aquisições se tornaram um mecanismo para desviar a atenção das fragilidades da empresa.

Analisado de maneira integrada, o caso Enron fornece muitas lições. Entre elas, sete se destacam:

1. *A enorme distância entre a governança do* checklist *e a boa governança efetiva*: embora, no papel, a Enron adotasse várias práticas recomendadas, internamente essas eram exercidas de modo bem diferente. O conselho de administração e a área de gestão de riscos são bons exemplos. Apesar de aparentarem independência, muitos conselheiros possuíam vínculos sutis com a Enron e suas lideranças, tais como laços financeiros indiretos e de amizade que minavam sua capacidade de

questionamento. Além disso, a falta de dedicação era outro problema: o conselho e seus comitês se reuniam pouco, um reflexo do escasso tempo que os conselheiros dedicavam à companhia. A área de gestão de risco, formada por cerca de 150 experts em finanças, banking e estatística formados nos melhores MBAs, também era louvada como uma grande vantagem competitiva da Enron por consultorias e agências de avaliação de risco de crédito. Entretanto, na prática, seus líderes tinham pouca força internamente para barrar projetos e operações considerados muito arriscados.

2. *Os riscos da percepção de sucesso*: a forte repercussão na mídia, mercado de ações e mundo acadêmico do "sucesso" da Enron reforçou o ambiente interno de euforia, soberba e arrogância, levando seus executivos à percepção de certa invencibilidade. Isso, por sua vez, diminuiu o senso crítico internamente, fazendo com que as pessoas deixassem de se questionar se estavam realmente agindo do modo certo para o êxito da companhia no longo prazo.

3. *A preocupação quase que exclusiva com os lucros trimestrais em vez do foco na criação de valor no longo prazo*: no lugar de se concentrarem na criação sustentável de valor ao longo dos anos, os executivos da Enron concentravam seus esforços no aumento sistemático do lucro por ação trimestral – principal indicador levado em consideração pelos analistas de ações. O engajamento da companhia nessa espécie de jogo do mercado, com base em um parâmetro insuficiente, manipulável e de curto prazo, mostrou-se uma bola de neve irreversível para a Enron.

4. *O apego da companhia a nomes com alta reputação como um meio de transmitir uma falsa sensação de segurança aos investidores*: a Enron foi muito hábil em utilizar nomes considerados de primeira linha no mercado como forma de "certificar" suas atividades. O que poderiam pensar os investidores de uma companhia orientada estrategicamente por McKinsey, legalmente por escritórios como Vinson e Elkins, financeiramente por bancos como J.P. Morgan e Citibank, auditada por Arthur Andersen e sistematicamente elogiada por instituições como Harvard? Entretanto, os investidores deixaram de questionar os vínculos e interesses desses guardiões, confiando exclusivamente em sua reputação.

5. *A falta de questionamento e a ganância dos investidores*: os investidores, incluindo os funcionários que aplicavam toda a sua aposentadoria na Enron, deixaram de fazer perguntas simples, entre as quais: como uma empresa de grande porte no setor de commodities pode crescer 50% ao ano? Como uma empresa que opera derivativos pode ter lucros crescentes e com incremento constante todos os trimestres? É razoável obter um retorno de 500% das ações em apenas quatro anos? Em outras palavras, os retornos e lucros fantasiosos da Enron cegaram os investidores, iludindo-os com a perspectiva de ganhos fáceis no curto prazo.

6. *Os potenciais problemas da marcação a mercado (*mark-to-market*)*: embora mais correta do ponto de vista conceitual, a regra contábil da marcação a mercado ou do valor justo (mais interpretativa) se mostrou suscetível a fraudes, principalmente quando os preços de mercado dos ativos não podiam ser determinados de forma objetiva. Como resultado, muitos ativos da Enron começaram a ser "marcados aos modelos" por meio de estimativas derivadas de modelos financeiros manipulados a fim de se alcançar determinados valores.

7. *Os perigos da regulação deficiente*: muitos problemas foram causados por brechas na regulação aproveitadas pela Enron. O exemplo mais claro diz respeito às suas sociedades de propósito espe-

cífico (SPEs), na maioria das vezes não consolidadas em seus balanços. Além disso, a companhia controlava diversos mercados de derivativos – como os chamados derivativos de tempo, que ajudam a diminuir riscos associados a condições climáticas –, muitas vezes definindo seus preços "de mercado".

Como se vê, a história da queda da Enron é muito rica em lições. Entretanto, conforme observado nos colapsos de instituições financeiras nos Estados Unidos em 2008 e nos problemas de governança de companhias brasileiras nos últimos anos, esses ensinamentos aparentemente têm sido esquecidos por alguns agentes de mercado.

QUESTÕES PARA REFLEXÃO E DISCUSSÃO

1. Que companhia é considerada a primeira sociedade anônima com ações livremente negociadas? Quais foram suas principais inovações societárias?
2. Como ocorreram as bolhas acionárias na França e na Inglaterra no início do século XVIII? Quais foram os impactos dessas crises no desenvolvimento das sociedades anônimas?
3. Que fatores levaram ao surgimento das grandes companhias modernas nos Estados Unidos no fim do século XIX? Nesse contexto, quem foram os chamados "barões ladrões" (*robber barons*)?
4. Que trabalho constatou empiricamente, pela primeira vez, a existência de companhias com estruturas acionárias dispersas no ambiente norte-americano? Quais foram as principais conclusões desse trabalho?
5. Quais foram os principais marcos do início do movimento da governança corporativa nas décadas de 1970 e 1980? Discorra sucintamente sobre eles.
6. Qual foi o papel das aquisições hostis, dos mecanismos defensivos e do ativismo dos investidores institucionais para o surgimento do movimento da governança corporativa na década de 1980 nos Estados Unidos?
7. O que é o relatório Cadbury e qual foi seu papel para o movimento da governança corporativa?
8. O que foi o caso Enron? Quem foram os principais culpados e quais são as principais lições a serem extraídas desse episódio emblemático?
9. O que é a lei Sarbanes-Oxley e qual foi sua importância para o crescimento da importância das discussões sobre governança corporativa?
10. Qual a relação entre a crise financeira global de 2008 e a governança corporativa?

CAPÍTULO 3

No interesse de quem as companhias devem ser dirigidas? Primazia dos acionistas *vs.* melhor interesse da companhia e de seus stakeholders

CONCEITOS APRESENTADOS NESTE CAPÍTULO

- O propósito das companhias e a governança corporativa: um debate clássico
- A busca pela maximização da riqueza dos acionistas
- Os perigos do foco excessivo na maximização da riqueza dos acionistas
- Como promover companhias genuinamente bem governadas?
- Panorama no Brasil: o que diz nossa Lei das Sociedades por Ações (Lei das SA) e como os administradores brasileiros veem essa questão?
- Responsabilidade social empresarial, sustentabilidade e governança corporativa

3.1. O PROPÓSITO DA COMPANHIA E A GOVERNANÇA CORPORATIVA: UM DEBATE CLÁSSICO

Uma empresa que não faz nada além de dinheiro é uma empresa pobre.[1]

HENRY FORD (1863-1947)

O propósito a ser perseguido pelos administradores das companhias abertas é o debate mais antigo e fundamental sobre governança corporativa.

De um lado, situam-se os defensores da chamada primazia dos acionistas. Para eles, as companhias são entidades privadas que devem ter como único objetivo maximizar a riqueza dos seus acionistas, algo a ser obtido por meio do aumento do preço das ações e da distribuição de resultados.[2] Nesse modelo, os administradores têm como dever fundamental assegurar que as decisões empresariais sejam tomadas a fim de maximizar o benefício econômico dos acionistas.

De outro lado, situam-se os que defendem que as sociedades por ações, ao captar recursos com a população e auferir do privilégio da responsabilidade limitada, recebem uma concessão pública para operar. Como resultado, deveriam ter um propósito mais amplo que apenas fazer o máximo de dinheiro para seus acionistas, servindo, sobretudo, ao melhor interesse social. Nesse modelo, os administradores devem agir no melhor interesse de longo prazo da companhia, um conceito que transcende aos interesses dos acionistas e contempla aqueles de seus demais stakeholders,[3] como funcionários, clientes, credores, fornecedores e comunidades.[4]

De acordo com essa abordagem mais ampla, os interesses da companhia e de seus acionistas, embora convergentes na maior parte das vezes, podem ser conflitantes em certas situações.[5] Quando isso ocorre, os administradores deveriam, então, agir no melhor interesse da companhia. Como exemplo, manter mais recursos em caixa para diminuir ao mínimo o risco de insolvência poderia ser o melhor para a companhia em determinado momento, porém não ser necessariamente o melhor para acionistas com necessidades imediatas de caixa ou com um horizonte temporal de mais curto prazo. Uma oferta para aquisição da companhia por um terceiro também poderia ser vantajosa para determinados acionistas, porém não necessariamente para seus demais participantes, nem para a própria companhia no longo prazo. Ademais, em uma hipotética situação de dificuldade financeira que levasse os credores a ter maior relevância, os administradores deveriam continuar a atuar no melhor interesse da companhia, o que poderia não corresponder às melhores decisões para seus acionistas. Em todas as situações, a abordagem mais ampla alega que os administradores possuem dever fiduciário para com a companhia como entidade, e não para com seus acionistas. Como resultado, os administradores deveriam utilizar seu melhor julgamento, a fim de equilibrar os interesses de cada um dos stakeholders da companhia de maneira equitativa e justa, sem regras objetivas *ex ante* nem hierarquização de interesses.[6]

O debate sobre o propósito das companhias é uma discussão muito antiga, porém ainda não bem resolvida. Teve início no Reino Unido, no século XIX, como parte do processo de elaboração das primeiras leis sobre as sociedades anônimas no país. A discussão continuou no campo do direito societário nos embates entre a abordagem "contratualista", mais orientada para os interesses dos sócios e a visão "institucionalista", voltada para uma função social mais ampla das companhias.[7] Nos Estados Unidos, Adolf Berle, autor do clássico *The Modern Corporation and Private Property*, e Merrick Dodd, professor de Harvard travaram um famoso diálogo sobre o tema em 1931.

Berle preconizava a importância da primazia dos acionistas, argumentando que "os poderes concedidos aos executivos são, em todas as circunstâncias, exercíveis apenas para o benefício dos acionistas"[8]. Dodd, por sua vez, discordava. Ele afirmava que uma companhia com ações dispersas no mercado deveria ter como papel não apenas gerar lucros, mas proporcionar empregos seguros para seus funcionários, produtos de qualidade para os consumidores e contribuições de outra natureza para a sociedade. Em sua visão, conhecida posteriormente como "gerencialista",[9] "a companhia aberta é uma instituição econômica com uma atuação social que vai além de sua função de criar resultado financeiro".[10]

Décadas depois, no prefácio da edição de 1967 de seu famoso livro de 1932, Berle mudou de opinião, deixando de lado a ideia de que as companhias deveriam ser administradas com o objetivo exclusivo de gerar resultado para seus considerados "apáticos" acionistas. Segundo o autor: "o poder atribuído aos conselheiros e executivos vem dos acionistas ou de toda a comunidade? O debate foi resolvido inequivocamente em favor da posição do professor Dodd".[11]

A visão de que os administradores das grandes companhias abertas deveriam considerar outras dimensões, além do resultado econômico para os acionistas, em suas decisões prevaleceu nos países desenvolvidos ao longo do século XX. Conforme exposto no Capítulo 2, esse cenário começou a mudar nos anos 1970, com a ascensão das ideias da Escola de Chicago. Nesse período, os famosos textos de Friedman (1970) e de Jensen e Meckling (1976) reaqueceram a discussão sobre o propósito das sociedades por ações.

Esses trabalhos acadêmicos, em conjunto com a disseminação do conceito do *shareholder value* no ambiente empresarial durante a década de 1980, fizeram com que o debate pendesse cada vez mais para uma abordagem centrada nos acionistas. Ao fim dos anos 1990, formou-se um consenso cada vez maior entre agentes de mercado, reguladores e acadêmicos de que o objetivo dos administradores deveria ser a maximização da riqueza dos acionistas.[12]

Entretanto, os sucessivos escândalos empresariais e crises de mercado durante a década de 2000, culminando com a crise financeira global de 2008, fizeram renascer esse debate antigo e crucial.[13] Desde então, tem aumentado o número de críticos da ênfase nos acionistas como objetivo da atuação dos administradores. Como exemplo do reaquecimento desse debate, em abril de 2010, o então CEO da Unilever, Paul Polman, afirmou ao jornal *Financial Times* que "não trabalho para os acionistas. Para ser honesto, trabalho para os consumidores, os clientes... Meu modelo de negócios não é dirigido pela criação de valor aos acionistas".[14]

A discussão sobre o propósito a ser perseguido pelos administradores é uma questão-chave para a governança corporativa, na medida em que somente é possível avaliar se uma companhia é bem governada quando confrontam-se as decisões tomadas por seus administradores *vis-à-vis* seu propósito. Além disso, as teorias de governança – como a *agency theory* e a dos stakeholders, descritas no próximo capítulo – baseiam-se em diferentes interpretações sobre o objetivo das companhias.

Deve-se destacar também que a compreensão sobre o papel das companhias tende a variar substancialmente entre os países. Uma pesquisa junto a executivos de nações desenvolvidas, por exemplo, solicitou que os gestores respondessem à seguinte questão: você acredita que sua companhia deve ser dirigida prioritariamente no interesse dos acionistas ou que ela existe para atender aos interesses de todos os stakeholders? Cerca de 73% dos executivos dos Estados Unidos e do Reino Unido assinalaram a primeira opção, contra apenas 20% dos gestores de França e Alemanha e ínfimos 3% dos executivos do Japão. Os resultados mostram como o modelo da companhia orientada para os acionistas é muito mais disseminado nos países anglo-saxões que no restante do mundo.[15] A tabela a seguir apresenta um comparativo entre as duas principais visões sobre o propósito a ser perseguido pelos administradores das companhias abertas.

Tabela 3.1 Que propósito os administradores das companhias abertas devem perseguir?

ABORDAGEM	MAXIMIZAR A RIQUEZA DOS ACIONISTAS	BUSCAR O MELHOR INTERESSE DE LONGO PRAZO DA COMPANHIA, DE MODO A EQUILIBRAR OS INTERESSES DOS *STAKEHOLDERS*
Proprietário das companhias	Acionistas	A própria companhia (entidade legal distinta e independente dos acionistas)
Representante-representado (*agent-principal*)	Acionistas-administradores	Companhia-administradores
Quem é o proprietário do montante após o pagamento de todos os compromissos?	Acionistas	A própria companhia (alocação a critério dos administradores)
Quem realiza investimentos específicos e corre riscos a "fundo perdido"?	Apenas acionistas	Diversos stakeholders, principalmente funcionários
Papel dos funcionários	Insumo intercambiável	Elemento central para as análises e tomada de decisões
Nível de compromisso com funcionários, fornecedores e outros stakeholders	Baixo	Alto
Remuneração dos executivos vinculada ao preço das ações	Essencial	Potencialmente danosa para a companhia
Recompra de ações	Importante para aumentar o preço das ações em certas circunstâncias	Desaconselhável
Critério para tomada de decisão	Devem-se alocar recursos apenas se esses gerarem valor presente líquido positivo	Os administradores devem usar seu melhor juízo caso a caso, podendo alocar recursos para outras finalidades
Base conceitual	Economia, finanças	Direito, administração geral, sociologia

3.2. A busca pela maximização da riqueza dos acionistas (MRA)

A ideia de que os administradores devem procurar maximizar a riqueza dos acionistas (MRA) tem dominado os debates sobre governança corporativa desde o início do movimento na década de 1980. Trata-se de um conceito simples: os acionistas são proprietários das companhias e, como resultado, os administradores devem dirigi-las em seu interesse.

Seus defensores afirmam que essa abordagem gera maior eficiência econômica. Michael Jensen,[16] um dos defensores históricos da MRA, afirma, por exemplo, que "na ausência de externalidades[17] ou monopólios,[18] duzentos anos de pesquisa em economia e finanças mostram que o bem-estar social é maximizado quando cada empresa procura maximizar seu valor de mercado".[19] Ademais, argumenta-se que, como o resultado para os acionistas deve ser residual (após o pagamento dos compromissos com todos os stakeholders), a MRA também acabaria por promover os interesses mais amplos da sociedade – incluindo aqueles dos empregados, consumidores e clientes.[20]

De acordo com os defensores da MRA, os acionistas possuem uma relação com as companhias fundamentalmente diferente dos demais stakeholders. Em primeiro lugar, alega-se que eles são os únicos que não contam com um contrato que lhes assegure qualquer retorno, bem como não podem acionar a companhia judicialmente para exigir qualquer tipo de remuneração.[21] Consequentemente, eles deveriam, então, confiar nos administradores para cuidar de seus interesses, uma vez que, do contrário, simplesmente não investiriam em primeiro lugar.

Outro argumento bastante utilizado pelos defensores da MRA é a questão do investimento específico realizado na companhia. Para eles, os acionistas são os únicos stakeholders que investem um capital irrecuperável sobre o qual não possuem qualquer direito de auferir retorno. Em outras palavras, os acionistas alocariam recursos a "fundo perdido" (*sunk funds*) que os tornariam os únicos stakeholders a perder todo o investimento caso a companhia viesse a sofrer prejuízos irreversíveis.[22]

A premissa de que os acionistas são mais vulneráveis ao desempenho da companhia que qualquer outra parte e de que o financiamento *ex ante* das empresas exige que sejam dirigidas no melhor interesse dos acionistas é um elemento central da abordagem da MRA. Para seus defensores, os administradores teriam inclusive a obrigação moral de defender os interesses dos acionistas, tendo em vista seu grau de exposição atípico.[23]

Por outro lado, entretanto, essa visão simplesmente ignora o fato de que, em diversas situações, há outros stakeholders que também comprometem um capital de difícil recuperação e sem qualquer garantia de retorno na companhia. Os funcionários, por exemplo, podem investir seu capital humano durante anos em determinada empresa. Dependendo de sua atividade, esse investimento pode se tornar tão específico (uma especialização customizada para a organização em questão, por exemplo) que teria pouco valor para outras empresas. Como resultado, o funcionário dificilmente conseguiria transferir seu capital para outra organização, muito menos por um preço de mercado justo. Isso também pode acontecer com fornecedores (que podem se tornar muito especializados em determinada companhia) ou mesmo com comunidades inteiras dedicadas a certas organizações. Para os críticos da abordagem centrada nos acionistas, muitos stakeholders estão, portanto, expostos a compromissos de longo prazo celebrados com a companhia de modo relativamente similar aos acionistas em seus investimentos financeiros.

Alguns críticos defendem que, no caso das grandes companhias que têm ações com elevada liquidez na bolsa, a maioria dos stakeholders inclusive possui mais comprometimento de longo prazo e investimentos específicos na organização que seus acionistas. Além da possibilidade de venda imediata dos papéis, a permanência cada vez menor dos investidores como acionistas nas companhias corrobora essa afirmação (como exemplo, o tempo médio de posse das ações de uma companhia nos Estados Unidos caiu de cerca de oito anos em 1960 para apenas quatro meses em 2010).[24] Logo, são os demais stakeholders, incluindo os empregados, comunidades e as gerações futuras que, em geral, tendem a ter mais em jogo nas companhias.

Por fim, deve-se destacar que a adoção da MRA não significa necessariamente que os administradores devam apenas se apegar às exigências legais e ignorar o bem-estar das outras partes interessadas.[25] De acordo com essa perspectiva, os administradores poderiam ir além das obrigações contratuais para com seus públicos de interesse. Entretanto, eles apenas deveriam fazê-lo caso isso se revertesse, de alguma forma, em um melhor resultado para os acionistas. As companhias poderiam, por exemplo,[26] proporcionar a seus clientes produtos com qualidade e confiabilidade maiores que o mínimo exigido pela regulação, desde que pudessem cobrar um prêmio no preço superior aos custos adicionais incorridos. Também poderiam vender produtos ambientalmente corretos e produzidos por fornecedores certificados, desde que os clientes assim o exigissem. O mesmo raciocínio se aplicaria a um maior investimento na capacitação dos funcionários (desde que isso gerasse maior produtividade e rentabilidade) e em atividades de relacionamento com a comunidade (desde que isso reforçasse a reputação e a manutenção dos lucros). Em todos esses casos, as companhias assim procederiam não por ser algo inerentemente bom, mas, sim, porque isso beneficiaria seus acionistas.

Para a MRA, portanto, os administradores somente deveriam promover os interesses dos demais stakeholders se essas decisões levassem a um aumento dos resultados para seus acionistas. Logo, os direitos dos demais stakeholders seriam derivados dos interesses dos acionistas, e não fundamentais por si sós. Não caberia aos administradores, de acordo com essa abordagem, comercializar produtos produzidos eticamente ou melhorar as condições de trabalho dos empregados, a não ser que clientes e funcionários estivessem dispostos a pagar por eles (via preços maiores ou maior produtividade, por exemplo).

3.3. Os perigos do foco excessivo na maximização da riqueza dos acionistas

Existe apenas uma definição válida para o propósito da empresa: gerar um cliente... O conceito de maximização dos lucros é, na verdade, sem sentido.[27]

Peter Drucker (1909-2005)

A abordagem da MRA tem sido alvo de um número crescente de críticos. Para eles, o movimento da governança corporativa – ao se fundamentar nessa visão – não conseguiu tornar as companhias genuinamente mais transparentes, meritocráticas e sustentáveis desde que o tema ascendeu ao topo da agenda do mercado no fim da década de 1990.

Nesse período, o ambiente empresarial foi marcado por diversas crises. No mercado norte-americano, por exemplo, ocorreram a bolha da internet em 2001, a onda de fraudes contábeis em 2001-2002, os problemas das opções de ações com datas manipuladas em 2005[28] e o colapso das instituições financeiras que gerou a crise global de 2008. Além disso, grandes escândalos envolvendo o pagamento de propinas em larga escala (como o caso Siemens em 2006 e Alstom em 2010), lavagem de dinheiro (casos Olympus em 2011 e HSBC em 2012) e desastres ecológicos motivados por problemas de governança (caso BP [British Petroleum] em 2010) têm deteriorado a reputação das companhias perante o público em todo o mundo.

Uma pesquisa do Instituto Gallup nos Estados Unidos, por exemplo, mostrou que o grau de satisfação da população com as grandes empresas alcançou um mínimo histórico de 30% em 2012, contra 50% dez anos antes. Outra pesquisa, realizada pelo Instituto Edelman com 30 mil pessoas de todo o mundo em 2013, constatou que apenas 18% das pessoas acreditam que as lideranças empresariais falam a verdade e são confiáveis para tomar decisões éticas.

Para os críticos, a raiz do problema está no foco dos administradores em criar valor para o acionista por meio da maximização do preço das ações, algo que tende a gerar diversos efeitos colaterais negativos para os demais públicos de interesse e à sociedade em geral.

Para analisar essa questão, é necessário fazer uma digressão de modo a recordar que o movimento da governança é um produto direto de mudanças substanciais nos ambientes macroeconômico, acadêmico, financeiro e corporativo ocorridas desde o fim da década de 1970. A figura a seguir descreve algumas das principais palavras de ordem que emergiram nesse período e caracterizaram o capitalismo nas últimas décadas.

Conforme apresentado na Figura 3.1, a governança corporativa passou a ser interpretada em todo o mundo como um conjunto de práticas a fim de alinhar os interesses de administradores, sócios controladores e minoritários, de modo a maximizar o patrimônio dos acionistas.

Essa interpretação parece apropriada à primeira vista. Em primeiro lugar, o valor é um conceito de longo prazo, sendo resultado das perspectivas de fluxo de caixa das companhias por um período indefinido. Segundo, o retorno para os acionistas é residual, isto é, ocorre somente após satisfazer a todos os stakeholders. E, terceiro, a regulação deveria fazer com que as companhias arcassem integralmente com todas as suas externalidades e passivos futuros.[29]

De acordo com os críticos, entretanto, o foco excessivo no *shareholder value* tem sérias limitações. Para começar, o conceito de valor de longo prazo se converteu, na prática, na busca frenética pelo maior retorno financeiro possível no curto prazo. No caso de muitas companhias listadas, ocorreu algo ainda pior: a criação de valor foi reduzida à maximização do preço das ações como missão maior da administração. Ademais, muitos acionistas e executivos, na prática, nem sempre estão interessados no longo prazo, o que reduz a chance de a companhia procurar ativamente arcar com suas externalidades e passivos futuros.

Figura 3.1 **A governança corporativa como mecanismo para maximizar a riqueza dos acionistas.**

Alguns críticos argumentam ainda que o foco excessivo no retorno para os acionistas levou as empresas a passarem por um processo crescente de "financeirização", o que as transformou cada vez mais em meros ativos financeiros a serem comprados, vendidos ou negociados em partes a qualquer momento. A visualização da companhia como um ativo financeiro, por sua vez, teria levado as empresas a deixar de lado, em grande medida, sua dimensão social e o comprometimento de longo prazo com seus stakeholders.[30]

Em outras palavras, na medida em que os administradores passaram a procurar maximizar os ganhos para seus acionistas a qualquer custo, as companhias passaram a sacrificar cada vez mais o interesse das outras partes – empregados, fornecedores, comunidades e sociedade –, bem como o interesse das próximas gerações, incluindo seus próprios acionistas futuros.[31]

Um exemplo claro dessa situação ocorreu na crise de 2008. Executivos e agentes fiduciários dos acionistas, como gestores de fundos, embolsaram ganhos enormes nos anos pré-crise.[32] Quando o colapso ocorreu, entretanto, foram os stakeholders e a sociedade que tiveram de arcar com seu custo. Como a responsabilidade dos acionistas é limitada, foi racional, durante esse período, incentivar os executivos de instituições financeiras a disputar o jogo do "cara, eu ganho; coroa, você perde".[33]

Um problema similar tende a afetar companhias de outros setores que continuam a gerar passivos – ambientais, trabalhistas e sociais – potencialmente explosivos no futuro. Esses passivos serão arcados em grande medida pela sociedade – e não pelos acionistas –, uma vez que muitas companhias não estarão mais ativas quando os problemas se materializarem, enquanto outras simplesmente não terão capacidade financeira para arcar com seus custos. Há sempre um incentivo perverso, portanto, para que os acionistas (principalmente os de curto prazo) saiam antes de as consequências surgirem.[34]

Além do problema geral de transferência de recursos de stakeholders e futuros acionistas para os atuais acionistas, há uma série de outros possíveis efeitos colaterais negativos decorrentes do foco excessivo no *shareholder value* como objetivo dos administradores identificados na literatura, incluindo:

- *Miopia administrativa e subinvestimento em inovação e capital humano*

A busca por atender aos interesses dos acionistas, principalmente os de curto prazo, pode afetar o comportamento das companhias, reduzindo sua capacidade de investimento de longo prazo em capital físico e intelectual. Como evidência, uma pesquisa realizada junto a 400 diretores financeiros (CFOs) norte-americanos em 2006 concluiu que cerca de 60% deixariam de empreender um projeto com valor econômico de longo prazo positivo para alcançar a meta de lucro por ação trimestral esperada pelos analistas de mercado.[35]

Outra evidência é observada no caso das recompras de ações. Até o início da década de 1990, essas operações eram raras no mercado norte-americano. Pressionados por investidores a distribuir seu caixa "excedente" de modo a manter o preço das ações em patamares elevados, as companhias passaram a realizar recompras em proporções cada vez maiores, ultrapassando a distribuição via dividendos durante a década de 2000. Em 2007, ano pré-crise global, as recompras alcançaram seu ápice. Nesse ano, as empresas do S&P 500 gastaram cerca de US$ 600 bilhões para recomprar suas ações, incríveis 89% de seu lucro líquido no período.[36] Entre 1997 e 2010, as empresas do S&P 500 gastaram cerca de US$ 3 trilhões em recompras, contra US$ 2 trilhões em dividendos. A pressão para manter o preço das ações no máximo patamar possível por meio das recompras de ações pode, portanto, estar consumindo recursos necessários para investimentos de longo prazo de muitas companhias.[37]

- *Desconsideração dos aspectos morais nas decisões corporativas*

Para os críticos, a abordagem da MRA tende a induzir os administradores a desconsiderarem os aspectos de ordem ética em suas decisões. Como evidência, um estudo entrevistou 17 conselheiros de companhias da Fortune 200, apresentando o seguinte caso: "sua companhia lança duas partículas com propriedades químicas similares no meio ambiente. Uma delas acabou de ser proibida pelo órgão regulador por ter um efeito cancerígeno comprovado nas pessoas. Nenhuma regulação foi aprovada em relação à outra partícula. Estudos internos, entretanto, mostram que ela tem efeitos similares à primeira nas pessoas. Você continuaria a permitir sua emissão?" Ao final, 15 dos 17 conselheiros entrevistados afirmaram que continuariam a lançar a partícula sabidamente cancerígena caso ela ainda não tivesse sido regulamentada. Apesar de conhecerem as implicações éticas de sua decisão, os conselheiros argumentaram que, como administradores, teriam como função maximizar a riqueza de seus acionistas, o que os levaria a continuar a emitir a partícula. Curiosamente, os conselheiros afirmaram que, caso as empresas fossem de sua propriedade integral (como uma empresa familiar), não permitiriam a emissão da partícula cancerígena.[38]

Além do comportamento amoral, o foco exclusivo na MRA pode levar as companhias a utilizarem a governança corporativa de maneira instrumental, adotando-a como mera ferramenta de marketing. O fato de que muitas companhias que passaram por escândalos aparentavam adotar boas práticas reforça esse argumento.

- *Foco dos administradores em gerenciar as expectativas do mercado como forma de maximizar sua remuneração, em vez de se concentrar nas operações*

Uma das principais recomendações decorrentes da ideologia do *shareholder value* é implantar sistemas de remuneração atrelados ao preço das ações. Entretanto, dependendo do sistema elaborado, os executivos podem passar a se concentrar em gerenciar as expectativas do mercado a fim de maximizar sua remuneração, em detrimento da gestão da companhia.[39] Um exemplo interessante ocorreu no caso da OGX, companhia do setor de petróleo fundada em 2007 pelo midiático empresário Eike Batista. Embora a empresa tenha entrado em colapso em 2013 sem gerar qualquer valor econômico, dezenas de seus principais executivos embolsaram remunerações milionárias oriundas de planos de opções de ações exercidos durante o breve período em que as ações da companhia se mantiveram em patamar elevado.[40]

Como em muitos outros casos, quando boa parte da remuneração dos executivos vem da valorização do preço das ações, há uma tendência de os executivos gerenciarem as expectativas do mercado trimestralmente, por meio de estratégias que vão desde a utilização de artifícios legais (o chamado "gerenciamento de resultados")[41] até fraudes. Resultados positivos podem ser postergados como uma espécie de provisão para outros períodos, enquanto resultados negativos podem ser distorcidos, de modo a não impactar severamente os números de determinado trimestre. Despesas importantes também podem ser cortadas – como treinamentos e medidas para mitigar o impacto no meio ambiente – de maneira a satisfazer ou superar as expectativas do mercado e, assim, aumentar o preço das ações.[42]

- *Comportamento oportunista de acionistas de curto prazo, principalmente em fusões e aquisições (F&As)*

A busca pela maximização do *shareholder value* muitas vezes desconsidera que os acionistas, longe de constituírem um bloco homogêneo, podem ter interesses e horizontes temporais distintos.[43] Para alguns críticos, os acionistas de curto prazo muitas vezes têm sido determinantes em decisões corporativas importantes, principalmente nas fusões e aquisições de companhias com estruturas societárias mais dispersas.[44]

A aquisição hostil da Cadbury, ícone empresarial britânico com mais de duzentos anos, pela norte-americana Kraft em 2010 é um caso considerado clássico que evidencia esse problema. Na ocasião, a adquirente ofereceu £ 7,45 por ação, 30% acima do preço em bolsa. Após analisar a proposta, inclusive com a contratação de assessores externos, o conselho da Cadbury concluiu que era irrisória e deveria ser rejeitada. Sem o apoio da administração, a Kraft enviou uma carta de oferta diretamente para os acionistas da Cadbury a fim de pressionar o conselho. Teve início a tentativa de aquisição hostil.

Especulações sobre a operação elevaram o valor do papel a £ 8. Com a alta, ocorreu uma mudança no perfil dos acionistas que selaria o destino da Cadbury. Diversos fundos de hedge passaram a comprar ações na expectativa de ganhar com a operação. De outro lado, acionistas de longa data passaram a vender parte de seus papéis como meio de aumentar o retorno de suas carteiras.[45] Em 19 semanas, 26% das ações dos investidores de longo prazo passaram para as mãos de fundos de curto prazo.

Em uma palestra sobre a aquisição, o ex-presidente do conselho da Cadbury, Roger Carr, resumiu o caso: "À medida que os fundos de hedge aumentavam sua posição, crescia a chance de a aquisição se concretizar, em uma verdadeira profecia autorrealizável. Ao conselho, tendo em vista que nosso dever era maximizar o valor para os acionistas, não restou alternativa senão a de apenas negociar o maior preço possível. No fim das contas, a mudança no perfil dos investidores fez com que a Cadbury perdesse a batalha: os proprietários se tornaram cada vez menos curadores de longo prazo do negócio e cada vez mais interessados apenas no ganho financeiro de curto prazo. Não havia mais acionistas preparados em abrir mão do curto prazo para perseguir uma prosperidade coletiva maior de longo prazo[...] Indivíduos com ações por alguns dias determinaram o destino de uma companhia com mais de duzentos anos".[46]

- *Deterioração do desempenho das companhias, com impactos negativos para seus acionistas*

Para alguns críticos, o foco excessivo no *shareholder value*, principalmente por meio da maximização do preço das ações, leva a decisões erradas que, em última instância, têm prejudicado as companhias e seus stakeholders, inclusive seus próprios acionistas. Como evidência, entre 1933 e 1976 (ano em que surgiu o estudo clássico de Jensen e Meckling), o retorno médio do S&P 500 foi de 7,5% ao ano, contra apenas 6,5% ao ano de 1976 a 2011, período no qual o foco no valor para o acionista adquiriu proeminência no meio empresarial.[47]

Curiosamente, a remuneração dos executivos, motivada por sistemas de incentivo preconizados pela abordagem do *shareholder value* disparou nas últimas décadas, mesmo sem uma melhora no desempenho das companhias de modo agregado.

- *Menor compromisso de longo prazo com stakeholders*

O sucesso de uma companhia depende naturalmente do esforço coletivo de todos os seus públicos de interesse, particularmente os funcionários, os quais também realizam investimentos específicos e não plenamente recuperáveis na organização. Para os céticos, o foco exclusivo no melhor interesse dos acionistas nas decisões empresariais tende a desumanizar as relações com os stakeholders, desencorajando-os a assumir compromissos de longo prazo com as companhias.[48] O foco exclusivo no resultado para os acionistas poderia, inclusive, diminuir a percepção de propósito na atuação dos funcionários, o que levaria a um ambiente corporativo caracterizado por maior estresse, ansiedade, agressividade e competição interna nas organizações.

Os potenciais efeitos colaterais negativos do *shareholder value* foram reconhecidos inclusive por Jack Welch, executivo que, para muitos, simbolizou esse conceito. Em uma entrevista para o jornal *Financial Times* sobre a crise financeira de 2008, o executivo afirmou que os resultados de curto prazo devem ser associados à criação de valor de longo prazo para a companhia e que os gestores não devem ter como objetivo principal maximizar o preço das ações. Segundo Welch, "o valor para o acionista é um resultado e não uma estratégia... seus principais públicos são os empregados, clientes e produtos. Em face disso, o *shareholder value* é a ideia mais estúpida do mundo".[49]

3.4. Como promover companhias genuinamente bem governadas?

Quase todas as pessoas conseguem suportar adversidades, mas, se você deseja testar o caráter de uma pessoa, dê poder a ela.[50]

Abraham Lincoln (1809-1865)

O debate sobre o propósito das companhias permanece em aberto. De um lado, em linha com a abordagem da MRA, é evidente que as empresas devem gerar um retorno financeiro para seus acionistas compatível com os riscos incorridos, sob pena de não conseguirem manter a confiança do mercado para captar recursos nem se manterem competitivas perante seus concorrentes. Por outro lado, em linha com a abordagem voltada para os interesses mais amplos dos stakeholders, é indiscutível que as empresas são muito mais que um ativo financeiro: elas têm uma dimensão social relevante, podendo ocasionar impactos substanciais sobre a sociedade e gerações futuras. Logo, obter retornos financeiros adicionais à custa do sacrifício dos demais stakeholders e das gerações futuras não pode ser considerado uma forma apropriada de governo das companhias.

Para Colin Mayer, professor da Universidade de Oxford, um bom sistema de governança depende do equacionamento de três questões: o alinhamento de interesses entre administradores e acionistas, a transferência de recursos entre os diversos stakeholders da empresa e as relações entre os diferentes grupos e gerações de acionistas. Em grande medida, a abordagem da MRA se concentra apenas na primeira questão, levando a desequilíbrios importantes em relação às outras duas.[51]

Tendo em vista que as empresas têm um prazo de vida indeterminado, os administradores devem procurar promover relações saudáveis e longevas com seus públicos de interesse e com a sociedade, uma vez que isso possibilitará a perenidade do negócio. Para isso, é necessário incentivar uma cultura no corpo executivo orientada para o longo prazo. Em caso de eventual conflito entre os interesses da companhia e dos acionistas, cabe aos administradores optar pelo melhor para a entidade.

No caso brasileiro, isso é inclusive uma exigência legal, já que o artigo 154 da Lei das Sociedades por Ações (Lei 6.404/1976) determina que "o administrador deve exercer as atribuições que a lei e o estatuto lhe conferem **para lograr os fins e no interesse da companhia**, satisfeitas as exigências do bem público e da função social da empresa". Para Fábio Comparato e Calixto Salomão, autores do campo do direito societário, nossa lei das sociedades por ações de 1976 "veio consagrar, ao que parece definitivamente, o abandono da teoria do exclusivo atendimento dos interesses acionários e, até mesmo, dos interesses intraempresariais em seu conjunto, como objetivo da atuação de controladores e administradores".[52] Não há qualquer menção em nossa legislação, portanto, ao imperativo de que cabe aos administradores maximizar a riqueza dos acionistas. Isso é reforçado pelo artigo 155, que afirma que cabe aos administradores "servir com lealdade à companhia", novamente sem menção aos acionistas.

No Reino Unido, a UK Companies Act de 2006 inovou no debate sobre o propósito das empresas, ao propor um conceito denominado por diversos autores de "valor para o acionista iluminado" (*enlightened shareholder value*). De acordo com a seção 172 da lei britânica, cabe aos conselheiros agir da maneira que considerarem mais apropriada para o sucesso da companhia e de seus acionistas, devendo considerar os seguintes aspectos em suas decisões: (a) as possíveis consequências de suas ações no longo prazo; (b) os interesses dos empregados; (c) a necessidade de promover relacionamentos de negócio saudáveis com fornecedores, clientes e outros; (d) o impacto das operações da companhia sobre a comunidade e o meio ambiente; (e) o desejo da companhia em manter uma elevada reputação em seus negócios; e (f) a necessidade de agir de maneira justa nas relações entre os diferentes acionistas da companhia.

A lei britânica, portanto, busca transcender ao debate de acionistas vs. stakeholders. Se, por um lado, os conselheiros devem promover o sucesso da companhia em benefícios dos seus acionistas, cabe a eles também considerar as implicações de suas decisões sobre os demais públicos de interesse e o longo prazo da companhia. Como resultado, a atenção aos interesses dos stakeholders deve ser o elemento central que os administradores devem considerar para gerar riqueza de longo prazo para os acionistas.

O "valor para o acionista iluminado" da UK Companies Act pode ser interpretado como uma espécie de limitador dos excessos decorrentes de uma abordagem voltada exclusivamente para os acionistas. Como crítica, deve-se destacar que essa nova lei britânica não deixa claro que interesses devem prevalecer quando houver conflito entre os interesses da companhia como entidade e o de seus acionistas.

Outra tentativa para solucionar a questão do papel dos administradores nas companhias foi conduzida pelo Instituto Aspen, entidade sem fins lucrativos composta por líderes empresariais e da indústria de investimentos dos Estados Unidos.[53] O Instituto lançou um conjunto de princípios com o objetivo de diminuir o atual foco do mercado nos ganhos de curto prazo.[54] Os princípios se concentram nestes três fatores centrais para a criação de valor sustentável:[55]

1. Definição de indicadores de criação de valor de longo prazo:[56] as companhias devem adotar sistemas de incentivos e medidas de desempenho associadas a estratégias de negócio sustentáveis.

2. Ênfase em aspectos de longo prazo na comunicação entre investidores e companhias: os administradores devem priorizar métricas com impactos de longo prazo em suas discussões com analistas e investidores.

3. Alinhamento das políticas de remuneração dos administradores e dos gestores de fundos com indicadores de longo prazo: para promover maior alinhamento de interesses, os executivos e os gestores de fundos devem ter boa parte de sua remuneração baseada em métricas associadas à criação de valor sustentável no longo prazo.

Colin Mayer, da Universidade de Oxford, também procurou contribuir para o debate sobre o propósito das companhias com uma solução inovadora: a construção de "companhias de confiança" (*trust companies*), entidades comerciais alicerçadas em sólidos valores e princípios morais. Para a criação das *trust companies*, o autor afirma que os administradores devem:

1. Definir um conjunto de valores para a companhia, os quais devem constituir compromissos inegociáveis da empresa com seus stakeholders além dos exigidos contratualmente.

2. Implantar um "conselho de curadores" independente com o objetivo de assegurar a adoção, na prática, dos valores definidos, bem como de procurar equilibrar os interesses dos stakeholders nas decisões empresariais.

3. Adotar mecanismos para reforçar o compromisso dos acionistas de longo prazo com os stakeholders, incluindo a restrição do direito a voto dos acionistas de curto prazo nas decisões corporativas.[57]

Para esse autor, a ideia de que as companhias podem ser uma entidade moral pode parecer uma contradição, porém, a seu ver, é algo que pode se tornar viável. Para isso, acionistas e administradores devem estabelecer valores que assegurem decisões éticas e compromissos de longo prazo com os stakeholders e sociedade em geral. De acordo com Mayer, a "companhia moral" não apenas pode ser eficiente economicamente, como essa transformação é um imperativo para a eficiência econômica e o bem-estar da sociedade.

3.5. O propósito da companhia no Brasil: o que diz nossa legislação e como os administradores brasileiros veem essa questão?

Conforme descrito na seção anterior, o artigo 154 de nossa Lei das Sociedades por Ações deixa claro que os administradores devem tomar decisões no melhor interesse da companhia, sem qualquer menção ao melhor interesse dos acionistas. O mesmo artigo determina ainda que cabe aos administradores satisfazer à "função social" da empresa, uma expressão ampla que tem suscitado longos debates no campo do direito societário.[58]

Tendo em vista que a grande maioria de nossas empresas tem um acionista ou grupo majoritário, a Lei das SA também determina, em seu artigo 116, que o sócio controlador procure tomar decisões mais equilibradas em relação aos stakeholders e à sociedade. Nos termos dessa lei, "o acionista controlador deve usar o poder com o fim de fazer a companhia realizar o seu objeto e cumprir sua função social, e tem deveres e responsabilidades para com os demais acionistas da empresa, os que nela trabalham e para com a comunidade em que atua, cujos direitos e interesses deve lealmente respeitar e atender". Fica claro, portanto, que nossa lei está muito mais próxima de uma visão abrangente para a atuação dos administradores que inclinada para a abordagem da maximização da riqueza dos acionistas como propósito da companhia.

Após analisar a questão conceitualmente, é importante avaliar como os administradores brasileiros compreendem seu papel e o propósito das companhias do ponto de vista empírico. Para isso, são apresentados a seguir os resultados de uma pesquisa eletrônica realizada no início de 2014 com 93 altos executivos com elevada senioridade, todos participantes dos cursos para conselheiros de administração do IBGC.[59] A idade média é de 53 anos. 80% atuam na diretoria ou em conselhos, sendo que 18% ocupam cargos de diretor-presidente ou presidente do conselho.[60] As tabelas a seguir detalham as perguntas realizadas e sua visão sobre o tema.

Tabela 3.2 O papel do administrador: pesquisa empírica com altos executivos no Brasil

EM SUA OPINIÃO, QUAL DEVE SER SUA MISSÃO MAIOR COMO ADMINISTRADOR?	RESPOSTAS	% DE RESPONDENTES
A. Criar valor para o acionista, de maneira a maximizar sua riqueza.	10	10,8%
B. Promover o equilíbrio dos interesses de todos os stakeholders – incluindo acionistas – de modo a assegurar a perenidade da empresa.	72	77,4%
C. As alternativas A e B são idênticas e estão corretas, já que os interesses dos acionistas e de todos os stakeholders são sempre convergentes.	11	11,8%
Total	*93*	*100%*

Tabela 3.3 A lealdade do administrador: pesquisa empírica com altos executivos no Brasil

A SEU VER, A QUEM VOCÊ DEVE LEALDADE PRIMORDIALMENTE EM SUA ATUAÇÃO COMO ADMINISTRADOR?	RESPOSTAS	% DE RESPONDENTES
A. A todos os acionistas, de forma conjunta e coletiva.	8	8,7%
B. Ao acionista que me elegeu para o cargo.	1	1,1%
C. À companhia como um todo, incluindo acionistas e demais stakeholders, como empregados e comunidade.	51	55,4%
D. As opções A e C estão corretas, já que o interesse coletivo dos acionistas sempre corresponde ao interesse da companhia como um todo.	32	34,8%
Total	*92*	*100%*

Tabela 3.4 O propósito das companhias: pesquisa empírica com altos executivos no Brasil

A SEU VER, QUAL DAS DESCRIÇÕES A SEGUIR REFLETE DE MODO MAIS CORRETO O PAPEL A SER DESEMPENHADO PELAS COMPANHIAS?	RESPOSTAS	% DE RESPONDENTES
A. As companhias são entidades privadas com a única obrigação de obter lucro dentro das leis. Logo, devem atuar de forma amoral com a finalidade de gerar o máximo de resultado financeiro ao longo do tempo.	6	6,6%
B. As companhias são instituições que devem acima de tudo agir no melhor interesse da sociedade. Logo, devem se comportar dentro de determinados valores morais – mesmo que sua adoção eventualmente resulte em menor resultado financeiro.	85	93,4%
Total	*91*	*100%*

Os resultados dessas tabelas deixam claro que a abordagem da MRA não parece ser a visão predominante entre os altos executivos brasileiros. Na primeira pergunta (Tabela 3.2), 77,4% dos respondentes afirmam que sua missão como administradores é promover o equilíbrio dos interesses de todos os stakeholders como forma de assegurar a perenidade da empresa. Por outro lado, apenas 11,8% acreditam que sua missão é criar valor a fim de maximizar a riqueza dos acionistas.

Na segunda questão (Tabela 3.3), 55% dos executivos afirmam dever lealdade primordialmente à companhia como um todo, incluindo acionistas e demais stakeholders, como empregados e comunidade. Apenas 8,7% afirmam dever lealdade exclusivamente aos acionistas. Chama a atenção também o fato de que 34,8% afirmam acreditar que o interesse dos acionistas é sempre convergente aos dos demais stakeholders e que, como resultado, as duas respostas anteriores são equivalentes.

A última pergunta (Tabela 3.4) aborda de forma direta o debate sobre o propósito das companhias. Para 93,4% dos altos executivos brasileiros entrevistados, as companhias são instituições que devem acima de tudo agir no melhor interesse da sociedade. Como resultado, devem se comportar dentro de determinados valores morais, mesmo que sua adoção eventualmente resulte em menor resultado financeiro. Apenas 6,6% responderam de forma compatível com a abordagem da MRA, no sentido de que as companhias são entidades privadas com a única obrigação de obter lucro dentro das leis e maximizar seu resultado financeiro ao longo do tempo.

Analisados de modo agregado, os resultados deixam claro que os administradores brasileiros aparentemente possuem uma visão mais ampla de seu papel e do propósito das companhias em que atuam, distanciando-se da visão predominante preconizada pela abordagem da maximização da riqueza dos acionistas. Naturalmente, uma ressalva importante é verificar se, na prática, sua atuação é, de fato, compatível com as respostas proporcionadas à pesquisa.

3.6. Responsabilidade social empresarial, sustentabilidade e governança corporativa

Como descrito na seção 3.3, há um número crescente de críticos que afirmam que as companhias não vêm cumprindo adequadamente seu contrato social. Há uma preocupação cada vez maior, principalmente no caso das grandes empresas, em relação aos impactos sociais e ambientais de suas atividades. Como resultado, dois temas correlatos ganharam força nas últimas décadas: a responsabilidade social empresarial (RSE) e a sustentabilidade empresarial.

Para um número crescente de estudiosos, as companhias devem passar a ser avaliadas não apenas em função de suas práticas de governança, mas também em relação à sua atuação nessas duas áreas. Isso levou à criação da sigla ESG (meio ambiente, social e governança – *environmental, social and governance*) como um parâmetro a ser utilizado para analisar as empresas de maneira mais ampla. Embora sejam temas distintos e com literatura própria (uma companhia com ações sustentáveis do ponto de vista ambiental pode ter padrões de governança distantes das recomendações dos códigos de boas práticas, por exemplo), a consideração dos impactos socioambientais nas decisões corporativas e a busca por uma atuação positiva nessas áreas devem, sem dúvida, fazer parte do dia a dia de uma companhia bem governada. Esses dois temas-chave são detalhados nas seções a seguir.

3.6.1. A responsabilidade social empresarial (RSE)

A responsabilidade social empresarial (RSE), também chamada de responsabilidade corporativa ou cidadania corporativa, constitui uma forma de autorregulação na qual as companhias assumem voluntariamente, independentemente das exigências legais, os encargos causados por seus impactos sobre funcionários, meio ambiente, consumidores e comunidade em geral.[61] A RSE parte da premissa de que as companhias não podem ser apenas espectadoras passivas do que acontece no mundo, cabendo a elas desenvolver iniciativas concretas a fim de melhorar a situação das comunidades onde estão inseridas.

O tema representa ampla gama de atividades que, de modo geral, podem ser resumidas em três dimensões. A mais básica é a filantropia, como doação de recursos da companhia para causas sociais. A segunda é a utilização da RSE como meio de gerenciar riscos a fim de evitar que problemas com stakeholders, governos e organizações sem fins lucrativos (ONGs) causem impactos negativos na reputação ou na perspectiva de fluxos de caixa da companhia. Uma iniciativa nesse sentido, por exemplo, seria exigir dos fornecedores o cumprimento de condições de trabalho dignas para com seus empregados.[62] A terceira dimensão é abordar a RSE como uma oportunidade para melhorar o resultado financeiro. Essa abordagem levaria, por exemplo, à criação de produtos e serviços "socialmente responsáveis" que gerassem maior demanda dos consumidores.

Há diversos benefícios potenciais das ações de RSE nas companhias, incluindo: menor exposição a riscos, antecipação a pressões sociais e demandas legais, melhor atração e retenção de talentos, maior fidelização dos consumidores e melhor reputação na sociedade. As ações de RSE, portanto, podem criar valor não apenas econômico, mas também social para as companhias e seus stakeholders.[63]

Deve-se reconhecer, todavia, que o movimento da responsabilidade social empresarial também tem seus críticos. Para eles, o tema parte de uma premissa errada sobre o funcionamento do sistema capitalista, já que o lucro seria um mal necessário a ser perseguido pelas empresas. Para redimir seus pecados, elas teriam, então, que despender recursos em ações de RSE, as quais constituiriam, na prática, uma espécie de licença para operar. Logo, não seria suficiente para uma empresa apenas satisfazer às suas obrigações contratuais perante seus stakeholders, cumprir as leis, fornecer bons produtos ou serviços e gerar lucro: é preciso ir além.

Para os críticos, se as empresas atuarem em mercados competitivos e obedecerem às leis, então a simples busca pelo lucro fará com que elas contribuam para um maior bem-estar social, sem a necessidade de iniciativas de RSE. Além dessa crítica geral, os céticos argumentam que há outros três problemas potenciais com o tema.

Em primeiro lugar, alega-se que muitos especialistas e executivos apenas defendem as ações de RSE com o objetivo de auferir renda ou *status* social para si próprios. Atualmente, há uma verdadeira indústria formada sobre o tema, incluindo consultorias, auditorias, cursos, relatórios específicos, eventos, gurus, sites na internet e departamentos específicos dedicados ao tema.[64] No caso dos altos executivos, segundo os críticos da RSE, uma questão-chave deve ser respondida: quem está pagando? No caso das atividades de caridade, por exemplo, os gestores doam recursos da companhia, e não os seus próprios, eventualmente visando melhorar sua imagem pessoal perante a sociedade e suas perspectivas de carreira.[65] Além dos recursos corporativos, muitas ações sociais utilizam recursos públicos, uma vez que diversas iniciativas são dedutíveis de imposto de renda.[66]

A segunda crítica à RSE é que ela pode ser usada como um modo de ocultar ou desviar a atenção de outros problemas gerados pelas empresas, incluindo questões ambientais ou de manutenção de reserva de mercado. Alguns autores consideram, por exemplo, que ações que objetivam recuperar a reputação de uma companhia ou afastar o foco dos potenciais danos sociais de seus produtos (p. ex., tabaco, armas, petróleo etc.) não deveriam ser classificadas como ações de "responsabilidade social".[67] Há evidências de que essa crítica tem fundamento. Um estudo realizado com 3 mil companhias norte-americanas durante 15 anos concluiu que as companhias tendem a gastar mais com ações de RSE como meio de compensar decisões ilegais e outras atitudes socialmente irresponsáveis.[68] Há um perigo substancial, portanto, que as companhias se interessem pela RSE apenas como ferramenta de marketing ou como maneira de diminuir as pressões para que sejam aprovadas leis mais rigorosas em relação a padrões operacionais, ambientais e de conduta.

A terceira crítica diz respeito à vagueza do próprio conceito da RSE. Para os céticos, muitas práticas não precisariam sequer ser rotuladas como responsáveis socialmente, já que seriam iniciativas que todas as empresas bem administradas deveriam ter: não pagar propinas, não enganar funcionários e consumidores, adotar uma postura amigável com as comunidades com as quais se relacionam, ter uma visão de longo prazo em suas decisões etc.[69]

Haveria ainda uma inconsistência lógica com relação à RSE: se o lucro privado e os interesses públicos estiverem alinhados, então a RSE seria irrelevante; se o lucro privado e o bem-estar social estiverem em conflito, então o apelo para que as companhias adotem ações de responsabilidade social seria inútil, na medida em que os gestores dificilmente agiriam voluntariamente contra seus acionistas para atender aos interesses sociais.[70] Como resultado de sua visão cética sobre a RSE, a revista *The Economist* (2008) resumiu o tema com dureza: "se mal conduzidas, as práticas de RSE servem apenas como um disfarce, sendo potencialmente negativas. Se bem conduzidas, são apenas boas decisões de negócio".[71]

3.6.2. Sustentabilidade: o braço verde da responsabilidade social

Há diversas definições para a "sustentabilidade empresarial", conhecida como a "vertente verde da RSE". Ser sustentável, sob uma perspectiva mais ampla, é ser capaz de atender às demandas do presente sem comprometer a capacidade de atendimento da demanda das gerações futuras.[72] Trata-se de um tema fundamental para a humanidade, que consome atualmente 50% a mais em recursos naturais renováveis do que a Terra pode regenerar. Ademais, com o atual modelo de produção e consumo, caso todos os habitantes do planeta passem a consumir o mesmo que os habitantes dos países ricos, então serão necessários cerca de cinco planetas Terra para suprir toda a população.[73]

No ambiente empresarial, o tema da sustentabilidade significa que as companhias devem atender às demandas diretas e indiretas de seus públicos de interesses (incluindo acionistas, empregados, clientes e comunidades) sem comprometer a capacidade de satisfazer às necessidades de seus futuros stakeholders. Logo, uma organização sustentável é aquela que aceita sua parcela de responsabilidade em cuidar da saúde do planeta, bem como procura eliminar suas externalidades e impactos negativos sobre o meio ambiente de maneira ativa e estruturada (o quadro ao fim desta seção discute a questão das externalidades ambientais).

Para se tornarem sustentáveis, as companhias devem passar a incorporar as questões ambientais em seu processo decisório e empreender um conjunto de iniciativas como: definir metas para neutralizar suas emissões de carbono; reciclar e reutilizar materiais; tratar seu lixo; reduzir o consumo de energia por meio de materiais renováveis; comprar insumos e produtos produzidos de fornecedores que atuem de maneira ambientalmente correta; desenvolver tecnologias mais amigáveis ambientalmente; promover atividades de aculturamento sobre o tema com empregados; e celebrar parcerias e atividades de engajamento com grupos de conservação e com a comunidade.

Assim como no caso da RSE, o movimento da sustentabilidade empresarial também tem seus críticos. Para eles, há dois problemas principais associados ao tema. O primeiro é utilizar a sustentabilidade como ferramenta de marketing de modo a acobertar outros potenciais problemas criados pelas companhias. Petroleiras e mineradoras, muitas vezes sem apresentar resultados concretos sobre o tema, tendem a ser as que mais investem em propagandas e eventos sobre o tema (cunhou-se, inclusive, a expressão *green washing*, utilizada para denominar esse comportamento).

O segundo é que o tema, em grande medida, pode ser resumido sob dois aspectos bem conhecidos (e antigos): gestão de riscos e oportunidades. Como ferramenta de gerenciamento dos riscos, a sustentabilidade reforça a necessidade de as empresas fazerem uma leitura mais correta do ambiente como modo de evitar constrangimentos públicos e ações judiciais que podem implicar danos reputacionais. Como oportunidade, parte-se da premissa de que uma "estratégia verde" pode criar valor econômico para o negócio, tornando-se parte da vantagem competitiva da empresa. Como exemplo, uma companhia poderia: encontrar um nicho de mercado disposto a comprar produtos com o rótulo de ambientalmente correto[74]; reduzir o desperdício e, consequentemente, seus custos operacionais; e ter mais acesso ao capital, passando a ser procurada por investidores interessados em comprar papéis de empresas vistas como sustentáveis (algo evidenciado pelo crescimento de fundos de investimento socialmente responsáveis em todo o mundo).

Quadro 3.1 Externalidades: qual é o papel das empresas e do governo?

Externalidades: qual é o papel das empresas e do governo?

Uma externalidade pode ser definida como o impacto das ações de um agente econômico sobre o bem-estar de um espectador que não possui relação direta com a ação efetuada.

As externalidades podem ser positivas ou negativas. Uma inovação, por exemplo, é uma externalidade positiva.

A poluição do meio ambiente causada pelas empresas é o exemplo mais debatido de externalidade negativa no campo da sustentabilidade empresarial.

Há certo consenso entre defensores e críticos da sustentabilidade empresarial de que as companhias são verdadeiras "máquinas de externalidades", impondo sistematicamente custos ao meio ambiente sem pagar por eles.

Há concordância também de que deveria haver programas que minimizassem as externalidades negativas ambientais das companhias, fazendo com que os preços dos produtos reflitam corretamente seus verdadeiros custos e benefícios sociais.

A polêmica ocorre na definição do responsável por assegurar a minimização das externalidades ambientais. Para os defensores do movimento da sustentabilidade empresarial, a responsabilidade é de cada companhia e de seus administradores: caberia a cada empresa procurar ativamente, independentemente das leis, minimizar suas externalidades sobre o meio ambiente.

Para os críticos, a minimização das externalidades deveria ser uma tarefa dos governos, que são eleitos e devem prestar contas à opinião pública pela deterioração do meio ambiente, entre outras atribuições.[75]

Para os céticos do movimento da sustentabilidade, deixar questões tão importantes ao critério voluntário e descoordenado das empresas prejudicaria as companhias bem intencionadas, que se veriam em desvantagem competitiva em relação às outras menos interessadas nos seus impactos ambientais.

Entre um extremo e outro, uma atitude provavelmente consensual para as empresas realmente interessadas em melhorar o meio ambiente é procurar apoiar de maneira ativa a criação de normas ambientais mais exigentes em suas indústrias, de modo que todas as companhias do seu setor passem a se sujeitar a padrões ambientais mais rigorosos.[76]

A discussão sobre as externalidades se torna ainda mais importante com a ascensão, nas últimas décadas, dos chamados "investidores universais".[77] Com a participação cada vez maior de investidores institucionais como acionistas relevantes de quase todas as companhias, os cidadãos comuns, beneficiários finais desses fundos, se tornaram os maiores acionistas da maioria das grandes empresas. Nos Estados Unidos, por exemplo, 65% da população adulta acima de 25 anos possuem aposentadorias ou outros investimentos em fundos mútuos ou de pensão, os quais, por sua vez, tendem a ter participações acionárias diversificadas nas companhias abertas.

Essas pessoas são, ao mesmo tempo, consumidores, funcionários e membros das comunidades afetadas diretamente pelas companhias. Sua relação, portanto, vai muito além de sua participação acionária (daí a expressão "universal"), uma vez que são também stakeholders interessados no bem-estar social de longo prazo.

Os investidores universais internalizam grande parte das externalidades causadas pelas companhias cujas ações, em última instância, são detidas por eles mesmos. De acordo com estimativas da ONU, as externalidades ambientais geradas por companhias de cinco setores pertencentes a uma amostra global de 3 mil empresas custaram US$ 2,15 trilhões para seus investidores. Logo, o ganho individual auferido pelas empresas de sua carteira pode, muitas vezes, ser menor que os custos que os beneficiários dos investidores institucionais têm de arcar dadas as suas externalidades. Em certos casos, portanto, o cidadão comum fornece o capital que é utilizado contra ele mesmo.

Para alguns autores, a ascensão do investidor universal deveria fazer com que os gestores dos fundos também passassem a ter uma visão mais ampla na seleção e no acompanhamento dos investimentos realizados, passando a procurar analisar ativamente as externalidades negativas geradas pelas companhias. Com isso, estariam de fato agindo no melhor interesse geral de seus beneficiários; algo que vai além do retorno acionário proporcionado pelas companhias.

A importância de os investidores procurarem compreender a fundo em que medida suas companhias estão lançando externalidade negativas sobre a sociedade fica evidente em casos como o do pagamento de propinas por diversas construtoras, algumas listadas em bolsa, para a prefeitura de São Paulo em 2013.[78] Nesse exemplo, fica a pergunta: quantos acionistas tinham ciência das práticas dessas companhias?

QUESTÕES PARA REFLEXÃO E DISCUSSÃO

1. Por que é importante discutir a questão do propósito das companhias dentro do tema da governança corporativa?

2. Quais são as duas principais abordagens em relação ao propósito a ser perseguido pelos administradores das companhias abertas? Descreva-as sucintamente.

3. A seu ver, quais são os aspectos positivos e negativos da visão de que os administradores devem ter como objetivo maximizar a riqueza dos acionistas?

4. A seu ver, quais são os aspectos positivos e negativos da visão de que os administradores devem tomar decisões no melhor interesse de longo prazo das companhias?

5. A melhor decisão para os acionistas pode, em algumas situações, divergir da melhor decisão para a companhia como entidade? Em caso afirmativo, cite alguns exemplos.

6. Quais são os principais perigos, segundo os críticos, do foco excessivo na maximização da riqueza dos acionistas como objetivo empresarial?

7. O que diz nossa Lei das Sociedades por Ações (6.404/1976) em relação aos objetivos a serem perseguidos pelos administradores nas companhias abertas? Em qual das duas abordagens apresentadas nossa lei parece ser mais próxima?

8. Conceitue sucintamente o que é "responsabilidade social empresarial" e "sustentabilidade". A seu ver, qual a relação desses temas com a governança corporativa?

9. Quais são os principais aspectos positivos dos movimentos da responsabilidade social e da sustentabilidade empresarial para a sociedade? Quais são as principais críticas em relação a esses movimentos?

10. O que se entende por externalidade negativa? Em sua opinião, como as externalidades ambientais dessa natureza geradas pelas companhias devem ser solucionadas?

CAPÍTULO 4

Teorias de Governança Corporativa

CONCEITOS APRESENTADOS NESTE CAPÍTULO

- Teoria da representação (*agency theory*)
- Teoria de equilíbrio dos interesses dos stakeholders
- Teoria da custódia (*stewardship theory*)
- Teoria da dependência de recursos (*resource dependency theory*)
- Teoria da firma e a economia dos custos de transação

Há diversas teorias para explicar a maneira como as companhias devem ser governadas. A teoria da representação (*agency theory*) tem sido, sem dúvida, a abordagem predominante na literatura e nas discussões sobre governança corporativa.[1] Além dela, são apresentados neste capítulo outros arcabouços conceituais importantes sobre o tema, como a teoria dos stakeholders, a teoria da custódia (*stewardship*) e a teoria da dependência de recursos. As teorias descritas adiante não devem ser interpretadas como abordagens excludentes. Na verdade, um bom sistema de governança depende muito mais da combinação de diferentes elementos presentes nas diversas teorias sobre governança corporativa que da compreensão do tema com base em uma abordagem isolada.

4.1. A teoria da representação (*agency theory*)[2]

Suporta-se com muita paciência a dor no fígado alheio.[3]

Machado de Assis (1839-1908)

4.1.1. Conflito de interesses e os custos de representação

A teoria da representação (*agency theory*), desenvolvida por Jensen e Meckling (1976),[4] tem sido a abordagem mais utilizada para discutir a governança corporativa.[5] Ela visa explicar como ocorrem os problemas de desalinhamento de interesses nas empresas e os mecanismos que podem ser empregados para mitigar seus custos.

Como exposto no Capítulo 2, a *agency theory* alega que a busca pelo alinhamento de interesses entre acionistas e executivos gerará "custos de representação" (*agency costs*) a serem arcados, em última instância, pelos acionistas.[6] A ilustração a seguir descreve exemplos de como esses custos podem se manifestar nas empresas.

De acordo com a Figura 4.1, os executivos são remunerados pelos acionistas em troca de seus serviços especializados de gestão.[7] Os acionistas esperam que os executivos, seus representantes, tomem decisões do tipo 1, que maximizam sua riqueza. Partindo do princípio de que as pessoas agem de maneira oportunista com o intuito de maximizar sua utilidade pessoal, a *agency theory* argumenta que os executivos muitas vezes tomarão decisões do tipo 2, isto é, decisões que maximizam seu próprio ganho. A diferença entre a decisão ótima (tipo 1) e a decisão subótima (tipo 2) representa um custo para a empresa dada a presença do representante. A literatura é repleta de exemplos desses custos, que podem representar desde uma parcela pequena dos recursos da companhia (como despesas pessoais excessivas de executivos arcadas pela empresa) até uma parcela muito significativa, que pode comprometer o sucesso empresarial de longo prazo (como aquisições destruidoras de valor a fim de aumentar o poder e a remuneração dos executivos). O quadro a seguir apresenta um exemplo de custo de representação ocorrido na GE com seu ex-CEO Jack Welch, considerado um dos principais executivos do século XX.

Figura 4.1 A governança corporativa e o problema de representação (*agency problem*).

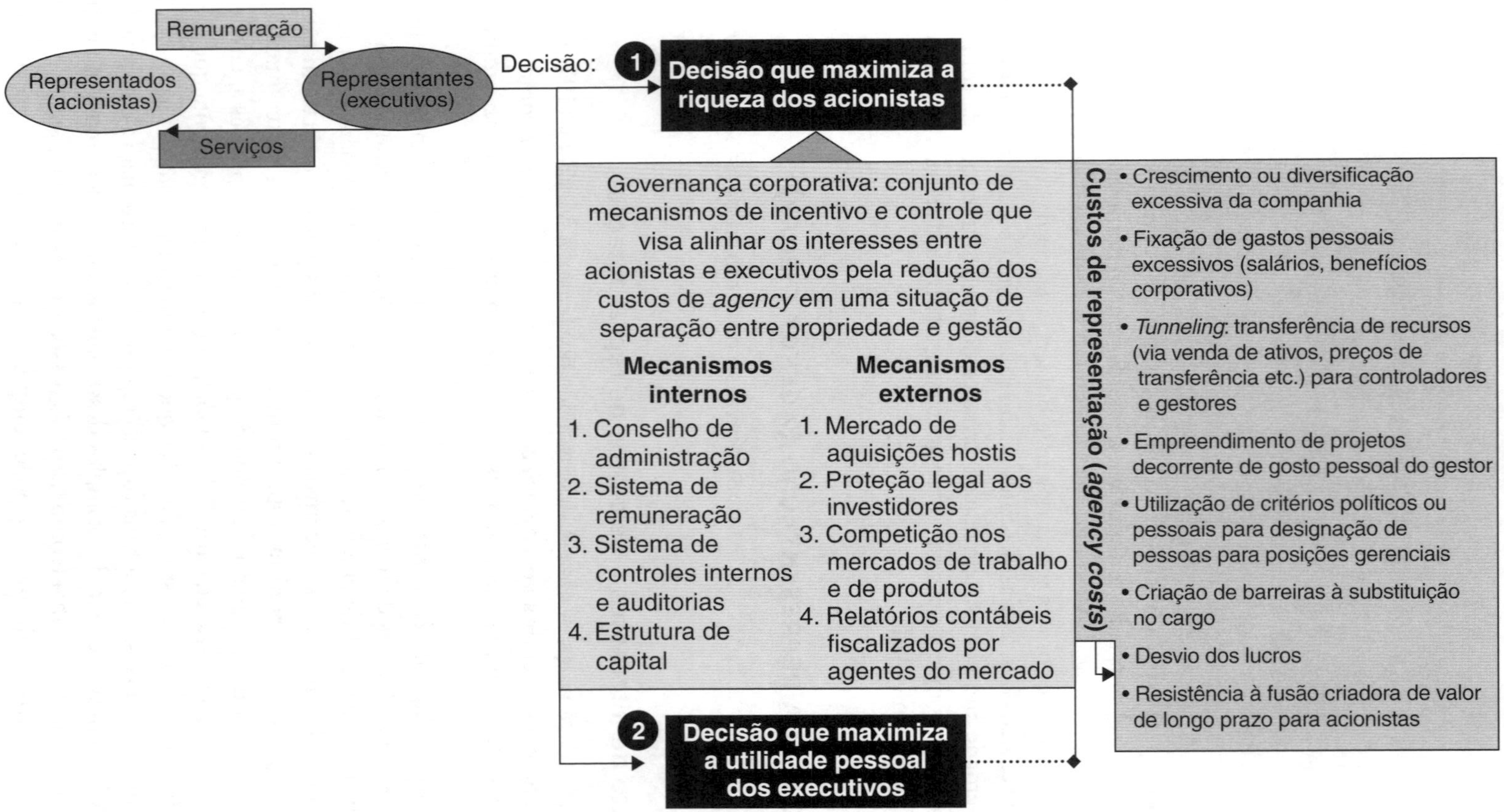

Fonte: Silveira A. M., "Governança Corporativa e Estrutura de Propriedade: Determinantes e Relação com o Desempenho das Empresas no Brasil", Tese de Doutorado defendida na FEA/USP, São Paulo, novembro de 2004, p. 32.

Quadro 4.1 Exemplo de custo de representação dos executivos

Custos de representação (*agency costs*): o caso Jack Welch - GE (2002)

Jack Welch atuou como CEO (*Chief Executive Officer*) da General Electric (GE) por quase vinte anos, até se aposentar em 2001. Durante o período, a companhia apresentou um aumento de sua capitalização de mercado da ordem de US$ 250 bilhões, chegando ao topo na lista das empresas mais admiradas dos Estados Unidos.

Em setembro de 2002, o jornal *The New York Times* publicou matéria que fornecia detalhes dos benefícios que a GE deveria pagar a Jack Welch durante toda sua vida, mesmo após ter se aposentado. Tais vantagens somente se tornaram públicos em razão de um relatório apresentado pela ex-esposa de Welch em seu processo de divórcio à época, não tendo sido divulgados pela companhia para seus acionistas até então.

De acordo com a publicação, a lista de benefícios de Welch pagos pela GE incluía: a utilização permanente de um apartamento em Manhattan da companhia com todas as despesas pagas (incluindo flores, vinhos, comidas, jornais, empregados etc.), TV por satélite em suas quatro casas, acesso a jatos do tipo Boeing 737 e a helicópteros da GE, carros com motoristas, camarotes em diversos eventos esportivos e culturais (como jogos do time de basquete do New York Knicks e do torneio US Open de tênis), entre outros benefícios. Além disso, Welch havia sido beneficiado com um contrato de consultoria vitalício com a companhia no valor mínimo de US$ 86.535 por ano para os primeiros trinta dias de trabalho, com um acréscimo de US$ 17.307 para cada dia extra.

Vale a pena destacar que a remuneração do executivo no ano de 2000 (seu último ano completo na empresa antes de se aposentar) havia sido de US$ 16,7 milhões, e que Welch possuía uma fortuna estimada em cerca de US$ 900 milhões (apenas em ações) na ocasião.

Dois pontos chamam a atenção no caso de Welch: o papel do comitê de remuneração na aprovação do plano de benefícios e a não divulgação de seu teor aos acionistas da companhia.

Em relação ao primeiro aspecto, a especialista em governança corporativa Nell Minow afirmou que uma análise criteriosa da composição do comitê de remuneração teria evidenciado a falta de independência de seus membros. Enquanto dois membros tinham outros negócios com a GE, o terceiro era CEO de uma companhia que havia sido amplamente criticada por suas práticas de governança. Em relação ao segundo aspecto, a ausência de transparência evidencia um claro desalinhamento em relação aos princípios da boa governança.

Fonte: *The New York Times*, 06/09/2002. "GE Expenses for Ex-Chief Cited in Filing".

Ainda com base na Figura 4.1 , observa-se que o conselho de administração é um dos principais mecanismos para o alinhamento dos interesses no sistema de governança de uma companhia. Além do órgão, mecanismos internos como o sistema de remuneração dos executivos, e mecanismos externos, como a divulgação periódica de informações e a existência de um mercado competitivo também são importantes fatores para reduzir os custos de representação. No geral, de acordo com a *agency theory*, os mecanismos de governança têm como objetivo fundamental diminuir a probabilidade da tomada de decisões do tipo 2 nas companhias, minimizando os custos de representação.[8]

4.1.2. Problema de *agency*, contratos imperfeitos e livre-arbítrio gerencial

O problema de *agency* se baseia na chamada visão contratual da firma.[9] Essa abordagem parte do pressuposto de que as empresas são simplesmente um feixe[10] de contratos entre clientes, trabalhadores, executivos e fornecedores de insumos e de capital.[11] Sob essa perspectiva, executivos e acionistas assinariam um contrato que especificaria o que os primeiros deveriam fazer com os recursos da companhia. Idealmente, esse contrato seria completo, isto é, especificaria exatamente o que os executivos deveriam fazer a cada instante e como os recursos em excesso deveriam ser alocados. Entretanto, como muitas contingências são difíceis de serem previstas e descritas, os contratos completos são tecnologicamente inviáveis.[12] Como resultado, investidores e executivos deveriam determinar os chamados "direitos residuais de controle", ou seja, os direitos de tomar decisões em circunstâncias não previstas nos contratos.

Como os contratos são incompletos e os executivos possuem mais conhecimento do negócio que os acionistas, os primeiros geralmente possuem livre-arbítrio para decidir sobre a alocação dos recursos da companhia em situações não previstas contratualmente. Essa situação dá margem para um eventual comportamento inadequado dos executivos, isto é, para que optem por maximizar seus resultados pessoais em detrimento do valor da companhia.[13] A literatura já identificou diversas maneiras pelas quais os executivos podem depreciar o patrimônio dos acionistas, incluindo:[14]

- Realização de gastos supérfluos ou pet projects:[15] os executivos podem ficar propensos a realizar gastos improdutivos, uma vez que usufruirão inteiramente seus eventuais benefícios, enquanto a perda de riqueza decorrente de despesas supérfluas será socializada com todos os acionistas. Como exemplo, suponha que o principal executivo de uma empresa hipotética também seja seu sócio relevante, com 30% das ações. Uma despesa desnecessária de $ 100 reduziria o resultado da organização no mesmo montante.[16] O executivo, entretanto, arcaria com uma perda de riqueza de apenas $ 30, dividindo os $ 70 restantes com os demais acionistas, que não usufruiriam qualquer benefício. Os gastos improdutivos podem ocorrer de diversos modos, incluindo "mordomias" como escritórios excessivamente caros, jatos corporativos desnecessários[17] e outros benefícios (pecuniários ou não pecuniários) supérfluos disponibilizados para os administradores.

- Empreendimento de projetos que aumentam o benefício pessoal ou reduzem o risco dos executivos: de acordo com a teoria de finanças, investidores bem diversificados deveriam se preocupar apenas com o risco sistêmico da empresa da qual possuem ações.[18] Para o executivo de uma companhia, todavia, tanto o risco sistêmico quanto o específico são relevantes, na medida em que ambos podem elevar a probabilidade de dificuldades financeiras da organização, aumentando a chance de perda de seu emprego. Logo, o executivo poderia agir mais conservadoramente do que gostariam os acionistas externos à gestão,[19] o que poderia enviesar suas decisões de investimento.[20] Isso poderia contribuir, por sua vez, a uma diversificação excessiva das atividades da empresa, uma vez que o executivo tenderá a se sentir mais seguro em uma empresa mais diversificada.[21]

- Criação de barreiras para substituição pessoal: quanto maiores forem os benefícios decorrentes do cargo extraído pelo executivo, mais ele deverá se apegar a aqueles. O desejo de manter o emprego, por sua vez, pode levar o executivo a um comportamento de "entrincheiramento", resultando em decisões que visam desestimular sua eventual substituição. Exemplos desse tipo de atitude são o investimento excessivo em áreas nas quais o executivo é especialista, o acesso exclusivo do executivo a informações e contatos vitais para a companhia, a centralização de poder e a demissão de executivos talentosos que poderiam vir a ameaçar sua posição. O receio de ser demitido também poderia levar o executivo a escolher estratégias que maximizam os resultados de curto prazo em detrimento do longo prazo, implantando, por exemplo, projetos com *payback*[22] curto, ainda que não fossem os mais rentáveis disponíveis.

- Estabelecimento de remuneração abusiva para si próprios: uma vasta literatura indica que, quando os executivos assumem o controle do processo decisório relativo à sua remuneração, esta tende a ser exagerada e pouco vinculada ao desempenho.[23]

- Dedicação de esforço pessoal insuficiente para administrar a companhia: em algumas situações, os executivos podem diminuir o tempo dedicado à empresa a fim de aumentar suas perspectivas de carreira. A participação em diversos conselhos, entidades ou eventos visando sua promoção pessoal pode ser um dos meios de diminuir o tempo para a empresa, reduzindo sua atuação nas operações diárias e sua efetividade como gestor.

- Venda de ativos, produtos ou serviços da companhia abaixo do preço de mercado para outras empresas das quais são acionistas: a utilização de mecanismos de preço de transferência e a negociação de ativos a preços distorcidos junto a entidades nas quais os administradores possuem participações societárias ou outros interesses (práticas conhecidas internacionalmente como *tunneling*)[24] tendem a expropriar o patrimônio dos demais acionistas da companhia.

- Utilização de critérios pessoais ou políticos para a escolha de pessoas para posições gerenciais: em diversas situações, os executivos podem promover pessoas pouco qualificadas para a organização em função de laços familiares ou pessoais, gerando custo para a companhia e seus acionistas ao longo do tempo.

Além das formas de expropriação apresentadas nesses tópicos, os executivos também podem prejudicar os acionistas ao permanecer no emprego quando não são mais competentes para dirigir a companhia. Naturalmente, a percepção de que a empresa está sujeita ao chamado "oportunismo dos administradores" tende a reduzir a quantidade de capital que os investidores desejariam alocar *ex ante* para financiá-la.

4.1.3. Determinantes e formas de mitigação dos custos de *agency*

Os custos de representação variam de magnitude entre as empresas, já que algumas tendem a sofrer maiores custos dessa natureza que outras. Entre os principais fatores que podem determinar um maior nível de custos de *agency*, destacam-se:

- As preferências dos gestores: executivos com maior senso ético fazem com que suas companhias incorram em menores custos de *agency*.

- O custo de monitoramento dos gastos dos gestores: quanto maior for o custo de monitoramento das despesas efetuadas pelos executivos, maiores tendem a ser os custos de representação.

- A dificuldade de mensurar o desempenho dos gestores: quanto mais difícil for mensurar o desempenho específico dos executivos, maiores tendem a ser os custos de representação.

- Competição entre gestores: quanto mais importante for determinado executivo para a companhia, mais difícil tende a ser sua substituição e maior tende a ser o custo de *agency*.

Além desses determinantes, há evidências de que as empresas com excesso de fluxo de caixa livre[25] e poucas oportunidades de investimento tendem a incorrer em maiores custos de *agency*. Nessas companhias (geralmente de grande porte e em setores maduros), os executivos teriam maior margem para destruir valor sem impactar negativamente suas carreiras pessoais. A solução para mitigar esse custo, de acordo com os formuladores da *agency theory*, seria utilizar um nível maior de endividamento como meio de produzir uma pressão maior por resultados. Em outras palavras, essas empresas deveriam se endividar mais e distribuir o máximo de dividendos, reduzindo os recursos disponíveis para os executivos e pressionando-os a gerar um fluxo de caixa positivo periodicamente para o pagamento dos serviços da dívida. Por outro lado, deve-se destacar que um maior nível de endividamento pode aumentar os custos de falência da companhia, bem como fazer com que os executivos deixem de empreender bons projetos para não elevar ainda mais o financiamento com terceiros.

Outra possível solução para mitigar os custos de *agency* seria reformular os sistemas de incentivo dos executivos. No extremo, uma remuneração totalmente fixa, sem qualquer vinculação ao desempenho, poderia induzir os gestores a um comportamento improdutivo e extremamente avesso a riscos. Por outro lado, uma remuneração excessivamente baseada em resultados de curto prazo poderia levar os gestores a correr riscos excessivos, com possíveis prejuízos para a companhia e seus públicos de interesse. Uma solução, de acordo com a *agency theory*, seria conceder aos executivos incentivos financeiros alinhados aos interesses dos acionistas, como planos de ações, opções de ações ou outras formas de remuneração variável.

Alguns autores,[26] entretanto, argumentam que o principal problema dos sistemas de incentivo é que eles criam um enorme potencial para ganhos extras por parte dos executivos sem contrapartida em melhor desempenho, principalmente quando negociam sua remuneração com conselhos passivos ou por eles dominados. Como exemplo, os executivos poderiam definir os termos do contrato já sabendo se e em que montante os lucros subirão, bem como poderiam manipular os indicadores contábeis e a política de investimento a fim de aumentar sua remuneração. Tendo em vista a grande dificuldade de estabelecer metas e mensurar resultados na alta gestão, os sistemas de incentivo por si tendem a ser insuficientes na resolução do problema de representação.

Por fim, uma possibilidade mais radical para mitigar os custos de representação seria a reconfiguração do próprio modelo organizacional da companhia. Uma solução amplamente preconizada pelos defensores da *agency theory*[27] seriam as compras alavancadas (*leveraged buyouts*), uma operação na qual investidores ou fundos específicos adquirem o controle de companhias abertas por meio das aquisições hostis realizadas com recursos captados no mercado. Após a aquisição, esses adquirentes se veem forçados a aprimorar substancialmente o desempenho de suas empresas, de modo a pagar os serviços da dívida contraída e a criar valor para si próprios.

4.1.4. Estrutura de propriedade e custos de representação

A maior parte da literatura sobre governança corporativa foi desenvolvida para o contexto anglo-saxão, no qual o principal conflito ocorre entre acionistas e executivos em razão da estrutura de propriedade pulverizada vigente na maioria das companhias abertas. Entretanto, a concentração acionária é bem maior no restante do mundo, onde é comum a presença de um acionista controlador ou bloco de grandes acionistas de referência.[28]

A presença de sócios controladores tem efeitos potencialmente positivos e negativos para as companhias. O principal efeito positivo é o chamado efeito-incentivo.[29] Por terem muitos recursos alocados na companhia, os grandes acionistas possuem maior incentivo para coletar informações e monitorar os executivos. Esse efeito parte da hipótese de que quanto maior a participação do controlador no capital total da empresa, maior o interesse pela maximização de seu valor. Logo, os grandes acionistas poderiam, em tese, solucionar o problema de *agency*, já que possuem tanto o interesse na maximização do valor quanto o poder suficiente para fazer com que seus interesses sejam respeitados.

Entretanto, como mencionado, a concentração acionária também tem efeitos potencialmente negativos, ocasionando custos e redução do valor das empresas. O principal efeito negativo é o chamado efeito-entrincheiramento, que ocorre quando, com certa concentração da propriedade, os grandes acionistas passam a perseguir benefícios privados oriundos de seu poder de controle à custa dos demais investidores.[30] O efeito-entrincheiramento parte da suposição de que, quanto maior o direito a voto do acionista de referência, maior a probabilidade de expropriação da riqueza dos demais sócios. Outro custo importante decorrente da presença de grandes acionistas é que eles não são diversificados.[31] Logo, o fato de terem grande parte de sua carteira pessoal investida em determinada empresa pode levá-los a minimizar seu risco por meio da diversificação excessiva das atividades ou pelo excesso de conservadorismo nos projetos empreendidos. Os grandes acionistas, em suma, podem ocasionar dois custos principais: a expropriação dos outros sócios e a ineficiência resultante da busca por objetivos pessoais não maximizadores de valor.

Como há grande variação de concentração acionária entre os países, os principais problemas de governança enfrentados também tendem a ser diferentes. Nos países caracterizados pela propriedade dispersa, tais como os anglo-saxões, a manipulação dos resultados da companhia como modo de aumentar a remuneração dos executivos tende a ser o principal problema. Por sua vez, nos países com estruturas concentradas, como o Brasil, a principal questão tende a ser a extração de benefícios privados do controle pelos sócios majoritários, muitas vezes por meio de transações com partes relacionadas e outras formas de negociação em causa própria.[32]

4.1.5. Problemas de *agency* entre acionistas e credores

Além do conflito entre executivos e acionistas em empresas com elevada dispersão acionária e do conflito entre sócios controladores e minoritários em empresas com alta concentração das ações, a *agency theory* destaca um terceiro conflito: o desalinhamento entre acionistas e credores. Nesse caso, os acionistas podem tomar decisões prejudiciais aos credores que aportaram recursos sob a forma de empréstimos e títulos de dívida.

Jensen e Meckling, em seu trabalho seminal sobre a *agency theory*, mostram como os acionistas, agindo em seu próprio interesse, podem vir a expropriar os credores. Uma das estratégias pode derivar do incentivo que os acionistas têm para assumir riscos excessivamente elevados quando utilizam capital de terceiros em grande proporção. Um exemplo ocorre em uma empresa hipotética altamente endividada. Nesse caso, é possível que os administradores escolham projetos mais arriscados que os credores gostariam. Isso aconteceria porque, para os acionistas, importará apenas a porção superior da distribuição de probabilidade do projeto, enquanto, para o credor, a porção inferior seria a relevante. Em outras palavras, em caso de sucesso do empreendimento, a maior parte dos ganhos iria para os acionistas, uma vez que os credores teriam direito apenas à parcela fixa de juros. Por outro lado, em caso de fracasso, a maior parte dos prejuízos recairia sobre os credores, uma vez que a empresa não conseguiria arcar com os compromissos assumidos junto com eles.[33]

Outro possível resultado do desalinhamento entre acionistas e credores seria a tendência ao subinvestimento. Quando a empresa está altamente endividada e há uma probabilidade considerável de falência, os administradores poderiam deixar de realizar novos investimentos com capital próprio, mesmo que os projetos apresentassem VPL[34] positivo. Isso ocorreria porque a maior parte do ganho com os projetos iria para os credores (sendo absorvido no pagamento de juros), não interessando ao acionista alocar seus recursos próprios nessa situação.

Um terceiro problema entre credores e acionistas é denominado incentivo ao "esvaziamento da propriedade". Nesse caso, na iminência da bancarrota, os sócios poderiam promover uma retirada maciça de capital próprio, via dividendos extraordinários ou outros meios (inclusive ilegais), fazendo com que restasse pouco para os credores em caso de liquidação da companhia.

Como solução para os problemas de *agency* entre acionistas e credores, Jensen e Meckling propõem a adoção de diversos mecanismos (sempre envolvendo custos para uma ou ambas as partes), a saber: restrições contratuais (*covenants*), procedimentos de monitoramento, elaboração periódica de relatórios, realização de auditorias e criação de um sistema de incentivos para alinhamento de interesses.

4.1.6. Críticas à teoria da representação

Se você procurar o pior nas pessoas esperando encontrá-lo, você certamente o encontrará.

FRASE APÓCRIFA[35]

Apesar de sua predominância, nem todos aceitam a *agency theory* como a abordagem conceitual mais adequada para a governança corporativa. Há ao menos duas críticas importantes em relação à teoria.

Em primeiro lugar, Jensen e Meckling prescrevem uma solução para a governança das companhias baseada apenas em recompensas e punições como meio de induzir comportamentos. A utilização de uma abordagem fundamentada estritamente no conceito da "cenoura e do chicote", todavia, desconsidera em grande medida a complexidade do comportamento humano, algo essencial para assegurar o bom governo de organizações complexas como as grandes empresas.

O problema ocorre, em grande medida, porque a *agency theory* parte da premissa simplificadora e simplista de que as pessoas atuam como *homo economicus*. Como resultado, o modelo de Jensen e Meckling prevê que as pessoas agirão sempre de maneira racional, egoísta (interessadas apenas em maximizar seus ganhos pessoais) e amoral (interessadas em burlar regras todas as vezes que seu benefício econômico superar a potencial punição).

Entretanto, desde a formulação da teoria, há cerca de quarenta anos, houve grandes avanços nas áreas de sociologia, psicologia, neurociência e economia comportamental, que demonstraram não ser possível reduzir o comportamento humano ao arquétipo sobre o qual se baseia o modelo da *agency theory*.[36] Especificamente, centenas de pesquisas científicas realizadas nas últimas décadas concluíram que as pessoas: tendem a tomar decisões enviesadas (em vez de agirem racionalmente); a tomar decisões cooperativas e altruístas dependendo do contexto em que estão inseridas (em vez de atuarem apenas de maneira egoísta), e são influenciadas por diversos aspectos psicológicos em suas decisões por cumprir ou não as regras estabelecidas (muitas vezes inclusive desconsiderando o benefício e a potencial punição envolvidos). O Capítulo 5 detalha esses estudos e a abordagem comportamental emergente para a governança corporativa.

A segunda grande crítica à *agency theory* diz respeito ao entendimento da estrutura de uma sociedade por ações sob a perspectiva legal. Em primeiro lugar, a teoria pressupõe que os acionistas são os proprietários das companhias. Para alguns autores, entretanto, as sociedades anônimas são, do ponto de vista jurídico, entidades legais independentes que são donas de si mesmas, assim como as pessoas físicas são donas de si – cada uma com seus bens, direitos e obrigações.[37] Os acionistas seriam, sob essa perspectiva, titulares de cotas do capital próprio da entidade em caráter transitório que lhes confeririam direitos limitados a serem exercidos sob circunstâncias específicas (ter ações de uma companhia, por exemplo, não daria direito aos acionistas levarem produtos gratuitamente de suas lojas). Os acionistas não seriam "donos" da companhia do modo como se imagina a posse de determinado bem. Na verdade, eles teriam um contrato para com suas companhias de forma similar aos demais stakeholders, sendo que nenhum deles seria o "dono" da entidade isoladamente.[38]

Em segundo lugar, a teoria supõe que os acionistas são os únicos "requerentes residuais" (*residual claimants*), tendo, consequentemente, direito a auferir todo o resultado após o pagamento das obrigações contratuais da companhia perante os demais stakeholders. Para os críticos, a ideia de que os acionistas são os únicos requerentes residuais tem sua origem no direito falimentar, quando os sócios muitas vezes ficam com os ativos restantes de empresas liquidadas após pagamento das obrigações perante os demais stakeholders. Para eles, entretanto, companhias com operações contínuas são entidades muito diferentes de sociedades encerradas cujo espólio deverá ser dividido entre seus requerentes.

Fora do contexto do direito falimentar, portanto, seria errado interpretar que os acionistas têm direito a receber tudo aquilo que resta após o pagamento das obrigações legais.[39] Na verdade, as companhias, sob essa perspectiva, seriam seu próprio requerente residual, cabendo ao conselho de administração determinar, com autonomia, o que fazer com seu resíduo financeiro (o órgão, poderia, por exemplo, determinar uma política de distribuição de uma fatia pequena dos resultados aos acionistas como modo de manter a companhia mais robusta para períodos de volatilidade).

Em terceiro, a *agency theory* parte da premissa de que os acionistas são representados (*principals*) que contratam os administradores para que esses atuem como seus representantes (*agents*). Para os críticos, entretanto, os administradores devem atuar como representantes dos interesses da companhia, e não de seus acionistas. Como resultado, a companhia seria a parte representada (o *principal*) e não os acionistas.[40] A segunda grande crítica à *agency theory*, portanto, é a de que, como suas premissas quanto ao funcionamento de uma companhia aberta estão erradas, então a teoria também está necessariamente errada.[41]

4.2. Teoria de equilíbrio dos interesses dos stakeholders

4.2.1. Origem e conceitos fundamentais

A teoria dos stakeholders, formulada por Edward Freeman durante a década de 1980,[42] é a principal concorrente à *agency theory*.[43] Seu pressuposto básico é que os gestores devem administrar as companhias com o objetivo de equilibrar os interesses de seus stakeholders.[44] A teoria, portanto, rejeita a ideia de que as companhias devem ser dirigidas apenas no interesse de seus acionistas, concentrando-se na responsabilidade moral da organização perante seus públicos de interesse.

Entre os participantes na companhia, destacam-se os empregados. De acordo com a teoria do stakeholders, eles realizam um investimento específico não monetário e de difícil recuperação em suas empresas. Um funcionário, por exemplo, pode desenvolver um capital humano específico, ao longo dos anos, para sua organização. Nesse caso, sua remuneração não capturará plenamente o valor que ele adiciona à companhia nem o risco de perda de seu *status* profissional decorrente da possibilidade de demissão. Como os empregados realizam investimentos específicos e não recuperáveis na firma, seus interesses também deveriam passar a ser considerados nas decisões-chave da organização.[45] Além dos funcionários, os proponentes da teoria dos stakeholders argumentam que outros grupos, como fornecedores e clientes, também têm interesses diretos no bom desempenho de longo prazo da companhia, enquanto comunidades e sociedade em geral têm interesses legítimos indiretos. No jargão econômico, a teoria argumenta, portanto, que cabe às empresas arcar com as externalidades que impõem sobre seus stakeholders.[46]

Embora a teoria tenha se desenvolvido apenas na década de 1980, a primeira aparição do termo stakeholder no campo da administração de empresas ocorreu duas décadas antes, em um memorando do instituto de pesquisa de Stanford de 1963.[47] A ideia inicial do termo era identificar "todos os grupos sem os quais a empresa deixaria de existir". Nessa lista estariam incluídos acionistas, empregados, clientes, fornecedores, credores e a sociedade. De acordo com o estudo, os executivos deveriam entender as preocupações dos stakeholders a fim de desenvolver objetivos organizacionais que obtivessem seu apoio.

Posteriormente, Freeman definiu os stakeholders como "qualquer grupo ou indivíduo que afeta ou é afetado pelo alcance dos objetivos da companhia",[48] definição muito utilizada atualmente. Para o autor, sua teoria pode ser definida como a "formulação e implantação, pelos administradores, de processos que satisfaçam a todos os grupos que tenham interesses em jogo na empresa".[49] A principal tarefa dos administradores, nesse caso, seria gerenciar ativamente o ambiente de negócios, os relacionamentos e os interesses dos acionistas, empregados, clientes, fornecedores, comunidades e outros grupos, de modo a assegurar o sucesso de longo prazo da companhia.[50]

Os defensores da teoria dos stakeholders argumentam que a abordagem é mais equitativa e eficiente socialmente, beneficiando as companhias no longo prazo em decorrência da construção de relacionamentos de confiança. As empresas alemãs e japonesas, tradicionalmente dedicadas a propósitos mais amplos que apenas gerar o melhor resultado para os acionistas (o Capítulo 9 detalha a governança nesses países), são frequentemente citadas como exemplos de sucesso dessa abordagem.

A teoria dos stakeholders se desenvolveu com base em três linhas principais de estudo:[51] planejamento estratégico, teoria de sistemas organizacionais e responsabilidade social empresarial. No campo do planejamento estratégico, pressupõe-se que as estratégias de sucesso devam integrar os interesses de todos os públicos envolvidos com a companhia, em vez de maximizar a posição de um único grupo em detrimento dos demais. A área de sistemas organizacionais argumenta que, como as empresas são sistemas abertos que se relacionam com diversos públicos externos essenciais para sua sobrevivência de longo prazo, é necessário elaborar planos que otimizem o sistema como um todo. A linha da responsabilidade social empresarial, por sua vez, consiste em diversos estudos de casos e observações empíricas que enfatizam a importância da obtenção de uma boa reputação e de relacionamentos confiáveis com os participantes externos à organização para seu sucesso.[52]

4.2.2. Críticas à teoria dos stakeholders

A teoria dos stakeholders também tem seus críticos. Um dos principais problemas a ela atribuídos é sua dificuldade de operacionalização, algo que envolve a definição dos stakeholders a terem seus interesses considerados e os pesos a serem atribuídos a cada um dos públicos da companhia nas decisões.

Em diversas situações, os interesses dos stakeholders podem ser conflitantes, sendo necessária a definição de *trade-offs* (pontos de troca) para tomar decisões: até quanto vale a pena sacrificar a rentabilidade para evitar demissões? Até que ponto vale a pena manter um relacionamento de longo prazo com um fornecedor que se tornou ineficiente? Vale a pena subsidiar clientes a fim de manter a fidelização à empresa? Essas são algumas das difíceis questões que os executivos podem enfrentar no dia a dia.[53] A abordagem da maximização da riqueza dos acionistas apresenta um critério objetivo (embora muitas vezes de difícil mensuração): as decisões devem ser tomadas desde que agreguem valor, isto é, desde que, para cada R$ 1 gasto, seja gerado mais de R$ 1 no que se refere ao valor presente. A abordagem dos stakeholders, por sua vez, não determina um critério objetivo para a tomada de decisão, devendo-se despender recursos da companhia desde que, na visão de seus administradores (potencialmente enviesada e sujeita a conflitos de interesses, segundo os críticos), os stakeholders tenham seus interesses equilibrados.[54]

Como resultado, argumenta-se que a teoria dos stakeholders não especifica como os administradores devem efetuar os *trade-offs* entre os diversos interesses conflitantes na organização, dificultando a responsabilização por seus atos.[55] Segundo os céticos, caso os gestores devam prestar contas a todos os públicos com interesses na companhia, então eles deverão, na prática, prestar contas a ninguém.[56] Ao deixar os administradores livres para tomar decisões com base em seu livre-arbítrio, a teoria dos stakeholders poderia, na prática, vir a ser utilizada para atender a seus interesses pessoais, dando margem a abusos.[57]

Para alguns céticos, a abordagem seria até mesmo incompatível com as boas práticas de governança, uma vez que depositaria nas mãos dos administradores a possibilidade de perseguirem seus próprios interesses à custa dos direitos dos demais participantes da organização.[58] Em contrapartida, os defensores da teoria dos stakeholders rebatem este ponto ao argumentar que os críticos ignoram a capacidade humana de equilibrar – mesmo que de maneira imperfeita – diferentes interesses e responsabilidades na tomada de decisão. Para esses defensores, contrabalançar diferentes interesses concorrentes (em vez de apenas procurar "maximizar" determinado interesse em jogo) é a norma, em vez da exceção, nas questões humanas, e algo corriqueiro em áreas como o direito e relações sociais.[59]

Para os críticos,[60] a teoria de equilíbrio dos interesses dos stakeholders não deveria nem mesmo ser vista como uma legítima concorrente à *agency theory*, uma vez que não fornece uma especificação completa para o propósito da companhia.[61] Nesse sentido, afirma-se que, sem a existência de uma missão clara aos administradores decorrente de uma única função-objetivo a ser perseguida, os administradores se veriam sem parâmetros objetivos e bem definidos para tomar decisões e terem seu desempenho avaliado. Como consequência, de acordo com os céticos, "as companhias que adotam a teoria dos stakeholders acabarão passando por confusão gerencial, conflito, ineficiência e, talvez, fracasso corporativo".[62]

Diversos autores consideram a teoria dos stakeholders uma doutrina que prejudicaria a empresa e seu desempenho no longo prazo. Além da falta de objetivos claros e da dificuldade de identificar os stakeholders mais relevantes e seu peso nas decisões, a negação dos direitos de propriedade dos acionistas fragilizaria as companhias. Nesse sentido, argumenta-se que a teoria dos stakeholders solapa a propriedade privada ao negar aos acionistas o direito de determinar para que fim utilizarão sua propriedade.[63]

A negação do dever de lealdade dos executivos para com os acionistas levaria a outro potencial efeito colateral negativo: sem a perspectiva de os administradores tomarem decisões no interesse dos acionistas e canalizarem para eles o resultado econômico final da empresa, outros potenciais investidores simplesmente não efetuariam qualquer tipo de investimento *ex ante*, o que simplesmente não geraria riqueza para qualquer um dos stakeholders.

Por fim, outro ponto criticado na teoria se refere à responsabilidade que a empresa teria por todos os públicos envolvidos com ela. Para os céticos, os acionistas, ao assumirem o risco residual, são os participantes mais afetados pelo desempenho da empresa. Os demais stakeholders, por sua vez, teriam seus interesses protegidos legalmente, podendo acionar judicialmente a companhia a fim de fazer valer seus direitos. Como resultado, a empresa deveria ser responsável apenas por seus acionistas, os únicos, de acordo com essa visão, desprotegidos contratualmente e sem direito a qualquer remuneração predeterminada.[64]

4.3. Teoria da custódia (*stewardship theory*[65])

A teoria da custódia, formulada na década de 1990 por James Davis e Lex Donaldson,[66] tem suas origens no campo da sociologia e da psicologia. Diferentemente da premissa pessimista da *agency theory*, que prevê que os executivos atuarão de modo egoísta a fim de maximizar apenas a sua utilidade pessoal, a *stewardship theory* sugere uma motivação "pró-organizacional" dos gestores, que atuariam, por vontade própria, como curadores de suas empresas.

Para a *stewardship theory*, o que leva a um melhor desempenho não é a implantação de mecanismos para alinhar os interesses dos executivos – supostamente individualistas e egoístas de acordo com a *agency theory* – aos dos acionistas, mas, sim, o grau de identificação dos gestores com os objetivos e propósitos de sua organização. Caso a companhia tenha princípios sólidos com os quais o executivo se identifica, isso criaria, então, uma motivação intrínseca que o levaria a conduzir sua organização de maneira virtuosa. Nas palavras dos formuladores da teoria da custódia: "os executivos são ótimos curadores de suas companhias e trabalham de forma diligente para alcançar altos níveis de lucro e retorno para os acionistas".[67]

A teoria da custódia refuta, portanto, a hipótese de que os interesses dos gestores e acionistas são necessariamente conflitantes, partindo da premissa de que, como ambos desejam maximizar a qualidade da administração da companhia no longo prazo, eles podem estar alinhados de antemão.[68] Como resultado, a abordagem recomenda máxima autonomia aos executivos com base na confiança, o que os levaria, motivados pelo sentimento de realização,[69] a trabalhar a fim de maximizar o resultado de suas companhias.

Para os defensores da *stewardship theory*, a abordagem pode gerar diversos benefícios às companhias, entre os quais: promoção de uma liderança mais virtuosa e ética, maior confiança e comprometimento dos stakeholders, mitigação dos riscos reputacionais e maior valor da empresa decorrente do menor gasto com o monitoramento dos executivos.

A principal contribuição da teoria é, sem dúvida, o questionamento acerca da premissa pessimista e exclusivamente econômica sobre a natureza humana da *agency theory*. Ao tratar os executivos apenas como agentes econômicos, a teoria de Jensen e Meckling tende a suprimir suas aspirações individuais. Por sua vez, a *stewardship theory* acredita que os seres humanos são capazes de agir com ética, desde que inspirados por propósitos bem definidos. Como consequência, os executivos tenderiam a se concentrar em prestar o melhor serviço possível para suas organizações, e não em maximizar seu próprio interesse econômico. Como expõe o Capítulo 5, há várias evidências científicas recentes que demonstram que as pessoas, desde que inseridas em contextos sociais apropriados, tendem a ter um comportamento orientado para o melhor interesse coletivo. Logo, a *stewardship theory* pode ser vista como um complemento útil às demais teorias de governança, particularmente à *agency theory*.

Curiosamente, a aceitação da teoria da custódia leva a algumas recomendações contrárias a práticas de governança consagradas atualmente, como a designação de pessoas diferentes para ocupar os cargos de presidente do conselho e diretor-presidente. Tendo em vista que o conselho deve supervisionar a gestão, há certo consenso de que esses cargos devam ser ocupados por pessoas distintas com boa prática de governança. A *stewardship theory* sugere, entretanto, que os cargos deveriam ser unificados para assegurar a presença de uma liderança efetiva e forte na empresa, algo visto como essencial para o bom desempenho organizacional.[70] Para a teoria, a premissa negativa dos investidores e reguladores sobre o comportamento dos executivos disseminada atualmente gera um impacto negativo nas empresas, por impor custos desnecessários e enfraquecer sua liderança.

Na comparação com as teorias analisadas anteriormente, a *stewardship theory* compartilha alguns valores com a teoria dos stakeholders, ao determinar maior poder para os executivos. Por outro lado, a teoria da custódia também é parcialmente compatível com a abordagem da maximização da riqueza dos acionistas, ao acreditar que, como os executivos procurarão agir voluntariamente como "donos do negócio", a maximização do resultado financeiro da companhia será uma consequência natural da presença de pessoas agindo no melhor interesse da entidade.

4.4. Teoria da dependência de recursos (*Resource Dependency Theory*)

A teoria da dependência de recursos (TDR) foi formulada por Jeffrey Pfeffer e Gerald Salancik no fim da década de 1970.[71] Trata-se de uma teoria ampla, utilizada em áreas como governança corporativa, estratégia organizacional, integração horizontal ou vertical, e fusões e aquisições.

A TDR estuda como o acesso a recursos externos à organização pode aumentar sua chance de sobrevivência e sucesso. A teoria parte da premissa de que todas as empresas dependem de recursos das mais diversas naturezas, tais como os recursos humanos, materiais, logísticos, financeiros etc., e que a capacidade de acessá-los é a base para o poder e a prosperidade da organização.[72] Muitos desses recursos estão disponíveis no ambiente externo da companhia, junto a credores, fornecedores etc. Em alguns casos, recursos humanos ou operacionais importantes para a entidade podem até mesmo estar disponíveis apenas em outras companhias. Como resultado, cabe aos administradores procurar meios de acessar esses recursos, de modo a adicioná-los ao "capital total" de suas companhias.

De acordo com a TDR, o acesso a recursos se dá por meio de *joint-ventures*, associações, alianças estratégicas, compartilhamento de pessoas ou operações, fusões e aquisições etc. Para a teoria, todos esses casos representam a busca das organizações em suprir sua dependência de recursos de maneira a poder sobreviver e prosperar.

No que concerne à governança corporativa, a principal contribuição da teoria da dependência de recursos decorre de sua visão sobre o papel do conselho de administração, particularmente dos conselheiros externos. Para a TDR, os conselheiros devem ser vistos primordialmente como uma fonte de acesso a recursos vitais para o sucesso da companhia, tanto no que se refere a informações quanto ao acesso a stakeholders-chave, como governo, credores, fornecedores, clientes, grupos da sociedade civil ou comunidade em geral. Nas palavras de seus formuladores: "quando uma organização seleciona um conselheiro, ela espera que ele apoie a organização, contribuindo ativamente para solucionar seus problemas".[73]

A teoria, portanto, concentra-se no papel dos conselheiros como canal – por meio de seus vínculos com o ambiente externo – para a obtenção de recursos essenciais para a organização. A indicação de uma pessoa com bom trânsito no governo, por exemplo, poderia ajudar a companhia a mitigar seus riscos regulatórios, bem como a reforçar seu peso político a fim de propor mudanças na legislação essenciais à sua atividade. A indicação de um advogado experiente, por seu turno, poderia proporcionar à empresa uma assessoria legal de qualidade em tempo real nas reuniões do conselho, além de servir como fonte de esclarecimento sobre matérias jurídicas para os executivos. Tudo isso, naturalmente, levaria a um melhor desempenho da companhia.

Para a TDR, os conselheiros podem ser divididos em quatro categorias: internos, experts em negócios, especialistas técnicos, e formadores de opinião junto à comunidade. Os internos, compostos pelos atuais diretores e por antigos executivos da própria empresa, proporcionam conhecimentos sobre seu setor de atuação e questões estratégicas. Os experts em negócios, formados por executivos de mercado na ativa ou aposentados, contribuiriam nas decisões sobre temas comuns a todas as empresas (como as questões envolvendo seleção de pessoas e avaliação de resultados), bem como agregariam valor por meio de seus conhecimentos sobre outras realidades empresariais. Os especialistas técnicos, por sua vez, são advogados, banqueiros, economistas etc., que proporcionariam assessoria gratuita em seus campos específicos de atuação. Já os formadores de opinião – políticos, acadêmicos, líderes sociais etc. – agregariam valor ao melhorar o relacionamento da empresa com seus stakeholders e sua reputação na sociedade.

A TDR permite compatibilizar as diferentes necessidades de governança das companhias com seus diferentes estágios de vida. Quando a empresa é jovem, por exemplo, a contratação de executivos de tempo integral com elevada senioridade e expertise tende a ser difícil em função dos custos envolvidos. Como resultado, o empreendedor poderia implantar um conselho para ter acesso a pessoas com elevada experiência a um custo substancialmente menor. Nesse caso, os conselheiros externos seriam uma fonte barata de conhecimentos legais, financeiros ou operacionais que não seriam disponíveis de outra forma. Após seu crescimento e eventual abertura de capital, os conselheiros externos passariam, então, a contribuir não apenas por meio de sua expertise técnica mas também por meio de sua rede de contatos, o que daria à companhia acesso a novos mercados e fontes de financiamento, bem como melhoraria reputação perante os investidores.

Visualizar o conselho de administração como uma fonte de recursos para a companhia oferece uma perspectiva diferente em relação ao órgão como fonte de criação de valor. De acordo com a TDR, os conselheiros, por serem uma fonte valiosa de contatos, informações e relacionamentos, permitem aos executivos administrar melhor as incertezas da companhia em relação a seu ambiente externo – incluindo consumidores, governo e comunidade em geral. Além disso, os conselheiros reforçariam a percepção de legitimidade da diretoria e contribuiriam para melhorar a reputação da companhia perante seus investidores.

Há, portanto, uma diferença relevante entre a *agency theory* e a teoria da dependência de recursos em relação ao papel central dos conselheiros. Enquanto na teoria da representação, enfatiza-se a importância dos conselheiros externos no monitoramento dos executivos em favor dos investidores, na TDR enfatiza-se o papel dos conselheiros no fornecimento de recursos aos executivos de modo que eles possam melhorar o desempenho da companhia. Logo, dá-se mais importância à experiência prévia e aos contatos dos conselheiros externos que à sua independência em relação aos executivos e acionistas de referência.

4.5. Teoria da firma e a economia dos custos de transação

A teoria da firma deve ser interpretada mais como um alicerce conceitual sobre o qual se baseiam os estudos sobre governança corporativa que como uma concorrente às teorias apresentadas anteriormente. O objetivo da teoria da firma, formulada em 1937 por Ronald Coase, é explicar por que as empresas surgem em uma economia de mercado e os motivos que as levam, muitas vezes, a integrar suas atividades e a alcançar um porte gigantesco.[74]

De acordo com Coase, vencedor do prêmio Nobel de Economia em 1991, as empresas surgem em decorrência da existência dos chamados "custos de transação", que representam todos os custos (explícitos e implícitos) de contratar qualquer tipo de serviço ou atividade junto ao mercado. Quando os custos para realizar determinada atividade por meio de arranjos de mercado se tornam maiores que os custos para organizá-la internamente, então faz sentido integrar essa atividade à empresa em vez de utilizar o mercado. Como resultado, as empresas e o mercado (ou sistema de preços) atuariam como mecanismos substitutos para coordenar o uso dos recursos em uma economia.

Caso os custos de transação se tornassem mais baixos que os custos de gerenciamento interno, então as atividades realizadas dentro das empresas deveriam passar a ser empreendidas pelo mercado. No limite, se os custos de transação fossem nulos, as empresas deixariam de existir e todas as atividades passariam a ser realizadas pelo mercado. De modo oposto, em caso de custos de transação proibitivamente altos, dever-se-ia abandonar o mercado em favor da internalização de todas as atividades nas empresas.

O trabalho de Coase foi complementado por diversos estudos de Oliver Williamson nas décadas de 1960 e 1970. Neles, o autor investigou os fatores que explicam por que as companhias integram verticalmente suas atividades. Para Williamson, vencedor do prêmio Nobel de Economia em 2009, os dois aspectos determinantes para a opção pela integração são o grau de especificidade dos ativos e a possibilidade de oportunismo nas relações entre parceiros de negócios. Quando os ativos são muito específicos e quando há grande margem para comportamento oportunístico de uma das partes em determinado arranjo contratual, então faz sentido ter o controle dos ativos, integrando verticalmente a cadeia de produção. A integração seria vantajosa, portanto, por reduzir os gastos para proteção de determinado agente em relação a um possível comportamento oportunista de um terceiro. No outro extremo, em uma situação hipotética de ausência de oportunismo, a troca pelo mercado seria o meio mais eficiente de cooperação.

QUESTÕES PARA REFLEXÃO E DISCUSSÃO

1. Qual tem sido a teoria mais utilizada para explicar a governança corporativa? Explique-a sucintamente, descrevendo sua premissa fundamental e como a governança corporativa é visualizada de acordo com essa teoria.

2. O que são custos de *agency* ou de representação? Descreva suas modalidades principais e cite exemplos de como esses custos podem se manifestar no dia a dia das empresas.

3. Os custos de *agency* devem ser de magnitude igual em empresas diferentes? Em caso negativo, que fatores podem levar algumas empresas a incorrer em maiores custos de representação que outras?

4. Os credores também podem sofrer com os conflitos de *agency*? Como isso pode ocorrer na prática?

5. Você acredita que a teoria da representação (*agency theory*) é suficiente para cobrir todos os aspectos relativos à governança corporativa? Em caso negativo, quais são as principais limitações e críticas realizadas a essa teoria?

6. O que é a teoria dos stakeholders? Quais são seus potenciais aspectos positivos e as principais críticas realizadas em relação a essa teoria?

7. O que é a teoria da custódia (*stewardship theory*)? Quais são suas premissas e sua principal diferença em relação à teoria da representação (*agency theory*)?

8. O que é a teoria da dependência de recursos (*resource dependency theory*)? Qual a relação dessa teoria com a discussão sobre a composição dos conselhos de administração nas companhias abertas?

CAPÍTULO 5

A abordagem comportamental para a Governança Corporativa

CONCEITOS APRESENTADOS NESTE CAPÍTULO

- O fator humano como chave para a boa governança empresarial
- Fatores que induzem as pessoas a não tomar as melhores decisões e a descumprir as regras: limitações técnicas, conflito de interesses e vieses cognitivos
- Técnicas para melhorar as decisões na alta gestão
- Ativando a consciência das pessoas: como elevar o grau de cooperação e promover o interesse comum nas organizações
- Fatores psicológicos que levam ao descumprimento das regras nas empresas
- Conclusão: como minimizar a chance de decisões erradas e assegurar empresas bem governadas ao longo do tempo?
- Apêndice: Os riscos da obediência excessiva e irrefletida a lideranças

5.1. O FATOR HUMANO COMO CHAVE PARA A BOA GOVERNANÇA EMPRESARIAL

Se as pessoas forem boas apenas porque temem uma punição e esperam uma recompensa, então temos, de fato, muito a lamentar.[1]

ALBERT EINSTEIN (1879-1955)

No capítulo anterior, abordamos as diversas teorias sobre governança corporativa. Como exposto, a teoria predominante na literatura até o momento tem sido a *agency theory*, formulada por Jensen e Meckling.

A dominância da teoria da representação fez com que o debate sobre o tema tem-se concentrado na implantação de estruturas de incentivo (remuneração variável, avaliação de desempenho etc.) e de controle (gestão de risco, *compliance*, controles internos, auditorias, conselhos com independentes etc.) como modo de aprimorar a governança das companhias.

Embora os mecanismos de incentivo e de controle sejam elementos importantes de um bom sistema de governança (vide capítulos 7 e 8), os diversos escândalos recentes em companhias que aparentemente haviam adotado práticas de governança alinhadas às recomendações da literatura mostram que sua implantação não é suficiente para assegurar empresas genuinamente bem governadas.[2]

Para um número crescente de críticos,[3] a abordagem tradicional da governança corporativa oriunda da *agency theory* fez com que muitas companhias passassem a tratar o tema de modo instrumental, como se a boa governança fosse um conjunto de checklists a serem cumpridos de maneira fria e desconectada do dia a dia da organização. Para eles, a boa governança depende muito mais do equacionamento de questões intrinsecamente humanas nas empresas. É o foco no fator humano, e não a mera implantação de mecanismos de incentivos e controles, que permitirá criar um ambiente no qual as pessoas desejem voluntariamente tomar decisões no melhor interesse de longo prazo da companhia e cumprir as regras.

Este capítulo objetiva apresentar uma visão alternativa para a governança corporativa, decorrente de pesquisas recentes nos campos da economia comportamental, psicologia e sociologia. Esses trabalhos têm explorado a fundo a dimensão humana como um fator-chave para a governança corporativa, incluindo os aspectos psicológicos que podem induzir as pessoas a agir no melhor interesse da organização.

5.2. Fatores que induzem as pessoas a não tomar as melhores decisões e a descumprir as regras: limitações técnicas, conflito de interesses e vieses

O verdadeiro conhecimento é saber a extensão de sua própria ignorância.[4]

Confúcio (551 a.C.-479 a.C.)

A adoção da boa governança pelas companhias depende da compreensão dos três fatores que levam as pessoas – em sua atuação como colaboradores, executivos, conselheiros ou acionistas – a não tomar as melhores decisões possíveis para a companhia e a não cumprirem as regras.

O primeiro fator diz respeito às limitações técnicas. Muitas vezes, as pessoas tomam decisões ruins ou descumprem as regras simplesmente porque não conseguem identificar o melhor curso de ação para a companhia ou porque não sabem qual deveria ser o procedimento correto a seguir em determinada situação.

O segundo motivo decorre do conflito ou da contradição de interesses. Nesse caso, as pessoas optam conscientemente por não tomar a melhor decisão para a empresa ou por descumprir as regras. Em geral, isso ocorre quando o melhor resultado para o indivíduo diverge do que é o melhor para a organização. Como consequência, sua agenda pessoal acaba sendo colocada à frente da agenda da empresa. No caso da gestão, isso pode levar a decisões ruins em temas como seleção de pessoas, aprovação de projetos, celebração de contratos, apresentação de resultados etc. No caso das matérias de acionistas, isso pode levar a más decisões em temas como eleição de conselheiros, fusões e aquisições, distribuição de dividendos, transações com partes relacionadas etc.

O terceiro motivo são os chamados vieses cognitivos,[5] que levam indivíduos e grupos decisórios a inconscientemente tomarem decisões erradas, apesar de terem convicção de que estão fazendo o melhor para a companhia.

Desses três aspectos, a limitação técnica é o problema mais óbvio a ser mitigado. À medida que a complexidade organizacional aumenta, torna-se cada vez mais improvável que um único indivíduo detenha todos os conhecimentos para as decisões-chave da empresa, incluindo aquele relativo às matérias de investimento, financiamento, marketing, recursos humanos, posicionamento estratégico, tecnológicos etc. Esse é um problema que se torna especialmente crítico, portanto, nas organizações sujeitas a elevada concentração de poder, como as empresas familiares. Nesses casos, a implantação de mecanismos de governança – como um conselho de administração qualificado, independente e composto por pessoas com diferentes visões de mundo – pode levar a melhores decisões empresariais.

Dada a maior complexidade dos outros dois fatores que podem levar a decisões erradas e ao descumprimento das regras – o conflito de interesses e os vieses cognitivos –, eles serão abordados separadamente nos itens a seguir.

5.2.1. Conflito de interesses

Que o mundo que vá para o inferno desde que eu sempre tenha meu chá.[6]

Fiódor Dostoiévski (1821-1881)

O conflito de interesses é a questão central que motivou inicialmente os debates sobre governança corporativa. Basicamente, ele ocorre quando interesses secundários de uma pessoa envolvida em uma decisão podem divergir do interesse coletivo da empresa ao qual deve lealdade – seu interesse primário. Entre os interesses secundários, incluem-se não apenas os potenciais ganhos financeiros particulares, mas também vantagens de outra natureza, tais como as decorrentes de relações pessoais com contrapartes envolvidas em uma decisão. Um exemplo simples ocorre quando um executivo avalia a contratação de um familiar para prestação de um serviço para sua empresa. Mesmo que ele não perceba nenhum ganho financeiro decorrente desta contratação, tem-se naturalmente uma contradição de interesses.

É importante destacar que o conflito existe independentemente da influência efetiva do interesse secundário sobre a decisão final, o que tende a causar confusão sobre o tema. É comum, por exemplo, uma pessoa acusada de estar sob conflito de interesses negar sua existência por não ter agido de forma imprópria ou antiética.

Na verdade, o conflito ou contradição de interesses é uma situação anterior à decisão, que pode existir mesmo que não ocorram atos impróprios decorrentes da atuação do indivíduo conflitado. No exemplo anterior, mesmo que o executivo optasse por contratar seu familiar com base em condições de mercado, sem qualquer benefício adicional, isso não eliminaria o fato de que naquela situação ele teria agido em uma situação de interesses conflitantes.

Nas empresas, os problemas resultantes dos conflitos de interesses podem se manifestar em três esferas principais, destacadas na tabela a seguir.

De acordo com as melhores práticas de governança, não há dúvida sobre como proceder em relação à questão do conflito de interesses: praticamente todos os códigos do mundo determinam que as pessoas sujeitas a interesses potencialmente conflitantes com os da empresa se abstenham de participar das discussões e de votar durante sua deliberação. A tabela a seguir apresenta a visão de alguns documentos de referência.

Tabela 5.1 Formas de manifestação do conflito de interesses nas companhias

ESFERA	OS CONFLITOS DE INTERESSES PODEM GERAR PROBLEMAS QUANDO:	EXEMPLO DE SITUAÇÃO ENVOLVENDO CONFLITO DE INTERESSES
Assembleia de acionistas	Acionistas em posição de controle tomam decisões que maximizam seu resultado individual em detrimento dos demais acionistas.	Aquisição de participação acionária de empresa vinculada ao grupo econômico do acionista controlador.
Conselho de administração	Conselheiros votam em linha com seus interesses pessoais ou dos interesses dos acionistas que os elegeram, em detrimento do interesse coletivo da empresa.	Seleção de executivos com base em critérios políticos em vez de meritocráticos.
Diretoria executiva/ gestão diária	Executivos tomam decisões a fim de maximizar os resultados de suas carreiras, em detrimento da melhor decisão de longo prazo para a organização.	Apresentação de indicadores de desempenho favoráveis à maximização de sua remuneração pessoal.

Tabela 5.2 Recomendações de códigos de governança em relação ao conflito de interesses

CÓDIGO DE GOVERNANÇA	PROCEDIMENTO A SER ADOTADO EM SITUAÇÕES ENVOLVENDO CONFLITO DE INTERESSES
Brasil – IBGC (Instituto Brasileiro de Governança Corporativa) *Código das Melhores Práticas de Governança Corporativa* (2009), 4ª edição	"1.4.7. Conflito de interesses nas Assembleias Gerais: O sócio que, por qualquer motivo, tiver interesse particular ou conflitante com o da organização em determinada deliberação deverá comunicar imediatamente o fato e abster-se de participar da discussão e da votação desse item, ainda que esteja representando terceiros." "6.2. Conflito de interesses: Há conflito de interesses quando alguém não é independente em relação à matéria em discussão e pode influenciar ou tomar decisões motivadas por interesses distintos daqueles da organização (...) 6.2.2 Afastamento das discussões e deliberações: Tão logo identificado conflito de interesses em relação a um tema específico, a pessoa envolvida deve afastar-se, inclusive fisicamente, das discussões e deliberações, sem descuidar dos deveres legais do administrador. O afastamento temporário deve ser registrado em ata."

CÓDIGO DE GOVERNANÇA	PROCEDIMENTO A SER ADOTADO EM SITUAÇÕES ENVOLVENDO CONFLITO DE INTERESSES
ICGN (*International Corporate Governance Network*) *Global Corporate Governance Principles: Revised* (2009)	"2.9.2. Conflito de interesses do conselheiro: As empresas devem ter um processo para identificar e gerenciar conflitos de interesses potenciais de seus conselheiros. Se um conselheiro possui interesse específico em uma matéria sob análise do conselho, então o conselheiro não deve participar dessas discussões." "8.2.3. Grandes decisões: (...) Matérias envolvendo transações com partes relacionadas significativas devem ser decididas em assembleias de acionistas. Nelas, apenas os acionistas não conflitados devem votar."
França – AFEP-MEDEF *Code de Gouvernement d'Entreprise des Sociétés Cotées* (2008)	"17. Ética do administrador: O administrador tem a obrigação de informar o Conselho de quaisquer conflitos de interesses – mesmo que potencial –, devendo se abster de votar sobre a matéria em questão."
África do Sul – *King Committee on Governance Code of Governance* *Principles for South Africa* (2009)	"85. O presidente do conselho de administração deve gerenciar os conflitos de interesses. Ele deve solicitar aos conselheiros sujeitos a interesses conflitantes que se abstenham das discussões e decisões relativas a essas matérias, a não ser que sejam solicitados a fornecer alguma informação específica, situação na qual não devem fazer parte da decisão do órgão." "Princípio 9.1: Os conselheiros devem divulgar quaisquer potenciais conflitos de interesse, incluindo sua natureza em relação a tal matéria. A divulgação deve ser feita imediatamente após ciência do conflito."

Apesar da clareza das recomendações, há uma corrente jurídica – denominada material ou substancial – que procura legitimar a deliberação sobre as pessoas sujeitas a interesses conflitantes. Ela argumenta que a existência de conflito de interesses deveria ser avaliada caso a caso e após as decisões, de modo a verificar se houve dano. De acordo com essa visão, as deliberações deveriam ser sempre tomadas com a participação de todos os envolvidos na matéria, incluindo os indivíduos conflitados.

Os defensores dessa abordagem em geral justificam sua visão com base em duas afirmações relativas à natureza humana: (1) que as pessoas conseguem analisar as questões e decidir com neutralidade se assim o desejarem, mesmo quando sujeitas a conflitos de interesses; e (2) que a divulgação plena dos diferentes interesses envolvidos na matéria (o chamado *full disclosure*) constitui uma solução razoável para mitigar quaisquer potenciais problemas.

Há diversos experimentos recentes de psicologia comportamental que refutam veementemente ambos os argumentos que sustentam a corrente material ou substancial para o conflito de interesses. Nos quadros a seguir, são apresentados dois deles. O primeiro mostra como o conflito de interesses é algo que afeta a neutralidade de julgamento das pessoas de maneira inconsciente, enquanto o segundo mostra como a divulgação plena da existência de interesses conflitantes na matéria – o chamado *full disclosure* – pode inclusive piorar o resultado final da decisão.

Quadro 5.1 Impacto dos conflitos de interesse sobre a imparcialidade das pessoas

Experimento 1: Impacto dos conflitos de interesse sobre a imparcialidade das pessoas[7]

Quatro neurocientistas recrutaram 150 pessoas, pagando um montante fixo por sua participação. Os participantes deveriam avaliar obras de arte provenientes de duas galerias com nomes fictícios: "Third Moon" e

"Wecyclers". Os participantes eram informados de que o estudo e seu pagamento – de US$ 30 para o primeiro grupo, aumentando até US$ 300 para outros grupos posteriores – estavam sendo generosamente patrocinados por uma das duas galerias: alguns eram aleatoriamente informados de que o patrocínio seria da "Third Moon", enquanto outros acreditavam que era da "Wecyclers".

As pessoas eram, em seguida, colocadas dentro de um escâner de ressonância magnética (*fMRI – Functional Magnetic Resonance Imaging*). Na sequência, eram apresentadas sessenta obras de arte, uma de cada vez por 5 segundos. No canto superior direito de cada obra, aparecia o logotipo da galeria que seria a hipotética proprietária dos quadros. Algumas obras pertenciam à galeria que estava "financiando" o participante, enquanto outras pertenciam à galeria não patrocinadora. A figura a seguir resume o experimento.

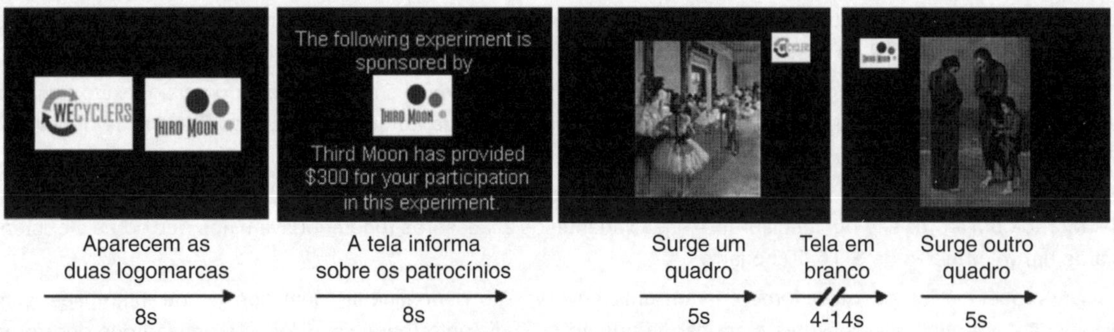

Fonte: Harvey, A., Kirk, U., Denfield, G., Montague, P. 2010. *Monetary Favors and Their Influence on Neural Responses and Revealed Preference.*

A seguir, os participantes avaliavam as obras em uma escala de –4 (não gostei) a +4 (gostei). A remuneração dos participantes era fixa e independente da avaliação atribuída. O que aconteceu?

Os participantes avaliaram muito melhor as obras da galeria que, em tese, os havia patrocinado. Para verificar se as respostas eram apenas resultado de uma tendência social de retribuição à gentileza da galeria patrocinadora, os pesquisadores analisaram os dados da ressonância magnética, chegando a uma conclusão impressionante: a presença do logotipo do patrocinador aumentou substancialmente a atividade do córtex pré-frontal ventromedial, uma área do cérebro associada ao prazer.

Em outras palavras, a gentileza da galeria em patrocinar o estudo influenciou profundamente como as pessoas avaliavam as obras de arte. Curiosamente, quando os voluntários foram interrogados se achavam que o logotipo do patrocinador havia impactado suas preferências, a resposta geral foi que "não, com certeza não houve qualquer influência".

Os pesquisadores resolveram, então, aumentar o valor pago aos voluntários, com alguns passando a receber US$ 100 e outros US$ 300. O que aconteceu?

A preferência pela galeria patrocinadora aumentou de acordo com incremento do montante pago: não apenas a diferença de pontuação entre as galerias se tornou maior, como também a magnitude da ativação das áreas de prazer no cérebro aumentou substancialmente quando o pagamento saiu de US$ 30 para US$ 100 e de US$ 100 para US$ 300!

O trabalho mostra nossa forte tendência à reciprocidade: quando alguém nos faz um favor, tendemos a nos tornar parciais e a apoiar qualquer coisa que possa resultar em algum tipo de retribuição.

É importante observar que, nesse experimento – diferentemente das situações no ambiente empresarial –, a remuneração dos participantes não dependia de sua avaliação, bem como eles não teriam qualquer relação futura com ambas as galerias, já que elas simplesmente não existiam...

Quadro 5.2 O efeito negativo da divulgação plena para mitigar os conflitos de interesses

Experimento 2: O efeito perverso da divulgação plena para mitigar os conflitos de interesses[8]

Três pesquisadores recrutaram 146 participantes, os quais poderiam ter papel de "decisores" ou "assessores". Enquanto os decisores deveriam avaliar com a maior precisão possível quanto dinheiro havia em um jarro repleto de moedas, sendo ao fim pagos pela acurácia de sua estimativa, os assessores deveriam aconselhar os decisores sobre quanto dinheiro existia no jarro.

Havia duas diferenças entre decisores e assessores: (i) os decisores podiam olhar o jarro por alguns segundos e a certa distância, enquanto os assessores podiam olhar o jarro por muito mais tempo (alguns minutos) e muito mais de perto; e (ii) os assessores sabiam que havia entre $ 10 e $ 30 no jarro, os decisores não.

A ideia era conferir vantagem informacional aos assessores, que, mesmo não sabendo o valor exato no jarro, iam se tornar uma espécie de experts no assunto (de forma análoga ao que acontece com analistas de investimento, advogados etc.).

Em uma versão inicial do experimento denominada "sem conflitos de interesses", os assessores eram pagos de acordo com a precisão dos decisores. Nessa variante, os assessores recomendavam aos decisores a existência de um valor médio de $ 16,50 no jarro.

Na sequência, os pesquisadores criaram uma nova versão denominada "com conflito de interesses, sem divulgação", na qual os assessores eram pagos quanto mais distante (para cima) fosse a opinião dos decisores em relação ao montante real no jarro. O que aconteceu?

Nessa variante, os assessores passaram a recomendar um valor de $ 20 em média.

Os pesquisadores criaram, então, a versão denominada "com conflito de interesses, com divulgação". Nela, os assessores continuariam a ser pagos em função da imprecisão (para cima) da opinião dos decisores. Desta vez, entretanto, eles deveriam informar previamente aos decisores que estavam sujeitos a este conflito de interesses, isto é, que sua remuneração estava atrelada ao erro para cima em relação ao montante estimado. O que aconteceu?

Nessa variante, os assessores passaram a recomendar um valor de $ 24,16 em média, $ 4 a mais do que quando não tinham que manifestar seu conflito de interesses.

Mais importante: enquanto na versão "sem divulgação" os decisores tendiam a aceitar os $ 20 de sugestão dos assessores (por não saberem da existência do conflito de interesses), na situação "com divulgação" eles passaram a descontar em média apenas $ 2 do valor sugerido pelos assessores, resultando em estimativas de $ 22 – mais distantes, portanto do montante correto.

O trabalho tem duas conclusões principais. Primeiro, as pessoas não "descontam" as opiniões dos sujeitos conflitados como deveriam, mesmo quando há divulgação plena do conflito de interesses. Segundo, a prática do *full disclosure* pode gerar um efeito perverso, aumentando o viés da opinião da parte conflitada, uma vez que ela se vê livre moralmente e encorajada estrategicamente para distorcer ainda mais sua opinião.

Logo, a divulgação plena de outros interesses envolvidos na decisão não apenas não resolve os problemas de conflitos de interesses, como também pode aumentar o viés do aconselhamento e tornar o resultado final ainda pior.

Os trabalhos apresentados nesses quadros demonstram claramente como o conflito de interesses mina inconscientemente a capacidade das pessoas de avaliar questões com neutralidade. De um lado, o sentimento de retribuição dos indivíduos reforça os potenciais problemas decorrentes dos interesses conflitantes. Do outro, os problemas não se resolvem com a divulgação completa dos diferentes interesses envolvidos na matéria, conforme advogam os defensores da solução do *full disclosure*.

Logo, permitir que pessoas sujeitas a interesses conflitantes participem ativamente de deliberações é algo não apenas distante das boas práticas de governança e da lógica – haja vista que a situação de conflito de interesses ocorre por definição *ex ante* as decisões –, mas também parte de uma compreensão errônea sobre a natureza humana.[9] O melhor a fazer – para as companhias e para os próprios indivíduos conflitados – é evitar a participação das pessoas em decisões nas quais haja mais de um interesse simultaneamente.

5.2.2. Vieses cognitivos

Não vemos as coisas como elas são, mas como nós somos.[10]

Anaïs Nin (1903-1977)

A literatura tradicional sobre governança corporativa se concentra quase que exclusivamente na criação de mecanismos a fim de alinhar os interesses dos executivos aos da companhia. Em outras palavras, parte-se do pressuposto de que os gestores "sabem" quais são as melhores decisões de negócio a serem tomadas, porém precisam de um conjunto de mecanismos de incentivo (p. ex., sistema de remuneração) e de controle (p. ex., auditorias) para que não optem por outros cursos de ação em função de seus interesses particulares.

Entretanto, mesmo que as situações envolvendo conflitos de interesses sejam resolvidas e que os executivos sejam altamente qualificados, a boa governança tem ainda outro valor potencial: ela assegura a criação de um sistema de "pesos e contrapesos" que diminui a chance de que decisões erradas sejam tomadas em razão dos chamados "vieses cognitivos" aos quais todas as pessoas, atuando individualmente ou em grupos, estão sujeitas.

Para entender essa afirmação em sua plenitude, é necessário realizar uma digressão no campo da psicologia aplicada às decisões econômicas. A *agency theory* parte da premissa de que as pessoas são racionais em suas decisões. Em outras palavras, que elas conseguem processar de maneira completa e imparcial – sem influências do ambiente ou de outras pessoas – todas as informações disponíveis em relação a um problema (mesmo que complexo), e que, ao final, conseguem optar pelas melhores escolhas.

Entretanto, pesquisas no campo da psicologia aplicada realizadas desde a década de 1970 desmistificaram a visão de que as pessoas sempre tomam decisões racionais. Entre os pesquisadores dedicados a esse tema, merece destaque Daniel Kahneman, primeiro psicólogo a ganhar um prêmio Nobel de Economia em 2002.[11] De modo resumido, Kahneman demonstrou como as decisões humanas são fortemente influenciadas tanto pela maneira como as escolhas são apresentadas quanto pela percepção, muitas vezes distorcida, que se tem da realidade.

Tudo deriva da forma de funcionamento do cérebro humano. Segundo a teoria, ele pode ser dividido em dois componentes, denominados Sistemas 1 e 2. O Sistema 1 opera de forma automática e rápida, praticamente sem esforço e dispêndio de energia. O Sistema 2, por sua vez, é muito mais lento e deliberativo, exigindo mais concentração e substancial gasto de energia de nosso corpo. A maioria das decisões cotidianas, como dirigir um carro em uma rua deserta ou ler frases curtas, é tomada pelo Sistema 1. Por outro lado, as decisões que requerem mais esforço mental, como estacionar o carro em uma vaga muito apertada ou realizar cálculos complexos, são geralmente tomadas pelo Sistema 2. Em suma, o Sistema 1 é rápido, intuitivo, inconsciente e emocional, enquanto o Sistema 2 é mais, lento, lógico, consciente e deliberativo.

Como o Sistema 2 exige muita energia de nosso organismo, as pessoas utilizam ao máximo o Sistema 1. Para tomar decisões rápidas e quase sem dispêndio de energia, o intuitivo Sistema 1 lança mão de "regras de bolso" ou "atalhos cognitivos" (denominados, formalmente, heurísticas) desenvolvidos ao longo de nossas vidas.

O problema é que – apesar de úteis em muitas ocasiões – nossas regras de bolso podem ser afetadas por nossa capacidade limitada de processamento mental ou por motivações morais e emocionais, o que pode levar as pessoas a tomar decisões sistematicamente erradas.

Quanto mais ocupados e apressados as pessoas estiverem, assim como quanto mais experiências tiverem na atividade em questão, maior a chance de lançarem mão do intuitivo Sistema 1 em suas decisões, aumentando a probabilidade de erros em seus julgamentos. Esses são os chamados vieses cognitivos: erros previsíveis e sistemáticos decorrentes do uso irrefletido dos "atalhos mentais" ou heurísticas para tomar decisões.

As pessoas estão sujeitas a inúmeros vieses cognitivos, tanto no âmbito individual quanto no âmbito coletivo. Ao longo das últimas décadas, foram catalogados mais de cem vieses cognitivos que podem afetar o julgamento de pessoas e grupos decisórios.[12]

Como as decisões enviesadas podem levar a análises e decisões desastrosas, é imprescindível, dentro da temática da governança, ter ciência dos vieses aos quais as pessoas podem estar sujeitas. Na sequência, são apresentados em profundidade dois vieses individuais – otimismo e excesso de confiança – e dois vieses coletivos – *groupthink* (ou pensamento grupal) e o efeito manada (ou efeito conformidade) – como meio de exemplificar a importância da compreensão do tema. Posteriormente, são descritos de maneira resumida dezenas de outros vieses e seus possíveis impactos para as companhias.

Exemplos de vieses individuais: otimismo e excesso de confiança

Não existem fatos, apenas interpretações.[13]

Friedrich Nietzsche (1844-1900)

O otimismo e o excesso de confiança são dois dos vieses cognitivos mais documentados. Eles são inter-relacionados e presentes em quase todas as pessoas, em maior ou menor graus. Os indivíduos sujeitos a esses vieses de maneira pronunciada possuem forte tendência a superestimar as perspectivas de resultado de suas iniciativas e a subestimar riscos, em uma espécie de "ilusão de controle" dos resultados de suas atividades – mesmo quando não possuem controle algum sobre diversos fatores que as impactam.

Uma das descobertas mais interessantes no campo da psicologia aplicada ao mundo empresarial é a de que empreendedores tendem a ser sistematicamente mais otimistas e excessivamente confiantes que a média das pessoas.[14] Trata-se de um resultado intuitivo, na medida em que, para empreender, as pessoas têm de ser otimistas por definição, muitas vezes indo contra análises mais racionais. Em certas situações, esses vieses podem ter consequências positivas, como na entrada em mercados aparentemente não promissores. Entretanto, também podem ocasionar decisões altamente destruidoras de valor, levando as empresas, por exemplo, a investir ou a se endividar excessivamente. Muitos trabalhos foram feitos a fim de evidenciar os potenciais impactos das decisões tomadas por executivos excessivamente otimistas. A tabela a seguir apresenta os resultados de alguns desses estudos.

Tabela 5.3 Impactos do otimismo e do excesso de confiança nas decisões empresariais

	TRABALHO	AMOSTRA	PRINCIPAL CONCLUSÃO
1	*Corporate Financial Policies With Overconfident Managers* Malmendier, Tate e Yan (2007).	477 companhias norte-americanas durante 15 anos	Empresas com CEOs excessivamente confiantes sempre acham que seus papéis são subavaliados pelo mercado. Como resultado, tendem a: ▪ Utilizar bem menos o mercado de capitais; e a, ▪ Acessar o mercado de ações bem menos quando precisam levantar capital junto a fontes externas.
2	*Excesso de Confiança, Otimismo Gerencial e os Determinantes da Estrutura de Capital* Barros e Silveira (2007).	153 companhias brasileiras durante 5 anos.	Empresas dirigidas por empreendedores caracterizados como otimistas tendem a apresentar níveis muito mais elevados de endividamento.

	TRABALHO	AMOSTRA	PRINCIPAL CONCLUSÃO
3	*Who Makes Acquisitions? CEO Overconfidence and the Market's Reaction* Malmendier, Tate e Yan (2008).	477 companhias norte-americanas durante 15 anos	Empresas com CEOs excessivamente confiantes tendem a: ▪ Realizar mais operações de fusões e aquisições (M&As); ▪ Pagar mais pelas empresas-alvo; e ▪ Realizar aquisições que destroem valor.
4	*Managerial Overconfidence and Corporate Policies* Ben-David, Graham e Harvey (2008).	Entrevistas com 7 mil CFOs (diretores financeiros) de companhias norte-americanas durante seis anos.	Empresas com CFOs caracterizados por maior excesso de confiança tendem a: ▪ Aplicar menores taxas de desconto em seus projetos de investimento; ▪ Investir excessivamente, principalmente por meio de maior endividamento; e ▪ Efetuar recompra de ações com maior frequência.
5	*Managerial Overconfidence and Corporate Risk Management* Adam, Chitru e Golubeva (2012).	92 companhias norte-americanas do setor de mineração ao longo de dez anos	Empresas com CEOs mais otimistas tendem a aumentar as operações com derivativos de suas companhias após ganhos financeiros decorrentes de posições especulativas, bem como tendem a reduzir menos suas posições do que os pares após perdas.

Além das evidências acadêmicas, é fácil constatar no cotidiano que muitas pessoas – entre elas empreendedores e altos executivos – parecem ter uma percepção sistematicamente distorcida da realidade, sendo levadas a tomar decisões potencialmente desastrosas. No quadro a seguir, é apresentado o caso da HRT, o qual ilustra os perigos da ausência de contrapesos independentes em organizações lideradas por pessoas potencialmente enviesadas.

Quadro 5.3 Otimismo e excesso de confiança: o caso da HRT Petróleo

Otimismo e excesso de confiança: o caso da HRT Petróleo

A HRT é uma companhia do setor de petróleo que realizou sua oferta pública inicial de ações (IPO) na BM&FBovespa em 2010. Na ocasião, a empresa se encontrava em estágio pré-operacional, isto é, tinha apenas projetos de investimento, sem receitas. A companhia foi fundada por Márcio Rocha Mello, seu presidente do conselho de administração e diretor-presidente após o IPO. Como fundador e, inicialmente, controlador da companhia, o poder decisório na HRT naturalmente se concentrava em torno de Mello.

Em uma entrevista para a revista *Capital Aberto*, edição de maio de 2011 ("O Super-Homem do Petróleo"), Mello expressava em diversos trechos sinais claros dos vieses de otimismo e excesso de confiança:

...Tenho o poder de responder a qualquer pergunta, avisa o CEO...

...Tenho as respostas. É o mapa das riquezas embaixo da terra, nítido em sua mente? Mello confirma.

...Por causa desse meu jeito muito positivo as pessoas acham que estou aumentando as coisas. Chegam aqui e me perguntam que problemas teremos para atingir nossos objetivos, quais são os nossos desafios. Eu respondo: nenhum.

...Ele conta ter convencido um grupo de céticos banqueiros a apoiar sua companhia... Quando Mello revelou o plano do IPO, todos disseram que era loucura. Chamei todo mundo até a janela e perguntei: vocês estão vendo ali, no segundo andar? Ninguém via nada. Falei: sou eu, caindo. Já pulei. Vou para o meu IPO. Como havia acontecido em ocasiões anteriores, alguns resolveram pular junto.

...Seremos uma das maiores companhias de petróleo do mundo, afirma Mello. Quanto aos problemas... Mania das pessoas de procurar problema...

...Nessa altura da entrevista, Mello já havia dito que nunca ficou doente na vida, que toma todas as decisões em um milésimo de segundo e jamais comete erros nos negócios.

...Cobro de mim ser o melhor, explica. Mas sou humilde, porque não dou pelota para dinheiro. Porém, diante de tanta confiança, um visitante pode desconfiar. Além de dormir duas horas por dia e não envelhecer, teria Mello outros poderes?

A oferta de ações da HRT foi um sucesso inicialmente. A companhia captou R$ 2,6 bilhões com os investidores, com as ações cotadas a cerca de R$ 24. Meses depois, seu valor de mercado chegou a US$ 6 bilhões, e as ações alcançaram um pico de cerca de R$ 42 em março de 2011.

Poucos tempo depois, porém, as pesadas apostas da empresa na Amazônia e na Namíbia começaram a mostrar que dificilmente dariam resultado. Um ano depois do IPO, a empresa ainda não havia encontrado uma gota de petróleo sequer. A empresa fechou o ano de 2012 com um prejuízo de R$ 277 milhões, o que não impediu os executivos da HRT, incluindo Mello, de receberem R$ 31 milhões no período.

Dois anos depois do pico de valorização, em maio de 2013, os acionistas da companhia, particularmente fundos estrangeiros, começaram a demonstrar publicamente sua insatisfação com Mello. Inicialmente, eles se organizaram para eleger conselheiros na assembleia da empresa e para substituí-lo na presidência do conselho de administração. Na ocasião, o mero anúncio de que os acionistas estavam se unindo para mudar a estrutura do conselho elevou o preço das ações em 33% em dois dias, um claro indício do valor que estava sendo destruído em razão do modelo de governança vigente na companhia.

Os acionistas tiveram sucesso em substituir Mello da presidência do conselho de administração na assembleia de acionistas realizada ao fim de abril de 2013. Apenas 11 dias após a assembleia, durante a primeira reunião do novo conselho, Mello pediu demissão da presidência da companhia. No mesmo dia, as ações da HRT subiram 10,8%.

No fim de setembro de 2013, a companhia continuava em uma situação muito difícil, com as ações cotadas a ínfimos R$ 1,12, queda de 97,5% em relação ao pico. A empresa divulgou ter encontrado poços secos ou em volume não comercial na Amazônia e na Namíbia, ocasionando um aumento de quase 1.000% no prejuízo líquido do segundo trimestre em relação ao mesmo período do ano anterior (R$ 546 milhões contra R$ 50 milhões). A empresa começou a vender seus ativos, e notícias na mídia aventaram, inclusive, a possibilidade de sua liquidação completa.

Claramente, o otimismo exacerbado do fundador Mello não deu resultado. Para os investidores da HRT, ficou a lição da importância de se ter contrapesos independentes a fim de mitigar decisões tomadas por indivíduos enviesados. Ao final, fica a impressão de que os investidores é que foram realmente otimistas ao depositar seus recursos nas mãos do fundador Mello...

Exemplos de vieses coletivos: groupthink e o efeito manada

Quando todos pensam igual, ninguém pensa muito.[15]

Walter Lippmann (1889-1974)

Além dos indivíduos, grupos decisórios, como comitês e conselhos, também podem desenvolver vieses coletivos. Entre eles, dois merecem destaque: o *groupthink* (ou pensamento grupal) e o efeito manada (ou efeito conformidade).

O *groupthink* ocorre em grupos que buscam minimizar o conflito e alcançar consenso a qualquer custo, deixando de analisar criticamente ideias externas. Leva as pessoas a evitar expor pontos de vista fora da zona de conforto do pensamento de consenso do grupo, de modo a evitar constranger ou irritar os outros membros. O pensamento grupal pode também levar a forte rejeição de qualquer visão externa diferente da gerada internamente. De acordo com Irving Janis, psicólogo pioneiro no estudo do tema nos anos 1970:

> *A busca por consenso, aprovação e solidariedade entre os membros pode levar o grupo a ignorar informações que contradizem a visão dominante, levando a decisões rápidas e irracionais que apenas solidificam as posições iniciais do grupo. Quanto mais coeso for o grupo e mais complexo o assunto para análise, mais provável será a existência de groupthink.*[16]

Como grupos altamente coesos são muito mais propensos ao problema, vários estudos recentes argumentam que órgãos decisórios com baixo grau de diversidade – quanto a idade, gênero e formação de seus membros – são vítimas deste viés.[17]

O efeito manada, por sua vez. ocorre quando os membros do grupo possuem pouca informação prévia para a tomada de decisão, deixando-se levar pelas opiniões iniciais dos demais membros, geralmente mais bem informados e com interesses específicos no assunto em questão. Como resultado, as ações iniciais de certos indivíduos resultam em um efeito cascata, no qual os membros acabam repetindo as ações dos que se manifestaram inicialmente. Perde-se, então, o ganho da "sabedoria coletiva", essência da busca por decisões colegiadas, na medida em que a decisão passa a conter apenas a visão das primeiras pessoas, e não a soma das opiniões individuais.

No contexto dos comitês e conselhos, é provável que pessoas com pouca preparação para as reuniões – sem tempo para leitura e aprofundamento dos temas da pauta – sejam muitas vezes levadas a aceitar as opiniões das pessoas que se manifestaram inicialmente sobre a matéria em questão. O fenômeno não decorre de má-fé, mas simplesmente da tendência dos membros de não arriscarem sua reputação confrontando o ponto de vista de outros sem profundo entendimento das matérias debatidas. Como resultado, vários estudos recentes argumentam que conselhos e comitês com membros sobrecarregados (p. ex., atuando simultaneamente em diversos outros órgãos e empresas) e sujeitos à pressão de tempo para tomar decisões são muito mais propensos ao efeito manada.[18]

Vieses cognitivos e seus impactos sobre as empresas: resumo

Dezenas de vieses foram documentados após anos de trabalhos sobre o tema. A seguir, são descritos de modo resumido diversos vieses cognitivos individuais e coletivos selecionados, incluindo seus potenciais problemas para a governança. Tendo em vista seu potencial impacto sobre as decisões empresariais, é fundamental tomar ciência dos vieses como primeiro passo para mitigá-los.

Tabela 5.4 Vieses individuais e seus potenciais impactos sobre as empresas

	VIÉS	DESCRIÇÃO	PROBLEMA POTENCIAL PARA A GOVERNANÇA CORPORATIVA
1	Otimismo, excesso de confiança ou ilusão de controle	Tendência a subestimar riscos (otimismo) e a superestimar as perspectivas de resultados futuros (excesso de confiança).	▪ Excesso de investimentos. ▪ Aquisições mais caras. ▪ Excesso de endividamento. ▪ Desconsideração de riscos.
2	Escalada irracional de comprometimento	Propensão a justificar investimentos crescentes em um projeto ou iniciativa decidida no passado, apesar de evidências claras de que o custo da continuidade no mesmo curso de ação é superior aos benefícios esperados.	Apego a iniciativas e projetos que não deram certo e que deveriam ser racionalmente tratados como fundos perdidos (*sunk funds*).
3	Viés da normalidade	Tendência a subestimar a probabilidade da ocorrência de desastres que nunca ocorreram, bem como a sofrer paralisia em caso de ocorrência.	Menor investimento na gestão de riscos considerados como de alto impacto, porém com baixa probabilidade de ocorrência.
4	Falácia do planejamento	Propensão das pessoas a subestimar quanto tempo levarão para completar uma tarefa, mesmo quando possuem experiência prévia em tarefas similares.	▪ Atrasos em projetos. ▪ Promessas irrealistas a stakeholders.
5	Falácia do jogador	Tendência a pensar que a probabilidade de eventos futuros é alterada por eventos passados, mesmo quando os eventos são independentes e sua probabilidade permanece a mesma.	Crença de que resultados de projetos passados diferentes do esperado serão "compensados" naturalmente por resultados de projetos futuros, mesmo quando são atividades independentes.

	VIÉS	DESCRIÇÃO	PROBLEMA POTENCIAL PARA A GOVERNANÇA CORPORATIVA
6	Maldição do conhecimento	Dificuldade das pessoas que são experts em um tema analisarem as questões relativas a ele sob a perspectiva de pessoas com baixo conhecimento. Tende a ocorrer com pessoas especializadas.	▪ Lançamento de produtos de difícil compreensão pelos consumidores. ▪ Dissonância entre a visão estratégica da alta gestão e do restante da organização.
7	Deformação profissional	Tendência a ver as coisas a partir do seu ponto de vista profissional, em vez de sob uma perspectiva mais ampla: como resultado, o condicionamento profissional leva a uma forma distorcida de ver o mundo e tomar decisões.	Redirecionamento do foco das atividades da empresa em razão da formação profissional de seus dirigentes.
8	Efeito dotação, valorização excessiva das próprias obras	Tendência a valorizar excessivamente bens e projetos pessoais: ex. as pessoas tendem a pedir muito mais para vender um ativo do que estariam dispostas a pagar por ele.	▪ Desperdício da chance de venda de ativos ao valor justo. ▪ Valorização excessiva das iniciativas próprias.
9	Viés da confirmação, percepção seletiva	Tendência a dar mais importância à informação que confirma sua crença ou ponto de vista inicial: efeito maior em temas com maior carga emotiva e com preconceitos mais enraizados.	Dificuldade de aceitação de novas visões e paradigmas a fim de mudar cursos de ação problemáticos – manutenção do *status quo*.
10	Viés da procrastinação	Propensão a manter o *status quo* mesmo em situações nas quais mudanças em relação ao curso atual possuem maior benefício esperado do que a manutenção da situação corrente.	Decisões importantes procrastinadas, com perda de oportunidades, aumento contínuo de prejuízos e perda de competitividade.
11	Efeito do agente externo, paradoxo dos consultores	Tendência a valorizar análises de terceiros (ex. consultores) como algo objetivo, confirmador e sem conflitos de interesses, bem como de oferecer menor apoio a soluções propostas internamente.	Desperdício de ideias internas, desmotivação de colaboradores e perdas de talentos.
12	Efeito-enquadramento	Propensão das pessoas a chegarem a diferentes conclusões partindo da mesma informação, dependendo de como essa é apresentada.	Decisões erradas em decorrência da manipulação no formato de apresentação das informações.
13	Viés do resultado final	Tendência a julgar uma decisão por seu resultado e não pela qualidade do processo no momento em que a decisão foi tomada. (Destaca-se que uma boa decisão é diferente de um resultado de sorte.)	Penalização errônea de pessoas por decisões que geraram resultados ruins (mesmo que tomadas de maneira correta à época). O inverso também é verdadeiro.
14	Viés da disponibilidade	Tendência a acreditar que eventos vívidos na memória têm maior probabilidade de ocorrerem que eles de fato têm estatisticamente.	Consideração exclusiva das experiências pessoais de seus líderes na tomada de decisão, subestimando parâmetros estatísticos.
15	Viés da causa própria ou ilusão de superioridade	Tendência dos indivíduos a atribuir seu sucesso a fatores pessoais internos e seu fracasso a fatores externos ou situacionais. É resultado da busca inconsciente pela proteção da autoestima.	▪ Atribuição de culpa a terceiros. ▪ Desmotivação de colaboradores, com impacto negativo para a meritocracia.
16	Viés do egocentrismo	Tendência a reivindicar para si uma responsabilidade maior sobre resultados positivos de uma iniciativa coletiva que o que seria atribuído por um observador externo.	▪ Centralização de poder. ▪ Desmotivação dos demais colaboradores.

	VIÉS	DESCRIÇÃO	PROBLEMA POTENCIAL PARA A GOVERNANÇA CORPORATIVA
17	Viés da previsão retrospectiva	Propensão a ver eventos passados como mais previsíveis que de fato eram quando ocorreram (p. ex., "eu sempre soube que deveríamos ter seguido outro caminho...").	Distorção da memória na análise de eventos passados, com atribuição injusta de culpa por decisões anteriores.
18	Ancoragem	Tendência das pessoas a confiar demais (se "ancorar") em algum parâmetro ou informação prévia para a tomada de decisão, mesmo que não tenha relação direta com o assunto sob análise.	Decisões erradas em função da disponibilização de informações iniciais que distorcem a análise.

Tabela 5.5 Vieses coletivos e seus potenciais impactos sobre as empresas

	VIÉS	DESCRIÇÃO	PROBLEMA POTENCIAL PARA A GOVERNANÇA CORPORATIVA
1	Efeito manada ou conformidade	Tendência de membros do grupo – especialmente os com menos informações para a tomada de decisão – a deixarem se levar pelas opiniões iniciais dos outros membros, resultando em um efeito cascata.	Perda da sabedoria coletiva, com decisões tomadas em função dos interesses dos indivíduos mais bem informados sobre o assunto.
2	*Groupthink*	Tendência de grupos excessivamente homogêneos a minimizar o conflito e alcançar consenso a qualquer custo, ignorando ideias externas que possam contradizer a visão dominante.	Tendência do grupo a se tornar mais extremista em suas opiniões, bem como desconsiderar informações relevantes de terceiros.
3	Falso consenso	Propensão do indivíduo a achar que suas opiniões, crenças, hábitos, valores etc. são "normais", superestimando a probabilidade de as outras pessoas concordarem com seu ponto de vista.	Tendência de isolamento de pessoas com pontos de vista sistematicamente diferentes.
4	Favoritismo dentro do grupo	Tendência a apoiar visões de pessoas do próprio grupo em relação a opiniões de pessoas de fora do grupo.	Desconsideração de visões externas valiosas.
5	Viés da causa própria do grupo	Tendência dos grupos a atribuírem o sucesso a suas características internas e o fracasso a fatores externos ou situacionais: É resultado da busca pela proteção da "autoestima coletiva".	Atribuição de culpa a terceiros e manutenção do *status quo*.

5.3. Técnicas para melhorar as decisões na alta gestão

Senhores, percebo que chegamos a um consenso em relação à nossa decisão. Proponho, então, que adiemos a discussão dessa matéria até a próxima reunião para termos tempo de criar discordância e, talvez, passarmos a compreender um pouco a decisão que estamos tomando.[19]

Alfred Sloan (1875-1966)

Tendo em vista que os vieses cognitivos refletem uma percepção distorcida da realidade, a melhor maneira de mitigar seus impactos negativos é criar um sistema de contrapesos efetivo nas companhias. Isso assegurará que as decisões relevantes passarão por um crivo independente, qualificado e bem informado, o que tenderá a melhorar a qualidade das decisões.[20]

A maioria das empresas já tem ciência dos potenciais impactos negativos decorrentes das visões unilaterais dos indivíduos. Como resultado, as principais decisões corporativas são, em geral, tomadas coletivamente, por meio de órgãos como conselho, diretoria, comitês ou grupos de trabalho.

O problema, entretanto, é que esses órgãos nem sempre funcionam como deveriam. Quando um dos membros possui muito mais conhecimento prévio sobre o tema ou poder sobre os demais, por exemplo, os grupos tendem a ser monopolizados, fazendo com que decisões em tese colegiadas passem a refletir as visões individuais de determinados indivíduos. A tabela a seguir descreve os três motivos principais que tendem a fazer com que os grupos decisórios não funcionem a contento nas empresas.

Tabela 5.6 Por que os órgãos de governança nem sempre funcionam como deveriam?

PORQUE SEUS MEMBROS MUITAS VEZES	ISSO OCORRE EM DECORRÊNCIA DE
Preferem não falar o que pensam	▪ Conflitos de interesses. ▪ Priorização de suas carreiras pessoais. ▪ Intimidação explícita ou tácita de lideranças. ▪ Timidez excessiva. ▪ Nossa tendência a evitar confrontos com outros membros do grupo.
Não têm a oportunidade de falar o que pensam	▪ Processos decisórios desestruturados. ▪ Monopólio do tempo por parte de alguns. ▪ Excesso de membros. ▪ Falta de tempo para maior aprofundamento dos temas.
Analisam determinada matéria de maneira enviesada	▪ Disponibilização de informações direcionadas ou parciais (que não contemplam todas as facetas de um problema). ▪ Vieses cognitivos individuais ou coletivos.

Os problemas apontados nessa tabela têm como consequência os de governança no dia a dia das empresas, tais como: discussões superficiais e improdutivas, análises desestruturadas, monopólio do tempo por alguns, timidez ou intimidação por parte de outros, tendência a seguir a opinião daquele percebido como líder ou com maior expertise no assunto sem criticidade etc. Para melhorar a situação, é necessário aprimorar a composição e o funcionamento dos órgãos de governança.

Em relação à composição, é importante que os grupos possuam boa diversidade de seus membros quanto a gênero, expertises, experiências de vida, formações acadêmicas etc. Como exposto anteriormente, isso leva a mais visões e pontos de vista diferentes, o que tenderá a enriquecer as análises e decisões. Adicionalmente, é importante que as pessoas que participam dos grupos decisórios sejam intelectualmente independentes, tenham tempo para se dedicar ao órgão e sejam incentivados pelas lideranças a participar ativamente com espírito crítico.

Do ponto de vista do funcionamento, existem diversas técnicas decisórias desenvolvidas nos últimos anos que visam fazer com que os órgãos decisórios se tornem mais ricos em visões alternativas. Essas técnicas induzem os grupos a uma controvérsia maior de opiniões, de modo a tirar os membros da "zona de conforto" e extrair o melhor do órgão como um todo.

Na sequência, são apresentadas em detalhe quatro técnicas especialmente úteis para tomar decisões sobre temas complexos ou que exigem soluções inovadoras. São denominadas "advogado do diabo", "grupo nominal", "escalada decisória" e "seis chapéus pensantes".

5.3.1. Técnica do "Advogado do Diabo"

As convicções são inimigas mais perigosas da verdade do que as mentiras.[21]

Friedrich Nietzsche (1844-1900)

Uma solução simples que pode ajudar os órgãos de governança a melhorar substancialmente sua efetividade é formalizar o papel do "advogado do diabo" para as matérias mais relevantes.[22]

O termo faz referência ao papel de *advocatus diaboli*, cargo formalmente criado pela igreja católica em 1587 com o objetivo de aumentar a credibilidade de seu processo de canonização, bastante desacreditado à época. A pessoa designada tinha como função avaliar com ceticismo os candidatos à canonização, elaborando argumentos contrários ao processo por meio de questionamentos da conduta pessoal dos potenciais santos e da identificação de fraudes nos eventuais milagres a eles atribuídos. A ideia parece ter funcionado muito bem. Basta dizer que, após a extinção do cargo pelo papa João Paulo II, em 1983, até o fim do século XX, cerca de quinhentas pessoas foram canonizadas, cinco vezes mais que as 98 canonizadas por todos os seus predecessores nos oitenta anos anteriores!

Trazendo a ideia para o contexto empresarial, o advogado do diabo seria uma pessoa formalmente incumbida de criticar determinado plano de ação ou estratégia a ser apreciada. Ela deve procurar identificar fragilidades e inconsistências nas premissas subjacentes às propostas apresentadas, bem como potenciais problemas em caso de sua aprovação. Essa pessoa ajudaria a garantir que a informação relativa a deteminada matéria importante fosse compartilhada, suas premissas estudadas em profundidade, que os argumentos contrários fossem ouvidos, que eventuais conflitos de interesses fossem manifestados e que explicações deficientes fossem evidenciadas.

A formalização do papel de advogado do diabo propiciaria a institucionalização do dissenso nas empresas, deixando os outros membros do grupo mais livres para expressarem seus pontos de vista e questionarem a visão daqueles com maior poder dentro do grupo.

Na verdade, apesar de muitos líderes – como presidentes e fundadores – adotarem o clichê de que "adoram ouvir opiniões contrárias e serem desafiados", muitos de seus subordinados e mesmo conselheiros podem relutar em acreditar nisso para valer, deixando de expressar suas opiniões reais. Trata-se de um comportamento natural, uma vez que, em geral, é difícil para qualquer pessoa reconhecer que não se sente confortável ao ser confrontado em suas visões. Como resultado, deve-se buscar equacionar o conflito entre a necessidade de se obter opiniões diferentes para tomar melhores decisões e a dificuldade inata em ser contrariado.

Na medida em que uma pessoa designada *ad hoc* como advogado do diabo passe a realizar questionamentos, os outros membros também podem se sentir mais à vontade para tecer críticas sem temor de serem rotulados negativamente. Isso aumentaria o nível de reflexão no grupo e evitaria a monopolização da decisão pelo membro mais poderoso.

O êxito do trabalho do advogado do diabo depende de três fatores fundamentais. Em primeiro lugar, o líder do órgão tem de realmente acreditar no valor do dissenso, encorajando visões críticas e alternativas.

Em segundo lugar, deve haver um rodízio dos membros designados para a função. Se a mesma pessoa detiver a função de advogado do diabo continuamente, ela poderá, então, sofrer um processo de desgaste junto ao grupo, com seu criticismo sendo levado cada vez menos a sério. Uma escolha por sorteio em função do tema a ser deliberado pode ser uma opção para assegurar a impessoalidade e independência do processo.

Em terceiro lugar, o papel de advogado do diabo deve ser usado apenas para as matérias mais relevantes e complexas, principalmente aquelas nas quais parece haver unanimidade, sem maiores contendas dentro do grupo.[23]

Independência intelectual e boa estatura profissional são dois atributos importantes para o perfil de um bom advogado do diabo. Em relação às atividades, as pessoas designadas para essa tarefa devem procurar:

1. Identificar as premissas centrais por trás dos cursos de ação propostos, de forma a avaliar criticamente aquelas menos defensáveis.

2. Obter informações junto a especialistas externos sobre aspectos sobre os quais não possuam muita expertise.

3. Conversar com pessoas da organização – membros ou não do órgão de governança em questão – que possam ter visões diferentes e úteis para o embasamento de sua crítica.

4. Elaborar um relatório formal contendo contra-argumentos, dados contraditórios e opções alternativas, registrando todas as deficiências observadas.

Acima de tudo, o advogado do diabo deve se ver (e ser visto pelos colegas) como um assessor com a missão de ajudar a melhorar a decisão final, e não como crítico gratuito das pessoas e propostas apresentadas. Ele tem de exercer seu papel com extrema seriedade, dedicando tempo adequado para analisar a matéria em questão. No caso dos conselhos de administração, a pessoa designada não deve ter como meta competir pelo poder com o diretor-presidente ou almejar substituí-lo. O objetivo é propiciar maior riqueza dos debates, e não denegrir o corpo executivo.

Do ponto de vista organizacional, deve-se propiciar à pessoa designada o acesso irrestrito a informações de qualidade. Isso a ajudará não apenas a fazer perguntas difíceis, mas também a identificar respostas evasivas dos proponentes, além de oferecer alternativas decisórias.

5.3.2. Técnica de grupo nominal[24]

Essa técnica é especialmente útil quando se deve escolher entre diferentes cursos de ação possíveis ou quando é necessária uma solução criativa para determinado problema. É dividida em cinco etapas:

Tabela 5.7 Etapas da técnica de grupo nominal

ETAPAS	TÍTULO	DESCRIÇÃO
1	Apresentação do problema	Inicialmente, o moderador do grupo – geralmente o coordenador do grupo – apresenta a questão a ser resolvida, incluindo todos os fatos disponíveis a respeito.
2	Geração de alternativas	Individualmente, sem conversarem entre si, os membros escrevem a solução que dariam para o problema. Ao final, o moderador recolhe todos os papéis e lista as soluções propostas em um quadro.
3	Compartilhamento de ideias	Cada membro apresenta sua solução em um tempo predeterminado, sem ser interrompido pelos demais.
4	Debate	Inicia-se o debate sobre as ideias apresentadas. Os membros esclarecem dúvidas dos demais em relação às suas soluções propostas. O papel do moderador nesta etapa é fundamental: além de assegurar tempo adequado para avaliar cada ideia, deve identificar pontos em comum ou dissonâncias entre as diferentes opções. Ao final, elenca-se o rol definitivo das soluções possíveis, eliminando ideias duplicadas e consolidando as correlatas.

ETAPAS	TÍTULO	DESCRIÇÃO
5	Votação e ranqueamento das alternativas	Os membros, individualmente, atribuem uma nota de 1 a 5 para cada proposta em função do nível de priorização percebido. O moderador compila as notas, e a ideia com maior pontuação geral é selecionada. A reunião se encerra com um resultado objetivo e a sensação de que todos foram ouvidos e que suas ideias foram debatidas de modo equânime.

A técnica de grupo nominal tem diversas vantagens. Em primeiro lugar, assegura que todos os membros participem igualmente e com liberdade intelectual, evitando que aqueles mais reticentes ou tímidos deixem de apresentar suas ideias por temerem ser criticados pelo grupo. Além disso, ao solicitar as opiniões individuais em papel, aumenta-se o número de alternativas geradas, impedindo que o desejo de evitar conflitos no grupo para manter um clima agradável prevaleça sobre a diversidade de pontos de vista. Ao realizar uma votação estruturada ao final, a técnica proporciona ainda um sentimento de completude do debate, diferentemente de processos decisórios desestruturados.

Diversas pesquisas recentes atestaram que a utilização dessa técnica tende a levar a decisões coletivas de melhor qualidade, maior satisfação e sentimento de realização entre os membros. Tendo em vista seus comprovados benefícios, é uma opção a ser considerada quando se deseja obter o máximo número possível de alternativas para determinado problema.

5.3.3. Técnica da escalada decisória[25]

A técnica da escalada decisória é outro meio de encorajar a participação individual de todos os membros antes de serem influenciados pelos demais do grupo, levando a uma diversidade maior de ideias. O método é dividido nas quatro etapas descritas na tabela a seguir.

Tabela 5.8 Etapas da técnica da escalada decisória

ETAPAS	TÍTULO	DESCRIÇÃO
1	Introdução	O moderador apresenta um problema ou decisão a ser tomada pelo grupo. Antes de debaterem, concede-se aos membros tempo suficiente para pensarem individualmente a respeito e formarem suas opiniões.
2	Formação do núcleo inicial	O moderador convoca um membro do grupo para que expresse sua opinião a respeito do problema. Separados, ambos debatem preliminarmente a opinião apresentada, formando um núcleo inicial.
3	Expansão gradual do núcleo de debate	Após um tempo fixo predeterminado, um terceiro membro é adicionado ao núcleo. Ele apresenta suas ideias antes de ouvir as opiniões debatidas previamente. Os três membros debatem, então, as soluções apresentadas entre si. O processo é repetido com o ingresso de um quarto membro ao grupo, e assim, sucessivamente, com os demais. Nessa etapa, é fundamental que cada ingressante tenha tempo adequado para expressar sua opinião no início, sem saber o que foi discutido anteriormente pelos demais.
4	Deliberação	Após o ingresso do último membro e o debate de suas ideias, o grupo delibera sobre o problema em questão.

A técnica da escalada decisória é uma abordagem baseada no aumento paulatino do número de membros que assegura a participação efetiva de todos. A técnica permite que as pessoas tímidas e introvertidas sejam ouvidas antes que possam ser influenciadas por outros membros do grupo, bem como evita que algumas pessoas se "escondam" dentro do grupo.

5.3.4. Técnica dos "seis chapéus pensantes"[26]

A técnica dos seis chapéus pensantes parte de uma abordagem diferente das técnicas anteriores. Em geral, para chegarmos a uma decisão coletiva, lançamos mão do pensamento confrontador ou adversário. Se, por exemplo, "A" e "B" têm opiniões diferentes em um grupo, ambos tentam criticar e invalidar os argumentos do outro para, assim, obter o apoio dos demais membros.

O método dos seis chapéus pensantes se baseia em uma abordagem diferente, denominada "pensamento lateral". Nela, um problema é dividido em seus diferentes aspectos, fazendo com que todos pensem simultaneamente sob os mesmos pontos de vista. A abordagem, portanto, faz com que "A" e "B" analisem em conjunto diferentes facetas de um problema, em vez de procurarem atacar os argumentos contrários ou, pior, se atacar mutuamente.

No método, os membros devem, metaforicamente, pôr – todos ao mesmo tempo e sequencialmente – chapéus com cores simbólicas que correspondem aos seis diferentes aspectos de nosso pensamento: otimismo, pessimismo, facticidade, criatividade, racionalidade e emotividade. Logo, em vez de o grupo pensar no problema de uma única vez, procura-se desmembrar o pensamento, concentrando-se separadamente em suas diferentes facetas. Os "chapéus" a serem colocados são os seguintes:

Tabela 5.9 Aprimorando o processo decisório: a técnica dos seis chapéus pensantes

COR DO CHAPÉU	FOCO	EXPLICAÇÃO	PERGUNTAS TÍPICAS A SEREM REALIZADAS
Branca	Informação	Com este chapéu, as pessoas devem se concentrar apenas nos fatos, analisando toda a informação conhecida ou necessária para o problema.	▪ Quais são os fatos? ▪ O que podemos aprender com os dados disponíveis? ▪ Que informações são necessárias para podermos deliberar?
Amarela	Otimismo	É o ponto de vista otimista, que procura identificar os aspectos positivos da proposta em questão, incluindo seu valor agregado e demais benefícios.	▪ Quais são os aspectos positivos dessa solução proposta?
Preta	Crítica	Visa analisar todos os aspectos negativos da decisão, seus perigos e dificuldades, isto é, o que pode dar errado. Exige que os membros pensem de forma cautelosa e conservadora. É especialmente importante, uma vez que permite identificar riscos, eliminar pontos fracos ou preparar planos de contingência, tornando os planos de ação mais resistentes a adversidades.	▪ Quais são os aspectos negativos ou fragilidades dessa proposta?
Vermelha	Emoções	Representa os sentimentos e intuições sobre determinada proposta. Quando usam este chapéu, os membros devem analisar o problema com base em suas reações viscerais e emoções, compartilhando seu apreço, temor, afeto e palpites sem qualquer justificativa racional.	▪ Como me sinto em relação a essa proposta?
Verde	Criatividade	Concentra-se na criação de novas possibilidades, alternativas e ideias à proposta vigente ou ao problema em questão. Ao colocarem esse chapéu, os membros devem se sentir à vontade para expressarem pensamentos abstratos e dúvidas genéricas, sem críticas. É o momento de maior oportunidade para o desenvolvimento de soluções criativas.	▪ Quais são as novas alternativas ou ideias "fora da caixa" para resolver esse problema?

COR DO CHAPÉU	FOCO	EXPLICAÇÃO	PERGUNTAS TÍPICAS A SEREM REALIZADAS
Azul	Controle	É usado para gerenciar todo o processo, devendo ser colocado apenas pelo moderador da reunião. Trata-se do mecanismo de controle que assegura que as diretrizes do método serão seguidas e os objetivos da reunião alcançados. Representa liberdade para indicar a sequência dos chapéus a serem utilizados. Como exemplo, ao perceber que a reunião entrou em um momento de baixa intensidade, dada a ausência de ideias, pode redirecionar o grupo para usar o chapéu verde. Quando perceber que são necessários planos de contingência, pode demandar o chapéu preto etc. Ao final, deve assegurar que o grupo chegue a uma conclusão objetiva sobre o problema em questão.	▪ O método foi executado corretamente? ▪ Os objetivos da reunião foram atendidos?

A técnica dos seis chapéus pensantes começa e termina pelo moderador, o qual, diferentemente dos demais membros, permanece "com o chapéu azul" o tempo todo, de modo a assegurar que o processo seja executado corretamente.

Cada chapéu pode ser usado por tempo indeterminado. A exceção ocorre com o chapéu vermelho, que deve ser usado por poucos segundos de maneira de capturar a reação instintiva ou visceral do grupo, e não um julgamento estruturado.

A sequência de chapéus a serem usados depende do tema abordado e das características dos participantes. Cada chapéu pode ser usado quantas vezes forem consideradas necessárias. Apesar de não haver sequência única, há algumas mais populares. O exemplo a seguir descreve uma sequência usual.

O moderador abre a discussão solicitando que todos utilizem, metaforicamente, o chapéu branco. Isso permite que todos fiquem nivelados em relação às informações objetivas existentes, desenvolvendo-se uma visão compartilhada da questão. Uma vez que o problema tenha sido bem definido e as informações apresentadas, utiliza-se o chapéu vermelho, para que, então, os participantes possam expressar seus sentimentos sobre a questão.

Na sequência, usa-se o chapéu verde, a fim de fomentar a elaboração de alternativas para resolver o problema ou para melhorar a proposta em avaliação. Após a geração das ideias, os participantes colocariam o chapéu amarelo, visando identificar seus benefícios potenciais para a organização.

Definidos os aspectos positivos, partir-se-ia, então, para o chapéu preto, permitindo aos membros se concentrarem nas fragilidades e aspectos negativos do curso de ação proposto. Após o chapéu preto, o verde pode voltar a ser utilizado, a fim de gerar soluções para superar os aspectos negativos identificados.

Antes do encerramento, as pessoas voltam ao chapéu vermelho, expressando seu grau de conforto sobre as questões discutidas e o curso de ação priorizado pelo grupo. Ao final, após analisar a questão sob diversas facetas, o moderador, com o chapéu azul, faz a conclusão, elencando as decisões tomadas pelo grupo e demais informações relevantes.

A técnica dos seis chapéus pensantes tem diversas vantagens para a organização. Como todos se concentram conjuntamente em um aspecto do pensamento, o grupo tende a ser mais colaborativo que em uma situação na qual uma pessoa poderia reagir de forma emotiva (chapéu vermelho), ao mesmo tempo que outra tentaria ser mais objetiva (chapéu branco) e uma terceira seria mais crítica dos pontos que emergem da discussão (chapéu preto).

O método, portanto, permite desmembrar o pensamento, deixando o grupo mais sintonizado e seguro de que avaliou todos os elementos importantes da matéria. A tendência é obter decisões mais bem fundamentadas, com base em todos os pensamentos e sentimentos que passaram pelos membros, algo que leva o grupo e as pessoas e se tornarem mais colaborativas.

5.3.5. Técnicas decisórias: resumo

Certamente um jovem será mais corrompido se for ensinado a ter maior apreço pelos que pensam de forma similar a ele do que pelos que pensam diferente.[27]

FRIEDRICH NIETZSCHE (1844-1900)

As técnicas decisórias apresentadas são especialmente úteis para decisões complexas que envolvem aspectos estratégicos ou para aquelas matérias que necessitam de maior criatividade, não devendo, portanto, ser usadas para decisões rotineiras.

Tendo em vista as evidências científicas de que os grupos que utilizam esses métodos em geral chegam a decisões de qualidade superior às dos grupos convencionais, a utilização dessas inovações decisórias deveria ser vista como um mecanismo importante para se aprimorar a governança de uma organização.

É importante destacar ainda que uma boa decisão é diferente de um resultado de sorte: como todas as decisões embutem alguma incerteza sobre o futuro, é fundamental que o processo decisório seja continuamente trabalhado nas organizações, aumentando, assim, a probabilidade de alcançar bons resultados.

Inovar e evoluir continuamente são mantras de qualquer organização de sucesso. Como as decisões constituem o elemento central de qualquer empresa, deve-se tentar inovar também nesse aspecto, indo além da zona de conforto do consenso passivo. Não há custos relevantes em se tentar, e os benefícios potenciais para as companhias – maior eficácia e valor agregado dos órgãos de governança – são substanciais.

5.4. FATORES PSICOLÓGICOS QUE LEVAM AO DESCUMPRIMENTO DAS REGRAS

Não vamos nos esquecer de que as causas das ações humanas são geralmente infinitamente mais complexas e mais variadas do que nossas explicações sobre elas.[28]

FIÓDOR DOSTOIÉVSKI (1821-1881)

Além de melhorar a qualidade das decisões tomadas na alta gestão, a governança corporativa tem outro objetivo central: criar um ambiente no qual as pessoas desejem voluntariamente cumprir as regras. Logo, um aspecto-chave para alcançar esse objetivo é compreender em profundidade o que leva as pessoas a descumprir as políticas e normas de suas organizações.

A abordagem tradicional sobre o assunto, formulada por Gary Becker da Universidade de Chicago nos anos 1960, é simplista.[29] Basicamente, pressupõe que as pessoas tendem a burlar as regras caso o ganho decorrente da atitude desonesta se mostre superior a seu "custo", computado pela probabilidade de ser pego multiplicada pela penalidade potencial. Em outras palavras, parte-se da premissa de que as pessoas analisam racionalmente e a todo instante se vale a pena atuar dentro das regras, optando, então, por cumpri-las ou não.

Diversos estudos recentes, com base em experimentos com seres humanos, mostram que essa é uma visão extremamente limitada, senão errada.[30] A propensão das pessoas a agir desonestamente, na verdade, depende muito mais de fatores psicológicos que do risco de serem identificadas e da penalidade aplicável.

No geral, esses trabalhos chegam à conclusão de que nossa disposição em burlar as regras depende fundamentalmente da capacidade de racionalizarmos nossas ações, isto é, de criarmos para nós mesmos alguma história mental que mantenha nossa autoimagem positiva, mesmo após uma ação desonesta.[31] Com isso, conseguiríamos o melhor dos mundos: um ganho pessoal decorrente de ações antiéticas – o aspecto econômico – e a manutenção de uma visão moralmente positiva de nós mesmos – o aspecto psicológico.

Um experimento interessante sobre os motivadores psicológicos da desonestidade ilustra essa conclusão.[32] Nele, um grupo de voluntários recebia uma folha com vinte "matrizes de tarefas" semelhantes às da tabela a seguir.

Tabela 5.10 Fatores psicológicos associados à desonestidade: matrizes de tarefas

1,26	4,57	2,49
3,41	9,24	7,48
2,52	6,34	8,64

2,84	7,53	3,48
6,12	5,39	4,56
1,93	9,37	3,88

5,62	1,19	6,17
9,34	3,53	2,44
7,61	4,82	8,81

O objetivo era "resolver" o máximo possível de matrizes em cinco minutos, isto é, encontrar dois números em cada matriz que, somados, resultassem em 10 (na primeira matriz da esquerda, por exemplo, os números seriam 2,52 e 7,48).

Ao final, os voluntários receberiam US$ 0,50 por matriz certa, podendo auferir, portanto, uma remuneração máxima de US$ 10 em caso de solução das vinte matrizes. No experimento inicial – denominado "condição de controle" –, não havia possibilidade de desonestidade. Ao fim dos cinco minutos, as pessoas simplesmente entregavam suas folhas para o pesquisador, que conferia as respostas e pagava a quantia devida. Nesta situação, as pessoas se mostraram capazes de resolver em média quatro matrizes, recebendo US$ 2 pela participação.

Na sequência, os pesquisadores criaram uma variante – denominada "máquina de trituração". Nela, ao fim dos cinco minutos, as pessoas deveriam fragmentar suas folhas de respostas em uma máquina colocada no canto da sala, para somente então informar verbalmente ao pesquisador quantas matrizes haviam resolvido. Qual foi o resultado geral dessa variante?

Bom, a média geral de soluções corretas "subiu" de quatro para seis matrizes. Especificamente, os pesquisadores observaram que a maioria das pessoas passou a reportar um número superior de matrizes respondidas. Logo, o aumento da média geral não decorreu da fraude de algumas pessoas específicas – que poderiam afirmar ter resolvido um número elevado de matrizes, como 18, 19 ou vinte – mas, sim, de pequenas ações desonestas por parte de quase todos os participantes, que passaram a mentir "um pouquinho".[33]

Apesar do resultado aparentemente decepcionante em relação ao comportamento humano, há uma conclusão positiva que não pode passar despercebida. Caso a abordagem tradicional estivesse certa – isto é, se todos pensassem apenas em maximizar seus ganhos financeiros com base em uma análise custo-benefício de suas ações desonestas –, as pessoas deveriam, então, afirmar ter respondido todas as matrizes, de modo a receber os US$ 10 de prêmio máximo (tendo em vista que não havia qualquer "custo" decorrente de sua ação desonesta).

Por que as pessoas não agiram dessa forma? Provavelmente, porque seria difícil, senão impossível, continuar a ter uma autoimagem positiva após uma desonestidade extrema como essa. Por outro lado, o aumento de quatro para seis matrizes corretas, apesar de também constituir uma ação desonesta, é algo mais fácil de justificar para si mesmas. Por exemplo, as pessoas poderiam criar histórias para si próprias do tipo "no primeiro minuto do teste não estava concentrada porque havia barulho, mas eu sei que normalmente resolveria seis matrizes..." ou "no fim do teste já havia identificado a resposta de outras matrizes, só não tive tempo de assinalá-las...".

Para reforçar seu argumento principal, os pesquisadores realizaram, então, uma nova variante do estudo, denominada "máquina de trituração com mais dinheiro". Nela, manteve-se a resposta verbal dos participantes após a trituração da folha de respostas. Adicionalmente, os pesquisadores aumentaram o prêmio a ser pago por matriz correta, variando de US$ 1, US$ 2, US$ 5 e, para um último grupo de voluntários, US$ 10. Se a abordagem tradicional estivesse correta, então as pessoas deveriam passar a afirmar ter resolvido um número ainda maior de matrizes, haja vista que o benefício da ação desonesta havia aumentando, enquanto seu custo teria ficado no mesmo patamar da variante anterior. O que aconteceu?

Basicamente, os resultados se mantiveram inalterados. Na verdade, observou-se, inclusive, uma ligeira redução do número de matrizes "corretas" para o grupo final que recebeu US$ 10, com a média geral decrescendo para pouco menos que seis matrizes.

De acordo com os pesquisadores, isso ocorreu porque, ao receberem US$ 10 por matriz correta, tornou-se mais difícil para as pessoas mentir e, ao mesmo tempo, continuar a manter seu senso de integridade. Em resumo, tornou-se um comportamento mais difícil de ignorar ou racionalizar.

Outros trabalhos simularam atividades geralmente propensas a alguma desonestidade, tais como o preenchimento de formulários de viagens ou declarações de imposto de renda.[34] Ao final, os pesquisadores concluíram que as pessoas em geral se sentem confortáveis em trapacear "só um pouquinho" – isto é, algo em torno de 15% a 20% do montante envolvido –, dificilmente indo além desse patamar em razão de seus "freios morais".[35]

Além dessa conclusão, os trabalhos recentes constataram que ao menos oito fatores psicológicos específicos aumentam a chance de as pessoas agirem desonestamente, a saber:[36]

Tabela 5.11 Fatores psicológicos que aumentam a chance de as pessoas burlarem as regras

	FATOR	EXPLICAÇÃO
1	**Exaustão mental**	O desgaste causado por estresse, falta de sono etc. aumenta a chance de as pessoas burlarem as regras.[37]
2	**Sentimento de vingança**	As ações desonestas são mais fáceis de se justificar quando vistas como meio de compensação por pessoas que se sentem prejudicadas ou injustiçadas pela organização.[38]
3	**Atos ilegais cometidos previamente**	Cometer pequenos atos ilegais – como utilizar produtos falsificados –[39] aumenta a chance de as pessoas agirem desonestamente.[40]
4	**Convívio com cultura que fomenta a desonestidade**	Viver em uma cultura que fomenta atitudes antiéticas, incluindo a exposição a um comportamento inadequado por líderes e pares, aumenta a frequência das ações desonestas.[41]
5	**Criatividade**	Uma personalidade mais criativa aumenta a capacidade de o indivíduo racionalizar seu comportamento, levando a um aumento da desonestidade.[42]
6	**Distanciamento de referências monetárias explícitas**	A propensão a burlar regras aumenta à medida que o benefício do infrator se distancia de um ganho em dinheiro vivo.[43]
7	**Pares se beneficiando de nossas ações**	A propensão a descumprir as regras aumenta quando as pessoas acreditam que seus atos desonestos vão de algum modo beneficiar a organização ou terceiros pelos quais sentem empatia.[44]
8	**Elevada competição no ambiente de trabalho**	A desonestidade, principalmente de pessoas com pior desempenho, tende a ser maior em ambientes que submetem as pessoas a elevada pressão competitiva.[45]

Há uma vasta literatura que demonstra, portanto, que o ganho econômico pessoal e a probabilidade de ser penalizado influenciam muito menos o comportamento humano que se poderia esperar.

Como resultado, a abordagem tradicional adotada pelas empresas para a questão dos controles internos – em geral baseada no aumento do monitoramento e das penalidades potenciais como únicos elementos para evitar comportamentos indesejados – deve ser revista, passando a levar em consideração os fatores psicológicos que podem aumentar a chance de as pessoas descumprirem as regras nas companhias.

5.5. Ativando a consciência das pessoas: como elevar o grau de cooperação e promover o interesse comum nas organizações

Você não pode comandar uma companhia pelo medo, porque a forma de eliminar o medo é evitar as críticas. E a forma de evitar as críticas é não fazer coisa alguma.[46]

Steve Ross (1927-1992)

As pessoas terão interesse em cumprir as regras voluntariamente desde que acreditem que agindo dessa maneira estarão fazendo o melhor não apenas para a organização, como também para si mesmos e para a sociedade no longo prazo. Uma literatura recente mostra ser necessário "ativar" a consciência das pessoas neste sentido.

Apesar de parecer uma afirmação óbvia, a relevância da conscientização para induzir a comportamentos desejados ainda é um tema pouco abordado na governança corporativa. De acordo com a visão da *agency theory*, cada gestor procura maximizar o seu resultado pessoal no seu dia a dia corporativo – mesmo que em detrimento do resultado coletivo. Como consequência, conselhos independentes, auditorias e sistemas de remuneração – entre outros mecanismos – seriam os elementos centrais para alinhar interesses e fazer com que as pessoas deixassem de agir pensando apenas em si.

No jargão técnico, a visão tradicional parte da premissa de que as pessoas agem como *homo economicus*, isto é, que procuram a todo instante maximizar seu ganho individual de modo racional e egoísta.[47] Entretanto – assim como todos os modelos da teoria econômica –, essa visão é obviamente uma simplificação da realidade, com severas limitações.

Os seres humanos nem sempre agem de acordo com a premissa do *homo economicus*. Pelo contrário, não são raras as situações do cotidiano, por exemplo, em que as pessoas sacrificam seu tempo, dinheiro ou conhecimento para ajudar os outros, bem como deixam de burlar regras quando isso lhes poderia conferir vantagens. O *homo economicus* não agiria assim.

Na verdade, centenas de experimentos recentes realizados com indivíduos em situações reais têm demonstrado de modo surpreendente que, na maior parte do tempo, as pessoas tendem a agir de maneira cooperativa e visando o melhor resultado coletivo.[48] A busca incessante e exclusiva pelo melhor resultado individual, algo preconizado pela visão tradicional, tende a ser mais uma exceção quase que patológica do que uma regra do comportamento humano.

Três experimentos, aplicados em diferentes países ao longo dos últimos anos, corroboram essa afirmação: o "jogo da confiança", o "jogo do ultimato" e o "jogo do ditador". Todos esses trabalhos, apresentados no quadro abaixo, envolvem voluntários estranhos entre si, colocados em salas diferentes de maneira a não terem qualquer contato.

Além da forte evidência de que a maioria das pessoas prefere cooperar e partilhar parte de seus ganhos, alguns estudos recentes no campo da neurociência mostram que as pessoas inclusive sentem prazer ao fazer isso.[52] Logo, as pesquisas têm revelado um comportamento orientado para o próximo que decorre do que nossa consciência acredita ser "justo" socialmente. A ideia de que nos comportamos como *homo economicus*, portanto, pode ser útil para alguns modelos teóricos, porém é limitada e frequentemente incorreta quando confrontada com a realidade.

De modo interessante para a temática da governança, esses trabalhos mostram ainda que o peso da consciência nas decisões varia de acordo com as circunstâncias, bem como que as pessoas podem ter um comportamento mais orientado para o grupo caso seja criado um contexto social adequado. Tudo depende de termos nossa consciência "ativada".

Tabela 5.12 Muito além do *homo economicus*: resultados de trabalhos recentes

EXPERIMENTO	DESCRIÇÃO	RESULTADO ESPERADO DO *HOMO ECONOMICUS*	RESULTADO OBTIDOS COM PESSOAS REAIS - *HOMO SAPIENS*
Jogo da confiança	O indivíduo A recebe uma soma de dinheiro (p. ex., US$ 20) e decide quanto deseja dar para B. Ele pode, inclusive, optar por ficar com todo o dinheiro e deixar o experimento neste instante. O valor que A eventualmente decidir dar para B é, então, triplicado pelos organizadores do jogo. Após receber o triplo do montante enviado por A, o indivíduo B tem a oportunidade de retornar quanto dinheiro desejar para A, ou simplesmente ficar com tudo.	Como não há qualquer garantia de retorno nem reciprocidade, o *homo economicus* não daria nada para o outro participante, estivesse ele atuando como indivíduo A ou B.	A cooperação tende a surpreendentemente prevalecer nesse jogo. Em média, as pessoas A doam cerca de metade de seu montante inicial para B. E as pessoas B retribuem a generosidade, devolvendo para A um pouco mais (cerca de 30%) que haviam recebido.[49]
Jogo do ultimato	Dois voluntários interagem a fim de decidir sobre a partilha de certa quantia (p. ex., US$ 50). O indivíduo A propõe inicialmente quanto desse montante inicial deveria ficar com ele e quanto deve ser dado para B. O indivíduo B deve decidir, então, se aceita ou não a proposta de A. Caso B a rejeite, ambos os indivíduos deixam o experimento sem receber coisa alguma. Se B a aceitar, então a quantia é dividida de acordo com a proporção definida por A. O jogo é realizado apenas uma vez, evitando qualquer possibilidade de reciprocidade futura entre ambos.	Caso o indivíduo A agisse como *homo economicus*, ele sempre deveria propor uma quantia máxima para si e mínima para o indivíduo B (p. ex. US$ 49 para si e US$ 1 para B). Se B, por sua vez, agisse como *homo economicus*, ele deveria aceitar qualquer oferta proposta por A, haja vista que sair do jogo com qualquer quantia (mesmo que mínima) é racionalmente melhor do que sair sem coisa alguma.	As pesquisas mostram que, em média, os indivíduos A tendem a oferecer uma divisão justa da quantia inicial (na maioria das vezes, cerca de 50% para cada). O resultado mais interessante, entretanto, ocorre com os indivíduos B, que tendem a rejeitar ofertas inferiores a 20% da quantia total, preferindo se sacrificar economicamente e sair sem nada que aceitar uma proposta vista como "injusta".[50]
Jogo do ditador	Trata-se de uma variante do jogo do ultimato. Nele, o indivíduo designado aleatoriamente como A recebe uma quantia (p. ex., US$ 50) e decide se quer dar algo para o indivíduo B ou não. Caso opte por ficar com tudo, o experimento é simplesmente encerrado. Cabe a B, nesse caso, apenas se sujeitar às decisões de A (daí o nome do jogo).	Naturalmente, caso o indivíduo A se comporte como *homo economicus*, ele deveria ficar com toda a quantia, não compartilhando coisa alguma com B.	De modo surpreendente, entretanto, as pessoas A doam, em média, cerca de 20% do montante recebido (doações de 50% também não são raras), sacrificando-se voluntariamente a fim de proporcionar alguma recompensa a B por sua disposição em participar do experimento.[51]

Os experimentos mostram que existem três fatores principais relacionados ao contexto social que ativam a consciência das pessoas, induzindo a um comportamento mais cooperativo e orientado para o interesse coletivo:[53]

1. As instruções e os exemplos das lideranças.[54]

2. A reciprocidade, isto é, a expectativa de como os outros agiriam nas mesmas circunstâncias.[55]

3. A empatia, ou a percepção real dos efeitos de suas ações sobre terceiros.[56]

O primeiro fator, provavelmente o mais importante de todos, relaciona-se à nossa tendência a obedecer às pessoas percebidas como lideranças. Isso pode levar tanto a comportamentos positivos e orientados para o bem coletivo quanto a uma lealdade cega, com resultados desastrosos. O famoso experimento com choques elétricos de Stanley Milgram nos anos 1960, detalhado no apêndice ao fim deste capítulo, mostra como pessoas comuns podem ser levadas a cometer atos violentos para com terceiros em função da obediência excessiva a lideranças. Os resultados desse experimento reforçam a máxima do *tone at the top*[57], isto é, de que o comportamento dos líderes tenderá a ser replicado em toda a organização, aumentando sua responsabilidade na governança corporativa.

O segundo fator se relaciona com a propensão inata das pessoas de imitar seus pares e agir de acordo com o comportamento do grupo ao qual pertencem. Como exemplo, se as pessoas trabalham em um ambiente em que é comum observar outras pessoas doando seu tempo e recursos para ajudar terceiros, então os indivíduos tenderão a fazer o mesmo. Por outro lado, se as pessoas estiverem sujeitas a um ambiente agressivo cuja percepção de solidariedade é baixa, elas se sentirão, então, mais à vontade para perseguir seu bem-estar pessoal a qualquer custo, negando doar seu tempo, conhecimento ou outros recursos a terceiros.

O terceiro fator, por sua vez, diz respeito à empatia em relação ao próximo. Quanto mais as pessoas sentem o impacto de suas ações sobre terceiros, mais essa percepção tenderá a influenciar suas ações. A distância física é um fator que naturalmente diminui a empatia das pessoas para com terceiros. Se um executivo, por exemplo, tiver contato constante com acionistas cuja qualidade de vida depende dos dividendos da companhia, ele provavelmente terá menos predisposição à fraude que se visualizar o acionista como um ente anônimo que opera diariamente atrás de um computador e pelo qual não tem qualquer empatia.

As descobertas dessas pesquisas recentes apresentam uma implicação clara para as lideranças empresariais: a governança corporativa deve passar a ser vista não apenas sob a ótica dos mecanismos de incentivo e controle – baseada na premissa equivocada do *homo economicus* –, mas também pela ativação contínua da consciência dos empregados e executivos. Práticas de governança que reforçam o peso da consciência nas atitudes diárias devem, portanto, ser fomentadas, como:

- A realização periódica de ações de conscientização capitaneadas pelas principais lideranças, de forma a sinalizar os padrões de conduta esperados na organização.

- A disseminação de exemplos práticos de decisões tomadas em prol do grupo por gestores envolvidos em dilemas éticos.

- A promoção de encontros periódicos dos administradores com os stakeholders para perceberem mais profundamente os impactos causados por suas decisões.

Esses trabalhos também deixam claro que planos de remuneração demasiadamente agressivos devem ser evitados, uma vez que a ênfase atual nos incentivos materiais como solução de governança pode, na verdade, ajudar a suprimir a consciência das pessoas, piorando os problemas em vez de mitigá-los.[58] Em outras palavras, a criação de um ambiente no qual as pessoas são incentivadas a pensar apenas em si e a competir a qualquer custo tende a piorar a situação da organização e da sociedade como um todo.

Um exemplo nesse sentido foi observado nos jogos da confiança e do ditador citados anteriormente: constatou-se que os alunos de MBA e os economistas tendem a ser muito menos cooperativos nesses jogos, provavelmente por terem sido doutrinados a pensar exclusivamente sob a ótica econômica nessas situações (inclusive sendo convencidos a pensar que o foco exclusivo no ganho pessoal seria o modo "certo" de agir nessa situação).[59]

Apesar dessas evidências, é comum observar companhias que sujeitam seus empregados e executivos à excessiva competição interna, em vez de procurarem promover um ambiente de maior coesão e cooperação entre todos. Os dois casos práticos apresentados a seguir ilustram os perigos dessa abordagem de gestão.

Quadro 5.4 Os perigos do excesso de competição interna - 1: o caso Enron

Os perigos do excesso de competição interna - 1: o caso Enron

Extrato do livro *The Smartest Guys in the Room: The Amazing Rise and Scandalous Fall of Enron.*

O CEO (*Chief Executive Officer*) da Enron, Jeffrey Skilling, possuía uma visão darwinista estreita da vida e de como o mundo funcionava. Ele era famoso por dizer que o dinheiro era a única coisa que motivava as pessoas. Um dos seus livros preferidos era *O Gene Egoísta*, de Richard Dawkins, que afirma que a natureza humana é dirigida pela ganância e competição com o objetivo exclusivo de passar nossos genes para gerações futuras.

Na Enron, Skilling implantou um sistema de gestão que visava liberar o que ele acreditava ser o instinto natural das pessoas, ligado à "sobrevivência dos mais aptos". Uma das consequências foi a implantação de um sistema de avaliação anual de desempenho denominado PRC (*Performance Review Committee*) na companhia. Esse sistema exigia que as pessoas fossem avaliadas por uma nota de 1 (melhor) a 5 (pior) com base nos votos das outras pessoas com quem trabalhavam. Ao fim do processo, no mínimo 10% das pessoas deveriam ser classificadas com nota 5 e demitidas da empresa.

Para Skilling, esse método brutal de "avaliar e jogar fora" era o "principal processo interno da Enron". Ainda segundo o CEO, "nossa cultura é mesmo dura e muito agressiva". A visão do líder começou a permear toda a organização. Em uma entrevista, um *trader* da empresa afirmava com orgulho: "Se eu tivesse que pisar no pescoço de alguém para alcançar minha meta e dobrar minha remuneração, pode ter certeza que eu faria isso. É assim que as pessoas trabalhavam lá."

Na prática, o PRC se tornou viciado. Visando obter boas avaliações, muitos executivos começaram a produzir lucros fictícios e a fazer acordos com pares em função de relacionamentos pessoais para obtenção de boas notas. Em vez de meritocracia, o processo de avaliação criou um ambiente politizado e com excessiva competição interna, beirando à paranoia em algumas áreas.

O desfecho da Enron é conhecido por todos: a companhia foi à falência em 2001, após a descoberta de várias operações engenhosas para inflacionar os resultados e, com isso, permitir o alcance das metas e o exercício de opções de ações milionárias por seus executivos.

Fonte: McLean, Bethany, Elkind, Peter. 2004. *The Smartest Guys in the Room: The Amazing Rise and Scandalous Fall of Enron*. Penguin Books. 440 p.

Quadro 5.5 Os perigos do excesso de competição interna - 2: o caso Sears

Os perigos do excesso de competição interna - 2: o caso Sears

Extrato da reportagem da *Bloomberg Businessweek* de 11/07/2013 "At Sears, Eddie Lampert's Warring Division Models Adds to the Troubles".

Todo ano os presidentes das unidades de negócios da Sears fazem uma peregrinação até a sede da companhia nas vizinhanças de Chicago para pedir recursos ao presidente do conselho e CEO (*Chief Executive Officer*) da companhia Eddie Lampert, um gestor de fundos de hedge bilionário que vive de forma reclusa em uma mansão de US$ 40 milhões na Flórida. Após as apresentações, Lampert define os orçamentos e a distribuição dos recursos para investimentos de cada unidade de negócios no próximo exercício. O detalhe é que ele participa da reunião por videoconferência. Como não gosta de voar, o CEO só vai à empresa uma ou duas vezes por ano e raramente encontra as pessoas.

Lampert adquiriu o controle acionário (55% das ações) da Sears em 2005. Durante esse período, passaram pela companhia quatro CEOs diferentes, enquanto Lampert ocupava o cargo de presidente do conselho. Na prática, era ele quem sempre tomava as decisões mais relevantes. Em maio de 2013, após as tentativas fracassadas, ele assumiu também o cargo de CEO.

Desde 2008, ele resolveu separar a Sears em trinta unidades de negócio totalmente independentes, cada uma com seu próprio presidente, conselho de administração e demonstrações financeiras. A companhia, portanto, foi transformada em um conjunto de unidades de negócio autônomas que competem entre si por receitas e recursos para investimentos.

Lampert acredita que o modelo de competição interna extrema gerará o melhor resultado para a companhia: "Se os principais executivos agirem de forma egoísta, então dirigirão suas unidades de maneira racional, aumentando o resultado financeiro geral".

Na prática, entretanto, essa forma de governança tem se mostrado extremamente danosa. As unidades de negócios se voltaram umas contra as outras. O negócio tem sido devastado por brigas internas na medida em que as unidades disputam ferozmente os escassos recursos financeiros e os espaços nas lojas. De acordo com um dos executivos entrevistados pela *Bloomberg*, o modelo criou uma cultura de "guerra de tribos". "Se você é de outra unidade, então estamos em duas empresas concorrentes. A cooperação e a colaboração simplesmente não existem".

O novo modelo, que privilegia as pessoas que pensam apenas em si mesmas, criou facções rivais, com impacto negativo para a organização como um todo. Cada unidade de negócios passou a pensar apenas no seu lucro, deixando de pensar no resultado coletivo da companhia como um todo. "Começaram a acontecer verdadeiras guerras por busca de espaço nas lojas. Ninguém se disponibiliza a fazer sacrifícios, tais como reduzir preços a fim de aumentar o movimento de clientes nas lojas, o que beneficiaria outras unidades". A competição interna chegou a tal ponto que os executivos começaram a colocar protetores de tela em seus laptops para que as pessoas de outras unidades não vissem seus materiais durante as reuniões.

Para o CEO Lampert, esse modelo gerará mais dados para análise, os quais poderão ser utilizados para utilizar de maneira mais eficiente os recursos da companhia. Para isso, o CEO contratou o estatístico Paul DePodesta, famoso por ter sido retratado no filme *Moneyball*, e o economista Steven Levitt, autor do livro *Freakonomics*. Deve-se destacar que, além de não ter experiência no varejo, Lampert preferiu contratar executivos nas áreas de finanças e tecnologia para dirigir a Sears.

Até o momento, o resultado desse modelo de governança tem sido desastroso. Desde a aquisição em 2005, o faturamento da Sears caiu de US$ 49,1 bilhões para US$ 39,9 bilhões. As ações despencaram 64% e o caixa alcançou o menor patamar em dez anos. Para completar, menos de 1% do faturamento tem sido alocado para investimentos, uma proporção 3 a 4 vezes menor que os investimentos dos rivais do setor.

Fonte: *Bloomberg Businessweek*. Disponível em http://www.businessweek.com/articles/2013-07-11/at-sears-eddie-lamperts-warring-divisions-model-adds-to-the-troubles.

Os casos Enron e Sears deixam claro como o foco excessivo na competição interna entre empregados e executivos pode gerar sérios efeitos colaterais negativos. Além de criar um ambiente interno paranoico, esses exemplos causaram enorme destruição de valor para os acionistas e stakeholders dessas companhias.

Em grande medida, o foco na competição em detrimento da cooperação – atualmente muito comum nas organizações – deriva de um entendimento errado das lideranças em relação ao conceito de seleção natural proposto por Darwin. Para alguns líderes, a promoção da competição interna seria a forma de assegurar o melhor resultado para o negócio, já que, em tese, levaria à "sobrevivência dos mais aptos" na organização e à máxima eficiência econômica. Na verdade, inúmeras pesquisas recentes mostram que é a capacidade de cooperação, e não a de competição, que atua como fator-chave para o sucesso evolutivo de grupos e populações.[60]

Trazido para a esfera empresarial, esses resultados reforçam a tese de que as empresas com maior cooperação interna são as que prosperarão ao longo do tempo, e não aquelas com foco na promoção da competição extrema entre seus membros. O próprio Darwin reconheceu isso, conforme trecho de seu livro *The Descent of Man*:

> *Não se pode esquecer de que... a tribo que possuir muitos membros dispostos a ajudar uns aos outros e a se sacrificarem pelo bem comum será vitoriosa em relação às outras tribos. E isso será seleção natural.*[61]
>
> Charles Darwin (1809-1882)

A consciência e o comportamento cooperativo, portanto, são forças importantes que levam as pessoas a cumprirem as regras voluntariamente; comportamentos que devem ser cultivados nas companhias que desejam adotar a governança corporativa para valer.[62]

5.6. Conclusão: como minimizar a chance de decisões erradas e assegurar empresas bem governadas ao longo do tempo?

> *Governança e liderança são como o yin e yang das organizações de sucesso. Liderança sem governança pode levar a uma situação de tirania, fraude e feudos pessoais. Governança sem liderança pode levar a atrofia, burocracia e indiferença.*[63]
>
> Mark Goyder (1953-)

Este capítulo se dedicou a mostrar como a literatura tradicional sobre governança – com foco na implantação de mecanismos de incentivo e controle a fim de induzir comportamentos – fundamentado na premissa de que as pessoas agem como *homo economicus*. Em outras palavras, parte-se da premissa de que os seres humanos sempre:[64]

1. tomam decisões racionalmente perfeitas;[65]
2. pensam exclusivamente em maximizar seus ganhos pessoais;[66] e
3. estão interessados em burlar as regras caso o benefício esperado da atitude desonesta seja maior que a penalidade aplicável multiplicada pela probabilidade de ser pego.[67]

A simplificação do *homo economicus* é uma premissa longe da realidade. Centenas de trabalhos recentes, descritos nas seções anteriores, mostram que o comportamento humano é muito mais complexo, dependendo de questões psicológicas, sociais e biológicas. A tabela a seguir apresenta um comparativo resumido entre a visão simplista do *homo economicus* que norteia a abordagem atual sobre governança e os resultados das centenas de pesquisas recentes em diferentes áreas do conhecimento que refutam essa visão.

Tabela 5.13 Abordagem tradicional para a governança vs. abordagem emergente

VISÃO TRADICIONAL: GOVERNANÇA CORPORATIVA COMO MERO CONJUNTO DE MECANISMOS DE INCENTIVO E CONTROLE QUE VISAM FAZER COM QUE OS REPRESENTANTES (ADMINISTRADORES) TOMEM DECISÕES NO MELHOR INTERESSE DOS REPRESENTADOS (ACIONISTAS)	
ORIGEM: REDUÇÃO DA NATUREZA HUMANA AO CONCEITO DE *HOMO ECONOMICUS*	
PREMISSA (VISÃO TRADICIONAL)	REALIDADE (EVIDÊNCIAS DE TRABALHOS RECENTES)
1. Sempre tomamos decisões racionalmente perfeitas.	Estamos sujeitos a inúmeros vieses cognitivos, os quais nos levam a tomar decisões irracionais, tanto individualmente quanto coletivamente.
2. Pensamos exclusivamente em maximizar nossos ganhos pessoais.	As pessoas, em geral, agem de maneira cooperativa e desinteressada, deixando de maximizar seus resultados pessoais em prol de outras pessoas.
3. Estamos sempre interessados em burlar regras caso a penalidade potencial multiplicada pela probabilidade de ser pego seja menor que o benefício esperado de uma atitude desonesta.	Fatores psicológicos são muito mais importantes para nossa decisão de agir desonestamente que a probabilidade de ser pego ou a penalidade.
Resultado: necessidade de uma nova abordagem para a governança corporativa, que privilegie a diminuição dos vieses cognitivos nas decisões, a conscientização das pessoas, a cooperação e o foco no melhor resultado coletivo de longo prazo.	

É necessário ter uma compreensão mais ampla da governança, além das teorias tradicionais. Nessa nova abordagem, os mecanismos de incentivo e controle continuam a ser importantes, porém não devem ser aceitos como suficientes para assegurar empresas genuinamente bem governadas. Como resultado, é necessário:[68]

1. melhorar o processo decisório, de modo a reduzir os vieses cognitivos por meio de um sistema de contrapesos efetivo;

2. compreender melhor os fatores psicológicos que levam ao descumprimento das regras, de maneira a diminuir sua probabilidade de ocorrência; e

3. criar um contexto social que ative continuamente a consciência das pessoas, de modo a promover comportamentos cooperativos e orientados para o longo prazo.

O resultado desse processo serão empresas cujo contexto organizacional induzirá seus empregados e executivos a tomarem decisões no melhor interesse de longo prazo da companhia e a cumprirem as regras de forma ética, com impactos positivos para toda a comunidade.

A consideração explícita dos aspectos humanos e psicológicos como força relevante para a boa governança deve, portanto, mudar o modo como o tema é percebido pela maioria das pessoas. Governança corporativa deve passar a ser vista como um conceito multidimensional, cujo atendimento pleno depende do contexto social criado por suas lideranças, da efetividade dos mecanismos de incentivo e controle implantados e das práticas adotadas para com seus acionistas e demais stakeholders.

Apêndice
Os riscos da obediência irrefletida a lideranças

A obediência cega à autoridade é o maior inimigo da verdade.[69]

Albert Einstein (1879-1955)

Os seres humanos possuem uma forte tendência a replicar comportamentos e a obedecer às pessoas percebidas como lideranças. Isso pode levar a comportamentos orientados para o bem comum, ou até mesmo "heroicos" em certas situações. Por outro lado, a lealdade cega a lideranças pode levar a comportamentos irrefletidos, com consequências desastrosas paras as pessoas envolvidas e para as organizações e a sociedade em geral.

O famoso experimento com choques elétricos realizado pelo cientista Stanley Milgram na década de 1960 é o melhor exemplo de nossa tendência inata a obedecermos a autoridades de maneira irracional em certas circunstâncias.

O experimento de Milgram

Após a Segunda Guerra Mundial, ocorreram os famosos julgamentos de Nuremberg. Neles, o principal argumento de defesa utilizado pelos nazistas era de que estavam apenas "cumprindo ordens". Muitos psicólogos ficaram intrigados em explicar como pessoas civilizadas e bem educadas como os alemães podiam ter cometido tantas atrocidades.

Em 1961, Stanley Milgram, então pesquisador de Yale, começou uma série de testes a fim de investigar se o contexto no qual as pessoas estavam inseridas poderia levá-las a uma obediência cega a lideranças, mesmo que isso infligisse danos a inocentes.

A ideia era simples: chamava-se um voluntário da comunidade por meio de um anúncio de jornal para participar de um experimento, em troca de uma remuneração de US$ 5. Ao chegar, o voluntário era apresentado a um "cientista" e a outro "membro da comunidade" (na verdade, ambos eram atores). O voluntário era informado de que participaria de um estudo para investigar o efeito das punições sobre a capacidade de memorização.

Um dos participantes deveria atuar como "professor" e o outro como o "aluno". O sorteio era manipulado, de maneira que os voluntários sempre se tornavam os "professores". O ator, portanto, era sempre o "aluno" do experimento. Na sequência, o voluntário (o "professor") e o cientista atavam o ator (o "aluno") a uma máquina de eletrochoque (*vide* figura a seguir, da esquerda para a direita: voluntário, ator e cientista de jaleco).

O ator-aluno era submetido a um teste de memória aplicado pelo voluntário-professor. A cada erro do ator, o voluntário deveria aplicar um choque em ordem crescente de intensidade (em volts – V), com incrementos de 15 V, iniciando em 45 V até o hipotético limite de 450 V. Para comprovar a veracidade dos choques, o "cientista" aplicava um pequeno choque de 45 V no voluntário antes do experimento.

Figura 5.1 Experimento de Milgram: implicações importantes para a boa governança.

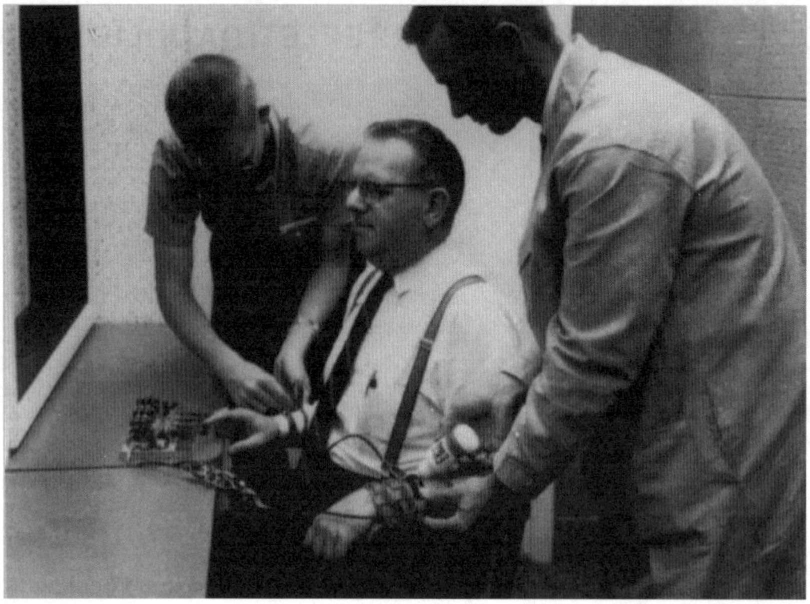

A máquina contava com uma escala de voltagem com legendas indicando seu respectivo perigo, indo de "carga leve", para choques de 45 V, a "potencialmente letal", para choques superiores a 400 V. O ator possuía um roteiro bem definido. De 75 V em diante, deveria emitir gritos cada vez mais intensos de dor. Aos 120 V, deveria começar a reclamar explicitamente. Aos 150 V, deveria dizer que seu coração estava incomodando-o e que gostaria de ser libertado. Aos 225 V, deveria começar a chutar a fina parede que o separava do voluntário. Aos 345 V, quando a legenda da máquina apontava "choques de extrema intensidade", deveria emitir grunhidos agonizantes de dor. Aos 405 V, finalmente, quando a legenda da máquina apontava "potencialmente letal", o ator deveria parar de responder. Nesse momento, o "cientista" deveria dizer ao voluntário que a ausência de respostas deveria ser interpretada como resposta errada, solicitando a continuidade dos choques. Aos 450 V, a carga elétrica máxima e mortal, o estudo seria interrompido.

Caso o voluntário manifestasse interesse em deixar o experimento, o "cientista" deveria incitá-lo a prosseguir por meio de quatro frases, nesta ordem: (i) "por favor, continue"; (ii) "o experimento requer que você continue"; (iii) "é absolutamente essencial que você continue"; e (iv) "você não possui outra escolha, você deve ir adiante". Se o voluntário continuasse a manifestar o interesse em deixar o experimento, o teste era, então, interrompido.

Antes de realizar a pesquisa, Milgram acreditava que o nível de obediência nos Estados Unidos – um país com tradição democrática e de maior questionamento – seria substancialmente inferior ao que poderia ser obtido na Alemanha ou em outros países que, a seu ver, tinham maior herança autoritária. Ele submeteu o esboço do projeto de pesquisa a diversos psicólogos. Todos acreditavam que os voluntários se recusariam a obedecer ao cientista até o fim. Em média, os experts estimaram que as pessoas parariam por volta dos 140 V e que apenas um a cada mil voluntários aplicaria o choque letal de 450 V.

Os resultados foram chocantes: 26 dos 40 participantes (65%) infligiram choques até o limite de 450 V, e nenhum voluntário desistiu antes dos 300 V! A maioria das pessoas, portanto, aplicaria um choque letal em um desconhecido apenas em função de um pedido de uma autoridade científica, sem que a vítima tivesse cometido qualquer delito relevante. A remuneração para participar do experimento era paga antecipadamente e não dependia da magnitude do choque aplicado, nem do interesse do voluntário em continuar.

Os estudos de Milgram foram replicados por outros pesquisadores em diversos contextos e lugares – tais como Alemanha, Itália, África do Sul e Austrália –, todos com resultados qualitativamente similares. Homens e mulheres apresentam taxas similares de obediência, embora as mulheres apresentem níveis superiores de estresse durante os experimentos. Apesar de muito divulgados nas décadas de 1960 e 1970, os resultados caíram em um relativo esquecimento após comitês éticos de pesquisa terem banido novas replicações no início da década de 1980 decorrentes de potenciais problemas psicológicos nos envolvidos.[70]

Após a realização de diversas variantes do teste original,[71] Milgram concluiu que temos uma natureza intrinsecamente ligada à lealdade, que nos impele a obedecer à autoridade em determinadas circunstâncias. O pesquisador acreditava que isso advinha de uma base genética, ligada a nossos primórdios, quando grupos de hominídeos hierarquicamente formados sob o comando de "machos-alfa" possuíam maior chance de sobrevivência.

Para Milgram, passamos por uma espécie de "transferência do agente", deixando de lado a racionalidade e nossos valores morais a fim de satisfazer às expectativas de lealdade da liderança em prol de um melhor resultado para o grupo. Em outras palavras, suspendemos nossa autonomia e simplesmente nos tornamos instrumentos dos outros. Nas palavras do pesquisador: "a pessoa passa a se sentir responsável apenas perante sua autoridade, e não mais perante o teor de suas ações que a autoridade prescreve".

As pessoas entrevistadas pelo pesquisador após os testes demonstravam, inclusive, sentir certa satisfação em agir com lealdade perante a liderança. Ao perguntar por que haviam se comportado como tal, a maioria dos voluntários simplesmente respondia que havia "dado sua palavra" ou que sentiam certo "dever de lealdade" para com o cientista. De acordo com Milgram, "a vasta maioria (84%) dos participantes se mostrou contente ou muito contente em ter participado do estudo, e muitos disseram que os psicólogos deveriam conduzir mais estudos desta natureza".[72]

Implicações do experimento para a governança corporativa

Os resultados do experimento têm implicações óbvias para a governança empresarial, na medida em que demonstram uma natureza humana de subserviência a pessoas percebidas como autoridades legítimas. Como exemplo, a lealdade excessiva de executivos ou conselheiros a uma liderança empresarial considerada de sucesso, seja um CEO poderoso, um empreendedor de sucesso ou um acionista controlador, pode acarretar prejuízos significativos às organizações. Esse problema pode, inclusive, ser maior que aquele decorrente da baixa lealdade das pessoas a fim de maximizar seu ganho pessoal, alvo de quase toda a literatura sobre o tema.

No caso dos conselhos, é possível que conselheiros sintam certo sentimento positivo decorrente da lealdade para com o líder da empresa, muitas vezes com décadas no comando da organização. É possível também que diversos escândalos empresariais como Enron, Parmalat etc. se devam, ao menos em parte, à lealdade excessiva de conselheiros encantados com CEOs e empreendedores que representavam uma liderança carismática e inquestionável. Nessas situações, os conselheiros podem simplesmente ter confiado suas decisões nas mãos do líder inconteste – muitas vezes talentoso e teatral. Afinal, a quem deve haver maior sentimento de lealdade: a um indivíduo próximo e que se dedica integralmente à organização ou a um ente abstrato e anônimo chamado acionista que – em tese – aparece uma vez ao ano nas assembleias gerais? Embora a lei prescreva o dever de lealdade para com a companhia, os aspectos humanos inatos e a pressão pela lealdade ao grupo podem levar as pessoas a aceitarem caminhos catastróficos para a organização.

Tendo em vista os potenciais problemas decorrentes da lealdade irrefletida, que mecanismos poderiam ser empregados para mitigá-los?

O próprio experimento de Milgram fornece uma pista para sua solução. O cientista observou que a taxa de obediência caía drasticamente em função destes três parâmetros:

1. A proximidade em relação à autoridade: a distância do cientista em relação ao voluntário e a distância do voluntário em relação ao ator.

2. A discordância entre pares: a existência de visões dissonantes entre dois ou mais "professores".

3. A presença de uma autoridade rival.

Em relação à proximidade, Milgram simulou uma variação na qual o cientista dava ordens por telefone de outra sala. Nesse caso, a taxa de obediência até o choque letal caía para apenas 21%. Alguns voluntários chegavam a aplicar choques menores que o determinado, enquanto outros afirmavam aplicar os choques quando na verdade não os aplicavam (curiosamente, quando o cientista retornava à sala, os voluntários voltavam a aplicar os choques). Milgram concluiu que "os voluntários parecem ser capazes de resistir mais facilmente às ordens do cientista quando não têm que confrontá-lo frente a frente... a presença física da figura da autoridade é uma força importante".

Em relação ao segundo aspecto, introduziu-se uma variante com três "professores", sendo um deles o voluntário da comunidade e os dois outros atores. Ao chegar a 150 V, o primeiro ator alegava discordância do método, retirando-se do experimento. Ao alcançar 210 V, o segundo ator também abandonava o experimento, deixando o voluntário sozinho. Nesse caso, apesar da ordem do cientista para que ele fosse adiante, as taxas de obediência até o choque final caíram para cerca de 30%. Milgram observou que "os efeitos da dissonância de pares são muito impressionantes, minando a autoridade do cientista".

A terceira variante gerou os resultados mais interessantes. Nela, havia dois cientistas com roupas idênticas, da mesma idade e altura. Ao chegar a 150 V, um deles passava a discordar do outro, alegando que o estudo não deveria prosseguir. De modo impressionante, a taxa de obediência após 150 V caiu para 0%! Logo, quando inseridos no meio de uma discussão entre duas autoridades rivais, os voluntários recobravam a racionalidade, deixando de aplicar choque elétricos na vítima. Milgram observou que "nenhum indivíduo optou por continuar a aplicar os choques, e o experimento foi totalmente interrompido. Autoridades com visões diferentes claramente fomentam o pensamento independente nas pessoas sujeitas a elas".

As variantes dos estudos de Milgram reforçam a importância de alguns mecanismos de governança para os conselhos de administração. Em relação à questão da proximidade, a realização de reuniões regulares sem presença de executivos e a instalação de comitês do conselho apenas com membros independentes deixariam os conselheiros mais livres para exercer seu livre-arbítrio. Com isso, visões dissonantes não seriam recebidas como atos de "deslealdade" para com o líder empresarial. Reforça-se, também, a necessidade de maior proximidade entre conselheiros e acionistas, via assembleias ou encontros regulares. Na medida em que os conselheiros percebessem o "acionista" como um ente menos abstrato e anônimo, passariam a ter uma propensão maior a levar em consideração seus interesses (de maneira similar à redução da obediência quando os voluntários ficavam próximos do ator).

Em relação à discordância entre pares, reforça-se a necessidade de maior proporção de conselheiros de fato independentes, levando em consideração não apenas eventuais laços financeiros, mas também, e principalmente, potenciais laços pessoais com executivos e controladores.

Por fim, tem-se a questão central da presença de uma liderança independente no conselho que sirva de contrapeso ao líder da empresa. Essa figura poderia representar uma autoridade rival positiva, induzindo a debates mais ricos e críticos.

Os experimentos de Milgram mostram como a governança corporativa deve ser vista não apenas como um conjunto de mecanismos para aumentar a lealdade das pessoas para com a organização, como também para evitar os problemas decorrentes da lealdade excessiva a figuras poderosas nas organizações.

QUESTÕES PARA REFLEXÃO E DISCUSSÃO

1. Quais são os principais fatores que induzem as pessoas a não tomar as melhores decisões para a companhia e a descumprir as regras? Comente-os brevemente.

2. O que é conflito de interesses? Cite um exemplo de sua manifestação no ambiente empresarial. O que as boas práticas de governança preconizam em relação a esse tema?

3. O que são vieses cognitivos? Quais são os possíveis impactos da presença de vieses individuais e coletivos para a governança corporativa?

4. Cite e descreva sucintamente alguns dos principais vieses cognitivos individuais e coletivos identificados pela literatura.

5. Descreva três técnicas para melhorar as decisões na alta gestão apresentadas no capítulo, incluindo suas principais etapas.

6. Quais são os principais fatores psicológicos identificados pela literatura que tendem a levar as pessoas a descumprir regras?

7. Quais são os três fatores principais relacionados ao contexto social que tendem a ativar a consciência das pessoas, induzindo-as a um comportamento mais cooperativo e orientado para o interesse comum?

8. O que é significa o conceito do *homo economicus* e qual é sua relação com a abordagem tradicional para a governança corporativa?

9. Quais são as principais limitações do conceito do *homo economicus* e o que pode ser feito, além dos tradicionais mecanismos de incentivo e controle, para induzir as pessoas a agir no melhor interesse da companhia e a cumprirem as regras?

10. Descreva sucintamente o experimento de Milgram e comente algumas de suas implicações para a governança corporativa.

CAPÍTULO **6**

Governança Corporativa e criação (ou destruição) de valor: o que dizem os estudos?

CONCEITOS APRESENTADOS NESTE CAPÍTULO

- A complexa relação entre governança e desempenho
- Evidências empíricas do impacto positivo das boas práticas de governança
- Impacto da governança no valor da empresa: uma questão encerrada?
- O outro lado da moeda: destruição de valor associada a problemas de governança
- Estrutura de propriedade e desempenho empresarial
- Proteção aos investidores, estrutura de governança e desempenho
- Apêndice: Cuidados metodológicos nas pesquisas sobre governança corporativa

6.1. A complexa relação entre governança e desempenho

Toda discussão sobre governança corporativa parte da hipótese de que o tema pode impactar substancialmente o desempenho das empresas.[1] Por um lado, presume-se que a adoção das práticas recomendadas pelo mercado impacta positivamente o desempenho, como resultado de melhores decisões de negócio, redução de riscos e diminuição no custo de capital. Por outro lado, parte-se também da premissa de que as companhias com práticas deficientes de governança estão mais sujeitas a problemas e erros decisórios, em função dos conflitos de interesses e dos vieses cognitivos na alta gestão, o que tende a ocasionar destruição do patrimônio empresarial.

Independentemente da ótica de análise, uma questão concentra a atenção de acadêmicos, investidores e executivos: qual é o valor da adoção (ou da ausência de adoção) das "melhores práticas de governança"? A governança corporativa cria valor (ou evita sua destruição)?

Essa questão pode ser respondida por meio de duas abordagens principais: pelos estudos de casos ou pela análise econométrica[2] de dados de diversas empresas simultaneamente. Enquanto o primeiro método possibilita um entendimento mais profundo sobre como os problemas de governança se desenvolvem nas organizações (permitindo, por exemplo, a identificação de sinais de alerta), o segundo possibilita a obtenção de resultados mais generalizáveis para todo o mercado. Este capítulo apresenta evidências do potencial impacto (positivo ou negativo) da governança corporativa sobre o desempenho empresarial.

6.2. Evidências empíricas do impacto positivo das boas práticas de governança

Centenas de estudos foram realizados nas últimas duas décadas visando analisar a relação entre a qualidade da governança e o desempenho das empresas. No geral, a maioria dos trabalhos constata uma relação positiva entre a adoção de práticas recomendadas de governança e os indicadores de valor comumente empregados pelo mercado. Em outras palavras, observa-se que as empresas com práticas superiores de governança tendem a apresentar melhor rentabilidade operacional e/ou serem negociadas a um prêmio em relação aos seus pares.

Uma ressalva importante, entretanto, deve ser feita: a eventual constatação de uma relação positiva entre melhores práticas de governança e maior valor não significa, necessariamente, que o desempenho superior de uma companhia seja consequência direta de suas práticas de governança. Trata-se da diferença entre correlação e causalidade: as melhores práticas de governança podem ter uma correlação positiva com melhor desempenho decorrente de outros fatores (como tamanho da empresa, poder de mercado etc.), sem que um necessariamente influencie diretamente o outro. Trata-se de uma questão muito difícil de solucionar do ponto de vista econométrico que as pesquisas em todo mundo tentam, até hoje, superar (o apêndice ao fim deste capítulo apresenta alguns cuidados metodológicos importantes a serem observados nas análises da relação entre governança e desempenho).

Uma das abordagens mais utilizadas nas pesquisas sobre governança corporativa é atribuir uma "nota" a cada companhia com base em sua aderência a determinadas práticas recomendadas. Em geral, essas notas se baseiam em diferentes dimensões de governança, como: conselho de administração, direitos dos acionistas, transparência, existência de políticas corporativas etc. Na sequência, relaciona-se a nota obtida pelas empresas com alguma medida de valor relativo,[3] de maneira a investigar se há uma eventual relação positiva entre ambos.[4] A tabela a seguir apresenta os resultados de alguns dos inúmeros estudos realizados em todo o mundo nos últimos anos com base nessa abordagem geral:

Tabela 6.1 Governança corporativa e criação de valor: resultado de estudos selecionados

	ESTUDO	COMPANHIAS ANALISADAS	PRINCIPAL CONCLUSÃO
1	*Corporate Attributes, Corporate Governance Quality, and the Value of Public Brazilian Companies* Silveira, Barros e Famá (2006).	154 companhias listadas brasileiras em 2002.	Forte relação positiva entre governança corporativa e valor: **aumento da capitalização de mercado entre 85% e 100%** para as empresas que saíssem da pior para a melhor nota de governança da amostra.
2	*Corporate governance and value in Brazil (and in Chile)* Leal e Carvalhal-da-Silva (2007).	131 companhias listadas brasileiras de 1998 a 2002.	Forte relação positiva entre governança corporativa e valor: **aumento da capitalização de mercado de 95%** para as empresas que evoluíssem do pior para o melhor índice de governança da amostra.
3	*Practical Guide to Corporate Governance: Experiences from the Latin American Companies Circle* OCDE – Organização para Cooperação e Desenvolvimento Econômico (2009).	14 companhias latino-americanas (oito brasileiras) líderes em governança na região de 2005 a 2008.	Companhias líderes em governança negociadas a um prêmio em relação a seus pares latino-americanos de 2005 a 2008: **múltiplo preço-lucro (PE) de 21 contra 16 dos pares e preço-valor patrimonial (PBV) de 2,9 contra 1,8 da região**.
4	*Corporate governance and firm value: International evidence* Ammann, Oesch e Schimd (2011).	6.623 observações de companhias de 22 países desenvolvidos de 2003 a 2007.	Forte relação positiva entre governança corporativa e valor: **incremento de cerca de 15% no valor da empresa** para aquelas que elevassem sua nota de governança do extremo inferior (2,5%) para o extremo superior.
5	*Legal protection of investors, corporate governance, and the cost of equity capital* Chen, Chen e Wei (2009).	559 observações de empresas de 17 países emergentes em 2001 e 2002.	Melhor governança associada a menor custo de capital próprio: uma empresa que migrasse do pior quartil (P25) de governança para o melhor quartil obteria **redução no seu custo de capital próprio de 1,5%, resultando em aumento de cerca de 22% no valor da companhia**.
6	*The usefulness of corporate governance ratings – insights from European settings* Hitz e Lehmann (2013).	1.667 observações de empresas alemãs e britânicas de 2003 a 2007.	Forte relação positiva entre governança corporativa e valor: **incremento de cerca de 20% no valor da empresa** em caso de aumento da nota de governança do extremo inferior (2,5%) para o extremo superior.

	ESTUDO	COMPANHIAS ANALISADAS	PRINCIPAL CONCLUSÃO
7	*Corporate Governance Watch 2012* CLSA Group (2012).	864 companhias listadas da Ásia e Pacífico de 2010 a 2012.	Um incremento de 15% na nota de governança de 2010 a 2012 leva a **aumento anormal de 14% no preço das ações** no período, enquanto **a redução da nota de governança em 15% leva a retornos 11% menores** que o benchmark de mercado utilizado.
8	*Corporate-Governance Ratings and Company Performance: A Cross-European Study* Renders, Gaeremynck, Sercu (2010).	1.199 observações de empresas de 14 países europeus no período de 1999 a 2003.	Forte relação positiva entre governança corporativa e valor: **incremento de 16% no valor** para as empresas que elevassem sua nota de governança do extremo inferior (2,5%) para o extremo superior.

Como observado pela Tabela 6.1, diversos estudos realizados em todos os principais mercados mundiais constataram uma relação positiva entre a adesão a práticas de governança e o maior valor empresarial. Embora ainda haja uma disputa acadêmica sobre se a governança corporativa de fato causa um valor maior (algo detalhado na próxima seção), pode-se inferir, com base nesses estudos, um potencial para incrementar, de modo relevante (talvez com uma ordem de grandeza de 15 a 20%) o valor das companhias abertas em função de melhores práticas de governança.

Deve-se ainda destacar que a maioria dos trabalhos tende a encontrar resultados muito mais significativos quando realizados em mercados emergentes que em países desenvolvidos. Em outras palavras, a boa governança parece ser um fator ainda mais importante para o valor das empresas em países associados à pior proteção ao investidor, como o Brasil.

Além das evidências de que é possível incrementar o valor das companhias por meio de melhores práticas de governança, há o outro lado da moeda: muitos estudos mostram que más práticas de governança tendem a ocasionar destruição substancial do patrimônio empresarial.

O trabalho de Silveira e Dias Junior, de 2010, corrobora essa afirmação.[5] Os autores analisaram o impacto do anúncio de problemas de governança – particularmente aqueles vinculados a decisões de acionistas controladores criticadas publicamente pelos minoritários – em 24 companhias brasileiras ao longo da década de 2000. Ao final, constataram uma destruição de valor da ordem de 12% nos 15 dias ao redor do anúncio dessas decisões polêmicas para o mercado. Em média, as companhias analisadas perderam US$ 497 milhões de seu valor de mercado logo após os anúncios, mostrando a importância da boa governança para evitar destruição de valor.

Por fim, é importante destacar que os estudos acadêmicos visam aferir o valor da governança para uma empresa "média" do mercado, isto é, para aquela que apresenta indicadores de rentabilidade, endividamento etc. não muito diferente das demais.

Entretanto, há um valor fundamental da boa governança que, apesar de não ser coberto por esses trabalhos, é essencial para os acionistas e demais stakeholders de qualquer companhia: trata-se da criação de um sistema organizacional que evite o surgimento de escândalos empresariais associados a problemas de governança, assegurando a perenidade da organização. A seção 6.4 analisa em detalhes essa questão.

6.3. Impacto da governança no valor da empresa: uma questão encerrada?

Após a publicação de diversas pesquisas indicando um impacto positivo das práticas de governança sobre o desempenho empresarial em diferentes mercados, era de se esperar que a questão do "valor real" da governança corporativa estivesse relativamente encerrada no âmbito acadêmico, havendo certo consenso entre os pesquisadores. Entretanto, isso não é verdade. Diversos estudos têm lançado dúvidas sobre os resultados de pesquisas anteriores, bem como sobre a validade dos índices de governança utilizados.

Uma das principais críticas diz respeito à questão da endogeneidade da governança corporativa.[6] Basicamente, argumenta-se que melhores práticas de governança podem ser consequência de melhor desempenho empresarial,[7] porém não necessariamente a causa de maior valor ou rentabilidade. Um dos principais trabalhos que evidenciam esse problema é o de Wintoki *et al.* (2012). Nele, os autores reexaminam a relação entre a estrutura do conselho de administração e o desempenho de 6 mil companhias norte-americanas utilizando procedimentos econométricos considerados mais modernos e robustos para lidar com o problema da endogeneidade. Como principal resultado, concluem que o impacto positivo de características do conselho[8] sobre o desempenho observado em pesquisas anteriores (realizadas com dados similares, porém com técnicas estatísticas mais simples) simplesmente não se mantém quando são aplicados procedimentos econométricos mais modernos. Os próprios autores mostram como os resultados mudam substancialmente em função da técnica estatística aplicada.[9] Para eles, seus resultados demonstram que as práticas de governança são muito mais consequência do histórico e estágio de vida das companhias do que de um fator gerador de um desempenho superior.

Outro questionamento importante sobre a suposta relação positiva entre governança e valor diz respeito aos problemas metodológicos envolvidos na construção dos índices de governança empregados em trabalhos acadêmicos. Para os céticos, a mensuração da qualidade do governo de uma companhia por meio de índices é potencialmente enganosa, uma vez que não há consenso sobre que indicador deveria ser utilizado para avaliar a governança de companhias com diferenças substanciais quanto a porte, setor, estágio de vida, estrutura acionária e país de origem, entre outros fatores.[10] Bhagat *et al.* (2008) realizaram um trabalho relevante nessa área. Nele, os autores argumentam que não há uma medida "ótima" de governança corporativa, sendo que as práticas mais adequadas dependem do contexto e das circunstâncias específicas de cada empresa. Os autores criticam ainda a utilização dos índices de governança como um parâmetro para formar carteiras de investimento, recomendando cautela aos investidores na avaliação da qualidade das empresas em função de uma medida única de governança.

Uma terceira crítica recorrente diz respeito ao resultado dos "estudos de evento", um método bastante utilizado nas pesquisas sobre governança corporativa que visa aferir o retorno acionário de uma companhia após a divulgação de alguma informação relevante (como eleição de conselheiros independentes, substituição repentina de altos executivos, demissão de funcionários, mudanças na estratégia etc.). Para os céticos, algumas decisões ou mudanças nas práticas de governança podem levar a ganhos acionários de curtíssimo prazo, porém com impactos negativos no valor de longo prazo das companhias.

Além das críticas gerais, é importante destacar que alguns estudos concluíram não haver sequer correlação positiva entre determinadas práticas de governança e desempenho. O trabalho de Bhagat e Bolton (2008), por exemplo, conclui não haver relação entre diferentes índices de governança e retorno acionário futuro das companhias, bem como constata que as empresas com maior proporção de conselheiros independentes são menos propensas a substituir os executivos em caso de fraco desempenho. Bebchuk *et al.* (2013), por sua vez, concluem que houve uma correlação positiva entre índices de governança e retornos acionários anormais durante a década de 1990, mas que essa relação simplesmente desapareceu na década seguinte em decorrência do aprendizado do mercado em diferenciar as companhias com boas e más práticas de governança.[11]

Em resumo, o efeito da governança corporativa sobre o desempenho e o valor das companhias, algo dado como certo pela maioria dos praticantes do mercado, ainda está longe de ser consenso entre os pesquisadores da área.

6.4. O OUTRO LADO DA MOEDA: DESTRUIÇÃO DE VALOR ASSOCIADA A PROBLEMAS DE GOVERNANÇA

Quanto maior o poder, mais perigoso o abuso.[12]

EDMUND BURKE (1729-1797)

Embora persista o debate acadêmico sobre os eventuais benefícios econômicos das boas práticas governança, não parece haver dúvida, por outro lado, que más práticas podem ocasionar enorme destruição de valor aos investidores e demais stakeholders. É muito mais fácil, na verdade, constatar o valor real da governança corporativa com base em exemplos negativos do que em casos de sucesso.

Colapsos empresariais associados a problemas de governança, sempre marcantes, podem ser resultado de ações ilegais, atitudes antiéticas ou simplesmente de falhas no processo decisório na alta gestão. Entre os casos famosos da última década, destacam-se aqueles ocorridos com empresas estrangeiras – como Enron, Worldcom, Tyco, Parmalat, Societé Générale, Lehman Brothers, Satyam, Siemens, AIG e Olympus – e com grandes companhias brasileiras – como Agrenco, Sadia, Aracruz, Panamericano, Banco Cruzeiro do Sul e Empresas X.[13]

Apesar das especificidades inerentes a cada um desses escândalos,[14] um exame aprofundado permite identificar causas comuns de governança que os propiciaram. Elas podem ser classificadas em três grupos.

O primeiro diz respeito às causas fundamentais, isto é, aquelas que representam a raiz dos problemas por envolver a alta gestão das companhias e seu monitoramento por agentes externos do mercado. Cinco causas fundamentais se destacam: concentração excessiva de poder, conselho de administração ineficaz, passividade dos investidores, falha dos chamados "guardiões" de governança (auditorias, agências de *rating*, analistas de ações etc.) e regulação deficiente. A Tabela 6.2 as descreve em detalhes.

Tabela 6.2 Causas fundamentais associadas a problemas críticos de governança

	CAUSAS FUNDAMENTAIS	ESSA CAUSA SE MANIFESTA QUANDO...
1	Concentração excessiva de poder	...as principais decisões tendem a ser resultado da visão unilateral de indivíduos com poder demasiado, sem o devido crivo de contrapesos organizacionais como conselhos, comitês e outras lideranças.
2	Conselho de administração ineficaz	...o conselho não desempenha de modo satisfatório seus papéis de supervisão da gestão e de promoção do direcionamento estratégico correto.
3	Passividade dos investidores	...os acionistas deixam de cuidar de seu patrimônio de maneira ativa, premiando erroneamente empresas com práticas insustentáveis por meio da inflação artificial do preço de suas ações.
4	Falha dos guardiões de mercado da boa governança (*gatekeepers*)	...agentes de mercado que oferecem seu capital de reputação para atestar informações que os investidores não conseguem verificar diretamente –como firmas de auditoria, analistas de ações, agências de classificação de risco de crédito, bancos de investimento, assessorias legais etc. – falham no exercício de suas funções.
5	Regulação deficiente	...a ausência ou deficiência de regulação adequada permite práticas empresariais que ocasionam problemas de governança.

As causas fundamentais se inter-relacionam. Como exemplo, investidores passivos abrem espaço para o aumento na concentração de poder, que, por sua vez, pode levar à eleição de conselheiros pouco independentes, contribuindo para a ineficácia do órgão. Um conselho inoperante também tem, naturalmente, o potencial para reforçar a concentração de poder na companhia. O colapso do Lehman Brothers ilustra essa situação. Entre 2003 e 2007, período imediatamente anterior à crise financeira, o preço de suas ações disparou de US$ 15 para cerca de US$ 80. O sucesso perante os investidores – em sua maioria passivos e pouco questionadores dos riscos aos quais o banco estava sujeito – reforçou o poder de seu então CEO, Richard Fuld. Isso não apenas permitiu a Fuld manter simultaneamente os cargos de diretor-presidente e presidente do conselho, como também propiciou a formação de um conselho de administração amigável e passivo, composto, em sua maioria, por pessoas com baixo conhecimento do mercado financeiro. A passividade do conselho do Lehman, por sua vez, possibilitou que os altos executivos recebessem bônus milionários pouco atrelados ao sucesso de longo prazo do banco.

O segundo grupo diz respeito às causas mediadoras. Embora não ocasionem diretamente os escândalos de governança, intensificam os impactos negativos das causas fundamentais no que se refere a destruição de valor. Quatro causas mediadoras são detalhadas na tabela a seguir: atmosfera interna de ganância e arrogância, ausência de comportamento ético no topo da organização, ilusão de sucesso do negócio e governança corporativa vista como mera ferramenta de marketing.

Tabela 6.3 Causas mediadoras associadas a problemas críticos de governança

	CAUSAS MEDIADORAS	ESSA CAUSA SE MANIFESTA QUANDO...
1	Atmosfera interna de ganância e arrogância	...um ambiente interno de soberba cria um sentimento de superioridade em relação às partes interessadas da companhia e de desconsideração dos impactos das decisões tomadas sobre terceiros.
2	Ausência de comportamento ético no topo da organização	...as lideranças falham em assegurar elevados padrões éticos na organização, deixando de tratar o tema como algo prioritário e essencial para o sucesso de longo prazo da companhia junto a seus stakeholders.
3	Ilusão de sucesso do negócio	...pessoas internas e externas à organização (p. ex., mídia especializada, investidores, analistas de ações) passam a acreditar que a companhia é um sucesso absoluto, suscitando uma sensação de invencibilidade em seus administradores.
4	Governança corporativa vista como mera ferramenta de marketing	...a companhia procura cumprir um checklist de práticas recomendadas sem incorporar os princípios da boa governança na essência dos atos de sua gestão diária.

As causas fundamentais e mediadoras se relacionam de diversas formas. Como ilustrado no caso Enron (apresentado no Capítulo 2), a falha na atuação dos guardiões de governança (como auditorias, agências de *rating* e analistas) pode aumentar a ilusão de sucesso do negócio, que vem a ampliar a atmosfera interna de ganância e arrogância.

A concentração excessiva de poder, associada à ausência de tom ético no topo da organização, pode também fazer a governança corporativa ser vista como mero elemento de marketing para os públicos externos, em vez de algo integrado à cultura organizacional. A seguir, são apresentados alguns casos marcantes que ilustram esse problema.

Em seu relatório anual de 2005, por exemplo, a Siemens afirmava:

...estamos comprometidos em ser um membro ativo e responsável de cada comunidade em que fazemos negócio em todo o mundo. Nossa meta é nos tornarmos os "melhores da classe" em governança corporativa, sustentabilidade e cidadania corporativa... Acreditamos que um compromisso inabalável com a responsabilidade corporativa é vital para nosso sucesso de longo prazo. É por isso que não medimos esforços para equilibrar as questões de negócio, éticas, ambientais e sociais... Regras e diretrizes asseguram que todas as nossas negociações são éticas e aderentes às exigências legais.[15]

Três anos depois, a companhia pagou multas somadas de US$ 1,6 bilhão aos reguladores norte-americanos e alemães em razão do pagamento de propinas estimadas em US$ 1,4 bilhão para governos de todo o mundo, entre 2001 e 2008, como meio de ganhar contratos.

O relatório anual do grupo Silvio Santos de 2007, ao se referir ao Banco Panamericano, afirmava:

...acreditamos que governança corporativa é muito mais do que normas e procedimentos, é uma filosofia de gestão. Esse modelo visa a garantir segurança e desempenho dos negócios... Atuamos de forma proativa e eficaz em relação aos princípios, práticas e mecanismos de governança corporativa... As áreas de compliance, auditoria interna, security officer, ouvidoria e controladoria compõem o núcleo de controles internos, zelando para que todos procedimentos internos estejam em conformidade... Não há gestão de riscos eficaz sem um comportamento ético comum. Desde 2000, contamos com um código de conduta ética aplicado a todos os colaboradores....[16]

Dois anos depois, descobriu-se um rombo no banco da ordem de R$ 4,2 bilhões, cerca de três vezes seu patrimônio líquido e metade de seu ativo total. Ainda no ano de 2007, o relatório anual do Lehman Brothers enaltecia a governança corporativa com o seguinte texto:

Mantivemos nosso comprometimento com as melhores práticas de governança corporativa. Nosso conselho de administração é composto por 10 pessoas, 9 das quais são independentes. Nossos comitês de auditoria, nomeação e governança, finanças e risco, e remuneração são exclusivamente compostos por conselheiros independentes e com expertise *nas respectivas áreas. Nosso conselho se reúne regularmente sem a presença do CEO. Comitês e conselho realizam autoavaliação anual. No último ano, a taxa de presença dos conselheiros nas reuniões foi de 96%. Temos um programa para introdução de novos conselheiros e para educação continuada de todos os conselheiros. Possuímos Código de Ética. Contamos com um comitê de riscos, um* chief risk officer *independente e os mais elevados padrões de gestão de riscos em todos os níveis da companhia. Nossos controles internos relativos às demonstrações financeiras são adequados e efetivos, conforme atestado pelos auditores independentes. Possuímos diversos planos de incentivo com base em ações como forma de promover maior alinhamento de interesses dos nossos executivos.*[17]

Em setembro de 2008, poucos meses após divulgar esse documento, o famoso banco de investimentos norte-americano faliu de maneira espetacular.

Por fim, vale a pena destacar o relatório anual da BP de 2009, ano imediatamente anterior ao grande vazamento de petróleo no Golfo do México que causou a morte de 11 pessoas. Nele, o então CEO, Tony Hayward, afirmava em entrevista que:

...segurança, pessoas e desempenho continuam a ser as nossas prioridades. Nossa prioridade número um é fazer todo o possível para termos operações seguras, confiáveis e em conformidade... Boas políticas e pro-

cessos são essenciais, mas, em última instância, a segurança diz respeito a como as pessoas pensam e agem. É crítico para a linha da frente, mas também é essencial para o grupo como um todo. A segurança deve ser a base para cada decisão e ação. Nosso sistema de gestão operacional converte o princípio de operações seguras e confiáveis em realidade. Nosso trabalho na área de segurança tem sido reconhecido dentro e fora do grupo.[18]

Em todos esses casos, a prática diária obviamente se mostrou muito distante da imagem de boa governança que as companhias pretendiam apresentar para seus públicos externos.

O terceiro grupo corresponde às causas imediatas, isto é, aquelas mais visíveis aos públicos externos e que levam diretamente ao surgimento dos escândalos empresariais. Cinco se destacam: expansão excessiva do negócio, decisões estratégicas enviesadas, demonstrações financeiras inflacionadas, controles internos deficientes e sistema de remuneração inadequado, como apresentadas na Tabela 6.4.

Há diversas relações entre os três grupos de causas apresentadas. Como ilustrado pelos problemas com as instituições financeiras norte-americanas, como a AIG, uma regulação deficiente pode permitir sistemas de remuneração opacos e pouco alinhados à geração sustentável de valor, que podem, por seu turno, levar a decisões excessivamente arriscadas e com horizonte temporal de curto prazo. Esse tipo de decisão é muito presente nos escândalos de governança.

Investidores que não exercem o devido escrutínio de suas empresas investidas podem reforçar a ilusão de sucesso e o ambiente interno de arrogância – propiciando um terreno fértil para decisões estratégicas enviesadas, como aquisições a preços inflacionados com potencial para causar grande destruição de valor. Isso foi observado em diversos escândalos como os da Parmalat (17 aquisições apenas no ano de 1993) e da Worldcom (60 aquisições nos anos imediatamente anteriores ao colapso).

Tabela 6.4 Causas imediatas associadas a problemas críticos de governança

	CAUSAS IMEDIATAS	ESSA CAUSA SE MANIFESTA QUANDO...
1	Expansão excessiva do negócio	...a companhia cresce de maneira excessiva nos anos imediatamente anteriores aos problemas de governança, principalmente via aquisições, o que dificulta a manutenção dos valores e dos padrões operacionais e de controle vigentes até então.
2	Decisões estratégicas enviesadas	...são tomadas decisões estratégicas erradas ocasionadas pela presença de vieses cognitivos individuais ou coletivos na organização, decorrentes de excesso de confiança, efeito manada, groupthink (pensamento grupal que busca o consenso a qualquer custo, evitando conflitos e críticas) etc.
3	Demonstrações financeiras inflacionadas	...a companhia publica demonstrações financeiras manipuladas a fim de inflar seus lucros ou ocultar dívidas. Em muitos casos, a manipulação é iniciada por um gerenciamento de resultados que se situa em uma zona cinzenta entre práticas contábeis permitidas e ilegalidades.
4	Controles internos deficientes	...os principais componentes de um sistema de controles internos – como um bom ambiente de controle e um sistema efetivo de gestão de riscos – inexistem ou são deficientes.
5	Sistema de remuneração inadequado	...um sistema de remuneração excessivamente agressivo e pouco vinculado a objetivos de longo prazo gera incentivos perversos e contribui para o surgimento dos escândalos de governança.

Os casos brasileiros, Sadia, Panamericano e Banco Cruzeiro do Sul. são exemplares de como um conselho de administração ineficaz pode permitir que a governança corporativa seja encarada como algo pró-forma. A consequência disso são controles internos aparentemente adequados, porém deficientes no dia a dia. O conjunto de inter-relações possíveis é apresentado de maneira esquemática na Figura 6.1.

Figura 6.1 Anatomia de um desastre: causas comuns associadas a escândalos de governança.

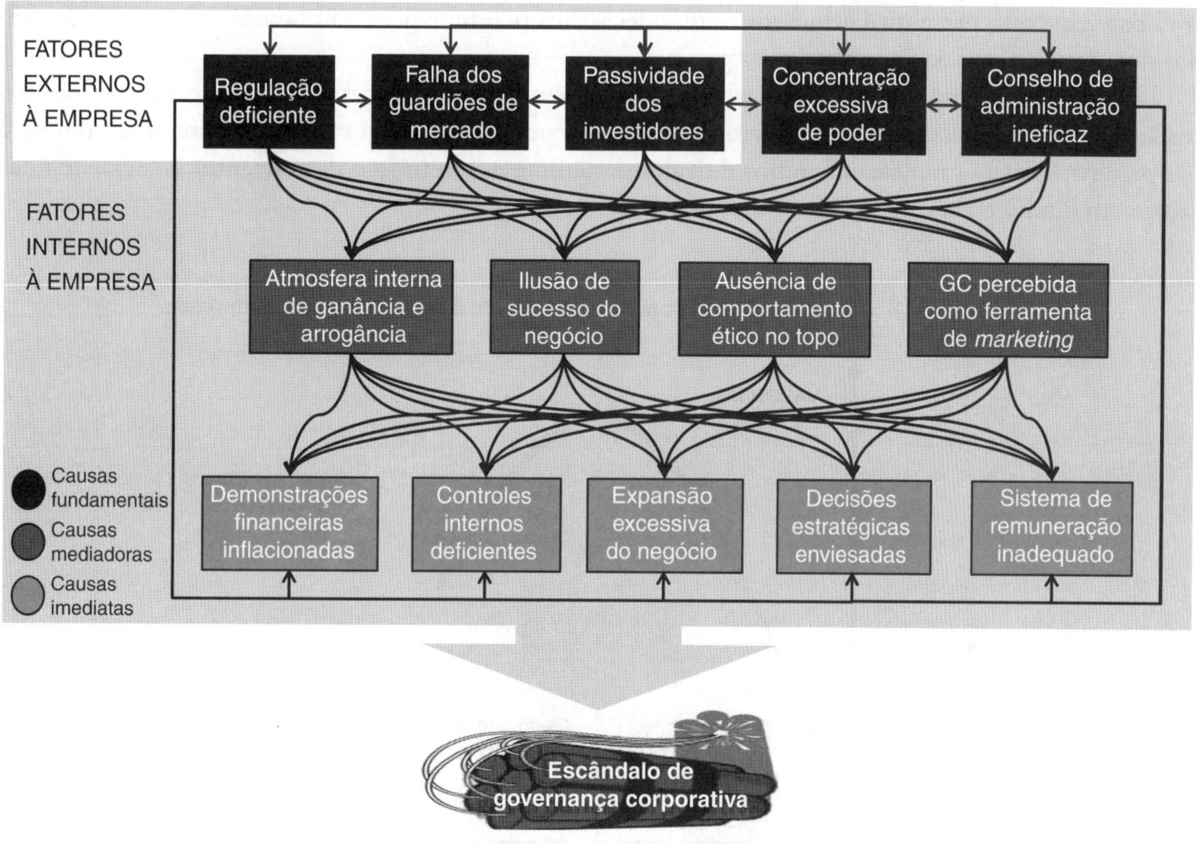

Essa figura, elaborada com base na dissecação de diversos escândalos de governança da última década em todo o mundo, revela a anatomia de um desastre corporativo. Os fatores externos e internos muitas vezes se reforçam, criando um círculo vicioso que gera destruição substancial de valor para os acionistas e prejuízos severos para os demais stakeholders, incluindo as comunidades nas quais atuam.

Em última instância, os colapsos empresariais são sempre causados por decisões ruins ou descumprimento das regras, algo que decorre não apenas de falhas nos mecanismos formais de governança – como conselho de administração, comitês e áreas de controle –, mas também (como apresentado no Capítulo 5) do fracasso das lideranças em criar um contexto social que induza a comportamentos desejados em suas organizações.

6.5. Estrutura de propriedade e desempenho empresarial

Outra linha de pesquisa bastante desenvolvida sobre governança corporativa procura avaliar o impacto da estrutura de propriedade (a maneira como as ações são distribuídas entre os sócios) sobre o desempenho empresarial e as decisões tomadas. Os primeiros trabalhos nessa área foram desenvolvidos na década de 1980, destacando-se as pesquisas de Stulz (1988) e Morck, Shleifer e Vishny (1988).

Nessas pesquisas, os autores analisaram a relação entre os chamados "efeito-incentivo" e "efeito-entrincheiramento" decorrente da posse de ações pelos administradores. De um lado, uma concentração acionária maior apresenta um aspecto positivo (o efeito-incentivo), na medida em que os acionistas relevantes terão tanto o interesse quanto o poder para monitorar as ações dos executivos, pressionando-os para tomar decisões maximizadoras de sua riqueza. Por outro lado, entretanto, uma elevada concentração acionária também revela um aspecto negativo, denominado efeito-entrincheiramento. Esse problema ocorre quando, com base em certo percentual acionário, os grandes sócios passam a perseguir benefícios privados à custa dos demais acionistas da empresa.

Uma conclusão importante desses trabalhos é que deve haver uma espécie de "faixa ótima de concentração acionária" que levaria à maximização do valor da companhia. A figura a seguir apresenta, com base nas predições desses estudos, um gráfico do valor das empresas em função da concentração acionária das ações com direito a voto.

Figura 6.2 Concentração das ações com direito a voto e valor das empresas.

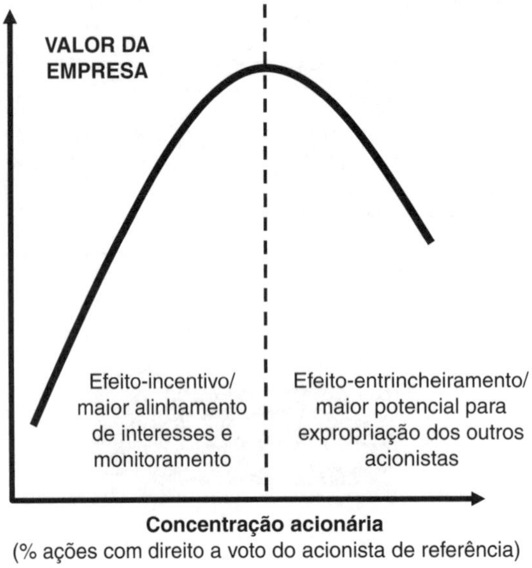

Além da predição apresentada na Figura 6.2, há outra hipótese bastante difundida acerca da relação entre estrutura de propriedade e desempenho: a de que a ausência da relação de uma ação – um voto (via emissão de ações sem direito a voto ou ações com múltiplo direito a voto, por exemplo) – levaria o acionista de referência a deter um "excesso de poder de voto", o que aumentaria a probabilidade de expropriar os demais acionistas.

Nesse caso, o excesso de poder de voto deve ser entendido como o distanciamento entre o percentual de ações votantes em posse do principal acionista (denominado direito a voto) e o percentual do total de ações da companhia que ele detém (denominado direito ao fluxo de caixa). Em tese, quanto maior o distanciamento entre o poder político para dirigir a companhia (direito a voto) e o poder econômico (direito ao fluxo de caixa gerado pelas operações), maior o conflito de interesses e menor o valor da empresa. A segunda predição da relação entre estrutura de propriedade e valor é ilustrada no gráfico da figura a seguir.

Figura 6.3 Excesso de votos em posse do acionista de referência e valor das empresas.

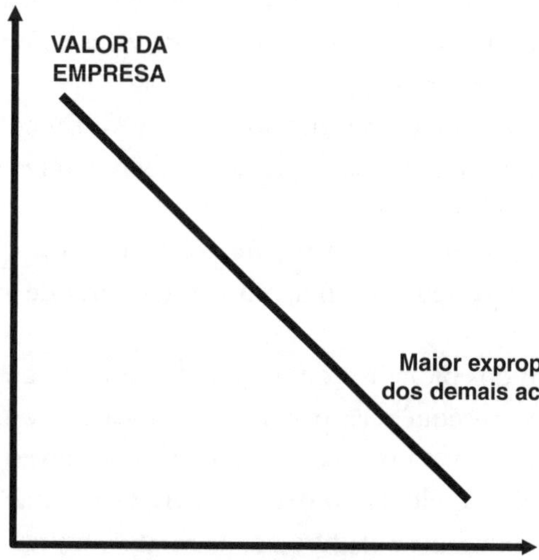

Os resultados dos estudos que procuraram analisar a influência da estrutura de propriedade sobre o valor de as empresas nos Estados Unidos se mostraram inconclusivos.[19] No Brasil, foram realizados diversos trabalhos relacionando a estrutura acionária de nossas companhias com seu desempenho. No geral, esses trabalhos encontraram evidências favoráveis às hipóteses do efeito-incentivo e do efeito-entrincheiramento em nosso mercado. Em outras palavras, a concentração acionária se mostrou associada a um maior valor relativo da companhia até certo ponto, do qual em diante a concentração passou a se mostrar excessiva e associada a uma redução no valor de mercado das companhias.[20] Adicionalmente, diversos trabalhos no mercado brasileiro também concluíram que a existência de acionistas controladores com excessivo poder de voto tende a ser associada a um menor valor de mercado.[21]

6.6. Proteção aos investidores, estrutura de governança e desempenho

Outra vertente bastante explorada na literatura sobre governança corporativa investiga o impacto da proteção aos investidores do ponto de vista jurídico sobre as decisões e o valor das empresas. Para os pesquisadores dessa área, o sistema legal – que inclui as "regras do jogo" e seu grau de cumprimento – constitui um mecanismo importante de governança.

Os estudos para avaliar a relação entre proteção aos investidores e seus impactos sobre as companhias foram desenvolvidos originalmente por um grupo de pesquisadores capitaneados por Rafael La Porta, no fim da década de 1990.[22] Apesar de terem sofrido críticas relevantes nos últimos anos,[23] esses trabalhos foram pioneiros por demonstrar que as análises sobre governança corporativa não podem ser feitas de modo isolado, analisando-se, por exemplo, apenas questões da área de finanças, economia ou direito.

De acordo com os autores, os valores mobiliários (ações, títulos de dívida etc.) não devem ser avaliados somente em função dos fluxos de caixa prometidos por esses papéis, algo apregoado até então pela teoria de finanças tradicional. Na verdade, para determinar seu valor, deve-se também levar em consideração a efetividade dos direitos de seus proprietários, uma vez que os investidores somente obtêm retorno sobre seus recursos caso possam exercer certos poderes.

Como exemplo, os acionistas possuirão maior probabilidade de receber dividendos adequados caso tenham poder para selecionar conselheiros que ajam em seu interesse, enquanto os credores terão maior chance de receber seu pagamento caso possam exigir, do ponto de vista jurídico, cláusulas contratuais restritivas, colaterais ou outros direitos em contrapartida.

Os investidores, portanto, tendem a auferir retorno sobre seu investimento não apenas em função da capacidade de geração de fluxos de caixa da companhia, mas também em razão das garantias de que conseguirão exercer seus direitos sobre esses recursos.[24]

Do ponto de vista legal, o principal fator que assegura aos investidores o retorno sobre seu investimento não é a existência de leis para protegê-los, mas, sim, a "garantia de aplicação das regras", o chamado *enforcement*.[25]

Um ponto central da abordagem dos pioneiros dessa área diz respeito à variação no grau de proteção aos investidores entre os países e suas consequências para a governança das companhias e o desenvolvimento dos mercados de capitais. Sob esta ótica, o grau de proteção legal dos investidores[26] contra expropriação por executivos ou sócios controladores é o elemento decisivo para explicar as diferenças entre os sistemas de governança no mundo. Como resultado, a estrutura acionária das empresas e, consequentemente, seus sistemas de governança seriam uma resposta de equilíbrio ao ambiente legal no qual operam.

Para corroborar sua hipótese, os autores analisaram a existência de leis de proteção aos acionistas e credores e o grau de *enforcement* das leis societárias de 49 países. Inicialmente, eles classificaram a origem legal de cada país em quatro tradições do direito: *common law*[27] (países anglo-saxões), *civil law*[28] francês, *civil law* alemão e *civil law* escandinavo. Na sequência, criaram três índices: um para medir o nível de proteção dos acionistas, outro para medir o nível de proteção dos credores e um terceiro para medir o *enforcement* das leis. Os resultados obtidos são apresentados na tabela a seguir.

Tabela 6.5 Nível de proteção aos investidores em função dos diferentes sistemas legais

COLOCAÇÃO	PROTEÇÃO DOS ACIONISTAS	PROTEÇÃO DOS CREDORES	*ENFORCEMENT* OU GARANTIA DE CUMPRIMENTO DAS LEIS
1º	*Common law*	*Common law*	*Civil law* escandinavo
2º	*Civil law* escandinavo	*Civil law* alemão	*Civil law* alemão
3º	*Civil law* alemão	*Civil law* escandinavo	*Common law*
4º	*Civil law* francês	*Civil law* francês	*Civil law* francês

Fonte: La Porta, R., Shleifer, A., Lopez-De-Silanes, F., Vishny, R. 1998. Law and Finance. *Journal of Political Economy*.

Em todas as análises, os autores constataram que os países que adotam o *civil law* francês (no qual se inclui o Brasil) apresentaram proteção mais deficiente dos investidores. Por outro lado, concluíram que os países anglo-saxões que adotam o *common law* proporcionam melhor proteção aos investidores. Além da proteção legal, foram analisadas as estruturas societárias de grandes companhias listadas em bolsa nos 49 países da amostra. Constatou-se que as companhias dos países pertencentes ao *civil law* francês apresentavam uma concentração acionária mais elevada, enquanto as companhias sujeitas ao regime jurídico do *common law* possuíam maior dispersão das ações. A forte correlação negativa entre concentração acionária e a qualidade da proteção legal aos investidores levou os autores a concluírem que a concentração das ações (notadamente nos países com origem no *civil law francês*) tende a ocorrer como resposta à falta de proteção legal.[29]

Diversos trabalhos posteriores nessa linha de pesquisa corroboraram a ideia de que a proteção dos investidores tem relação com o nível de desenvolvimento do mercado financeiro como um todo. Quando comparados aos países com baixa proteção legal, os que oferecem maior proteção aos investidores tendem a deter:[30] maior capitalização de mercado e maior quantidade de companhias abertas; maior número de ofertas públicas iniciais de ações; maiores múltiplos das ações das companhias listadas (como o preço/lucro e o preço/valor contábil); maior distribuição de dividendos das companhias abertas; e mercado de crédito mais desenvolvido.

Em suma, uma proteção mais efetiva dos direitos dos investidores tende a aumentar seu interesse em adquirir papéis (ações ou títulos de dívida) das companhias abertas, o que, por sua vez, tem propensão a fomentar o desenvolvimento do mercado de capitais.

Apêndice
Cuidados metodológicos nas pesquisas sobre governança corporativa

Estimar o impacto das práticas de governança sobre o desempenho operacional e o valor das empresas não é tarefa fácil. Como observado no início do capítulo, ainda não há consenso no mundo acadêmico sobre como (ou mesmo se) os mecanismos de governança (p. ex., conselho, transparência, estrutura de propriedade etc.) afetam o desempenho corporativo.

O problema principal é simples: muitos fatores – além da qualidade da governança – podem levar as companhias a um desempenho diferenciado. Trata-se de uma questão difícil do ponto de vista econométrico que as pesquisas em todo mundo tentam até hoje superar.

Há diversos cuidados metodológicos que os estudiosos da relação entre governança e desempenho devem tomar para evitar interpretações inadequadas dos dados. Börsch-Supan e Köke (2002) apontam quatro tipos de problemas a serem resolvidos para evitar a extração de inferências corretas:

1. Causalidade reversa e endogeneidade: ocorre quando algumas variáveis são assumidas como exógenas, embora sejam, na realidade, endógenas.

2. Variáveis ausentes: ocorre quando variáveis relevantes são omitidas.

3. Viés de seleção da amostra: ocorre quando as amostras não são selecionadas aleatoriamente.

4. Erro de mensuração nas variáveis: ocorre quando as variáveis são mensuradas com erro.

Causalidade reversa e endogeneidade

A maioria dos estudos assume que os indicadores de governança são variáveis explanatórias ou independentes, enquanto os de desempenho são variáveis dependentes. Entretanto, esse tipo de modelagem pressupõe que os indicadores de governança sejam exógenos, quando, na verdade, podem ser endógenos. Como exemplos, têm-se as seguintes situações:

- Determinada estrutura do conselho pode causar pior desempenho empresarial, porém determinado desempenho também pode causar alteração na estrutura do conselho.

- Uma estrutura acionária mais concentrada pode promover melhor desempenho. Um melhor desempenho, por sua vez, também pode atrair novos investidores, levando a uma alteração na concentração acionária da companhia.

- A adoção de boas práticas de governança pode causar melhor desempenho, mas a empresa pode ter decidido adotar melhores práticas (como maior transparência) em função de um bom desempenho prévio.

Esses exemplos mostram como o fenômeno da causalidade reversa pode se manifestar nos estudos de governança. De modo simples, confunde-se causa com o efeito, tomando-se um pelo outro.

Outro tipo de endogeneidade, chamada de correlação espúria, ocorre quando uma variável não observável influencia simultaneamente as variáveis de governança e as de desempenho. Um exemplo[31] se dá quando há duas empresas, A e B, sendo que a empresa A tem mais poder de mercado que a empresa B. Se a competição tiver um efeito disciplinador sobre os executivos, será necessário, então, monitorar de maneira mais intensa os executivos da empresa A (sujeita a menor concorrência). Como resultado, seus executivos A poderiam receber mais ações da companhia de maneira a alinhar seus interesses ao dos acionistas. Entretanto, dado seu maior poder de mercado, a empresa A tenderia a obter margem de lucro maior que a empresa B. Empiricamente, seria observada uma correlação positiva entre o percentual de ações detidas pelos executivos e o desempenho da empresa. Essa correlação refletiria uma correlação espúria, e não um relacionamento causal, haja vista que uma variável relevante (o poder de mercado de ambas as empresas) não estaria sendo observada.[32] Poucas conclusões sobre os impactos da governança corporativa, portanto, podem ser extraídas sem considerar o problema da endogeneidade.[33]

Variáveis ausentes (omitidas)

O problema de variáveis ausentes (omitidas) ocorre quando variáveis independentes relevantes não estão presentes no modelo adotado. Se isso ocorrer, os estimadores dos coeficientes podem ser enviesados. O problema de variáveis omitidas se dá por dois motivos: indisponibilidade de dados ou desconhecimento da forma funcional correta.[34]

Em relação à indisponibilidade de dados, tem-se o exemplo da competição de mercado, uma variável que, apesar de relevante, raramente é utilizada nos estudos de governança corporativa. É possível, por exemplo, que a competição no mercado de produtos e a governança sejam substitutos parciais, isto é, que estruturas ruins de governança possam ser mitigadas por uma competição mais intensa no mercado de produtos. Logo, caso uma competição maior dificulte a obtenção de melhores resultados, então, ela, por si só, já reduziria parte dos custos de *agency*, levando a uma necessidade menor de determinados mecanismos de governança. Um pesquisador desatento a essa questão poderia, por exemplo, superestimar o impacto da governança sobre o desempenho, sendo esse desempenho superior decorrente, na verdade, de uma posição privilegiada no mercado.

Viés de seleção da amostra

A maioria dos estudos sobre governança analisa apenas as empresas de grande porte e, entre elas, as listadas em bolsa. Isso ocorre porque geralmente elas são as únicas com dados disponíveis. Todavia, as companhias de maior porte e listadas podem, por exemplo, ser mais rentáveis, o que geraria um viés de seleção da amostra. Caso a amostra não seja selecionada aleatoriamente, o impacto estimado da governança sobre o desempenho pode ser enviesado. Como exemplo, se a decisão de listar ações em bolsa depender do desempenho, a probabilidade de uma empresa estar na amostra será enviesada de antemão.[35] Dessa maneira, o comportamento das empresas influencia a probabilidade de determinada companhia fazer parte de uma pesquisa sobre o tema. Logo, decisões como fechamento de capital, listagem das ações em bolsa ou fusão com outra companhia tendem a influenciar a probabilidade de uma companhia fazer parte da amostra. Ademais, como a falência ou a decisão de sair de determinado mercado pode ter forte correlação com falhas nos mecanismos de governança, a exclusão dessas companhias prejudica a qualidade da análise.[36]

Erro de mensuração nas variáveis

O erro de mensuração ocorre quando as variáveis (explanatórias ou dependentes) são mensuradas incorretamente. Como exemplo, todos esperam que os mecanismos de governança melhorem o desempenho. Entretanto, não há consenso sobre como o desempenho empresarial deve ser mensurado. Este pode, por exemplo, ser calculado por múltiplos de valor de mercado, retorno acionário, medidas contábeis, de lucro econômico ou outros indicadores mais amplos.

Também não há consenso na literatura sobre outra questão crítica: como mensurar a qualidade da governança, algo que parece eminentemente qualitativo? O caminho utilizado em todo o mundo até o momento tem sido a criação de sistemas de pontuação (*ratings*) com base na adesão da companhia a determinadas práticas recomendadas pelos códigos de governança. Entretanto, essa abordagem parte da premissa de que todas as companhias, independentemente de suas características (p. ex., concentração acionária, perfil dos acionistas de referência etc.), deveriam ter a qualidade de sua governança medida da mesma forma, algo que pode levar a sérios erros de mensuração.

Para mitigar os problemas causados pelo possível erro de mensuração das variáveis, devem ser utilizadas diferentes medidas alternativas de desempenho e de governança nas pesquisas. A manutenção dos resultados centrais após a utilização de diferentes especificações das variáveis indicaria então uma conclusão mais robusta e confiável sobre a relação entre governança e desempenho.

QUESTÕES PARA REFLEXÃO E DISCUSSÃO

1. Quais são as principais abordagens utilizadas para estimar o valor real da adoção das boas práticas de governança? Quais são suas vantagens e limitações?

2. Discorra sobre alguns estudos que: (i) reforçam a ideia de que a boa governança impacta positivamente o valor e desempenho das companhias; e (ii) refutam esta ideia, questionando o impacto causal das melhores práticas sobre o valor e desempenho das empresas. Com qual corrente de argumentos e resultados acadêmicos você tende a concordar mais? Por quê?

3. Quais são as principais causas fundamentais apresentadas no capítulo que propiciaram os escândalos de governança corporativa na última década? Descreva-as sucintamente.

4. Quais são as principais causas mediadoras apresentadas no capítulo que propiciaram os escândalos de governança corporativa na última década? Descreva-as sucintamente.

5. Quais são as principais causas imediatas apresentadas no capítulo que propiciaram os escândalos de governança corporativa na última década? Descreva-as sucintamente.

6. A seu ver, há outras causas relevantes que podem ter ocasionado os escândalos de governança na última década? Quais? Descreva-as sucintamente.

7. O que são o efeito-incentivo e o efeito-entrincheiramento? Como eles podem se manifestar e afetar o valor das empresas?

8. Como se pode medir o excesso de poder de votos do acionista de referência de determinada companhia? Qual a suposta relação entre esse indicador e o valor das empresas?

9. Você acredita que o ambiente institucional, incluindo a proteção aos investidores, possa afetar a estrutura de propriedade e o grau de desenvolvimento dos mercados de capitais? Como?

10. Quais são os principais cuidados metodológicos que os pesquisadores e praticantes de mercado devem observar antes de extrair inferências sobre o impacto da governança no desempenho ou valor das empresas?

CAPÍTULO 7

Principais órgãos de um bom modelo de Governança Corporativa

CONCEITOS APRESENTADOS NESTE CAPÍTULO

- Elementos centrais de um bom modelo de governança
- A assembleia de acionistas ou de sócios
- O conselho de administração
- Os comitês do conselho
- A diretoria executiva
- Os comitês de gestão
- Secretaria de governança ou do conselho de administração

7.1. Elementos centrais de um bom modelo de governança

Nenhuma instituição pode sobreviver se precisar de gênios ou super-homens para gerenciá-la. Ela deve ser organizada de forma a conseguir ir adiante sob uma liderança composta por seres humanos normais.[1]

Peter Drucker (1909-2005)

No Capítulo 5, descreveu-se como a compreensão das motivações e das limitações humanas constitui o elemento central para a criação de um contexto organizacional que fomente a boa governança corporativa. O foco no fator humano, por sua vez, deve ser complementado por um bom "modelo de governança", isto é, por uma infraestrutura composta por órgãos, áreas e regras que proporcionem um sistema efetivo de pesos e contrapesos na organização.

Entre os principais elementos de um bom modelo de governança, destacam-se a assembleia de acionistas ou de sócios, o conselho de administração, os comitês do conselho, a diretoria executiva, os comitês de gestão e a secretaria de governança ou do conselho. A figura a seguir apresenta um modelo genérico de governança recomendado pelos códigos de boas práticas.

Figura 7.1 Modelo genérico de governança corporativa.

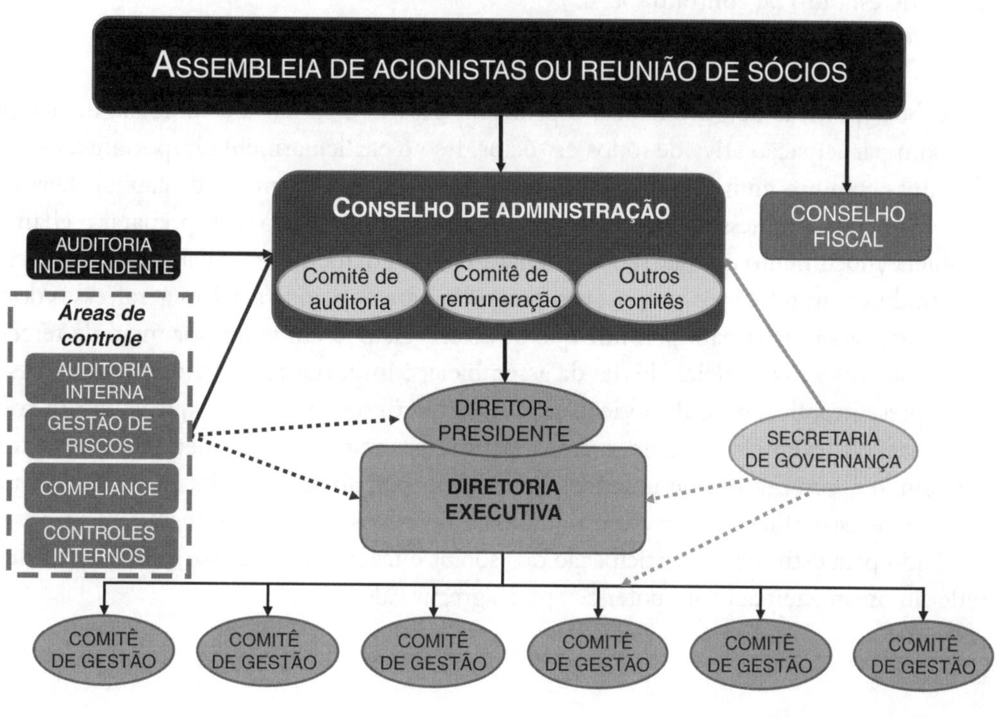

Ao longo deste capítulo, será descrito em detalhes cada elemento do modelo de governança apresentado na Figura 7.1.

7.2. Assembleia de acionistas ou reunião de sócios

A assembleia de acionistas ou reunião de sócios é a instância decisória máxima das companhias. Tem poder para decidir sobre todos os negócios relativos ao seu objeto, bem como para tomar as resoluções que julgar convenientes para sua proteção. Entre as competências previstas para a assembleia de acionistas nos artigos 121 e 132 da Lei das SA,[2] destacam-se:

- Eleição e destituição dos conselheiros de administração e fiscal (quando instalado).[3]
- Aprovação da remuneração proposta para os administradores.
- Análise das contas dos administradores e deliberação sobre as demonstrações financeiras do exercício.[4]
- Deliberação sobre operações de reestruturação societária (como transformação, fusão, incorporação e cisão) e sobre a dissolução e liquidação da sociedade.
- Deliberação sobre a destinação do lucro do exercício e distribuição de dividendos;
- Autorização para emissão de debêntures.
- Aprovação de aumento ou redução do capital social.
- Deliberação sobre a avaliação de bens a serem usados na formação do capital social.
- Alteração do estatuto ou contrato social.

Dentro das boas práticas de governança, o principal desafio é tornar a assembleia de acionistas um evento "vivo", com participação ativa de todos os sócios. Isso é particularmente importante, naturalmente, para as companhias com um número substancial de acionistas, notadamente as de capital aberto.

Há várias recomendações nesse sentido. Para começar, a administração deve preparar o chamado "manual de assembleia", documento no qual são apresentados os fundamentos que justificam o posicionamento dos administradores em relação às propostas submetidas para os acionistas. Em geral, esses documentos contêm modelos de procuração para permitir que os acionistas possam votar por meio de terceiros, caso não possam comparecer à assembleia. No dia da assembleia, é importante que todos os diretores e conselheiros estejam presentes, ficando à disposição para quaisquer esclarecimentos que se façam necessários. Algumas empresas, por exemplo, chegam a preparar uma programação completa de dia inteiro para os acionistas, incluindo apresentações de unidades de negócio por diretores, visitas às instalações e sessões para debate de temas específicos. No exterior, algumas companhias, inclusive, transmitem suas assembleias pela internet. Tudo para estimular a participação dos sócios e fazer com que esse evento se torne um momento de reflexão organizacional com potencial para agregar valor.

7.3. Conselho de Administração

Os presidentes não procuram Dobermans para os conselhos de administração. Eles procuram Cocker Spaniels.[5]

Warren Buffet (1930-)

O conselho de administração é o órgão central de governança corporativa. Enquanto cabe aos executivos se concentrar nas decisões diárias e no curto prazo, cabe ao conselho fazer uma leitura correta do ambiente externo e pensar no longo prazo da organização.

O conselho deve também atuar como um contrapeso da gestão, de maneira a assegurar que as "perguntas difíceis" sejam feitas de modo independente e qualificado, algo particularmente importante nas empresas com uma liderança forte e inquestionável – como as dirigidas por empreendedores ou executivos poderosos. Um bom conselho deve verificar, por exemplo, se a gestão atua dentro de todos os regramentos exigidos, sem gerar passivos futuros ocultos para a organização. A relação com a gestão é uma tarefa delicada que deve ser trabalhada continuamente. Além de supervisionar ativamente a direção, cabe também ao conselho manter um relacionamento franco e cordial com os executivos, inclusive para fins de aconselhamento e recebimento de informações de qualidade sobre o negócio.

Nas empresas com base acionária mais ampla e acionistas distantes do dia a dia, o conselho desempenha importância adicional ao monitorar a gestão e mitigar as inevitáveis situações envolvendo conflitos de interesses. Por sua vez, nas empresas com elevada concentração acionária, o conselho deve fazer prevalecer o interesse da companhia e de todos os acionistas, e não apenas aquele de seu acionista majoritário ou bloco de controle.

Em última instância, o conselho tem como grande missão atuar como um guardião dos valores da organização, promovendo a criação sustentável de valor de maneira a assegurar sua perenidade e sucesso no longo prazo.

O conselho no processo decisório da alta gestão

A independência de pensamento é o pecado mais imperdoável na sociedade.[6]

Emma Goldman (1869-1940)

O processo decisório da alta gestão pode ser dividido em quatro etapas: (1) geração de propostas ou oportunidades de negócio; (2) avaliação e escolha das propostas a serem implantadas; (3) execução das propostas aprovadas; e (4) monitoramento dos resultados alcançados, com definição de recompensas ou punições.

O conselho se insere nesse processo a fim de evitar que uma única pessoa seja responsável por criar propostas, aprová-las, implantá-las e avaliar seus resultados – algo que, mais cedo ou mais tarde, levaria a decisões potencialmente desastrosas.

Especificamente, cabe ao conselho analisar de modo independente as propostas geradas e, ao final, estabelecer as devidas recompensas ou punições com base nos resultados obtidos. Aos executivos, por sua vez, cabe identificar as oportunidades de negócio e – uma vez submetidas ao crivo do conselho – implantá-las. A figura a seguir descreve o papel do conselho de administração no processo decisório da alta gestão.

Figura 7.2 O papel do conselho de administração no processo decisório da alta gestão.

Fonte: Adaptado de Fama, E., Jensen, M., "Separation of ownership and control", *Journal of Law and Economics*, junho de 1983.

O papel do conselho de acordo com a lei[7]

Embora o conselho de administração seja obrigatório apenas para companhias de capital aberto e sociedades de economia mista, recomenda-se sua implantação na maioria das organizações, como meio de aprimorar seu processo decisório.[8] Em seu artigo 142, a Lei das Sociedades por Ações estabelece as seguintes competências para o órgão:

I. Fixar a orientação geral dos negócios da companhia.

II. Eleger e destituir os diretores da companhia e fixar-lhes as atribuições, observado o que a respeito dispuser o estatuto.

III. Fiscalizar a gestão dos diretores, examinar, a qualquer tempo, os livros e papéis da companhia, solicitar informações sobre contratos celebrados ou em via de celebração, e quaisquer outros atos.

IV. Convocar a assembleia-geral quando julgar conveniente.

V. Manifestar-se sobre o relatório da administração e as contas da diretoria.

VI. Manifestar-se previamente sobre atos ou contratos, quando o estatuto assim o exigir.

VII. Deliberar, quando autorizado pelo estatuto, sobre a emissão de ações ou de bônus de subscrição.

VIII. Autorizar, se o estatuto não dispuser em contrário, a alienação de bens do ativo não circulante, a constituição de ônus reais e a prestação de garantias a obrigações de terceiros.

IX. Escolher e destituir os auditores independentes, se houver.

A lei, portanto, atribui ao conselho um papel estratégico (inciso I), de monitoramento e seleção de executivos (incisos II e III), de deliberação sobre a estrutura de capital da companhia (incisos VII e VIII), e de relacionamento com os auditores independentes (inciso VII). Também deixa claro em seu artigo 140 que o conselho é um órgão de deliberação colegiada (e não individual). Logo, não deve haver qualquer hierarquia ou peso diferenciado entre os votos dos conselheiros de administração, incluindo seu presidente.

O papel do conselho de acordo com as melhores práticas de governança

O papel do conselho dentro das boas práticas de governança vai muito além das exigências legais. No Brasil, o órgão era percebido até poucos anos atrás como um fórum de discussão de questões frouxamente definidas como "estratégicas". Por sua vez, no exterior, notadamente nos países anglo-saxões, enfatizava-se o monitoramento dos executivos como grande atribuição do conselho. Como o passar dos anos, o papel do conselho ampliou-se em todo o mundo, passando a contemplar duas outras dimensões relevantes – a qualidade das informações divulgadas para os públicos externos e a formulação e o cumprimento das políticas corporativas.

O resultado do processo de ampliação dos papéis do conselho é que há atualmente uma expectativa social muito grande em relação ao órgão. De um lado, espera-se que o conselho se dedique às atividades de controle, via monitoramento da gestão e geração de relatórios de qualidade para os públicos externos. De outro lado, espera-se que os conselhos contribuam de maneira efetiva para melhorar o desempenho do negócio, por meio da tomada das decisões estratégicas e da aprovação e do acompanhamento das políticas corporativas. A figura a seguir descreve as dimensões de atuação do conselho de administração de acordo com as boas práticas de governança, detalhando suas atividades dentro de cada uma delas.

Figura 7.3 Dimensões de atuação do conselho de administração de acordo com as boas práticas.

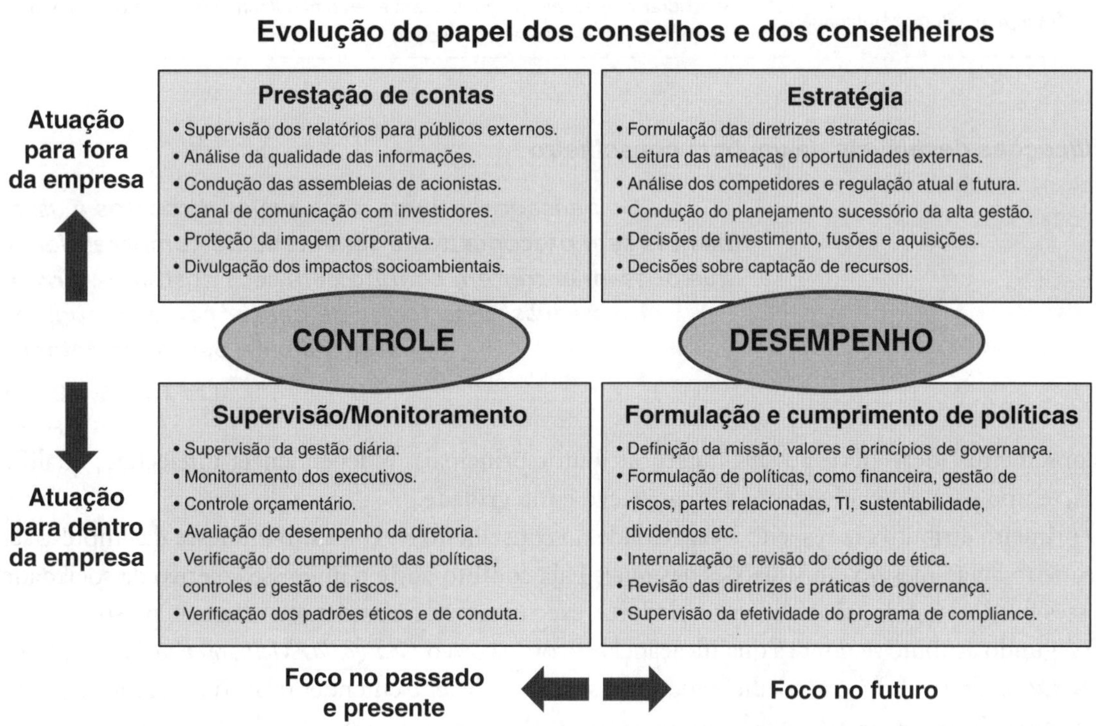

Fonte: Adaptado de Tricker, Bob. "Corporate Governance: Principles, Policies and Practices". Oxford University Press. 2009.

Como observado na Figura 7.3, o conselho deve dividir seu tempo entre as atividades de controle e a tomada de decisões de negócio. A divisão ideal entre controle e desempenho dependerá naturalmente do perfil de cada negócio e do estágio de vida da empresa. O importante é que o conselho não perca de vista os múltiplos papéis que dele se esperam atualmente, nem que se concentre excessivamente em apenas uma dimensão de atuação.

Para alguns críticos, o aumento da expectativa de atuação dos conselhos é simplesmente irrealista, tendo em vista que o órgão em geral se reúne de 6 a 12 vezes por ano e que a maioria dos conselheiros dedica um baixo número de horas à organização. Independentemente deste debate, é consenso, sob a ótica das boas práticas de governança, que um conselho efetivo deve perseguir ao menos sete objetivos essenciais, descritos na tabela a seguir:

Tabela 7.1 Sete objetivos centrais de um conselho efetivo

#	TEMAS-CHAVE	UM CONSELHO DE ADMINISTRAÇÃO EFETIVO DEVE
1	Estratégia	Assegurar que a organização adote a estratégia adequada.
2	Gestão de riscos	Garantir que os executivos identifiquem e respondam de forma apropriada aos riscos aos quais está exposta.
3	Caráter ético na alta gestão	Zelar para que os valores e princípios éticos estejam sempre presentes no dia a dia e nas decisões de negócio.
4	Avaliação de desempenho	Certificar-se de que a empresa adote métricas adequadas para a avaliação de desempenho.
5	Investimentos	Avaliar em profundidade as premissas adotadas em matérias relativas a aquisições e projetos de investimento.
6	Remuneração e sucessão	Promover um sistema de incentivos adequado, plano sucessório de lideranças (de curto e longo prazos) e ambiente meritocrático.
7	Transparência e comunicação	Assegurar que as informações financeiras e não financeiras para os públicos externos sejam de elevada qualidade.

Qualificações desejáveis de um bom conselheiro

> *Os pensadores livres são aqueles dispostos a usar suas mentes sem preconceitos e sem medo de compreender coisas que possam entrar em conflito com seus costumes, privilégios ou crenças. Essa forma de pensar não é comum, porém é essencial para pensar corretamente.*[9]
>
> LEV TOLSTÓI (1828-1910)

Um conselheiro "ideal" deve possuir quatro atributos principais: independência intelectual, qualificação técnica, tempo para se envolver com a organização e integridade.

O primeiro atributo diz respeito à capacidade do conselheiro de colocar o interesse da empresa sempre em primeiro lugar, mesmo em situações nas quais haja conflito entre o interesse coletivo da sociedade e os interesses particulares de acionistas controladores, executivos ou mesmo o seu interesse pessoal.

O segundo atributo se refere à qualificação. De acordo com o *Código das Melhores Práticas de Governança Corporativa* do IBGC[10], o conselheiro deve: (i) ser capaz de ler e entender relatórios gerenciais, contábeis e financeiros; (ii) ter noções de legislação societária; (iii) compreender o perfil de risco e o setor de atuação da organização; (iv) ter ciência das melhores práticas de governança; e (v) ter visão estratégica. Um bom conselheiro deve ter conhecimentos sólidos sobre decisões de investimento, financiamento, avaliação de desempenho e estratégia, temas que tendem a ocupar a maior parte da pauta do órgão. Do contrário, sua contribuição se tornará limitada a questões pontuais de sua especialidade.

A disponibilidade de tempo constitui o terceiro atributo-chave. Trata-se de um requisito essencial, haja vista que, sem tempo – por mais brilhante e bem intencionada que a pessoa seja –, simplesmente não será possível atuar de maneira adequada como conselheiro. É a disponibilidade de tempo que permite a um conselheiro se envolver em profundidade com a organização. Do contrário, corre o risco de se tornar um mero "frequentador de reuniões", dependente das informações e da visão (muitas vezes tendenciosa) de executivos para sua tomada de decisão. O tempo ideal para a atuação como conselheiro variará em decorrência de três aspectos principais: as características da empresa (porte, complexidade das operações, período organizacional de estabilidade ou transição); o momento do mercado (situação macroeconômica e do setor da empresa, ameaça de crises financeiras etc.); e o papel a ser desempenhado pelo conselho da empresa em questão (mais intrusivo e monitorador ou mais focado em questões externas e estratégicas). Como ordem de grandeza, em geral, os conselheiros tendem a dedicar de vinte a trinta dias de trabalho ao ano no exercício de suas funções.

O último atributo, não menos importante, diz respeito à integridade. Tendo em vista que um dos papéis-chave dos conselhos é estabelecer o chamado "tom ético na alta gestão", é essencial que os conselheiros sejam exemplares neste quesito. O alinhamento pleno aos valores da organização, incluindo seu código de conduta, e a capacidade de analisar os impactos das ações da empresa sobre terceiros (inclusive do ponto de vista ético), devem naturalmente constituir uma exigência para a eleição dos conselheiros.

Além dos atributos essenciais apresentados, merecem destaque outras qualificações desejáveis de um bom conselheiro, tais como: a experiência como executivo de alta gestão; a experiência como membro de outros conselhos; a expertise em alguma área específica de conhecimento útil para a empresa; e a capacidade de trabalho em equipe.[11]

O conselheiro independente: um personagem fundamental na governança corporativa

> *Em minha longa experiência, nunca conheci conselheiros externos que não se considerassem totalmente independentes, mesmo que por acaso fossem ex-CEOs da companhia ou consultores pessoais dos executivos, ou mesmo o irmão ou a esposa do CEO.*[12]
>
> Sir Alastair Ross Goobey (1945-2008)

Os conselheiros são categorizados como internos, externos ou independentes. Os internos são aqueles que atuam simultaneamente como executivos, tais como o próprio diretor-presidente.[13] Os externos são aqueles que não são executivos, mas que possuem alguma relação substancial com eles (como graus de parentesco) ou com os acionistas controladores da empresa, não podendo ser caracterizados como independentes, ou seja, aqueles cujo único vínculo relevante com a companhia deriva de sua atuação como conselheiro. De acordo com o *Código das Melhores Práticas de Governança Corporativa* do IBGC, um conselheiro se caracteriza por:

- não ter qualquer vínculo com a organização, exceto participação não relevante (mesmo que minoritária) no capital;
- não ser sócio controlador, membro do grupo de controle ou de outro grupo com participação relevante, cônjuge ou parente até segundo grau destes, ou ligado a organizações relacionadas ao sócio controlador;

- não estar vinculado por acordo de acionistas;
- não ter sido empregado ou diretor da organização (ou de suas subsidiárias) há pelo menos três anos;
- não ser ou ter sido, há menos de três anos, conselheiro de organização controlada;
- não estar fornecendo, comprando ou negociando, direta ou indiretamente, serviços e/ou produtos à organização em escala relevante;
- não ser cônjuge ou parente até segundo grau de algum executivo da organização;
- não receber outra remuneração da organização, além dos honorários de conselheiro;
- não ter sido sócio, nos últimos três anos, de firma de auditoria que audite ou tenha auditado a organização neste mesmo período;
- não ser membro de entidade sem fins lucrativos que receba recursos financeiros significativos da organização ou de suas partes relacionadas;
- ter independência em relação ao CEO; e
- não depender financeiramente da remuneração da organização.[14]

Por não estarem, em tese, sujeitos a conflitos de interesses substanciais, os conselheiros independentes são considerados os mais bem posicionados para tomar decisões imparciais visando ao melhor interesse de longo prazo da companhia. Como resultado, a figura do "conselheiro independente" se tornou peça fundamental do movimento da governança corporativa, e todos os códigos de boas práticas recomendam uma substancial proporção de independentes nos conselhos (idealmente compondo a maioria do órgão).

Além da ausência de conflitos de interesses, o conselheiro independente é considerado especialmente útil por:

- poder sustentar suas posições de maneira objetiva, sem compromissos com stakeholders ou acionistas específicos;
- trazer uma visão externa descontaminada de fatores emocionais;
- aportar conhecimento em áreas específicas de interesse da empresa;
- ampliar a rede de contatos da empresa;.
- contribuir para o processo de aprimoramento das práticas de governança; e
- privilegiar estratégias de médio e longo prazos.

Deve-se destacar, entretanto, que a ausência de vínculos formais com a gestão e com os controladores não assegura necessariamente uma postura independente do conselheiro. Ao menos três outros aspectos devem ser levados em consideração para avaliar sua independência de fato: (i) o tempo no cargo como "conselheiro independente"; (ii) a existência de relacionamento social prévio com o diretor-presidente ou o acionista controlador; e (iii) a relevância da manutenção de um bom círculo social para o sucesso da carreira do conselheiro.

Conselheiros há muito tempo no cargo, que possuam relações sociais com a liderança da empresa, ou que dependam crucialmente de redes sociais para sua sobrevivência (algo obviamente característico dos consultores profissionais), tendem a evitar conflitos com a gestão, minando sua efetividade como conselheiro independente nas situações em que algum confronto se torna necessário. É importante, portanto, avaliar periodicamente a independência dos conselheiros de forma qualitativa, de modo a sempre contar com conselheiros genuinamente – e não apenas formalmente – independentes.

O presidente do conselho de administração

> *Se o diretor-presidente é o coração da companhia, bombeando vibração no seu âmago, o presidente do conselho é a alma da companhia, sua consciência, seu guardião moral.*[15]
>
> Andrew Kakabadse (1952-)

O presidente do conselho possui um papel fundamental para a eficácia e o bom funcionamento do órgão. É ele quem deve assegurar que os temas relevantes estejam presentes na pauta, que os conselheiros recebam informações precisas, completas e em tempo adequado para as deliberações, e que todos participem ativamente a fim de contribuir ao máximo para a organização. Apesar de não possuir mais poderes que os demais conselheiros do ponto de vista legal, o presidente deve exercer a liderança do conselho para assegurar sua independência da gestão diária. Cabe a ele ainda proporcionar a devida prestação de contas para os acionistas, incluindo a abertura de um canal contínuo para comunicação. Entre suas principais atribuições, o presidente do conselho deve:

- organizar e coordenar a pauta e a agenda das reuniões do conselho;
- assegurar que os conselheiros recebam informações completas e com a antecedência necessária sobre os itens da pauta;
- presidir as reuniões, conduzindo-as de maneira a assegurar oportunidades iguais a todos os conselheiros nos debates;
- assegurar que as reuniões mantenham o foco nos itens pautados;
- fomentar uma atmosfera de deliberação favorável, permitindo aos dissidentes consignar votos contrários;
- acompanhar a execução das deliberações e recomendações do conselho;
- promover um processo estruturado e regular de autoavaliação do conselho como órgão colegiado, dos comitês e dos conselheiros individualmente;
- elaborar um calendário anual com as datas das assembleias gerais de acionistas, convocá-las e presidi-las;

- elaborar o orçamento anual do conselho, submetendo-o posteriormente à assembleia geral para deliberação;
- acompanhar as despesas do conselho *vis-à-vis* o orçamento do órgão;
- fornecer aconselhamento ao diretor-presidente quando solicitado; e
- atuar como um "embaixador" da empresa, em harmonia com a representação institucional do diretor-presidente.

Dada a importância do presidente e a necessidade de independência em relação à gestão diária, é essencial que os cargos de diretor-presidente e de presidente do conselho sejam ocupados por pessoas diferentes e sem vínculos diretos entre si (p. ex., relações de parentesco).

7.4. Comitês do conselho

Os comitês são outro elemento importante para aprimorar a atuação do conselho. O objetivo desses órgãos é fazer com que conselheiros mais especializados ou interessados em certas matérias tenham mais tempo para se aprofundar em determinados temas, de modo a elaborar recomendações estruturadas para que o conselho possa tomar decisões melhores. Tratam-se, portanto, de órgãos de assessoramento ao conselho, sem caráter deliberativo. Como maneira de aumentar a responsabilização e o comprometimento de seus membros, é importante que os comitês sejam previstos formalmente no estatuto social.[16]

Outra questão importante diz respeito à sua composição. Como seu objetivo é fazer que com os conselhos funcionem melhor, os comitês devem ser compostos exclusivamente por conselheiros.[17] Essa é a regra vigente em praticamente todo o mundo, principalmente nos países anglo-saxões como Estados Unidos e Reino Unido.

Entretanto, desenvolveu-se no Brasil uma prática de indicar outros personagens como membros de comitês do conselho, tais como diretores da própria empresa ou até mesmo executivos que trabalham para os acionistas controladores. Outra situação recorrente é a contratação de especialistas externos para atuação nos comitês, como contadores para comitês de auditoria ou consultores de recursos humanos para comitês de remuneração. Em todos esses casos, ocorre um forte desalinhamento em relação aos padrões internacionais.

No caso dos especialistas, uma alternativa seria contratá-los como consultores, convidando-os para algumas reuniões quando necessário. Isso evitaria que sua presença como membros efetivos ocasionasse uma implícita transferência de responsabilidade dos conselheiros para os membros externos especializados, uma visão equivocada – tendo em vista a impossibilidade de delegação das atribuições do conselho –, mas que tende a ocorrer.

Entre os comitês recomendados pelos códigos de boas práticas, quatro merecem destaque: auditoria, remuneração, nomeação/governança corporativa e risco. A tabela a seguir descreve as principais atribuições comumente associadas a cada um deles.

Entre os comitês expostos nessa tabela, o comitê de auditoria recebe destaque nas recomendações dos códigos de governança de todo mundo. Como exemplo de sua relevância, sua criação faz parte dos requisitos para listagem na bolsa de Nova York desde 1977, bem como se exige sua implantação pelas companhias estrangeiras que desejem negociar seus papéis na bolsa norte-americana.[20] No Brasil, a Comissão de Valores Mobiliários (CVM) editou, no fim de 2011, uma instrução que permite a manutenção da mesma empresa de auditoria independente por até dez anos, caso as companhias optem por implantar um comitê de auditoria estatutário.[21]

Tabela 7.2 Principais atribuições dos comitês do conselho de administração

COMITÊ DO CONSELHO	PRINCIPAIS ATRIBUIÇÕES
Comitê de auditoria	▪ Acompanhar o processo de elaboração das demonstrações financeiras, incluindo a observância dos princípios contábeis e a supervisão dos números divulgados ao mercado; ▪ Conduzir o processo de seleção, acompanhamento e avaliação periódica das atividades e da independência da auditoria externa; ▪ Supervisionar e coordenar a auditoria interna, incluindo definição de seu plano anual de trabalho; ▪ Monitorar as situações envolvendo conflitos de interesses, incluindo as transações com partes relacionadas; e ▪ Avaliar periódica e formalmente o sistema de controles internos, emitindo opinião a respeito de sua eficácia.
Comitê de remuneração, recursos humanos ou de pessoas	▪ Conduzir o processo de definição das metas financeiras e não financeiras do diretor-presidente e demais executivos-chave; ▪ Elaborar proposta de política de remuneração[18] da diretoria, vinculando-a a resultados de curto, médio e longo prazos; ▪ Avaliar periódica e formalmente o desempenho do diretor-presidente; ▪ Supervisionar o planejamento sucessório das posições-chave da empresa, principalmente dos cargos de direção; ▪ Coordenar o processo de seleção e indicação do diretor-presidente,[19] além de opinar sobre o processo de seleção dos demais diretores; ▪ Subsidiar o conselho nas decisões sobre políticas e normas de pessoas; e ▪ Supervisionar a eficácia do processo de atração e retenção de talentos da organização, inclusive no que concerne a executivos com alto potencial.
Comitê de nomeação e governança corporativa	▪ Recomendar a composição dos comitês de assessoramento do conselho; ▪ Conduzir um processo formal e periódico de avaliação do conselho como órgão, dos comitês de assessoramento e dos conselheiros individualmente; ▪ Recomendar ao conselho mudanças em seu tamanho, composição e funcionamento, *vis-à-vis* as melhores práticas de governança; ▪ Coordenar o processo de seleção de conselheiros independentes, incluindo avaliação de potenciais candidatos; ▪ Zelar pelo cumprimento do código de ética e conduta, de forma a assegurar que o negócio seja conduzido em conformidade com as leis aplicáveis; ▪ Acompanhar as atividades do canal de denúncias; e ▪ Zelar pela adoção das boas práticas de governança na organização, analisando a eficácia de seus processos e possibilidades de melhoria.
Comitê de risco	▪ Avaliar e aprimorar continuamente as práticas de gestão de riscos, incluindo os de natureza estratégica, operacional e de mercado; ▪ Analisar, em conjunto com a diretoria, os diversos tipos de riscos aos quais a organização está exposta e os procedimentos adotados a fim de minimizá-los; ▪ Supervisionar as atividades de *compliance* em relação aos riscos-críticos identificados; e ▪ Avaliar os sistemas de controles internos relacionados com os aspectos financeiros, contábeis, legais, operacionais, de mercado, ambientais e de sucessão.

Além dos comitês descritos na tabela, algumas empresas brasileiras optaram por constituir comitês com outras finalidades ao longo dos últimos anos, como os de estratégia, sustentabilidade, ética, finanças e investimentos. É importante enfatizar que os comitês do conselho devem funcionar "para valer", isto é, para agregar valor à organização, não devendo ser criados apenas com o intuito de adequar a empresa às recomendações prescritas pelos códigos de governança.

7.5. Conselho fiscal

O conselho fiscal é um órgão previsto na legislação brasileira, que pode ser instalado, de modo temporário ou permanente, a pedido de acionistas que representem um percentual mínimo das ações.[22] Seus membros são eleitos em assembleia geral, não tendo qualquer vínculo com os administradores, nem relação hierárquica com os demais órgãos da companhia.

Fazendo jus a sua própria denominação, o conselho fiscal tem atividades eminentemente fiscalizatórias, sem poder para opinar sobre as decisões de negócio tomadas pelos administradores em seu curso normal de ação. De acordo com o artigo 163 da Lei das Sociedades por Ações, o conselho fiscal tem as competências a seguir.[23]

- Fiscalizar os atos dos administradores e verificar o cumprimento dos seus deveres legais e estatutários.
- Opinar sobre o relatório anual da administração, fazendo constar de seu parecer as informações que julgar necessárias à deliberação da assembleia geral.
- Opinar sobre as propostas dos órgãos da administração, a serem submetidas à assembleia geral, relativas a modificação do capital social, emissão de debêntures ou bônus de subscrição, planos de investimento ou orçamentos de capital, distribuição de dividendos, transformação, incorporação, fusão ou cisão.
- Denunciar aos órgãos de administração e, se estes não tomarem as providências necessárias para a proteção dos interesses da companhia, à assembleia geral, os erros, fraudes ou crimes que descobrirem.
- Convocar a assembleia geral ordinária, se os órgãos da administração retardarem por mais de um mês essa convocação, e a extraordinária, sempre que ocorrerem motivos graves ou urgentes, incluindo na agenda das assembleias as matérias que considerarem necessárias.
- Analisar, ao menos trimestralmente, o balancete e demais demonstrações financeiras elaboradas periodicamente pela companhia.
- Examinar as demonstrações financeiras do exercício social e opinar sobre essas.

Em suma, cabe ao conselho fiscal dar seu parecer sobre os números gerados pela administração da companhia e opinar sobre as propostas a serem encaminhadas à assembleia de acionistas, além de fiscalizar os administradores em relação ao cumprimento de seus deveres para com a companhia. Por outro lado, conceitos como o "papel estratégico" do conselho fiscal são claramente descabidos, uma vez que se trata de um órgão externo à administração da companhia e com atuação posterior (e não *ex ante*) à ocorrência dos eventos. Tendo em vista a alegada sobreposição de algumas atividades do conselho fiscal às preconizadas para o comitê de auditoria, há um debate no Brasil acerca das vantagens e desvantagens de um órgão em relação ao outro. O quadro a seguir apresenta mais elementos dessa discussão.

Quadro 7.1 Comitê de auditoria ou conselho fiscal: um debate relevante no Brasil

Comitê de auditoria ou conselho fiscal: que bandeira os investidores devem levantar?

Entre os diversos debates sobre governança no Brasil, um merece destaque por sua relevância e inconclusividade até o momento: a escolha do comitê de auditoria ou do conselho fiscal como órgão de controle a ser priorizado pelos investidores em suas demandas por elevados padrões de governança.

Para começar, os dois órgãos não são obviamente excludentes, podendo coexistir em harmonia conforme observado na 4 edição do *Código das Melhores Práticas de Governança Corporativa* do IBGC:[24] "Quando ambos estão em funcionamento, é natural haver alguma superposição de funções. Nessa hipótese, os dois órgãos devem coordenar suas atividades."

Entretanto, em algumas situações, a existência de ambos os órgãos pode não ser viável ou útil à empresa, motivo pelo qual os investidores devem definir claramente uma "bandeira a levantar". Logo, que órgão tenderá a contribuir de maneira mais efetiva para um bom governo da organização? Onde os investidores devem concentrar seus esforços?

Se olharmos para o cenário internacional, a resposta é clara: o comitê de auditoria é o padrão no mundo, com o conselho fiscal constituindo uma notável peculiaridade brasileira. Praticamente todos os principais códigos internacionais enaltecem a importância do comitê de auditoria, enquanto nenhum faz menção à necessidade de um órgão adicional ao conselho de administração para supervisionar a gestão diária das empresas. Em outras palavras, os documentos de governança entendem que, se bem feito, um conselho de administração efetivo deverá ser suficiente para supervisionar os executivos.

Na comparação com os principais mercados, os países anglo-saxões são claramente favoráveis ao conceito de um comitê de auditoria composto exclusivamente por conselheiros de administração independentes. Ele faz parte dos requisitos para listagem na bolsa de Nova York desde 1977. No Reino Unido, a abordagem do pratique ou explique não exige a presença do órgão, mas pesquisas recentes têm mostrado que todas as empresas dos principais índices da bolsa de Londres têm comitês de auditoria compostos exclusivamente por conselheiros independentes.

Em relação à Europa continental, alguns autores equiparam de maneira equivocada o conselho fiscal ao conselho supervisor presente na estrutura de governança com dois conselhos vigentes na Alemanha (*Aufsichsrat*) e em algumas companhias da França (*Conseil de Surveillance*). Entretanto, o conselho supervisor desses países se aproxima muito mais do conselho de administração que do fiscal, haja vista que tem diversas atribuições relativas à seleção e definição da remuneração dos executivos, além de outras decisões de negócio. É incorreta, portanto, a equiparação desses órgãos ao conselho fiscal brasileiro.

Por outro lado, há certa semelhança do nosso conselho fiscal com o conselho de auditores presente na Itália (*collegio sindacale*) e no Japão (*board of statutory auditors*). Entretanto, além de esses países não serem considerados exemplares na adoção das boas práticas de governança, ambos passaram por mudanças recentes em sua legislação, possibilitando às companhias a migração para o modelo mais comum de governança, com a presença do comitê de auditoria.[25] Fica evidente, portanto, que a priorização do conselho fiscal vai na contramão da tendência internacional de foco no comitê de auditoria independente e composto por conselheiros de administração.

De acordo com os defensores do conselho fiscal, uma de suas grandes vantagens reside na independência dos membros, haja vista que muitos conselhos de administração são compostos quase que exclusivamente por pessoas ligadas aos executivos e aos acionistas controladores. Logo, a instalação do conselho fiscal se justificaria como solução para o problema na composição e no funcionamento do conselho de administração. Trata-se de um argumento pobre, uma vez que defende a criação de um órgão paliativo como meio de se resolver um eventual problema de independência ou passividade no órgão principal.

Outro argumento deficiente diz respeito ao suposto "papel estratégico" do conselho fiscal, apregoado por alguns defensores do órgão nos últimos anos. De acordo com essa visão,[26] caberia ao conselho fiscal agregar valor à organização, ajudando-a na tomada de decisões de negócio. Essa visão é ainda mais problemática, na medida em que confunde os limites entre a administração da empresa e a fiscalização das decisões administrativas, escopo de atuação do conselho fiscal de acordo com a lei. Não se pode esquecer, nesse sentido, que o conselho fiscal é um órgão externo à administração da companhia e com atuação posterior (e não anterior) à ocorrência dos eventos.

O debate permanece em aberto. No mundo acadêmico, ainda não há estudos de primeira linha que corroborem a defesa de um ou outro órgão de controle como melhor solução de governança. No ambiente empresarial, a qualidade do debate tem sido prejudicada por vieses individuais e conflito de interesses. Como exemplo, em diversas situações, tem-se, de um lado, defensores do conselho fiscal que muitas vezes percebem remuneração decorrente da atuação neste órgão, e, de outro, executivos e controladores naturalmente avessos a quaisquer mecanismos adicionais de controle que resultem em aumento de custos ou que levem a uma prestação de contas maior.

Deve-se destacar que, mais importante que a escolha do órgão de controle a ser priorizado, é assegurar sua independência e funcionamento efetivo. A mera existência de um comitê de auditoria, ou mesmo de ambos os órgãos simultaneamente, não assegurará aos investidores a imunidade a graves problemas financeiros – conforme observado em casos como aqueles envolvendo Sadia e Aracruz, que apresentaram grandes perdas com derivativos ao fim de 2008. Em caso de adoção do comitê de auditoria, é fundamental sua composição por conselheiros de administração titulares e independentes. Além da ausência de vínculos com executivos e controladores, sua atuação como conselheiros os fará avaliar a relação custo/benefício da implantação de mecanismos de controle, haja vista que serão cobrados não apenas pela ausência de perdas, mas pela geração sustentável de valor.

7.6. Diretoria executiva

Liderança não é carisma. Não é relações públicas. Não é exibicionismo. É desempenho, comportamento consistente, confiabilidade. O executivo é um servo. O cargo não confere privilégio. Ele não dá poder. Ele impõe responsabilidade. [27]

Alfred Sloan (1875-1966)

A diretoria tem como missão comandar as operações diárias da empresa visando assegurar sua perenidade e alcançar os objetivos estratégicos definidos pelo conselho de administração. Cabe a ela representar a sociedade, zelar por seus valores e promover o objeto social dentro das regras estabelecidas pelo estatuto e políticas internas.

Embora geralmente tenha como foco obter retorno financeiro para os acionistas, a diretoria deve levar em consideração os interesses das demais partes interessadas em suas decisões, bem como administrar as relações entre todos os públicos de interesse da empresa. Os altos executivos devem liderar os colaboradores pelo exemplo, criando um ambiente genuinamente ético e meritocrático na organização.

É essencial que haja coesão e ampla comunicação entre os líderes de cada diretoria, evitando a formação de feudos. Apesar de terem autonomia para decisões diárias de suas áreas, recomenda-se que as decisões mais importantes sejam tomadas pela diretoria como órgão colegiado, de maneira a assegurar um debate rico e a correta mensuração dos impactos sobre as outras áreas da companhia. Entre as principais atribuições da diretoria executiva como órgão, destacam-se:

- Elaborar e propor iniciativas, planos de negócio, orçamento anual e políticas para o conselho.
- Impedir situações sujeitas a conflito de interesses, fazendo prevalecer o interesse da organização.
- Realizar a contratação, a dispensa e a definição da remuneração dos níveis gerenciais.
- Implantar um sistema periódico e estruturado de avaliação para os níveis gerenciais.

- Elaborar planos de sucessão para o corpo executivo.
- Administrar o nível de risco aceitável do negócio estabelecido pelo conselho, identificando, mensurando e gerenciando os riscos aos quais a empresa está exposta.
- Propor e implantar sistema de controles internos e de informação que assegurem adequada confiabilidade de gestão, incluindo políticas e limites de alçada.
- Assegurar que as atividades empresariais sejam conduzidas de forma ética e dentro da lei.
- Respeitar as diretrizes de governança corporativa e as políticas corporativas, assim como monitorar sua observância em toda a organização.
- Prestar contas ao conselho de administração e à assembleia de acionistas ou sócios.

O diretor-presidente desempenha naturalmente o papel de destaque na diretoria executiva. É ele o responsável pela gestão diária da empresa e pela coordenação dos diretores, além de atuar como elo entre a diretoria e o conselho e porta-voz da organização. Em geral, o diretor-presidente tem ascendência sobre os demais diretores, sendo o responsável por sua avaliação individual de desempenho e pela indicação de novos diretores para apreciação pelo conselho.

O diretor-presidente também assume um papel-chave na construção da cultura organizacional. Como principal ponto de referência para todos os executivos e colaboradores, deve liderar pelo exemplo e deixar claro as regras tácitas e explícitas da organização.

Suas decisões e seus comportamentos enviam mensagens que reverberam a todo instante por toda a empresa. A maneira como trata os projetos que não deram certo, por exemplo, pode levar a uma cultura mais ou menos propensa ao risco.

De modo similar, a forma como trata as pessoas que priorizam os resultados financeiros em detrimento do cumprimento das regras pode levar a uma cultura mais permissiva a atitudes antiéticas. Em última instância, o nível de meritocracia, motivação e comprometimento das pessoas com o sucesso coletivo da organização depende em grande medida do estilo de liderança do diretor-presidente.

7.7. Comitês de gestão

Os comitês de gestão constituem outro elemento importante dentro de um bom modelo de governança. Trata-se de órgãos que visam tomar decisões, sob uma perspectiva multidisciplinar e interdepartamental, sobre temas-chave para a empresa. Entre os comitês de gestão comumente implantados, destacam-se os de estratégia, investimentos, novos negócios, novos produtos, ética e *compliance*, marketing, política de preços, qualidade, tecnologia da informação, tributário etc.

Além de deliberar sobre temas de sua competência, os comitês de gestão são úteis por facilitar o fluxo de informações entre diferentes áreas e por alimentar os diretores com pareceres e pontos de vista sobre matérias a serem deliberadas pela diretoria executiva.

É importante que os comitês de gestão funcionem de maneira regular e formalizada (incluindo o envio de pauta e documentação com antecedência, circulação de lista de presença nas reuniões, elaboração de atas etc.), bem como que desenvolvam debates aprofundados que levem a decisões genuinamente colegiadas.

Caso o diretor-presidente participe dos comitês, deve haver cuidado para que ele não monopolize os debates e as decisões do órgão em razão de sua ascendência hierárquica sobre os demais membros. Idealmente, a fim de diminuir sua influência sobre o grupo, ele deveria ser o último a emitir sua opinião.

Deve-se evitar um número muito elevado de participantes, sob pena de os comitês adquirirem um caráter de "assembleia" em detrimento da qualidade e profundidade das discussões entre os membros (em geral, recomenda-se que seja composto por cinco a nove pessoas).

Assim como em qualquer grupo decisório, deve haver um coordenador responsável pela condução das reuniões e pelo funcionamento geral do órgão. Acima de tudo, caberá ao coordenador incentivar o grupo a adotar um espírito crítico, com espaço para visões e posicionamentos divergentes.

Deve-se também evitar que a maior parte da reunião seja consumida com apresentação de informações (muitas vezes excessivamente detalhadas) em detrimento do debate franco dos membros sobre temas relevantes.

7.8. Secretaria de governança ou do conselho de administração

O secretário de governança, em alguns casos denominado secretário do conselho ou da companhia, é um elemento-chave para o funcionamento do modelo de governança. É ele quem deve assegurar que as práticas e procedimentos estabelecidos para os órgãos decisórios ou de assessoramento – conselho, diretoria, comitês etc. – estão sendo cumpridos adequadamente e revisados periodicamente. Cabe ao secretário auxiliar os presidentes e coordenadores de comitês em tudo o que for necessário para o bom funcionamento dos órgãos de governança, incluindo as atividades exigidas antes, durante e após as reuniões. O secretário também atua como interface entre os diversos elementos que compõem o sistema de governança da empresa, proporcionando um bom fluxo de informações entre os órgãos. Isso pode evitar, por exemplo, a duplicação de debates em diferentes fóruns e a tomada de decisões fora das alçadas estabelecidas. Entre as atribuições do secretário de governança, destacam-se as da tabela a seguir.

Tabela 7.3 Secretaria de governança: rol de atribuições

ATRIBUIÇÕES DO SECRETÁRIO DE GOVERNANÇA OU DO CONSELHO DE ADMINISTRAÇÃO
▪ Auxiliar os coordenadores e presidentes dos órgãos de governança na organização da pauta das reuniões.
▪ Preparar a convocação das reuniões, dando conhecimento aos membros – e eventuais participantes externos convidados – do local, data, horário e ordem do dia.
▪ Enviar os materiais pertinentes às reuniões a todos os membros, verificando o efetivo recebimento pelos destinatários.
▪ Auxiliar na organização das reuniões, incluindo as questões relativas à logística de transporte, refeições e hospedagem dos membros (caso necessário).
▪ Secretariar as reuniões, apoiando os presidentes dos órgãos em sua condução.
▪ Coletar as assinaturas de todos os membros durante as reuniões (lista de presença), incluindo a consignação da presença de eventuais convidados.
▪ Elaborar as atas das reuniões, encaminhando-as a todos os membros.
▪ Disponibilizar a ata e a lista de presença para a área jurídica, acompanhando o arquivamento, se necessário, das deliberações tomadas nos órgãos competentes.
▪ Administrar o calendário anual das reuniões dos órgãos de governança, incluindo a agenda anual de temas a serem debatidos.
▪ Atender às demandas dos membros dos órgãos de governança, incluindo a busca por informações adicionais que se façam necessárias para deliberações.
▪ Auxiliar os presidentes e coordenadores dos órgãos na realização da autoavaliação anual de desempenho do órgão.
▪ Administrar as informações disponibilizadas em um portal de governança da empresa.

Como observado pelo rol de suas atribuições, o secretário atua como um verdadeiro guardião do bom funcionamento da alta gestão e das boas práticas de governança, fiscalizando sua aplicação no dia a dia. Tendo em vista seu papel crítico para a organização, é fundamental que o secretário tenha um perfil que inclua maturidade pessoal, elevada organização profissional e independência intelectual.

QUESTÕES PARA REFLEXÃO E DISCUSSÃO

1. O que é a assembleia geral ordinária de acionistas? Cite algumas de suas competências de acordo com a lei e práticas recomendadas de governança.

2. Em sua opinião, qual deve ser a missão maior do conselho de administração? Qual é o papel do órgão no processo decisório da alta gestão?

3. Quais são as principais atribuições do conselho de administração de acordo com a lei? E de acordo com as melhores práticas de governança?

4. A seu ver, quais são os principais atributos que um conselheiro "ideal" deve possuir?

5. Qual é a importância do conselheiro independente para a governança corporativa? A seu ver, os conselheiros independentes têm correspondido às expectativas na maioria das empresas? Explique.

6. Que fatores podem afetar na independência de um conselheiro de administração? Além da independência, que outros atributos um "conselheiro independente" deve possuir?

7. Quais é o papel e as principais atribuições do presidente do conselho de administração?

8. O que são comitês de assessoramento do conselho? Como devem ser compostos e como devem funcionar de acordo com as práticas recomendadas de governança?

9. O que é conselho fiscal e quais são suas principais atribuições? Em sua opinião, quão importante é o órgão para que uma companhia seja efetivamente bem governada?

10. Como você avalia as atribuições do conselho fiscal, *vis-à-vis* as atribuições do comitê de auditoria? Como você avalia a importância relativa de cada órgão?

CAPÍTULO **8**

A importância das áreas de controle para a Governança Corporativa

CONCEITOS APRESENTADOS NESSE CAPÍTULO

- A importância das áreas de controle
- Controles internos
- Gestão de riscos
- O *compliance*: conformidade com as regras do jogo
- Os deveres fiduciários dos administradores
- Apêndice: O caso Sadia e a responsabilidade dos conselheiros

8.1. A importância das áreas de controle

Não importa quão boa é a estrutura de uma organização, ela será tão boa quanto as pessoas que trabalham nela.[1]

Dee Hock (1929-)

As áreas de controle são um elemento essencial a fim de evitar surpresas negativas e ajudar a promover um bom governo das companhias. Isso é particularmente importante à medida que a empresa cresce e adquire maior complexidade organizacional. Apesar do relativo consenso geral em relação a essa afirmação, muitas companhias continuam tendo áreas de controle deficientes. Esse paradoxo se dá por dois motivos principais: os custos envolvidos e a percepção de sucesso do negócio.

Em relação ao primeiro aspecto, a implantação de uma infraestrutura adequada de controles é, sem dúvida, um processo oneroso. Uma pesquisa realizada nos Estados Unidos, por exemplo, estimou que, para cada U$ 1 bilhão de faturamento, as empresas gastam US$ 6 milhões apenas em atividades de *compliance*.[2]

Por outro lado, as evidências mostram que é muito mais caro optar por não investir nos controles. Na mesma pesquisa, constatou-se que cada falha relevante de conformidade ocorrida com as empresas da amostra resultou em um prejuízo de cerca de US$ 81 milhões, valor suficiente para arcar com os custos de *compliance* durante 14 anos. É importante destacar que esse montante não inclui perdas extremas decorrentes de falhas nos controles, tais como as ocorridas com a BP no caso do vazamento de petróleo em 2009 (prejuízos da ordem de US$ 42 bilhões até o momento), como no caso da Société Générale, em que um operador realizou operações acima de seus limites permitidos em 2008 (prejuízo de US$ 7 bilhões), e nos casos envolvendo a Sadia e a Aracruz em 2008 (perdas de R$ 3,8 bilhões e R$ 6,0 bilhões, respectivamente).

Em relação ao segundo motivo, é muito mais difícil pensar em controles quando a organização cresce rápido e vem "dando certo". Nesse momento, a tendência é se concentrar na geração de receitas e nas novas oportunidades estratégicas, deixando a questão dos controles em segundo plano. O sucesso, portanto, pode ser considerado um dos maiores inimigos da atenção aos controles, muitas vezes vistos como uma burocracia que toma tempo dos executivos e gera custos para a companhia.

Deve-se destacar, por outro lado, que a análise de grandes colapsos empresariais associados a problemas de governança deixa claro que é exatamente na fase de alto crescimento e percepção de sucesso que as empresas tendem a ficar expostas a graves crises. A tabela a seguir, por exemplo, descreve a evolução da receita de algumas dessas empresas nos anos imediatamente anteriores a seus famosos colapsos.

Tabela 8.1 Crescimento da receita de empresas que passaram por problemas de governança

COMPANHIA	CRESCIMENTO DA RECEITA NOS ANOS IMEDIATAMENTE ANTERIORES AO COLAPSO DE GOVERNANÇA
Enron	750% (1996-2000) ~ 70% ao ano.
WorldCom	660% (1994-1999) ~ 50% ao ano.
Sadia	48% (2006-2008) ~ 22% ao ano.
Agrenco	103% (2004-2006) ~ 43% ao ano.
Panamericano	116% (2004-2007) ~ 29% ao ano.

Essa tabela ilustra o perigo de ocorrerem falhas graves nos controles em períodos de forte crescimento, particularmente após aquisições de outras companhias ou expansão geográfica para outras regiões e países. Quando a percepção de sucesso é grande, a tendência à soberba e à sensação de invencibilidade muitas vezes leva os gestores a diminuírem o foco nos controles. As brechas (incluindo a possibilidade de fraudes), portanto, tendem a ser bem maiores quando as companhias crescem de forma acelerada e sem o devido investimento nas áreas de controle.

8.2. Controles internos

De acordo com o COSO,[3] principal referência sobre o tema, controles internos são "processos, implantados pelo conselho de administração, diretoria e outras lideranças, desenhados a fim de proporcionar segurança razoável em relação ao alcance dos objetivos operacionais, de reporte e de *compliance* da empresa".

Os objetivos operacionais dizem respeito à efetividade e à eficiência das operações da companhia, incluindo suas metas financeiras e operacionais, bem como a proteção de ativos contra perdas. Os objetivos de reporte se referem aos relatórios financeiros e não financeiros publicados pela empresa para seus públicos externos, os quais devem ser confiáveis, tempestivos e transparentes. Os objetivos de *compliance*, por sua vez, são aqueles que se referem à aderência da organização às leis e regulamentações a ela aplicáveis.

Ainda de acordo com a entidade, os controles internos devem ser compostos pelos cinco componentes inter-relacionados a seguir:

1. Ambiente de controle: conjunto de padrões, processos e estruturas que servem de base para a implantação dos controles internos na organização. Exemplos: código de conduta e valores éticos; filosofia organizacional; estrutura organizacional; tom ético das lideranças; atuação do conselho e do comitê de auditoria.

2. Avaliação de riscos: processo dinâmico e iterativo para identificação e avaliação dos principais riscos do negócio a fim de alcançar os objetivos organizacionais.

3. Atividades de controle: ações estabelecidas por meio de políticas e procedimentos que contribuem para assegurar que as diretrizes das lideranças para mitigação dos riscos são implantadas adequadamente.

4. Informação e comunicação: a informação tempestiva e de qualidade é necessária para monitorar o funcionamento dos outros componentes da estrutura de controles internos. Já a comunicação constitui o processo contínuo e sistemático de obter, fornecer e compartilhar toda informação necessária, tanto para o público interno quanto para o público externo.

5. Monitoramento: consiste em avaliações contínuas ou periódicas e pontuais dos componentes da estrutura de controles internos. As avaliações contínuas, construídas no próprio processo de negó-

cio em diferentes níveis corporativos, fornecem informações imediatas. Por sua vez, as avaliações periódicas, como as conduzidas por auditorias ou outros agentes, permitem ao conselho e à gestão analisarem riscos ou temas específicos em maior profundidade.

Há inúmeras modalidades de controles internos. A tabela a seguir descreve os controles mais comuns implantados no ambiente empresarial.

Deve-se destacar que todos os executivos e colaboradores são responsáveis pela qualidade dos controles internos da organização. Cabe a cada um gerar as informações utilizadas nos sistemas de controles e atuar para que os controles funcionem de forma efetiva. Em caso de descumprimento dos procedimentos e políticas estabelecidas, todos são responsáveis por comunicar os problemas imediatamente para as áreas competentes.

Tabela 8.2 Principais modalidades de controles internos

CONTROLE INTERNO	EXEMPLO
Acesso físico	Controle de entrada e saída de funcionários, clientes e equipamentos em determinados espaços da organização.
Acesso lógico	Controle do acesso e do alcance de funcionários ou clientes a arquivos eletrônicos e sistemas, bem como instruções e treinamentos sobre os sistemas aos usuários autorizados.
Alçadas e limites	Delimitação, conferida pela hierarquia ou órgãos de governança, do campo de atuação do gestor em relação à aprovação de valores ou assunção de posições em nome da empresa.
Autorizações eletrônicas ou manuais	Necessidade de obtenção de assinatura, visto ou log no sistema, para continuidade ou concretização de uma operação ou transação.
Conciliação	Confronto de informações de origens distintas, com o intuito de detectar eventuais inconsistências.
Controle físico	Proteção física de equipamentos, inventários, caixa e outros ativos. Contempla também sua contagem e comparação periódica com o registro dos estoques.
Delimitação de responsabilidades	Definição das responsabilidades acerca dos procedimentos da empresa, de modo a limitar a ação dos gestores. Não envolve valores.
Disponibilização e padronização de informações	Estabelecimento de um sistema de comunicação efetivo entre as áreas, de maneira a assegurar que informações precisas cheguem a seu destino de forma tempestiva.
Execução de plano de contingência	Formalização e testes de ações que visam assegurar a continuidade de operações que não podem ser interrompidas, independentemente da ocorrência de adversidades.
Manutenção de registros	Realização de manutenção periódica, atualizada e organizada de registros.
Monitoramento ou revisão de desempenho	Acompanhamento de atividade ou processo, com o objetivo de avaliar sua adequação às metas e benchmarks de desempenho. Pode ajudar a antecipar mudanças que possam afetar negativamente a organização.
Normatização interna	Formalização de normas internas a fim de padronizar e definir limites para a execução das atividades da empresa.
Processamento de informação	Verificação da precisão, integridade e autorização das transações.
Segregação de funções	Separação das responsabilidades relativas a atividades conflitantes, por meio de organograma ou regras.
Sistemas informatizados	Organização e manutenção de arquivos de segurança – backups, arquivos de log do sistema, plano de contingência, ações antipirataria eletrônica etc.
Treinamento	Exercícios a fim de promover aculturamento ou transmitir conhecimento, ampliando a capacitação e a conscientização interna.
Validação	Análise dos procedimentos relacionados aos processos de trabalho visando validar as informações obtidas na documentação de operações financeiras.

8.3. Gestão de riscos

O risco advém de você não saber o que está fazendo.[4]

Warren Buffett (1930-)

O velho adágio diz que "sem risco, não há retorno". Como qualquer decisão com consequências futuras envolve incertezas, todas as empresas estão continuamente expostas aos mais diferentes tipos de riscos.[5]

O objetivo das lideranças não deve, portanto, ser a eliminação dos riscos, mas, sim, a criação de um processo interno que permita administrar as incertezas do ambiente empresarial. Ao tomar ciência dos riscos aos quais a organização está sujeita e de seu potencial impacto, a alta gestão passará a se concentrar não apenas na geração de retorno financeiro, mas também, e principalmente, na obtenção de um retorno adequado ao nível de risco incorrido.

Nos últimos anos, cresceu enormemente em todo o mundo a importância da "gestão de riscos" como uma das principais responsabilidades dos líderes empresariais.[6] Há diversas definições e documentos de referência sobre o tema. No Brasil, merece destaque o *Guia de Orientação para Gerenciamento de Riscos Corporativos*[7] do IBGC. No exterior, merecem destaque as recomendações do COSO II[8] e da ISO 31000[9]. A tabela a seguir resume a visão desses documentos em relação ao tema.

Tabela 8.3 A gestão de riscos segundo os documentos de referência

DOCUMENTO	DEFINIÇÃO DA GESTÃO DE RISCOS EMPRESARIAIS
***Guia de Orientação para Gerenciamento de Riscos Corporativos* - IBGC**	"Processo desenhado para identificar e responder a eventos que possam afetar os objetivos estratégicos da organização. Suas diretrizes devem ser estabelecidas pelo conselho de administração e as ações decorrentes devem ser implementadas pelos gestores, com o objetivo de prover, com razoável segurança, a realização das metas da organização a partir de um adequado alinhamento da estratégia com o seu apetite a riscos."
***Enterprise Risk Management* - COSO II**	"Processo, dirigido pelo conselho de administração, diretoria ou outros executivos, aplicado em um contexto estratégico e em toda a empresa, com o objetivo de identificar potenciais eventos que possam afetar a entidade, bem como gerenciar o risco dentro do apetite a riscos definido, de forma a promover segurança razoável em relação ao alcance dos objetivos organizacionais."
***Risk Management: Principles and Guidelines on Implementation* ISO 31000**	"Abordagem para assegurar que a empresa está lidando com todos os seus riscos; conjunto de expectativas entre gestão, acionistas e conselho acerca dos riscos que a empresa irá ou não assumir; conjunto de métodos para evitar situações que possam resultar em perdas fora do limite de tolerância da empresa; método para mudar o foco da empresa de 'custo/benefício' para 'risco/retorno'; forma de ajudar o conselho e a diretoria a cumprir com uma de suas responsabilidades fundamentais; e uma linguagem para comunicar os esforços da empresa a fim de se enquadrar em um perfil de risco adequado".

De acordo com essa tabela, gerenciar os riscos empresariais constitui um processo de reflexão sistemática e estruturada a fim de identificar, avaliar e responder aos eventos que possam afetar os objetivos estratégicos da organização. É um modo de a alta administração mostrar – por meio do levantamento preventivo, da listagem dos riscos aos quais a sociedade está exposta e da definição das medidas para sua mitigação – que está cumprindo um de seus papéis fundamentais. Trata-se, portanto, de uma filosofia de gestão com foco explícito na administração integrada dos diferentes riscos aos quais a empresa está sujeita.

8.3.1. Doze etapas para um processo efetivo de gestão de riscos

Uma vez compreendido o conceito, o próximo passo consiste em implantar um processo efetivo de gestão de riscos. O processo completo pode ser resumido em 12 etapas:

1. Definição do grau de apetite e da tolerância a riscos da organização

O primeiro passo consiste em uma reflexão da alta gestão a fim de definir os limites de risco aos quais a empresa estará sujeita. É fundamental definir o grau de "apetite a riscos" da organização, isto é, o total de risco que os acionistas estarão dispostos a aceitar para perseguir os objetivos estratégicos definidos. O apetite a riscos tem relação direta com a estratégia e com a forma pela qual a empresa atua no mercado. Como exemplo, se a sociedade tiver metas estratégicas agressivas, ela deve, então, estar disposta a ter um apetite a riscos compatível. Deve-se também definir claramente a chamada "tolerância a riscos" da organização, isto é, o nível de volatilidade que a empresa estará disposta a aceitar em seus indicadores de desempenho. Essa etapa inicial, fundamental para o sucesso da gestão de riscos, deve ser resultado de um debate profundo e estruturado entre as principais lideranças. Nele, devem ser feitas perguntas do tipo:

- Que nível de risco estamos dispostos a aceitar na busca por nossos objetivos?
- Nossos acionistas querem um negócio de alto risco e alto retorno ou preferem um negócio mais conservador, com fluxos de caixa mais estáveis?
- Como desejamos ser percebidos pelo mercado em relação aos riscos de nosso negócio, inclusive em relação ao risco de crédito?
- Quanta volatilidade estamos dispostos a aceitar em nosso lucro líquido, incluindo os impactos sobre o pagamento de dividendos?
- Estamos preparados para aceitar prejuízos financeiros pontuais mais vultosos?

2. Identificação dos principais riscos aos quais a organização está exposta e classificação de acordo com sua natureza

A próxima atividade compreende o levantamento dos principais riscos internos e externos aos quais a empresa está exposta, classificando-os de acordo com sua natureza. Há muitas categorizações possíveis para os riscos. Em geral, podem ser tipificados como estratégicos, operacionais ou financeiros. Os riscos estratégicos são os que derivam de mudanças no ambiente de negócios ou de decisões estratégicas tomadas pelas lideranças. Os riscos operacionais são os enfrentados no dia a dia da organização, geralmente associados às pessoas e aos sistemas de informação e controle. Os riscos financeiros, por sua vez, correspondem a mudanças macroeconômicas ou a problemas que possam afetar a solvência da empresa. A tabela a seguir detalha cada um deles.

Tabela 8.4 Principais tipos de riscos empresariais

NATUREZA DO RISCO	CATEGORIAS	EXEMPLOS DE RISCOS
Riscos estratégicos	Risco de mudança no ambiente regulatório	Mudança de leis e de programas governamentais, mudanças tributárias.
	Risco de mudança no ambiente competitivo	Entrada de novos concorrentes, alianças entre concorrentes, acirramento da guerra de preços.
	Risco de perda de valor com investimentos ou novos negócios	Problemas com aquisições, falha na implantação de grandes projetos, problema no desenvolvimento de novos negócios.
	Risco de mudança no ambiente tecnológico	Perda de mercado por falta de inovação tecnológica, obsolescência tecnológica.
	Mudanças no comportamento dos stakeholders	Redução na confiabilidade de fornecedores ou parceiros, mudanças estratégicas ou acionárias nos fornecedores, mudanças de hábitos de consumo dos clientes.
	Risco de imagem ou reputacionais	Veiculação de notícias negativas sobre a empresa, escândalos na mídia, redes sociais, internet.
	Risco de divulgação de informações externas	Divulgação de informações erradas, incompletas ou divulgadas por meios de comunicação inadequados.

NATUREZA DO RISCO	CATEGORIAS	EXEMPLOS DE RISCOS
Riscos operacionais	Risco de concentração na terceirização	Falta de diversificação de fornecedores de produtos e serviços.
	Risco de terceirização e parcerias	Situações em que os serviços prestados por terceiros ou parceiros não alcancem os requisitos de qualidade esperados ou não sejam entregues nas datas previstas.
	Risco de conformidade interna	Inobservância, violação ou interpretação indevida de regulamentos e normas internas.
	Risco de eventos externos ou catástrofes	Desastres naturais, atentados, greves e outros eventos independentes da ação da organização.
	Risco de falha humana	Ações não intencionais de pessoas envolvidas em negócios da empresa, omissão, distração, negligência ou falta de qualificação profissional.
	Risco de fraude	Adulteração de controles, descumprimento intencional de normas, desvio de valores, divulgação proposital de informações erradas.
	Risco de indisponibilidade de pessoal especializado	Remoção ou perda inesperada de pessoa-chave de uma posição, sem substituto imediato.
	Risco de infraestrutura	Inadequação da estrutura física, logística e tecnológica.
	Risco de infraestrutura de pessoas	Inadequação da estrutura de pessoal insuficiente para realizar as atividades.
	Risco da informação	Ausência de integridade ou falha na autenticidade das informações.
	Risco de sistema	Falhas ou inadequação em aspectos lógicos de tecnologia da informação.
	Risco de segurança da informação	Quebra de sigilo ou acesso indevido às informações.
	Risco contratual	Inadequação de contrato, interpretação das cláusulas e conformidade com a legislação pertinente.
	Risco de contencioso	Ações ajuizadas pela empresa ou contra ela.
	Risco de conformidade externa	Inobservância, violação ou interpretação indevida de leis, regulamentações e editais de licitação.
Riscos financeiros	Risco de crédito	Possibilidade de a contraparte de uma operação não honrar seus compromissos financeiros.
	Risco de liquidez	Incapacidade de saldar seus compromissos nos prazos acordados ou perdas decorrentes da necessidade de venda imediata de ativos para quitar obrigações.
	Risco de mercado	Movimento adverso no preço de mercado dos ativos e passivos da empresa, incluindo mudanças nas taxas de juros, petróleo, câmbio etc.

O processo de identificação dos riscos aos quais a empresa está sujeita pode ser feito por meio de entrevistas, questionários, seminários e análise de eventos passados.

3. *Avaliação dos riscos com base em sua probabilidade de ocorrência e magnitude do impacto*

Uma vez identificados os riscos, a próxima fase consiste em avaliá-los a fim de definir aqueles considerados prioritários para gestão. Os riscos são geralmente avaliados com base em dois parâmetros: sua probabilidade de ocorrência e seu impacto potencial sobre a organização.

Uma prática comum é atribuir uma nota de 1 a 5, em ordem crescente, para ambos os parâmetros. No caso da probabilidade de ocorrência, os riscos podem ser classificados como: remotos (1); pouco prováveis (2); possíveis (3); prováveis (4); ou praticamente certos (5). No caso da magnitude do impacto, os riscos podem ser classificados como: de impacto insignificante (1), baixos (2); moderados (3); altos (4); e catastróficos (5). A multiplicação da probabilidade pelo impacto potencial indicará o nível de priorização do risco para a organização. Em geral, riscos com pontuação acima de 15 são considerados de alta prioridade. Os com pontuação de 6 a 15 são considerados de média prioridade, e aqueles com pontuação de 1 a 5 são considerados de baixa prioridade. Essa análise pode ser traduzida visualmente por meio da construção da chamada matriz de riscos da empresa, conforme a figura a seguir.

Figura 8.1 Exemplo de matriz de riscos.

Probabilidade						
	Praticamente certo (5)	5	10	15	20	25
	Provável (4)	4	8	12	16	20
	Possível (3)	3	6	9	12	15
	Pouco provável (2)	2	4	6	8	10
	Remoto (1)	1	2	3	4	5
		1	2	3	4	5
		Insignificante (1)	Baixo (2)	Moderado (3)	Alto (4)	Catastrófico (5)
		Magnitude do impacto				

Grau de prioridade dos riscos

- Alta prioridade
- Média prioridade
- Baixa prioridade

4. *Definição do tratamento a ser dado aos principais riscos do negócio*

Após elencar os riscos prioritários, deve-se definir o tratamento a ser conferido a cada um deles. Há quatro alternativas. Em um extremo, caso o risco seja considerado excessivo em relação ao seu retorno esperado ou desalinhado dos objetivos organizacionais, pode-se simplesmente optar por evitá-lo. Nesse caso, pode-se optar pela descontinuidade de produtos, venda de unidades de negócios, contratação de seguro etc.

Em outro extremo, caso o risco faça parte das competências essenciais da empresa e tenha retorno adequado em relação ao risco incorrido, pode-se optar simplesmente por aceitá-lo. Nesse caso, devem-se criar indicadores para seu monitoramento contínuo (a ser explicado com mais detalhes adiante), bem como procurar adotar proteções (hedge*s*) naturais – tais como exportações para contrabalançar insumos importados – a fim de minimizá-lo.

As outras duas alternativas consistem em reduzir a exposição ao risco ou em compartilhá-lo. No primeiro caso, pode-se optar pela diversificação das atividades e imposição de limites operacionais. No caso do compartilhamento, podem-se realizar parcerias, terceirizar ou celebrar contratos que proporcionem hedge financeiro por meio de derivativos. Em todos os casos, é importante definir faixas de tolerância quantitativas e qualitativas a serem observadas e monitoradas.

5. Estruturação organizacional da área de gestão de riscos

As atividades de gestão de riscos devem ser coordenadas por uma estrutura organizacional mínima. Primeiramente, é fundamental que as lideranças do primeiro escalão se envolvam ativamente com o tema.

Uma prática comum é criar um comitê de risco, órgão responsável em última instância pela implantação da gestão de riscos na empresa. Idealmente, esse comitê deve ser composto por diretor-presidente, diretor financeiro, gestor de riscos e principais executivos responsáveis pelos riscos nas unidades de negócios.

Entre as atribuições típicas desse comitê, destacam-se: (i) a identificação, avaliação e monitoramento contínuo dos principais riscos organizacionais; (ii) a integração da gestão de riscos ao processo de decisão cotidiano, incluindo ações de aculturamento; (iii) a proposição de diretrizes e da estratégia corporativa para a gestão de riscos; (iv) a aprovação dos procedimentos para administração dos riscos; (v) a elaboração de um relatório anual sobre as atividades de gerenciamento de riscos; e (vi) a comunicação sistemática junto ao conselho de administração.

Assim como todos os demais órgãos de governança, é fundamental a dedicação de tempo e a participação ativa de todos os membros – principalmente os diretores – a fim de assegurar o bom funcionamento do comitê. Reuniões mensais e apresentações no mínimo trimestrais ao conselho de administração são práticas bem-vindas.

Outro elemento organizacional central é a figura do gestor de risco. Em alguns casos, dependendo do porte da organização e da complexidade de seus riscos, esse profissional adquire *status* de diretor, sendo conhecido no mercado como *chief risk officer* (CRO).

Trata-se de um profissional dedicado integralmente ao processo de gerenciamento de riscos da empresa. Cabe a ele, entre outras atividades: (i) avaliar de forma contínua e estruturada os riscos mais relevantes da organização e seu impacto no fluxo de caixa; (ii) estimar o efeito de novos investimentos no perfil de risco da empresa; (iii) promover eventos e treinamentos a fim de disseminar a cultura de riscos na organização; (iv) centralizar informações e comunicação sobre o tema; e (v) elaborar relatórios periódicos para o comitê de risco e para o conselho contendo análises qualitativas e quantitativas dos riscos identificados.

Como mencionado no início deste capítulo, o conselho também desempenha um papel-chave para assegurar um gerenciamento efetivo dos riscos organizacionais. Cabe a ele supervisionar continuamente as iniciativas dos executivos relativas ao tema, bem como verificar o cumprimento da política de gestão de riscos (detalhada no item a seguir). Em alguns casos, pode-se inclusive constituir um comitê de risco no âmbito do conselho, o qual deverá naturalmente ter papel distinto e complementar ao comitê de riscos da gestão.

6. Elaboração dos procedimentos de controle para os principais riscos identificados

A elaboração de procedimentos de controle é uma atividade central na implantação da gestão de riscos. Seu objetivo é assegurar respostas organizacionais efetivas aos riscos considerados críticos para o negócio, minimizando sua probabilidade de ocorrência e possíveis impactos.

Entre outras ações, deve-se: identificar as áreas e os processos da empresa correspondentes a cada risco crítico; definir os responsáveis pelo gerenciamento dos riscos; criar modelos de documentos (templates) a serem adotados e mecanismos de tecnologia da informação (TI) para seu monitoramento; estabelecer regras para revisão periódica e auditoria dos riscos; e determinar os procedimentos a serem deflagrados (políticas e planos de contingência) em caso da ocorrência de eventos de risco.

Ao fim, a alta gestão deve ser capaz de responder positivamente a perguntas do tipo: Temos controles adequados para mensurar nossa exposição? Nossos relatórios gerenciais facilitam a identificação, mitigação e monitoramento dos riscos? Nossos sistemas de TI são adequados?

7. Definição de um conjunto de indicadores-chave de risco (KRIs – key risk indicators)

Tão importante quanto ter planos de contingência em caso de materialização dos riscos, é dispor de um painel de controle com indicadores que sinalizem de maneira antecipada às lideranças a iminência da concretização dos principais riscos organizacionais. Esses indicadores são chamados de indicadores-chave de risco (KRIs – *key risk indicators*).[10] Seu objetivo é permitir aos executivos atuarem de modo proativo em relação aos riscos, antecipando-se a eles.[11]

8. Elaboração da política de gestão de riscos

As diretrizes relativas ao gerenciamento dos riscos da organização devem ser formalizadas em uma "política de gestão de riscos". Trata-se de um documento recomendado pelos principais códigos de governança, na medida em que permite ao mercado entender as diretrizes da empresa em relação ao tema. Entre os aspectos a serem considerados na sua elaboração, destacam-se: (i) o racional da organização para administração dos riscos; (ii) a relação entre os objetivos estratégicos da empresa e sua política de gestão de riscos; (iii) a estrutura organizacional e os responsáveis pelas etapas do processo de gestão de riscos; (iv) a estrutura conceitual e os processos utilizados para a gestão dos riscos; (v) os limites para as operações com derivativos e outros instrumentos de administração dos riscos; (vi) a classificação dos riscos e a matriz de riscos da empresa; (vii) os parâmetros para avaliação do desempenho da área de gestão de riscos; (viii) o modo de reporte periódico da área e suas interfaces com diretoria e conselho; e (ix) os mecanismos a fim de assegurar o aculturamento interno e a revisão periódica dos processos de gestão de riscos. É fundamental que o conselho não apenas aprove essa política, mas que supervisione ativamente seu cumprimento pela diretoria.

9. Realização de ações de aculturamento e conscientização

É fundamental realizar treinamentos e outras ações de aculturamento a fim de criar uma cultura orientada a riscos na organização. Afinal, de nada adiantará todo o mapeamento e a formalização dos riscos se as pessoas na ponta – executivos e funcionários – não compreenderem plenamente o tema e sua importância para o sucesso da empresa.

Trata-se de um processo contínuo de conscientização, que visa não apenas comunicar o conjunto de políticas e procedimentos relativo à gestão de riscos, mas, principalmente, enfatizar sua relação com os valores da empresa e com o alcance dos objetivos estratégicos.

Especificamente, o programa de aculturamento deve ter entre seus objetivos: a comunicação da visão da empresa sobre a gestão de riscos para todos os escalões da organização, com linguagem adequada a cada público; a construção de um pensamento orientado a risco em toda a organização, a fim de fazer com que todos pensem em como identificar riscos, avaliar seus impactos e responder aos riscos em suas áreas de atuação; e a promoção de um pensamento integrado em relação aos riscos (p. ex., impacto dos riscos de uma área sobre as atividades e resultados de outra).

10. Incorporação da gestão de riscos na avaliação de desempenho e remuneração dos executivos

A gestão de riscos deve ser entendida como responsabilidade de cada executivo da empresa, e não apenas da área dedicada ao tema. Cabe ao gestor de riscos, na verdade, proporcionar expertise sobre o tema e assegurar que a agenda da gestão de riscos está sendo levada adiante de maneira estruturada pela organização. Não cabe unicamente a ele, naturalmente, administrar os riscos do negócio. Para que todos se sintam responsáveis pela administração dos riscos, é necessário ir além das atividades de aculturamento. Idealmente, questões relativas à gestão de riscos devem ser atreladas à avaliação de desempenho dos executivos, com impactos sobre sua remuneração e perspectivas de promoção de carreira. Isso pode ser feito, por exemplo, por meio da criação de indicadores de retorno ajustado ao risco, ou pela avaliação da conformidade do executivo em relação ao grau de apetite e tolerância a risco definido.

11. Definição da forma de registro e auditoria das práticas de gestão de riscos

Durante a implantação, deve-se criar um repositório central a fim de registrar as atividades do processo de gestão de riscos. Além de decidir sobre o sistema de informática a ser adotado (há diversos programas dedicados ao gerenciamento de riscos no mercado), deve-se deliberar sobre outros aspectos, como os níveis de acesso, período de retenção dos documentos etc.

Outro aspecto importante é determinar o modo de auditoria ou *due diligence* independentemente da política e das práticas de gestão de riscos. Nesse caso, o objetivo é verificar se os procedimentos estão sendo cumpridos, se as pessoas estão de fato cientes das questões relacionadas com o risco em suas unidades, e se os riscos estão dentro dos limites de tolerância definidos pelas políticas da empresa. Adicionalmente, a matriz de riscos da empresa pode ser utilizada como um elemento na definição do plano da auditoria interna, levando a uma auditoria com foco nos riscos críticos da organização.

12. Elaboração de relatórios periódicos para a alta gestão

A etapa final consiste na criação de relatórios a serem submetidos periodicamente para a diretoria e o conselho de administração. Além do reporte para a alta gestão, recomenda-se que a área ou o comitê de riscos elabore um relatório anual de desempenho de suas atividades, a ser apresentado aos acionistas e demais públicos de interesse da empresa. O relatório pode ser incluído no relatório anual, bem como disponibilizado na página de relacionamento com investidores no site corporativo.

8.3.2. Benefícios da gestão de riscos e fatores críticos para seu sucesso

Há diversos benefícios a serem colhidos pelas companhias que implantarem um sistema de gestão de riscos efetivo. Em primeiro lugar, trata-se de uma oportunidade de conhecer melhor os riscos aos quais a organização está exposta, permitindo que se identifiquem mais rapidamente suas oportunidades e ameaças. Além de diminuir a probabilidade de surpresas negativas, a criação de uma cultura orientada a riscos permite a consideração explícita e estruturada das incertezas nas iniciativas de negócio, o que tende a levar a melhores decisões. Ao final, geram-se maior conforto para conselheiros e executivos, proteção da reputação da empresa e maior confiança junto aos stakeholders.

É importante enfatizar, entretanto, que a gestão de riscos somente proporcionará esses benefícios se a lideranças de fato acreditarem que isso agrega valor ao negócio. O tema não deve ser visto como algo frio e burocrático, mas como um item fundamental para o sucesso da organização. Entre os fatores críticos para o sucesso da implantação da gestão de riscos, destacam-se:

- o comprometimento pessoal dos conselheiros e dos principais executivos da organização;
- a participação ativa dos líderes das unidades de negócio;
- o foco incessante nas atividades de aculturamento e conscientização;

- a alocação de recursos humanos e tecnológicos adequados;
- a obrigatoriedade da consideração dos riscos na avaliação de novos negócios e projetos;
- a incorporação das atividades de gestão de riscos nos processos de trabalho existentes, evitando procedimentos distantes das atividades diárias; e
- a vinculação da gestão de riscos ao processo de planejamento estratégico.

8.4. Compliance – em conformidade com as regras do jogo

A vaidade é um princípio de corrupção.[12]

Machado de Assis (1839-1908)

O *compliance* representa a conformidade da companhia com as normas externas e internas, tais como leis, regulamentações e políticas corporativas. O tema ganhou maior relevância com o advento da lei Sarbanes-Oxley nos Estados Unidos, em 2002. A partir daí, várias companhias globais passaram a criar áreas e procedimentos para cumprir os requisitos da legislação. Com o tempo, outras regulamentações nacionais e internacionais – relativas a assuntos como corrupção, lavagem de dinheiro, meio ambiente, *insider trading*, impostos etc. – começaram a exigir programas específicos para seu cumprimento.

No Brasil, a aprovação, em 2013, da Lei 12.846, conhecida como a lei anticorrupção, elevou de vez a importância da estruturação das atividades de ética e *compliance* nas empresas como forma de reduzir passivos legais. A lei determina que as companhias passem a ser responsáveis objetivamente por atividades ilícitas, respondendo legalmente mesmo que a violação tenha ocorrido sem intenção ou conhecimento de sua cúpula administrativa. A lei prevê ainda que a existência de programas internos a fim de assegurar conformidade da companhia às normas seja levada em consideração para fins de redução das penas.[13]

Um caso emblemático ilustra a importância do *compliance*. Em 2008, a Siemens – empresa alemã com ADRs (*American Depositary Receipts*)[14] negociados na bolsa de Nova York – foi acionada pelo Departamento de Justiça norte-americano por infringir a lei contra corrupção de agentes governamentais estrangeiros (FCPA – *Foreign Corrupt Practices Act*). De acordo com os promotores, a companhia obtinha contratos públicos em países emergentes por meio do pagamento de propinas, financiadas por fundos fantasmas não contabilizados em seu balanço. Estima-se que, entre 2001 e 2008, a Siemens desembolsou cerca de US$ 1,4 bilhão para ganhar contratos ilegalmente em todo o mundo,[15] incluindo licitações para obras do metrô no estado de São Paulo, algo divulgado em 2013 pela própria companhia.[16] O pagamento de propina, portanto, era visto como parte integrante de seu modelo de negócios, sendo não apenas tolerado, como incentivado.

Ao final, a Siemens pagou multas da ordem de US$ 1,6 bilhão aos reguladores norte-americanos e alemães. A empresa também se comprometeu a promover mudanças estruturais, incluindo: a substituição de todos os seus executivos-chave (incluindo o diretor-presidente); a realização de investigações internas independentes; e a criação de um programa amplo de *compliance*, totalizando cerca de US$ 1 bilhão adicionais em custos associados diretamente ao escândalo.

O que era mau exemplo se tornou padrão de referência. Atualmente, a Siemens tem cerca de 600 funcionários dedicados em tempo integral ao *compliance*, subordinados a um diretor-executivo de *compliance* (*chief compliance officer*). Um programa com base no tripé prevenir-detectar-solucionar foi implantado, abarcando desde atividades educacionais contínuas até mecanismos independentes para investigação de suspeitas de delitos. Métricas relativas ao *compliance* foram incluídas na política de remuneração variável dos principais executivos. E, mais importante que tudo, o assunto passou a ser o foco central do novo diretor-presidente. A delação premiada da companhia junto aos reguladores brasileiros em 2013 – sobre sua participação em um cartel para obras do metrô paulista – pode ser resultado do processo interno de renovação de suas práticas de negócio e atividades de *compliance*.

Apesar de sua importância, ainda são raras as empresas não financeiras que contam com um programa estruturado de *compliance* que contemple ações de aculturamento e mecanismos de prevenção, detecção e solução de não conformidades (as instituições financeiras tendem a ser mais avançadas em função de exigências do Banco Central).

Há diversas formas de se aprimorar a conformidade da empresa aos regramentos impostos interna e externamente. A seguir, são apresentadas dez etapas para a adoção de práticas efetivas de *compliance*.

Tabela 8.5 Dez etapas para pôr em prática um programa efetivo de ética e *compliance*

	ETAPA	DESCRIÇÃO
1	Identificação dos principais regramentos aplicáveis.	Seleção das regulamentações externas a serem cumpridas pelo programa de *compliance*. Por exemplo, normas do Bacen e CVM, lei Sarbanes-Oxley, Lei 12.846/2013 (anticorrupção) etc.
2	Elaboração das diretrizes, políticas e normas internas.	Criação ou ajuste das diretrizes e políticas. Inclui desde a criação de documentos abrangentes – tais como código de ética e política para contribuições políticas – até políticas com exemplos de atitudes esperadas em situações do cotidiano –, tais como regras para relacionamento com agentes públicos e consultores de negócio. É fundamental que as regras sejam criadas em linguagem simples e customizadas à realidade da organização. Ademais, as regras devem ser bem construídas, isto é, integradas ao processo diário de trabalho dos colaboradores e sem burocracias desnecessárias (que tendem a levar a seu descumprimento).
3	Estruturação organizacional da área de *compliance*.	Definição do executivo responsável pela centralização das atividades de conformidade. Em alguns casos, dependendo do porte da empresa e dos riscos decorrentes de não conformidades, pode-se criar a figura do diretor de *compliance* (*chief compliance officer*). Inclui também a definição da composição, o funcionamento e as atribuições do comitê de *compliance* (caso a empresa opte por sua constituição), bem como o modo de prestação de contas e reporte do gestor de *compliance* e do comitê à diretoria e conselho. É fundamental que sejam alocados recursos humanos, financeiros e tecnológicos compatíveis com a importância do tema para a empresa.
4	Avaliação dos principais riscos e ameaças de não conformidade.	Identificação das áreas, funções e unidades sujeitas a riscos mais relevantes de não conformidade, levando em consideração a probabilidade de ocorrência e os impactos para a organização. No caso de empresas que atuam junto ao setor público, por exemplo, as pessoas envolvidas com o processo licitatório representam naturalmente um risco crítico de *compliance* para a organização.
5	Implantação de ações de treinamento, conscientização e comunicação.	Realização de treinamentos para executivos e colaboradores visando assegurar o entendimento das políticas vigentes, importância para o sucesso de longo prazo da organização, penalidades em caso de descumprimento e relação com os valores da empresa. Os agentes de *compliance* e executivos de unidades consideradas críticas devem receber treinamento específico em maior profundidade. Adicionalmente, a empresa deve estruturar um canal de comunicação para esclarecimento contínuo de dúvidas sobre políticas corporativas e comportamentos desejados em situações específicas.

	ETAPA	DESCRIÇÃO
6	Criação de canal de denúncias para reporte de violações por funcionários e outros stakeholders.	Criação de mecanismos para reporte de violações por funcionários e outras partes interessadas. O canal deve assegurar a proteção dos denunciantes, bem como investigações independentes das denúncias. Deve-se também estruturar uma ouvidoria independente a fim de receber sugestões e críticas dos clientes, bem como criar mecanismos para divulgar voluntariamente aos reguladores as eventuais não conformidades relevantes identificadas.
7	Monitoramento periódico e independente das práticas adotadas.	Realização de auditorias e *due diligence* de *compliance* independentes, principalmente nas atividades consideradas de maior risco.
8	Documentação de todas as atividades de *compliance*.	Registro e armazenamento da documentação referente às atividades de *compliance*, tais como treinamentos, atas de reuniões do comitê de *compliance*, denúncias, investigações, auditorias, punições etc. Inclui também o gerenciamento de todas as normas e políticas em um repositório central que permita rápido envio aos envolvidos em caso de atualização de normas, políticas ou regulamentos.
9	Incorporação do *compliance* na avaliação dos executivos.	Integração de questões relativas ao *compliance* no processo de avaliação de desempenho dos executivos, com impactos potenciais sobre a remuneração e promoção na carreira. Como exemplo, pode-se definir que eventuais não conformidades relevantes podem resultar em um fator de desconto na remuneração, ou mesmo inviabilizar a ascensão organizacional por determinado período, ainda que o executivo tenha alcançado suas metas financeiras.
10	Criação de indicadores para avaliação do programa de *compliance*.	Elaboração de relatórios com base em medidas objetivas a fim de permitir que a diretoria e o conselho monitorem o desempenho do programa de *compliance*. Entre os parâmetros a serem acompanhados, destacam-se: número de treinamentos realizados, número de denúncias, reporte de atitudes suspeitas, resultados das investigações iniciadas, punições de órgãos reguladores etc.

Deve-se destacar, entretanto, que pouco valerá o investimento nessas dez etapas se as empresas interpretarem o *compliance* como um conjunto de regramentos frios e distantes do dia a dia, a serem mantidos sob cuidado de escalões inferiores. A chave para o sucesso, na verdade, é implantar uma cultura de confiança e integridade com o engajamento direto da alta gestão, notadamente do diretor-presidente e das demais lideranças.

Cabe às principais lideranças enviar mensagens diretas e claras sobre a importância do *compliance*, de maneira que se entenda que o cumprimento das políticas é parte do negócio e que os desvios não serão tolerados. Se os colaboradores observarem esse comportamento na hierarquia, compreenderão que a necessidade de seguir as regras é real, e não apenas para satisfazer a reguladores da porta para fora.

Outro ponto essencial é a formação de uma cultura de responsabilização pelas decisões tomadas. A conformidade da empresa para com as regras precisa ser vista como responsabilidade de cada um, e não da área de *compliance*, a qual deverá servir basicamente para proporcionar orientação sobre o tema, centralizar informações e levar essa agenda adiante na organização.

O papel do conselho de administração em todo esse processo é fundamental, uma vez que é o responsável em última instância pela aderência da empresa às leis e demais normas. Entre outras tarefas, o conselho deve aprovar e revisar as políticas corporativas relativas ao *compliance*, interagir direta e periodicamente com o responsável pela área e monitorar o cumprimento do programa por meio de relatórios com indicadores objetivos.

Nenhum programa de *compliance* será efetivo, portanto, sem o comprometimento pessoal da alta gestão, particularmente do conselho de administração e da diretoria executiva. Apesar de constituir um grande desafio, a construção de um sistema eficaz de *compliance* deve ser vista como uma oportunidade da organização assegurar um padrão de excelência operacional, diminuir o risco de problemas reputacionais, mitigar passivos legais e promover seus valores.

Diferentemente de várias ações de marketing social, frequentes atualmente, porém em muitos casos vazias em substância, é a estruturação de um programa de conformidade efetivo que representa um exemplo concreto do exercício da responsabilidade corporativa. Afinal, se as empresas seguirem as regras de verdade, haverá um desincentivo a infrações (evasão fiscal, corrupção e lavagem de dinheiro, por exemplo) e, consequentemente, o resultado será uma sociedade mais meritocrática e desenvolvida.

8.5. Deveres fiduciários dos administradores

Independentemente do porte da empresa e de sua modalidade de constituição jurídica como capital aberto ou fechado, todos os membros de quaisquer órgãos estatutários de sociedades anônimas – incluindo conselheiros, diretores e outros – estão sujeitos a determinados deveres gerais e fiduciários estabelecidos na Lei das Sociedades por Ações.[17]

Em primeiro lugar, tendo em vista que seus cargos lhes confere um poder irrenunciável, todos estão sujeitos ao chamado "poder-dever de agir". Isso significa que esses membros – denominados doravante de administradores – têm o dever de agir em prol do interesse social quando as circunstâncias assim exigirem, podendo ser punidos em caso de passividade e opção pelo não exercício de seu poder.

Além do poder-dever, os administradores possuem outros deveres gerais, como a obrigação de agir de boa-fé, de serem proativos, de colaborarem com os pares para o interesse coletivo comum, e de se prepararem a fim de tomar decisões bem informados. Há ainda diversas vedações. Os administradores não podem, sob qualquer hipótese, beneficiar determinados acionistas em detrimento de outros, nem tomar decisões em matérias nas quais tiverem interesses conflitantes com os da sociedade. Em relação a esse último aspecto, vale a pena destacar o que diz o artigo 156 da lei: "É vedado ao administrador intervir em qualquer operação social em que tiver interesse conflitante com o da companhia, bem como na deliberação que a respeito tomarem os demais administradores, cumprindo-lhe cientificá-los do seu impedimento e fazer consignar, em ata de reunião do conselho de administração ou da diretoria, a natureza e extensão do seu interesse."

É vedado ainda aos administradores – a não ser em caso de autorização prévia da assembleia ou conselho – usar em proveito próprio bens ou serviços da sociedade, receber de terceiros qualquer vantagem em razão do exercício do cargo, tomar emprestado recursos ou bens da companhia, e praticar doações[18] à custa da empresa.

Além dos deveres gerais e vedações, a lei exige o cumprimento de três deveres fiduciários fundamentais por todos os administradores: o dever de diligência, o dever de lealdade e o dever de informar.

O dever de diligência exige que o administrador exerça suas funções e tome decisões com zelo, cuidado e honestidade, como se estivesse cuidando de um negócio próprio. Logo, uma postura de passividade não combina com a determinação legal, que exige uma postura proativa, íntegra e cautelosa. Como exemplo, o administrador não pode alegar desconhecer matérias relevantes para a organização sob o pretexto de não terem sido levadas a seu conhecimento. Sendo o assunto relevante, cabe a ele se esforçar a fim de obter as informações necessárias. Implicitamente, o dever de diligência impõe aos administradores, particularmente aos conselheiros que não atuam no dia a dia da empresa, a necessidade de dedicarem tempo adequado ao cargo, de serem assíduos e ativos nas reuniões, de acompanharem o desenvolvimento de temas críticos e de questionarem criticamente as propostas apresentadas. O administrador, em suma, deve tomar decisões de maneira informada e refletida, sem estar sujeito a interesses conflitantes com os da organização.

O dever de lealdade requer que o administrador seja leal acima de tudo à companhia, agindo sempre no melhor interesse da sociedade, inclusive nas situações em que existirem outros interesses particulares envolvidos – como seu interesse pessoal, o de familiares ou o de acionistas que o elegeram. O dever de lealdade proíbe que o administrador utilize quaisquer oportunidades de negócio da empresa em proveito próprio ou de terceiros, incluindo a aquisição, para revenda com lucro, de bem que a organização pretenda adquirir. Esse dever fiduciário requer ainda sigilo em relação a qualquer informação que ainda não tenha sido divulgada para os públicos externos, incluindo naturalmente a vedação à negociação de papéis da companhia quando de posse de informações privilegiadas.

O dever de informar, mais aplicável às companhias de capital aberto, exige que transparência do administrador em relação a número de ações e outros valores mobiliários da companhia de que seja titular, bem como requer que os acionistas sejam informados acerca de quaisquer negociações de títulos da companhia realizadas pelo administrador. Cabe ainda, dentro do dever de informar, a obrigação de comunicar imediatamente ao mercado fatos relevantes que possam impactar o valor percebido da companhia.

Responsabilidade dos Administradores

Compreender os potenciais passivos legais aos quais se está sujeito é tema fundamental para qualquer administrador. Afinal de contas, até que ponto suas decisões ou omissões podem levar a uma responsabilização do ponto de vista pessoal, incluindo multas, congelamento de bens, suspensões profissionais ou mesmo prisão?

Em primeiro lugar, conforme o artigo 158 da Lei das Sociedades por Ações, o administrador não responde pessoalmente pelos atos regulares de gestão, isto é, pela conduta nos limites de suas atribuições e sem violação da lei ou ao previsto no estatuto:[19] "O administrador não é pessoalmente responsável pelas obrigações que contrair em nome da sociedade e em virtude de ato regular de gestão." Logo, os prejuízos decorrentes dos atos regulares de gestão serão sempre imputados à pessoa jurídica, que responderá sozinha, sem direito de regresso contra o administrador.[20]

Além disso, o § 1º do mesmo artigo deixa claro que o administrador não será responsável por ações ilícitas de terceiros, a não ser quando for conivente ou contribuir para a prática do ato. Nos termos da lei: "O administrador não é responsável por atos ilícitos de outros administradores, salvo se com eles for conivente, se negligenciar em descobri-los ou se, deles tendo conhecimento, deixar de agir para impedir a sua prática." Vale ainda destacar a frase final do mesmo parágrafo, a qual reitera a importância do administrador registrar formalmente sua divergência como meio de se eximir totalmente de quaisquer passivos decorrentes de decisões tomadas por órgãos colegiados: "Exime-se de responsabilidade o administrador dissidente que faça consignar sua divergência em ata de reunião do órgão de administração ou, não sendo possível, dela dê ciência imediata e por escrito ao órgão da administração, no conselho fiscal, se em funcionamento, ou à assembleia geral."

O administrador, entretanto, não está completamente imune de passivos pessoais. Diversas são as esferas nas quais seu patrimônio pessoal pode ser envolvido. Os incisos I e II do artigo 159 da lei determinam que ele responderá "civilmente, pelos prejuízos que causar, quando proceder: dentro de suas atribuições ou poderes, com culpa ou dolo; com violação da lei ou do estatuto", isto é, por atos *ultra vires*, que estejam fora de seu escopo de atuação ou que tenham sido praticados com imprudência, imperícia ou negligência. Ademais, o § 2º do mesmo artigo deixa claro os riscos decorrentes da omissão dos administradores no cumprimento de seus deveres fiduciários: "Os administradores são solidariamente responsáveis pelos prejuízos causados em virtude do não cumprimento dos deveres impostos por lei para assegurar o funcionamento normal da companhia, ainda que, pelo estatuto, tais deveres não caibam a todos eles."[21]

Além da Lei das Sociedades por Ações, o Novo Código Civil,[22] aplicável a todos os outros tipos societários[23] com destaque para as empresas limitadas, também contém previsões a respeito da responsabilização dos administradores. No § 2º do artigo 1.013, o novo código estabelece que "Responde por perdas e danos perante a sociedade o administrador que realizar operações, sabendo ou devendo saber que estava agindo em desacordo com a maioria." O artigo 1.016, por sua vez, institui que "os administradores respondem solidariamente perante a sociedade e os terceiros prejudicados, por culpa no desempenho de suas funções". Por fim, há ainda o artigo 1.107, segundo o qual "o administrador que, sem consentimento escrito dos sócios, aplicar créditos ou bens sociais em proveito próprio ou de terceiros, terá de restituí-los à sociedade, ou pagar o equivalente, com todos os lucros resultantes, e, se houver prejuízo, por ele também responderá".

Além da responsabilidade civil, descrita nos parágrafos anteriores, os administradores podem ser responsabilizados nas esferas administrativa ou criminal. No caso da esfera administrativa, os órgãos reguladores das companhias abertas (CVM – Comissão de Valores Mobiliários), instituições financeiras (Bacen – Banco Central) ou de seguradoras e entidades abertas de previdência complementar (Susep – Superintendência de Seguros Privados) podem aplicar penalidades que variam de advertências e multas até a suspensão ou inabilitação para o exercício do cargo por período indeterminado.

Na esfera criminal, há diversas previsões legais a respeito da responsabilização dos administradores. Primeiramente, o artigo 177 do Código Penal[24] prevê pena de reclusão de um a quatro anos ao administrador que "promover a fundação de sociedade por ações, fazendo, em prospecto ou em comunicação ao público ou à assembleia, afirmação falsa sobre a constituição da sociedade, ou ocultando fraudulentamente fato a ela relativo".[25] O § 1º do mesmo artigo detalha ainda diversas outras situações nas quais a mesma pena é aplicável, incluindo aquela na qual o diretor ou gerente utilizam recursos da sociedade em proveito próprio sem prévia autorização dos acionistas (inciso III) ou que distribuem dividendos ou lucros fictícios (inciso VI).

Os artigos 135 e 137 do Código Tributário Nacional,[26] por sua vez, preveem responsabilidade pessoal dos diretores, gerentes ou outros representantes de pessoas jurídicas "pelos créditos correspondentes a obrigações tributárias resultantes de atos praticados com excesso de poderes ou infração de lei, contrato social ou estatutos", assim como quando ocorrerem infrações "conceituadas por lei como crimes ou contravenções (...) e que decorram direta e exclusivamente de dolo específico".[27]

Entre as principais sugestões a fim de minimizar os riscos de quaisquer problemas legais decorrentes do exercício da atuação de administrador (durante e o após seu mandato), destacam-se as enumeradas a seguir:

1. Compreensão em profundidade da organização antes de tomar posse: devem-se analisar os documentos-chave da companhia e outros materiais relevantes, de maneira a avaliar os riscos aos quais essa estará sujeita. Entre os documentos a serem lidos, destacam-se: acordo de acionistas, estatuto ou contrato social, políticas corporativas (gestão financeira, investimentos, controles internos, gestão de riscos etc.), atas das últimas assembleias e reuniões do conselho, regimentos internos dos órgãos de governança, código de ética, relatórios anuais, planos de negócio e organogramas, pareceres do auditor independente e da auditoria interna, sistema de gestão de riscos, contingências judiciais ambientais, tributárias e trabalhistas, questões pendentes envolvendo ministério público, tribunal de contas etc. Em alguns casos, pode ser melhor evitar assumir cargos em sociedades sujeitas a um risco legal excessivo.

2. Solicitação da contratação de um seguro de responsabilidade civil de administradores (conhecido como "seguro D&O – *Directors and Officers*"): o seguro D&O tem-se tornado cada vez mais um pré-requisito para atuação na alta gestão. Podem ser incluídos como segurados não apenas os administradores, mas também gerentes e outras pessoas com poder de gestão para representar a empresa

perante terceiros. As principais coberturas contemplam: débitos tributários, trabalhistas e previdenciários da empresa, reclamações de credores contra os segurados, processos movidos pela própria empresa ou por acionistas contra os segurados, cobertura das despesas de defesa em processos relativos a possíveis atos doloso ou culposo do segurado, reclamações decorrentes da desconsideração da personalidade jurídica, processos de natureza administrativa de órgãos governamentais contra os segurados, reclamações decorrentes de erros e omissões em serviços prestados pela empresa etc. A cobertura pode ser extensiva a cônjuges, herdeiros e representantes legais dos administradores. Por outro lado, as principais exclusões do seguro D&O são, em geral, as seguintes: atos dolosos, processos criminais, reclamações preexistentes no momento da contratação, liquidação, falência ou recuperação judicial, e oferta pública de valores mobiliários.[28]

3. Necessidade de atuação ativa e independente no exercício do cargo, procurando deixar evidências desse comportamento: deve-se registrar presença em todas as reuniões que o administrador participar. Antes de deliberar sobre temas críticos para a empresa, devem-se confirmar as informações recebidas de diferentes fontes. Jamais se deve depender de uma única fonte – tais como o diretor-presidente ou o diretor de determinada área – para deliberar sobre matérias mais relevantes. É útil conversar regularmente com auditores internos e externos e com pessoas de diferentes níveis hierárquicos, de modo a avaliar continuamente o clima ético e o sistema de controles internos da empresa.

4. Formalização dos votos contrários em ata: para afastar a responsabilidade em decisões tomadas por órgão colegiado que fizer parte, o administrador deve registrar em ata de sua discordância quanto ao teor da deliberação, fundamentando os motivos de sua divergência. Em caso de recusa, deve-se comunicar à assembleia de acionistas e ao órgão regulador o posicionamento em questão, bem como, se for o caso, o não cumprimento dos deveres legais dos responsáveis pela deliberação.

APÊNDICE
O CASO SADIA E A RESPONSABILIDADE DOS ADMINISTRADORES

Quando ocorre um acidente aéreo, uma comissão de experts deve obrigatoriamente ser constituída a fim de investigar o ocorrido. Depois de uma extensa análise do caso, divulga-se um relatório que apresenta causas e recomendações para a prevenção de episódios similares. Colapsos empresariais poderiam ser tratados da mesma forma. Tal qual uma aeronave, a "queda" de uma grande empresa é resultado de um conjunto de erros, omissões e, às vezes, ações intencionais. Entretanto, ao contrário dos acidentes aéreos, as grandes falhas corporativas não passam por nenhum processo sistemático de dissecação. Consequentemente, de tempos em tempos, o mercado se depara com colapsos cujas origens, muitas vezes, são semelhantes a fracassos anteriores.

Um desses casos que merecem uma análise profunda é o da Sadia. Em poucos meses, a empresa passou de paradigma de sucesso a uma situação de insolvência financeira, que a levou a ser incorporada pela principal rival.

A Sadia aparentava ser uma opção de investimento muito atraente. Era uma companhia de grande porte tradicional, muito bem posicionada em um setor com forte crescimento no Brasil e exterior, e rentável – havia obtido um retorno sobre o patrimônio líquido da ordem de 25% nos quatro exercícios anteriores à quebra, em setembro de 2008, e lucros em todos os seus 64 anos de história.

A empresa também parecia ter um modelo de governança exemplar. Era listada no Nível 1, um dos três segmentos diferenciados da BM&FBovespa; e tinha ADRs na bolsa de Nova York desde 2001, submetendo-se aos requisitos da lei norte-americana Sarbanes-Oxley. Criado em 1964, seu conselho de administração contava com um comitê de auditoria desde 1994, e a família controladora havia sido separada da gestão diária em 2004. Era uma das raras companhias em nosso mercado a classificar como independentes a maioria de seus conselheiros (6 de 11 assentos). Entre os conselheiros estrelados havia ex-presidentes dos maiores bancos nacionais e da CVM, um CEO de empresa do Novo Mercado e um dos maiores consultores de gestão do país. Havia quatro comitês no conselho (auditoria, finanças, tributário e de recursos humanos) e um conselho fiscal permanente. Não faltavam nem comitês de gestão dedicados às questões de finanças e riscos (eram quatro no total). A companhia tinha, inclusive, uma política financeira aprovada pelo conselho de administração contemplando regras para a gestão de riscos.

Como grande exportadora, a Sadia necessitava proteger sua receita em moeda estrangeira contra variações cambiais. Ao apostar, todavia, na continuidade da tendência de apreciação do real, a companhia passou a operar com derivativos cada vez mais exóticos, deixando de usar esses instrumentos como simples proteção para também especular no mercado de câmbio. Com a erupção da crise financeira de 2008 e a disparada do dólar, as decisões da alta administração deixaram a Sadia com um enorme prejuízo financeiro de cerca de R$ 3,8 bilhões.

Com uma estrutura de gestão aparentemente consistente e adequada às melhores práticas, por que a empresa se acabou se envolvendo em operações especulativas dessa magnitude? Podem-se elencar ao menos sete fatores internos de governança que contribuíram para isso:

1. *Modelo de governança* – A companhia apresentava uma estrutura organizacional disfuncional que contribuiu substancialmente para os problemas. Primeiro: o diretor financeiro era simultaneamente responsável por tomar risco e por realizar seu controle, uma vez que a gerência de riscos da companhia se reportava a ele. Um erro básico de ausência de segregação de funções ilustrado nos autos do processo da CVM pelo relator do caso, a saber: "As pessoas envolvidas com o sistema de gerenciamento de riscos não podem estar unicamente subordinadas aos executivos responsáveis pelas operações. Executivos financeiros possuem interesses conflitantes com a gestão de riscos e devem ser monitorados de forma independente."

   Segundo: o diretor financeiro não se reportava ao diretor-presidente, como é de praxe, mas, sim, ao presidente do conselho de administração, deixando o CEO desinformado acerca de suas atividades.

   Em terceiro lugar, o presidente do conselho de administração tinha um papel confuso. Em vez de atuar de maneira colegiada com os demais conselheiros, gozava de poderes especiais de gestão individualmente, inclusive com direito a expediente diário na empresa. Todos os interrogados pela CVM – exceto o próprio presidente do conselho – reconhecem essa anomalia.

2. *Efetividade dos comitês do conselho* - Os comitês do conselho que tinham a função de monitorar os riscos aos quais a companhia estava exposta não funcionaram adequadamente. O comitê de finanças, que deveria atuar mensalmente, ficou sem se reunir desde o fim de abril de 2008 até o início de setembro do mesmo ano, cerca de um terço de seu mandato. O comitê de auditoria, por sua vez, recebeu um material com a descrição das problemáticas operações "2 × 1" com derivativos em março de 2008, quase seis meses antes do colapso. De acordo com os autos, um especialista em controladoria da Sadia que havia preparado tal material para realizar uma demonstração sobre a contabilização dos instrumentos de hedge afirmou que "na reunião do comitê de auditoria em que faria sua apresentação, não houve tempo para tal, embora o assunto constasse da agenda; por causa disso, foi definido que a apresentação seria feita em uma reunião futura, o que nunca ocorreu".

3. *Diligência dos membros do conselho de administração* - Apesar de terem revalidado a política financeira da companhia em janeiro de 2008, os conselheiros desconheciam um aspecto crítico de seu teor: o responsável pelo acompanhamento das alçadas relativas às operações financeiras contratadas. Quando interrogados sobre essa questão, os conselheiros forneceram respostas tão desencontradas que levaram a CVM a elaborar a matriz com os nomes dos conselheiros e as respectivas áreas individualmente apontadas por eles como responsáveis. No total, nove órgãos ou personagens diferentes foram apontados pelos conselheiros, sem contar uma resposta pitoresca de um deles, que afirmou que a responsabilidade era de um certo "sistema de informática"...

   A CVM não encontrou registros de discussão sobre operações de hedge ou assuntos ligados ao controle das operações financeiras nas atas de reunião do conselho no segundo semestre de 2007, o que contribuiu para a posterior punição de vários conselheiros por descumprimento do dever de diligência.

4. *Política financeira* - A política financeira da companhia não era clara em vários aspectos-chave, como os responsáveis pela realização dos testes de cenários de estresse e de limitação de perdas (*stop loss*). O responsável pelo cumprimento da política seria o "diretor de administração, finanças e relações com investidores", cargo que simplesmente não existia no período analisado pela CVM.

5. *Mecanismos de* compliance - Mesmo que a política fosse bem formulada, a companhia não dispunha de controles internos efetivos que assegurassem seu cumprimento. O relatório de uma auditoria independente contratada para avaliar o caso concluiu que "não foram encontradas evidências consistentes de aplicação e reporte dos efeitos de cenários de estresse, embora a política financeira fizesse referência a sua utilização, no mínimo, em bases semestrais".

6. *Resultados das operações com derivativos sobre a remuneração variável dos gestores* - Aparentemente, o sistema de remuneração dos executivos da área financeira - um centro eminentemente de custo e não de resultado - tinha um componente variável associado aos ganhos financeiros em operações com derivativos, o que pode ter induzido os executivos a assumirem um comportamento mais propenso a riscos.

7. *Transparência* - Os derivativos poderiam ter sido apresentados de modo muito mais transparente aos investidores. A companhia optava por alocar parte substancial dos ganhos com derivativos não como receita financeira, mas como operacional. Além disso, optava por mostrar no balanço apenas os resultados realizados, deixando para as notas explicativas o valor de mercado de ganhos ou perdas ainda não realizados. A adoção do regime de caixa em vez de competência para as operações com derivativos era permitida à época em razão de uma regulação relativamente frouxa sobre a contabilização de derivativos.

A opacidade das operações com derivativos da Sadia foi possível porque as regras de contabilização de derivativos vigentes até 2008 eram relativamente frouxas. A principal regulação existente à época - a Instrução 235/1995 da CVM - não exigia qualquer padronização sobre como esses complexos instrumentos deveriam ser reportados pelas companhias. No caso da Sadia - que lançava grande parte dos ganhos com derivativos como receita operacional e adotava uma espécie de regime de caixa em vez do de competência nessas operações -, a falta de padronização dificultou a visualização correta de sua exposição a esses instrumentos. Para se ter uma ideia dos montantes envolvidos, no fim do primeiro semestre de 2008, a Sadia havia optado por não reconhecer em seu balanço um ganho financeiro não realizado da ordem de R$ 326 milhões; valor ligeiramente superior ao lucro operacional do mesmo período. (A apresentação clara desses números poderia ter alertado investidores sobre a enorme exposição da companhia a esses contratos.)

Logo após a emergência de problemas com derivativos na Sadia e em dezenas (talvez centenas) de companhias nacionais, a CVM emitiu a Instrução 475, de 2008, passando a exigir informações muito mais detalhadas sobre os instrumentos financeiros derivativos contratados, incluindo a elaboração de um quadro de análise de sensibilidade. Em conjunto com o CPC 14, aprovado em dezembro de 2008 pela Deliberação CVM 566/2008, elevou-se substancialmente o padrão de regulação do tema no país. Apesar de não ter se antecipado aos problemas, pode-se considerar o aprimoramento da regulação como uma consequência direta de uma reflexão sobre a queda do "avião" Sadia.

Além da questão da regulação contábil, as entidades que deveriam atuar como guardiãs dos investidores poderiam ter sinalizado ao mercado alguns dos riscos da companhia:

1. Auditores - Permitiram que a empresa não contabilizasse os resultados não realizados com contratos derivativos, uma prática possivelmente questionável conforme os princípios contábeis geralmente aceitos nos Estados Unidos (US Gaap) - aos quais a Sadia estava sujeita em função da listagem de ADRs na bolsa de Nova York - e os *International Financial Reporting Standards* (IFRS). Em processo administrativo sancionador, a auditoria foi acusada pela CVM de descumprir várias normas técnicas em seus trabalhos, incluindo a não divulgação nas notas explicativas da possibilidade da perda em dobro da Sadia em algumas operações celebradas. A assinatura de um termo de compromisso de R$ 1,5 milhão com o regulador reforça a percepção de que os serviços na companhia poderiam ter sido mais bem executados.

2. Bancos de investimento - Ao proporem instrumentos com excessiva complexidade e caráter especulativo, os bancos também contribuíram para os problemas ao atuarem mais como predadores que como parceiros de longo prazo. A conduta amoral desses personagens contribuiu para prejuízos arcados, em última instância, pelos investidores.

3. Analistas de ações - A maioria dos analistas apostava em bons resultados da empresa para o exercício de 2008. Como exemplo, um relatório de análise de 22 de setembro (quatro dias antes da divulgação dos prejuízos) indicava que o resultado do terceiro trimestre da Sadia não seria prejudicado pela alta do câmbio graças às operações de hedge para as dívidas em dólar. Após anos de ganhos operacionais compostos por ganhos financeiros, indaga-se se os analistas examinaram cuidadosamente os relatórios da Sadia e questionaram em profundidade os potenciais riscos aos quais estava exposta.

4. Agências de classificação de risco de crédito - Poderiam ter oferecido sinais de alerta claros aos investidores. Em uma ironia do destino, a Sadia teve seu rating de crédito de longo prazo elevado pelo S&P para BB+ em junho de 2008, sob o argumento de que a empresa teria "maior estabilidade" de suas margens, incluindo as medidas tomadas para proteger seu fluxo de caixa.

Como é sabido por todos, o prejuízo foi enorme para os stakeholders. Para os acionistas, observou-se uma destruição líquida de cerca de 60% do valor da Sadia apenas nos 15 dias ao redor do anúncio dos problemas. Ademais, a empresa celebrou um acordo de US$ 27 milhões com investidores norte-americanos detentores de ADRs. Eles haviam ingressado na justiça alegando que a Sadia teria apresentado seus números de modo deturpado nos anos anteriores, algo que teria elevado artificialmente o preço de suas ações.

Houve também punição na esfera administrativa de alguns administradores. O diretor financeiro foi inabilitado por três anos para o exercício do cargo de administrador de companhia aberta. De forma inédita, a CVM puniu os conselheiros de administração individualmente. Quatro conselheiros foram multados em R$ 400 mil, e cinco, em R$ 200 mil, por descumprimento do dever de diligência. A discrepância entre os valores deveu-se fundamentalmente à presença de alguns deles em comitês que deveriam, em tese, monitorar o cumprimento da política financeira da companhia. Outros quatro conselheiros foram absolvidos em função do curto espaço de tempo ocupado no conselho antes dos problemas. Surpreendentemente, o ex-presidente do conselho de administração, personagem central no caso e condenado à multa máxima pela CVM, não apenas permaneceu no conselho da BRF Foods - empresa resultante da reorganização societária que reuniu Perdigão e Sadia -, como também passou a ser considerado "conselheiro independente".

Ao menos cinco grandes lições podem ser extraídas desse episódio emblemático:

1. A qualidade da governança corporativa deve ser vista como algo contínuo e não estático. Empresas consideradas caso de sucesso em determinado momento podem involuir em suas práticas de governança. O fator-chave para a manutenção do êxito é perenizar o tema como prioridade de suas lideranças.

2. O funcionamento do sistema de governança é muito mais importante que a mera composição dos órgãos de administração. O caso deixa claro que conselhos compostos de "figurões" de mercado e comitês ornamentais não asseguram as melhores práticas.

3. Os conselheiros devem fazer os questionamentos corretos e procurar ativamente as informações a fim de agir de modo diligente. Saber fazer as perguntas que podem agregar ou evitar destruição significativa de valor é papel essencial dos conselheiros. Poderiam ter sido questionadas, por exemplo, a estrutura organizacional problemática do ponto de vista da segregação de funções, bem como a forte evolução dos ganhos financeiros de 2007 para o primeiro semestre de 2008. Fica claro nos autos do processo da CVM a visão de que os conselheiros não devem confiar cegamente em informações prestadas por fontes isoladas. Conforme muito bem apontado pelo relator do caso: "Se não receberam nenhuma informação, deveriam ter procurado por alguma. Se as informações eram insuficientes, deveriam ter buscado por mais..."

4. O cumprimento das políticas corporativas por meio de controles internos eficazes deve ser pauta-chave da agenda do conselho de administração. Não basta ao conselho apenas aprovar e revalidar políticas; é preciso, principalmente, solicitar a presença de um programa efetivo de *compliance* que contemple mecanismos de aferição do cumprimento dos regramentos da organização.

5. A boa governança deve se refletir na vontade de prestar contas ao investidor, de modo transparente, a respeito dos resultados e riscos reais incorridos pela empresa. Apesar de atuar dentro da legalidade, a companhia deixou de lado esse princípio, uma vez que poderia ter apresentado com mais transparência suas operações com derivativos.

Por fim, o caso Sadia deixa a mesma lição de outros colapsos corporativos: o que importa é a governança para valer, praticada no dia a dia, e não aquela para inglês ver, baseada em formalismos. A análise mostra que a queda de uma grande companhia como a Sadia, tal qual um acidente aéreo, foi um resultado de diversos erros interligados. Resta agora aos agentes de mercado internalizarem as lições para que catástrofes similares jamais voltem a ocorrer.

QUESTÕES PARA REFLEXÃO E DISCUSSÃO

1. O que são controles internos? Cite alguns exemplos práticos.

2. Quais são os principais componentes de um bom sistema de controles internos? Descreva-os sucintamente.

3. Que deveres fundamentais a lei exige que os conselheiros cumpram? Explique sucintamente.

4. O que é "gestão de riscos empresariais"? Quais são as principais etapas para implantar um processo efetivo de gestão de riscos?

5. Quais são as principais categorias de risco que uma empresa pode enfrentar? Discorra sobre elas.

6. O que é *compliance*? Cite algumas etapas para implantar um programa efetivo de *compliance*.

7. Quais são os principais deveres fiduciários dos administradores de acordo com nossa Lei das Sociedades por Ações (Lei 6.404/1976)? Descreva-os sucintamente.

8. O que ocorreu no caso Sadia? A seu ver, quem foram os principais culpados e que lições principais devem ser extraídas?

CAPÍTULO 9

A Governança Corporativa no mundo

CONCEITOS APRESENTADOS NESSE CAPÍTULO

- Sistemas de governança no mundo: acionistas dentro ou fora da administração
- Estruturas de conselho no mundo: sistema monístico *vs.* sistema dual
- A governança corporativa nos Estados Unidos
- A governança corporativa no Reino Unido
- A governança corporativa na Alemanha
- A governança corporativa na França
- A governança corporativa nos países nórdicos
- A governança corporativa no Japão

9.1. Sistemas de governança no mundo: acionistas externos ou como parte da administração

Todo país tem suas peculiaridades em relação a como suas companhias são governadas. Todavia, não obstante as diferenças no que se refere a regulação, estágio de desenvolvimento do mercado e contexto histórico, é útil comparar de algum modo os países quanto a seus sistemas de governança corporativa.

Reconhecidas as diferenças, são dois os sistemas principais de governança no mundo, categorizados em função da estrutura acionária da maioria das companhias listadas: (i) o sistema no qual os acionistas não fazem parte da administração (*outsider system*),[1] caracterizado pela estrutura de propriedade dispersa; e (ii) o sistema no qual alguns grandes acionistas, denominados "acionistas de referência", participam da administração das companhias (*insider system*).[2] O primeiro é encontrado nos países anglo-saxões, com destaque para os Estados Unidos e o Reino Unido, enquanto o segundo é mais comum nos demais países, como os da Europa continental.

A ausência de uma relação próxima entre gestão e acionistas é a característica marcante do *outsider system*. Nesses países, o financiamento via mercado de ações – oriundo principalmente de investidores institucionais e individuais – é muito relevante para o crescimento das companhias. Como resultado, os mercados de capitais são muito líquidos e as empresas listadas em geral apresentam estrutura de propriedade dispersa. Os acionistas por via de regra recebem apenas informações e dividendos – sem interferência direta na gestão –, o que faz com que esse sistema dependa de um ambiente regulador que assegure elevada transparência e proteção efetiva aos investidores. A legislação, por sua vez, tende a reconhecer a primazia dos acionistas em relação aos demais stakeholders, sendo que alguns autores utilizam o termo "sistema baseado no mercado" para caracterizar esses países.

A presença de acionistas de referência[3] nos conselhos ou mesmo em cargos executivos é a característica marcante do *insider system*. Na maioria dos países da Europa continental, por exemplo, as empresas são controladas por um grupo de acionistas relevantes[4] que atuam com coesão e mantêm posições acionárias de longo prazo.[5] Em geral, os acionistas de referência são famílias, instituições financeiras, *holdings*, outros grupos industriais ou mesmo o Estado. A gestão diária, portanto, é fortemente influenciada e acompanhada de perto pelos grandes acionistas, que tendem a tomar as principais decisões estratégicas em suas companhias. Nesses países, o financiamento empresarial tende a vir majoritariamente de bancos (privados e públicos) ou de recursos internos, com menor peso dos mercados de capitais. As relações de longo prazo com os stakeholders – principalmente empregados, fornecedores, instituições financeiras e Estado – tendem a ocupar um papel mais importante, diminuindo, por consequência, o foco exclusivo na criação de valor para o acionista como objetivo das decisões empresariais. Como resultado, alguns autores utilizam a expressão "sistema baseado nos relacionamentos" para caracterizar esses países. Tendo em vista a estrutura acionária em geral concentrada da maioria das companhias, a legislação societária desses países se concentra na proteção dos direitos dos acionistas minoritários, *vis-à-vis* os acionistas de referência.

A tabela a seguir destaca as principais características dos dois grandes sistemas de governança do mundo.[6]

O Brasil, com sua elevada concentração acionária, naturalmente se aproxima do sistema vigente na Europa continental. Por outro lado, a maior orientação de nossas companhias para o atendimento dos interesses dos acionistas e a presença de institucionais como sócios ativos sinaliza a presença de elementos do modelo anglo-saxão em nosso mercado. O Brasil se encontra, portanto, em uma posição híbrida entre os grandes sistemas de governança do mundo.

Tabela 9.1 Sistemas de governança no mundo: acionistas dentro ou fora da administração

SISTEMA DE GOVERNANÇA	ACIONISTAS FORA DA ADMINISTRAÇÃO (*OUTSIDER SYSTEM*)	ACIONISTAS DE REFERÊNCIA DENTRO NA ADMINISTRAÇÃO (*INSIDER SYSTEM*)
Estrutura de propriedade das grandes companhias	Dispersa: acionistas pulverizados e distantes do dia a dia do negócio	Mais concentrada: acionistas de referência influenciam diretamente a administração
Países de referência	Estados Unidos e Reino Unido	Alemanha, França e países restantes da Europa continental
Controle familiar nas grandes companhias	Raro	Comum
Estado como acionista relevante	Raro	Mais frequente
Utilização de mecanismos para incremento do poder de controle[7]	Rara, predominância do conceito uma ação – um voto	Frequente
Investidores Institucionais	De grande porte, muito relevantes e ativos	De menor porte e mais passivos
Horizonte temporal dos acionistas	Investidores permanecem cada vez menos tempo como acionistas	Acionistas de referência em geral têm horizonte de longo prazo
Diversificação das companhias	Mais baixa: empresas mais especializadas e menor presença de conglomerados empresariais	Alta: predomínio de grandes grupos empresariais, muitas vezes altamente diversificados
Papel do mercado de ações no financiamento das empresas	Muito importante	Menos importante, com maior participação do mercado de crédito via bancos privados e públicos
Mercado para aquisição hostil[8] do controle acionário	Ativo: possibilidade real de aquisições não solicitadas	Quase inexistente: raras tentativas de aquisições hostis
Principal conflito de governança em debate	Acionistas e executivos	Diferentes grupos de acionistas (p. ex., controladores e minoritários)
Propósito das companhias	Maximizar a riqueza dos acionistas	Equilibrar os interesses de seus stakeholders, sobretudo empregados

9.2. Estruturas de conselho no mundo: sistema monístico *vs.* sistema dual[9]

Outra possível diferença relevante entre os países ocorre no âmbito das estruturas de governança das companhias abertas. Há dois modelos predominantes: o sistema monístico (*one-tier board*), com a presença de um conselho de administração, e o sistema dual (*two-tier board*), com a presença de dois conselhos distintos voltados para a supervisão e para a gestão da companhia.

A maioria dos países adota o sistema monístico, incluindo o Brasil e os países anglo-saxões. Nesse sistema, o conselho de administração é responsável por supervisionar a gestão diária e por fixar as diretrizes estratégicas do negócio, o que inclui a tomada de muitas decisões relevantes. Há mais flexibilidade, portanto, para a distribuição dos poderes na alta gestão: alguns conselhos tendem a ser mais centralizadores para a tomada das decisões de negócio, enquanto outros tendem a delegar (desde que permitido pela legislação do país)[10] algumas de suas decisões para comitês ou para a diretoria, passando a se concentrar mais em suas funções de monitoramento. No caso do Reino Unido, por exemplo, o conselho como órgão colegiado, apesar de ser responsável pelas decisões mais relevantes, pode optar por delegar parte de seus poderes para comitês ou para a diretoria executiva. Um debate importante no sistema monístico diz respeito à presença ou não de executivos da companhia no conselho. Enquanto alguns países, como os Estados Unidos, advogam pela maior separação possível entre executivos e conselheiros, outros países, como o Reino Unido, acreditam que a presença de alguns executivos no conselho pode fazer com que o órgão tenha condições de tomar melhores decisões.

O sistema dual, criado originalmente pela Alemanha, é previsto como modelo optativo de governança em países como França e Países Baixos.[11] Nele, há uma divisão mais precisa de poderes entre o conselho de supervisão e o conselho de gestão. Essa divisão é reforçada pelo princípio da incompatibilidade, que estabelece que uma pessoa não possa atuar simultaneamente nos dois conselhos, haja vista que um órgão tem como função supervisionar as atividades do outro. O conselho de supervisão, portanto, deve ser composto apenas por pessoas externas às operações diárias, enquanto o conselho de gestão é composto pelo corpo executivo. A flexibilidade para a distribuição de poderes é muito mais reduzida, uma vez que a maioria das atribuições de cada um dos conselhos é indelegável. No sistema dual, cabe ao conselho de gestão determinar a estratégia da companhia, embora, em muitos casos, essa decisão deva ser ratificada pelo conselho de supervisão.

A tabela a seguir, derivada de um estudo da Organização para Cooperação e Desenvolvimento Econômico (OCDE), mostra como diversos países estruturam seu modelo de governança. Além da estrutura monística ou dual, há países que adotam modelos híbridos, como Itália, Japão e Portugal. Neles, existe um órgão estatuário adicional destinado a realizar atividades de auditoria.

Tabela 9.2 Estruturas de conselho no mundo: sistema monístico *vs.* sistema dual

SISTEMA MONÍSTICO (CONSELHO DE ADMINISTRAÇÃO)		SISTEMA DUAL (CONSELHO DE SUPERVISÃO E CONSELHO DE GESTÃO)	OPCIONAL: MONÍSTICO OU DUAL	SISTEMA HÍBRIDO
Austrália	Coreia do Sul	Alemanha	Dinamarca	Itália
Bélgica	México	Argentina	Finlândia	Japão
Brasil	Espanha	Áustria	França	Portugal
Canadá	Suécia	República Tcheca	Países Baixos	
Chile	Turquia	Estônia	Hungria	
Hong Kong	Reino Unido	Indonésia	Noruega	
Israel	Estados Unidos	Polônia	Eslováquia	

Fonte: OECD – Corporate Governance Factbook 2014.[12]

Independentemente da estrutura monística ou dual do conselho, a maioria dos países tem exigências, ou, ao menos, recomendações, sobre a proporção mínima (em geral, mais que 50%) de conselheiros independentes.[13] Quatro países – Chile, França, Israel e Estados Unidos – estabeleceram um percentual mínimo de independentes que varia em função da estrutura societária das companhias. Na França e em Israel, por exemplo, exige-se maioria de conselheiros independentes para as companhias sem acionista controlador. Para aquelas com controlador definido, a exigência é de, no mínimo, um terço de independentes.[14]

A tabela a seguir compara diversas características dos conselhos de companhias listadas em países de referência, cujos modelos de governança serão detalhados nas próximas seções.[15]

Tabela 9.3 Características do conselho em países de referência selecionados

ESTRUTURA E COMPOSIÇÃO DOS CONSELHOS DE ADMINISTRAÇÃO[16]	BRASIL	ESTADOS UNIDOS	REINO UNIDO	FRANÇA	ALEMANHA	JAPÃO	UNIÃO EUROPEIA (EU)
Tamanho do conselho (média do número de conselheiros)	6,9	10,7	11,0	14,2	17,0	10,9	12,1
Separação de cargos entre diretor--presidente e presidente do conselho	87%	45%	97%	35%	100%	0%	80%
Conselheiros independentes (proporção média)	31%	85%	68%	62%	38%	8,8%	60%
Conselheiros independentes como presidente do conselho	5%	25%	73%	15%	17%	0%	33%
Idade dos conselheiros (média)	56,2	63,0	58,9	59,7	57,0	61,2	58,2
Idade do presidente do conselho (média)	60,2	59,5	63,0	60,2	60,0	67,0	63,5
Idade do diretor-presidente (média)	52,2	56,7	52,0	56,5	56,0	61,9	54,2
Companhias com comitê de auditoria (%)	26%	100%	100%	95%	97%	4%	100%
Companhias com comitê de remuneração	32%	100%	100%	95%	90%	6%	97%
Companhias com comitê de nomeação	14%	100%	100%	95%	97%	3%	51%
Companhias com mais de três comitês do conselho	7,3%	72%	78%	NA	NA	0%	NA
Número de comitês do conselho (média)	1,1	4,3	4,4	3,5	4,6	NA	3,4
Mulheres no conselho	7,5%	18%	18%	22,5%	16%	2%	17%
Mulheres como presidentes da diretoria – CEOs	3,7%	4,5%	4,9%	1,8%	2,1%	0%	3,0%
Mulheres como presidentes do conselho	4,1%	5,0%	1,0%	2,0%	2,6%	0%	4,0%
Conselhos com ao menos uma mulher no órgão	33,5%	93%	94%	97%	93%	20%	88%
Estrangeiros no conselho	11,7%	8,6%	40%	27%	11%	2%	30%
Número médio de conselhos ocupados pelos conselheiros	1,7	1,8	NA	NA	NA	1,05	NA
Tempo médio no cargo dos conselheiros (anos)	NA	8,6	5,5	6,6	6,4	NA	6,0

NA = não aplicável.

9.3. A governança corporativa nos Estados Unidos[17]

Os Estados Unidos têm o mercado de capitais mais líquido, com maior volume negociado, maior capitalização de mercado, o segundo maior número de companhias listadas do mundo[18] (5.008 companhias domésticas listadas nas bolsas de valores do país em 2014)[19] e são sede de cerca de um terço das quinhentas maiores companhias do mundo.[20] Por ser a "meca" do mercado financeiro, esse país tende a ditar os padrões de governança que servem de referência para o restante do mundo.[21]

As companhias norte-americanas são caracterizadas por uma estrutura acionária altamente dispersa, sem acionistas majoritários. Como resultado, as empresas tendem a ser controladas por seus executivos, capitaneados pelo *Chief Executive Officer* (CEO),[22] em uma situação denominada "controle gerencial".[23]

A regulação societária do país também contribuiu para o aumento do poder da administração (conselho e diretoria) *vis-à-vis* os acionistas. Trata-se de um sistema singular, que ocorre no âmbito estadual, federal e nas bolsas de valores.

As companhias são reguladas principalmente no âmbito estadual.[24] São os estados, por exemplo, que definem a estrutura de governança das empresas e os deveres fiduciários a serem observados pelos administradores. Entre eles, Delaware exerce um papel de liderança na definição da jurisprudência do direito societário no país, já que cerca de 50% das companhias listadas e cerca de 60% das quinhentas maiores companhias norte-americanas são constituídas nesse estado.[25]

A legislação do estado norte-americano de Delaware é considerada historicamente favorável aos administradores das companhias. Por via de regra, para definir o que é melhor para a companhia no longo prazo, as cortes tendem a demonstrar mais confiança nos administradores – desde que bem informados e não sujeitos a conflitos de interesses – que nos acionistas. Como resultado, o poder do conselho de administração nos Estados Unidos é enorme, muito superior que o observado em outros países.

A existência de regras amigáveis para com os administradores, associada à elevada dispersão acionária, fez com que os acionistas das grandes companhias norte-americanas não tenham se mostrado fortes o suficiente para impor seus interesses ao longo do século XX. Na prática, é difícil para os acionistas até mesmo eleger os conselheiros de sua preferência, principalmente se os candidatos não fizerem parte da chapa escolhida pela administração. O quadro a seguir detalha o complexo e singular sistema para eleição de conselheiros nos Estados Unidos.

Quadro 9.1 O complexo processo de eleição de conselheiros nos Estados Unidos

O complexo processo de eleição de conselheiros nos Estados Unidos[26]

Os Estados Unidos contam com um sistema para eleição de conselheiros complexo e singular, que dificulta, sobremaneira, a eleição de membros por acionistas dissidentes da alta gestão.

Nesse sistema, cabe ao comitê de nomeação do conselho indicar a chamada "chapa da administração" – um conjunto de nomes recomendados pela companhia que é incluído nos documentos enviados a todos os acionistas que solicitam procurações de votos.

Para os acionistas que pretendem sugerir nomes para eleição dos conselheiros, há dois caminhos. O primeiro é simplesmente sugerir pessoas de sua preferência para a análise pelo comitê de nomeação ou pelo conselho, algo que, na prática, gera poucos resultados concretos.

A outra opção é desafiar, à sua custa, a chapa da administração. Nesse caso, denominado "eleição contestada", o desafiante (em geral um investidor institucional) lança uma campanha para coletar procurações de voto (*proxy contest*) em favor de seus candidatos alternativos ao conselho (ele pode indicar apenas alguns nomes ou uma chapa completa para o órgão). Na prática, as eleições contestadas são raras. Além disso, nas poucas vezes em que se realizam, a taxa de sucesso é inferior a 50%.

Na enorme maioria das eleições, portanto, concorrem apenas os candidatos da chapa da administração, eliminando qualquer competição pelo cargo. Ademais, as companhias historicamente adotaram um sistema de votação denominado "voto por pluralidade" (*plurality vote*). Nele, cabe aos acionistas descontentes com os nomes indicados votar contra toda a chapa da administração ou, no máximo, recusar (*withhold*) o voto em relação a alguns dos candidatos indicados.

O problema é que, sob a regra do voto por pluralidade, o candidato com maior número de votos é eleito. Logo, nas eleições não contestadas, mesmo que o candidato receba um único voto – tendo sido recusado por todos os demais acionistas –, ele será considerado eleito. Logo, os acionistas apenas possuem papel ratificador dos nomes selecionados pela administração.

Desde meados da década de 2000, houve grande pressão por mudanças desse sistema de votação por parte dos investidores institucionais. Como resultado, a maioria das companhias passou a adotar o sistema de "voto por maioria" (*majority voting*).

No voto por maioria, adotado por 87 das 100 maiores companhias norte-americanas ao fim de 2013, exige-se que o candidato ao conselho obtenha, ao menos, a maioria simples dos votos computados na assembleia para poder assumir ou permanecer no cargo. Em geral, caso não receba votos favoráveis suficientes, o candidato, então, deverá solicitar sua demissão do conselho.

Há variantes do sistema de voto por maioria, na medida em que compete ao estatuto de cada companhia definir se o pedido de demissão do candidato pouco votado deverá ser obrigatório ou voluntário, bem como se o conselho deverá obrigatoriamente aceitá-lo ou não.

Além da legislação estadual, a regulação das companhias norte-americanas é realizada no âmbito federal pela Securities and Exchange Commission (SEC), a comissão de valores mobiliários do país. A SEC tem como foco estabelecer as informações a serem divulgadas pelas companhias e evitar manipulação do mercado por meio de informações privilegiadas.

A regulação das companhias é complementada ainda por exigências das bolsas de valores.[27] As duas principais bolsas do país – a de Nova York (NYSE)[28] e Nasdaq-OMX – estabelecem requisitos a serem seguidos pelas companhias listadas. Atualmente, por exemplo, elas exigem maioria de membros independentes nos conselhos,[29] bem como a implantação de três comitês compostos exclusivamente por conselheiros independentes: auditoria, remuneração e nomeação.[30]

Conforme exposto no Capítulo 2, o cenário com executivos fortes e acionistas fracos, associado ao mau desempenho da economia dos Estados Unidos no início dos anos 1980, levou a uma insatisfação crescente por parte de diversos investidores, principalmente os institucionais, o que propiciou a eclosão do movimento da governança corporativa nessa década.

O estopim para um maior ativismo dos investidores – termo criado para designar uma atuação mais ativa dos acionistas, principalmente grandes fundos de pensão, com o objetivo de mudar a administração e as práticas de governança das companhias onde tinham participação – ocorreu quando muitas companhias passaram a lançar mão de mecanismos defensivos, a fim de evitar serem adquiridas por terceiros. Entre os diversos casos da época, merece destaque o ocorrido entre a Texaco e o fundo Bass Brothers em 1984. Para muitos, esse foi o marco inicial do movimento da governança no país. O quadro a seguir o descreve em detalhes.

Quadro 9.2 O estopim para o movimento da governança nos Estados Unidos: o caso Texaco-Bass Brothers

O estopim para o movimento da governança nos Estados Unidos: o caso Texaco-Bass Brothers

Em 1984, o fundo Bass Brothers, possivelmente interessado em adquirir o controle da Texaco, passou a comprar ações até alcançar cerca de 10% do capital da companhia.

Temerosos de que uma aquisição hostil pudesse vir a ter sucesso, a administração da Texaco lançou mão de uma operação defensiva denominada *greenmail*.[31]

A operação consiste na recompra das ações do potencial adquirente – em geral um fundo ou investidor conhecido como "pirata corporativo" (*corporate raider*) – com recursos da companhia a preços inflacionados, fazendo com que a adquirente desista da ideia de ir adiante com a aquisição hostil.

No caso da Texaco, sua administração ofereceu ao Bass Brothers – mas não aos demais acionistas – comprar suas ações a US$ 55 por ação: US$ 20 a mais do que a cotação de mercado (de US$ 35) na ocasião.

O fundo Bass-Brothers aceitou a oferta, auferindo um retorno considerável em um curto espaço de tempo. O prêmio pago ao fundo custou cerca de US$ 137 milhões ao então combalido caixa da Texaco. Isso causou a indignação dos demais acionistas, que, em última instância, arcaram com esse custo.

Entre os descontentes, destacava-se o gigantesco fundo de pensão californiano CalPERS (*California Public Employees Retirement System*),[32] então detentor de cerca de 1% das ações da Texaco. Na visão do CalPERS, essa foi uma operação inaceitável, uma vez que os outros acionistas simplesmente pagaram para evitar receber uma oferta potencialmente interessante para vender suas ações.

A partir daí, o conselho do CalPERS adotou uma resolução na qual não aceitaria mais comportamentos similares das outras companhias nas quais tinha participação acionária, bem como passaria a monitorar as práticas de suas companhias investidas.[33] Para muitos, esse foi o estopim para todo o movimento da governança corporativa nos Estados Unidos.

Após o caso Texaco-Bass Brothers e outros episódios similares, fundos de pensão como o CalPERS passaram a ter uma postura mais ativa, deixando de aceitar comportamentos similares por parte de suas companhias investidas. Um dos resultados dessa mudança de postura foi a criação, em 1985, do Conselho dos Investidores Institucionais (CII – Council of Institutional Investors),[34] uma associação com o objetivo de cuidar dos interesses dos investidores institucionais por meio de diversas iniciativas, entre as quais, atividades de *lobby* para mudança da legislação.

Entre os principais problemas de governança a serem enfrentados à época, de acordo com os institucionais, destacavam-se o poder excessivo dos executivos sobre os conselhos, os sistemas de remuneração dos CEOs desvinculados do desempenho acionário e a utilização de diversos mecanismos defensivos (descritos no Capítulo 2) para evitar aquisições hostis.

A pressão dos investidores institucionais, por meio de atuação conjunta e do engajamento nas assembleias de acionistas, deu resultado: muitas práticas de governança das companhias norte-americanas mudaram a partir da década de 1990, incluindo o aumento da proporção de membros independentes nos conselhos e a demissão de alguns CEOs de empresas renomadas após fraco desempenho de suas empresas.[35]

O aumento da relevância dos institucionais – apoiados por uma literatura acadêmica que enfatizava os benefícios do foco no "valor para o acionista" – ocasionou mudanças na esfera legislativa: desde o início da década de 1990, uma série de mudanças regulatórias ocorreu nos Estados Unidos a fim de conferir cada vez mais poder para os acionistas.

O maior empoderamento dos acionistas, algo tradicionalmente associado às boas práticas de governança, também tem seus críticos.[36] Para eles, os investidores tendem a pressionar os administradores a tomar medidas com o objetivo de elevar os resultados de curtíssimo prazo, podendo ameaçar, dessa forma, o futuro de longo prazo da companhia e de seus stakeholders.

Muitos argumentam que as sucessivas ondas de escândalos empresariais no país desde o fim da década de 1990 – bolha da internet na virada do século, fraudes contábeis lideradas pelo caso Enron nos anos 2001-2002, escândalo das opções de ações com datas retroativas em 2006[37] e crise financeira global em 2008 – são resultado de uma visão de governança excessivamente dirigida aos acionistas, particularmente os de curto prazo. Além disso, alguns críticos alegam que pressões indevidas por acionistas com horizonte temporal de curto prazo, como fundos de hedge, levaram companhias a realizar recompras de ações com o objetivo de manter o preço dos papéis em patamares elevados, ocasionando redução de investimento em áreas como a de pesquisa e desenvolvimento.[38]

Há um embate nos Estados Unidos atualmente, portanto, entre os proponentes do modelo de maior poder aos acionistas, e os proponentes de um modelo com maior poder para os administradores (nesse caso, mais orientado para o conjunto dos stakeholders).[39] De qualquer modo, há certo consenso de ambos os lados do debate de que é necessário aprimorar os padrões de governança para que as companhias tenham conselhos fortes, genuinamente independentes dos executivos e com horizonte de longo prazo. A tabela a seguir resume as principais características de governança do ambiente norte-americano.

Tabela 9.4 Principais características de governança corporativa nos Estados Unidos

GOVERNANÇA CORPORATIVA NOS ESTADOS UNIDOS – PRINCIPAIS CARACTERÍSTICAS[40]	
Estrutura de propriedade das empresas	▪ Estrutura acionária dispersa, principalmente nas grandes companhias (cerca de 90% das empresas do S&P 500[41] não têm qualquer acionista com mais de 20% das ações);[42] ▪ Baixa presença, nas grandes companhias, de controle familiar, estatal ou de grupos financeiros; ▪ Acionistas relativamente fracos e administradores fortes na tomada das principais decisões empresariais; ▪ Atuação cada vez mais relevante dos investidores institucionais como acionistas, principalmente fundos de pensão e fundos mútuos (detentores de 6% da capitalização de mercado em 1950, subindo para 76% das ações das mil maiores companhias listadas em 2009);[43] ▪ Baixa proporção (menos de 10%) de companhias com mecanismos para aumentar o poder de controle de seus principais acionistas, por exemplo, estruturas piramidais ou ações com direito de voto diferenciado.[44]
Estrutura e funcionamento dos conselhos	▪ Conselhos com cerca de 11 membros em média,[45] quase todos independentes em geral (média de 85% nas companhias do S&P 500). Em 60% das empresas, o CEO é o único conselheiro não independente.[46] ▪ Todas as companhias listadas contam com três comitês compostos apenas por conselheiros independentes: auditoria, remuneração e nomeação.[47] ▪ Além dos três comitês obrigatórios, 85% das companhias têm outros comitês do conselho (p. ex., finanças, executivo, riscos). Em média, os conselhos das empresas do S&P 500 contam com 4,3 comitês. ▪ Mais da metade (52%) da remuneração dos conselheiros é paga em ações.[48] Pagamento em dinheiro corresponde a 39%, enquanto as opções de ações representam 6%[49] (remuneração total dos conselheiros das empresas do S&P 500 de US$ 250 mil/ano em média).
Cargos de presidente do conselho (*chairman*) e CEO	▪ Apesar da pressão rumo às melhores práticas, na maioria das empresas os cargos continuam a ser ocupados pela mesma pessoa (69 das 100 maiores companhias norte-americanas têm a mesma pessoa nos cargos de presidente do conselho e CEO).[50] ▪ Presidente do conselho é um conselheiro independente em apenas 13 das 100 maiores companhias e em 25% das pertencentes ao S&P 500.[51] ▪ 47% dos CEOs das companhias do S&P 500 fazem parte de outros conselhos.

GOVERNANÇA CORPORATIVA NOS ESTADOS UNIDOS - PRINCIPAIS CARACTERÍSTICAS[40]

Principais temas e tendências atuais de governança corporativa	▪ Adoção do "voto por maioria" (*majority voting*) para eleição de conselheiros: 87 das 100 maiores empresas adotavam a prática ao fim de 2013, contra apenas 11 em 2005. ▪ Indicação de candidatos para o conselho diferentes daqueles indicados pela chapa da administração: a prática do *proxy access* permite que acionistas que satisfaçam a certos requisitos de propriedade[52] tenham o direito de incluir seus candidatos ao conselho nos documentos da companhia[53] arquivados junto à SEC e enviados para os acionistas. ▪ Contribuições políticas: maior pressão pela definição de regras corporativas e maior divulgação das doações realizadas e destinatários. ▪ Maior peso dos acionistas na definição da remuneração dos executivos (*say on pay*).[54] ▪ Diminuição da frequência de adoção de mecanismos contra aquisições hostis, como *poison pills* e conselhos escalonados (*staggered board*). ▪ Maior engajamento dos investidores institucionais e aumento do contato entre conselheiros e investidores. ▪ Aumento do número de comitês de risco nos conselhos. ▪ Diversidade na alta gestão, com destaque para os debates sobre gênero: SEC passou a exigir que o comitê de nomeação explique se considerou questões de diversidade na identificação dos candidatos ao conselho.[55] ▪ Avaliação individual de desempenho dos conselheiros: praticamente todos os conselhos (98%) realizam avaliação formal do órgão, porém apenas um terço avalia os conselheiros individualmente. ▪ Restrição para assentos simultâneos dos conselheiros em outras empresas: 76% das companhias do S&P 500 estabelecem um limite de conselhos nos quais seus conselheiros podem atuar (em geral, de 4 a 5 conselhos). ▪ Limite de idade e de tempo no cargo dos conselheiros: 81 das 100 maiores companhias norte-americanas estabelecem idades máximas para aposentadoria dos conselheiros (em geral, entre 70 e 72 anos). ▪ Sucessão do CEO: mais de dois terços dos conselhos se reúnem para discutir o plano sucessório do CEO ao menos uma vez por ano: 65% têm planos formais tanto para as transições de emergência quanto para as de longo prazo.

9.4. A governança corporativa no Reino Unido[56]

Como país anglo-saxão, o mercado de ações do Reino Unido apresenta diversas semelhanças com o norte-americano: é extremamente líquido, sofisticado – disputa a primazia de principal centro financeiro do mundo com Nova York – e tem papel central no financiamento das empresas (2.462 listadas na London Stock Exchange).[57] A estrutura societária das grandes companhias também é similar, com elevada dispersão acionária e grande presença dos investidores institucionais, principalmente fundos de pensão, seguradoras e fundos de hedge.

Por outro lado, há diferenças relevantes na governança corporativa entre o Reino Unido e os Estados Unidos. Em primeiro lugar, a legislação britânica confere mais poderes aos acionistas que o observado nos Estados Unidos. Mecanismos de defesa contra aquisições hostis como as *poison pills*, por exemplo, só podem ser adotados caso sejam aprovados pelos acionistas, não podendo ser adotados apenas por determinação do conselho.

Há também uma diferença importante em relação à questão da regulação. Enquanto os Estados Unidos avançaram nas exigências de governança por meio de leis como a Sarbanes-Oxley de 2002 e a Dodd-

-Frank de 2010,[58] o Reino Unido apostou em um caminho diferente, que tem por base a autorregulação e vários códigos de governança elaborados ao longo dos anos.

Esses documentos, produzidos por comissões compostas por representantes de diversas entidades, têm como objetivo sinalizar às companhias as práticas de governança recomendadas. Desde o início, sua adoção se baseou no "pratique ou explique" (*comply or explain*),[59] conceito criado no Reino Unido e replicado posteriormente por diversos países. O "pratique ou explique" não requer que as companhias adotem todas as recomendações contidas nos códigos, porém exige que as empresas identifiquem claramente[60] as práticas que optaram por não cumprir, bem como os motivos que as levaram a não adotar as recomendações. Trata-se, portanto, de uma abordagem que se fundamenta em princípios flexíveis, em vez de uma "receita de bolo" prescritiva para todas as companhias.[61] Apesar do caráter voluntário, as evidências mostram que as recomendações dos códigos de governança britânicos foram adotadas, ao longo dos anos, pela ampla maioria das companhias do país.

O primeiro código de governança britânico foi o *Cadbury Report*[62] de 1992. Como exposto no Capítulo 2, trata-se de um dos marcos do movimento da governança corporativa por ter sido o primeiro documento desta natureza do mundo. A tabela a seguir descreve a evolução histórica dos principais códigos do Reino Unido.

Tabela 9.5 Evolução histórica dos códigos de governança no Reino Unido

	CÓDIGO DE GOVERNANÇA	ANO	RESUMO
1	*Cadbury Report*[63]	1992	Foco na composição e no funcionamento do conselho de administração, auditorias, e relatórios financeiros.
2	*Greenbury Report*[64]	1995	Foco na remuneração dos conselheiros e no Comitê de Remuneração do conselho.
3	*Hampel Report*[65]	1998	Consolidação dos códigos anteriores. Primeiro código a reconhecer a governança como forma de assegurar a prestação de contas e a rentabilidade do negócio.
4	*Turnbull Report*[66]	1999	Foco nos controles internos, como forma de assegurar relatórios financeiros de qualidade.
5	*Original Combined Code*[67]	2000	Incorporação às regras da bolsa de Londres. Formalização da adoção do princípio do "pratique ou explique".
6	*Higgs Report*[68]	2003	Foco na revisão do papel e da efetividade dos conselheiros externos.
7	*Smith Report*[69]	2003	Foco no papel e nas atividades do Comitê de Auditoria, incluindo papel da auditoria independente.
8	*New Combined Code*[70]	2003	Primeira atualização do principal código britânico. Inclui recomendações dos relatórios Turnbull, Higgs e Smith.
9	Nova versão: *New Combined Code*[71]	2008	Segunda atualização do principal código britânico.
10	*Walker Review of UK Banking Industry*[72]	2009	Foco nas instituições financeiras, particularmente no papel dos conselhos na gestão de riscos e na composição e funcionamento dos comitês.
11	*The UK Corporate Governance Code*[73]	2010 (revisado em 2012)	Consolidação de todos os códigos anteriores e criação do primeiro documento denominado oficialmente The UK Corporate Governance Code.
12	*The UK Stewardship Code*[74]	2012 (revisado em 2012)	Primeiro código de governança destinado a orientar as atividades dos investidores institucionais no cumprimento de seus deveres fiduciários.

A versão mais recente do *The UK Corporate Governance Code* (Código de Governança Corporativa do Reino Unido) foi lançada em setembro de 2012. O documento é dividido em cinco seções: liderança, efetividade, prestação de contas, remuneração e relacionamento com os acionistas. A tabela a seguir apresenta os principais princípios que fundamentam a atual versão do código do Reino Unido.

Tabela 9.6 Princípios do Código de Governança Corporativa do Reino Unido

CÓDIGO DE GOVERNANÇA CORPORATIVA DO REINO UNIDO: PRINCÍPIOS FUNDAMENTAIS	
PRINCÍPIO	RESUMO
Liderança	Toda companhia deve ser dirigida por um conselho de administração efetivo que é responsável pelo sucesso de longo prazo da companhia. O presidente do conselho é o responsável pela liderança do órgão e o diretor-presidente é o responsável por gerir os negócios. Tendo em vista a clara separação de responsabilidades, os cargos devem ser ocupados por pessoas diferentes. O conselho deve ser composto por um número apropriado de conselheiros externos (não executivos), cujo papel é desafiar de forma construtiva a gestão e ajudar a desenvolver propostas sobre a estratégia da companhia.
Efetividade	O conselho e seus comitês devem ter uma composição equilibrada quanto a experiência, independência e conhecimentos, de modo a poderem cumprir seus deveres e responsabilidades de forma efetiva. O conselho deve levar em consideração os aspectos de diversidade, sob as mais diversas perspectivas, na definição de sua composição. Deve haver uma avaliação regular de desempenho do conselho, seus comitês e conselheiros individualmente.
Prestação de contas	O conselho é o responsável por manter um sistema de gestão de riscos e de controles internos sólido, bem como manter uma relação adequada com a auditoria independente. O conselho é o responsável pela qualidade do reporte das informações financeiras e não financeiras para os públicos externos. Cabe ao conselho apresentar uma avaliação equilibrada sobre a real situação da companhia.
Remuneração	A remuneração deve ser suficiente para atrair, reter e motivar executivos de qualidade que possam administrar a companhia com sucesso. Deve-se evitar pagar mais que o necessário. A companhia deve atrelar uma proporção significativa da remuneração a metas de desempenho que fomentem o sucesso de longo prazo. Deve haver um procedimento formal e transparente para desenvolver a política de remuneração dos executivos.
Relacionamento com os acionistas	Deve haver um diálogo construtivo com os acionistas, de forma a haver compreensão mútua dos objetivos de ambas as partes. O conselho de administração deve estimular a participação de acionistas na assembleia geral e utilizá-la para se comunicar com os investidores. Os acionistas devem se engajar com suas companhias, monitorando-as.

Tendo em vista a relevância dos investidores institucionais em um ambiente com estrutura de propriedade dispersa como o britânico, o país inovou em 2010 ao lançar o *UK Stewardship Code*,[75] um código com o objetivo de fomentar junto aos institucionais o cumprimento de seus deveres fiduciários de modo mais efetivo.

Como resultado, o país conta atualmente com dois códigos: o Código de Governança do Reino Unido, dirigido aos conselhos de administração, e o Código dos Investidores, que define padrões para o monitoramento e o engajamento dos institucionais junto às suas companhias investidas.

A adesão ao *UK Stewardship Code* por parte dos fundos de pensão, das seguradoras, fundações e de outros veículos de investimento coletivos é voluntária. Em caso de adesão, sua aplicação também se baseia no "pratique ou explique". A tabela a seguir descreve os princípios e orientações contidos no código dos investidores institucionais.

Tabela 9.7 Diretrizes do Código para Investidores Institucionais do Reino Unido

CÓDIGO PARA INVESTIDORES INSTITUCIONAIS DO REINO UNIDO - *THE UK STEWARDSHIP CODE*		
	PRINCÍPIO	ORIENTAÇÃO
1	Os investidores institucionais devem divulgar publicamente sua política sobre como irão satisfazer à sua responsabilidade fiduciária.	As atividades fiduciárias incluem o monitoramento e o engajamento com suas companhias em temas como estratégia, desempenho, risco, estrutura de capital e governança corporativa, incluindo cultura e remuneração. O engajamento significa um diálogo construtivo com as companhias em relação aos temas que são objeto de deliberações nas assembleias de acionistas. A política deve deixar claro como o investidor aplica os princípios do código a fim de aumentar e proteger o patrimônio de seus beneficiários finais.
2	Os investidores institucionais devem ter uma política robusta para administrar os conflitos de interesses que possam afetar o cumprimento de seus deveres fiduciários.	O investidor institucional deve sempre agir no melhor interesse de seu beneficiário final. Conflitos de interesse podem surgir, como em matérias que possam afetar a instituição financeira ou empresa a qual pertence o fundo. Os investidores institucionais devem criar, implantar e divulgar uma política para identificar e administrar os conflitos de interesses que possam vir a surgir. A política deve sempre assegurar que o interesse do beneficiário final seja sempre colocado em primeiro lugar.
3	Os investidores institucionais devem monitorar ativamente suas companhias investidas.	O monitoramento efetivo é um componente essencial para o cumprimento dos deveres fiduciários do investidor institucional. Os institucionais devem monitorar suas investidas em relação aos seguintes aspectos: desempenho, fatores que afetam o valor e os riscos da companhia, qualidade da liderança, transparência das informações financeiras, atuação do conselho e de seus comitês, aderência às práticas recomendadas de governança. Os investidores institucionais devem participar das assembleias das companhias nas quais têm maior participação acionária, bem como dialogar com a administração, caso identifiquem pontos de atenção.
4	Os investidores institucionais devem elaborar diretrizes claras sobre quando e como poderão procurar intervir em suas companhias investidas.	Os institucionais devem definir as circunstâncias nas quais poderão intervir ativamente em suas companhias investidas. Exemplos de situações que podem levar a uma ação mais proativa dos investidores incluem preocupações acerca da estratégia, desempenho, governança, remuneração ou abordagem em relação aos riscos da companhia, particularmente aqueles de natureza socioambiental. As discussões iniciais devem ocorrer confidencialmente. Caso as companhias não respondam de modo construtivo, os investidores institucionais poderão, então, considerar intensificar sua ação, o que pode levar à busca por apoio junto a outros fundos, inclusão de temas na pauta da assembleia ou mesmo à busca pela substituição de conselheiros de administração.

CÓDIGO PARA INVESTIDORES INSTITUCIONAIS DO REINO UNIDO - *THE UK STEWARDSHIP CODE*		
	PRINCÍPIO	ORIENTAÇÃO
5	Os investidores institucionais devem procurar agir coletivamente com outros investidores quando apropriado.	A colaboração com outros investidores em muitos casos pode ser o meio mais efetivo de demonstrar engajamento. Os institucionais devem divulgar sua política relativa ao engajamento conjunto com outros investidores, indicando as circunstâncias nas quais considerariam atuar de forma coletiva.
6	Os investidores institucionais devem ter uma política clara sobre voto em assembleias, incluindo sua divulgação pública.	Os institucionais devem procurar exercer o voto de todas as ações de sua carteira. Eles não devem apoiar a recomendação da administração automaticamente. Caso não tenham conseguido um resultado satisfatório por meio de um diálogo construtivo, os institucionais devem, então, abster-se ou votar contra as propostas apresentadas. Em ambos os casos, o investidor deve informar à companhia antecipadamente suas intenções de voto e justificativas. Os investidores institucionais devem divulgar publicamente seus votos proferidos nas assembleias.
7	Os investidores institucionais devem disponibilizar periodicamente um relatório relativo ao cumprimento de seus deveres fiduciários e votos em assembleias.	Os investidores institucionais devem manter um registro claro de suas atividades relativas ao exercício de seus deveres fiduciários. Esses relatórios devem ser produzidos ao menos anualmente e conter informações qualitativas e quantitativas. A transparência é um aspecto-chave do cumprimento efetivo dos deveres fiduciários. Por outro lado, os institucionais não devem divulgar informações que possam ser contraproducentes para seus beneficiários finais.

Outra diferença marcante do sistema de governança britânico diz respeito à liderança e composição dos conselhos de administração. Enquanto, nos Estados Unidos, a maioria das grandes companhias ainda tem a mesma pessoa simultaneamente nos cargos de presidente do conselho e diretor-presidente, no Reino Unido essa prática é praticamente inexistente, com a presença de conselheiros externos – em geral independentes – como presidentes do órgão. Por outro lado, enquanto, nos Estados Unidos, apenas o CEO tende a participar do conselho de administração,[76] no Reino Unido há uma proporção maior de executivos da diretoria nos conselhos – porém, sempre em minoria e sem atuação nos comitês do conselho. A tabela a seguir resume as principais características de governança no ambiente britânico:

Tabela 9.8 Principais características de governança corporativa no Reino Unido

GOVERNANÇA CORPORATIVA NO REINO UNIDO - PRINCIPAIS CARACTERÍSTICAS	
Estrutura de propriedade das empresas	▪ Estrutura de propriedade dispersa nas companhias listadas, de maneira similar aos Estados Unidos (cerca de 90% das companhias listadas não contam com acionista detentor de mais de 25% das ações). ▪ Papel historicamente importante dos investidores institucionais britânicos, principalmente fundos de pensão e seguradoras liderados por entidades como a ABI (*Association of British Insurers*),[77] a NAPF (*National Association of Pension Funds*)[78] e o fundo Hermes.[79] ▪ Nas últimas décadas, diminuição do peso dos fundos de pensão e seguradoras britânicas (queda de 50% do total das ações da bolsa de Londres em 1992 para 15% em 2012).[80] ▪ Em contrapartida, forte aumento dos investidores estrangeiros no mercado acionário (aumento de 31% do total de ações em 1998 para 53% em 2012).[81]

GOVERNANÇA CORPORATIVA NO REINO UNIDO - PRINCIPAIS CARACTERÍSTICAS	
Estrutura e funcionamento dos conselhos	▪ Equilíbrio entre executivos e independentes no conselho de administração, porém sempre com maioria de conselheiros externos. ▪ Maior atuação conjunta do conselho com a diretoria, em uma abordagem mais colaborativa e menos adversária. ▪ Conselhos com três comitês, todos compostos exclusivamente por conselheiros independentes: auditoria, remuneração e nomeação. ▪ Praticamente todos os conselhos realizam avaliação formal de desempenho.
Cargos de presidente do conselho (*chairman*) e CEO	▪ Presença de pessoas diferentes nos cargos de presidente do conselho e diretor-presidente em praticamente todas as companhias. ▪ Maioria dos cargos de presidente do conselho ocupada por conselheiros independentes.

9.5. A governança corporativa na Alemanha

O modelo de governança alemão contrasta fortemente com aquele vigente nos países anglo-saxões. Em primeiro lugar, as companhias tendem a adotar uma abordagem mais orientada para o equilíbrio dos interesses dos stakeholders, em vez de priorizarem exclusivamente os interesses dos acionistas.

Isso decorre não apenas do histórico coletivista e da elevada coesão social do país,[82] mas também de uma legislação específica de 1976 denominada Lei da Cogestão,[83] que assegura aos trabalhadores participação na administração das companhias em que trabalham. Conforme detalhado adiante, confere aos empregados o direito de eleger uma proporção substancial de membros do conselho de supervisão – órgão máximo de governança das companhias alemãs.

A lei da cogestão é resultado de um longo histórico de representação dos interesses dos empregados no processo decisório das empresas do país iniciado com a instituição de comitês dos trabalhadores no fim do século XIX. Especificamente, a lei tem como objetivo promover: equilíbrio de poder entre capital e trabalho; maior colaboração entre trabalhadores e acionistas; melhores condições de trabalho; maior desenvolvimento social; e maior controle da sociedade sobre o poder econômico.

Os defensores da cogestão argumentam que esse modelo tem assegurado maior cooperação e comprometimento nas companhias do país. Como evidência, o número de dias de greve na Alemanha tem sido menor que o observado na maioria dos países ricos. Além disso, o envolvimento dos empregados em decisões mais difíceis, como reestruturações, leva a aceitação de sacrifícios por parte de todos. No período pós-crise de 2008, por exemplo, muitas companhias conseguiram negociar reduções salariais e menores jornadas de trabalho com o apoio dos funcionários, em troca da manutenção de empregos.

Uma segunda característica do ambiente alemão é a adoção de um horizonte de longo prazo nas decisões empresariais; algo facilitado pelas relações duradouras mantidas com stakeholders, como funcionários e fornecedores.

Um terceiro aspecto do modelo de governança alemão que merece destaque é a adoção de dois conselhos para a administração das companhias abertas (AGs)[84] e das empresas de responsabilidade limitada (GmbHs)[85] com mais de quinhentos funcionários: o conselho de supervisão (*Aufsichtsrat*) e o conselho de gestão (*Vorstand*)[86]. A separação entre os órgãos deve ser completa: nenhuma pessoa pode ocupar cargos em ambos os conselhos simultaneamente.

O conselho de supervisão tem como papel fundamental monitorar a alta gestão, envolvendo-se apenas em algumas decisões-chave da companhia definidas em seu estatuto. Em resumo, o órgão tem duas atribuições principais:

1. Nomear, supervisionar, definir a remuneração, aconselhar e, quando necessário, demitir os membros do conselho de gestão;

2. Garantir a integridade e precisão das demonstrações financeiras da companhia.

Em relação à composição, o conselho de supervisão não pode ter mais que dois antigos membros do conselho de gestão da própria empresa. Nas GmbHs com mais de quinhentos funcionários e nas empresas de capital aberto (AGs) com menos de 2 mil funcionários, os acionistas elegem dois terços dos membros, enquanto os empregados têm o direito de eleger o restante. Por outro lado, nas AGs com mais de 2 mil funcionários, há paridade: acionistas e empregados têm direito de eleger o mesmo número de membros. Um conselho de supervisão típico de uma companhia de grande porte conta com, em geral, vinte pessoas, dividido igualmente entre representantes de acionistas e dos empregados.[87] Seus membros têm mandatos de quatro anos, e o órgão se reúne trimestralmente. O conselho dos trabalhadores (*Betriebsrat*) elege os representantes dos empregados, os quais, na maioria das vezes, pertencem a sindicatos e não precisam sequer ser funcionários da empresa. Em caso de empate nas deliberações do conselho de supervisão, o presidente do conselho – sempre eleito pelos acionistas – possui obrigatoriamente o voto de minerva.[88]

O conselho de gestão, por sua vez, é responsável pelas decisões de negócio, reportando-se ao conselho de supervisão.[89] Geralmente é composto por cinco a dez membros eleitos para mandatos de cinco anos.[90] Ao menos um aspecto diferencia o conselho de gestão da "diretoria executiva" presente nas companhias brasileiras. Enquanto a diretoria conta com um diretor-presidente com ascendência sobre os demais diretores, a lei alemã confere poderes ao *Vorstand* apenas de maneira colegiada, exigindo que as decisões sejam tomadas coletivamente.[91] A lei permite, porém não exige, a nomeação de um líder para exercer o papel de presidente do conselho de gestão (*Vorstandsvorsitzender*).[92] Não obstante, algumas companhias alemãs passaram a utilizar publicamente a denominação "CEO" para o presidente do *Vorstand* nos últimos anos, de modo a facilitar o entendimento do mercado sobre seu modelo de governança.[93] Em geral, ele tem como funções atuar como porta-voz (*speaker*)[94] da companhia e coordenar a agenda e os trabalhos do conselho de gestão. De qualquer maneira, todos os membros do *Vorstand* são responsáveis conjunta e igualitariamente pela gestão da empresa e por prejuízos causados a ela, não havendo ascendência legal de um diretor – até mesmo o que exerce papel de presidente – sobre o outro.[95] Como todos são responsáveis pessoalmente por eventuais problemas na gestão da empresa (inclusive por aqueles ocorridos em áreas distantes de sua esfera imediata de atuação), os críticos argumentam que a busca sistemática pelo consenso pode afetar negativamente a agilidade do processo decisório na alta gestão. Outro aspecto a ser destacado diz respeito às decisões estratégicas: o conselho de gestão é o responsável legal pela definição do plano estratégico da companhia. Isso difere do modelo brasileiro, no qual o conselho de administração é o responsável por fixar a orientação geral dos negócios. Na prática, os conselhos de supervisão e de gestão interagem por meio de reuniões conjuntas até a definição dos planos de negócios de longo prazo. Ademais, ambos se reportam aos acionistas nas assembleias gerais anuais.

A quarta característica que merece destaque no modelo alemão diz respeito ao modo de financiamento das empresas: o mercado de ações é relativamente pequeno quando comparado com outras economias avançadas, enquanto o mercado de crédito é muito desenvolvido.[96] Os bancos, portanto, fornecem em grande medida o capital para os investimentos de longo prazo, chegando, inclusive, a atuar como acionistas relevantes de diversas companhias.[97]

A estrutura de propriedade é o quinto e último aspecto marcante do modelo alemão. Diferentemente do ambiente com propriedade dispersa vigente nos países anglo-saxões, a maioria das companhias alemãs apresenta uma estrutura acionária mais concentrada, em muitos casos com a presença de um bloco de controle definido, como empreendedores, famílias, instituições financeiras ou o Estado. Como exemplo, um estudo realizado com 416 companhias abertas do país concluiu que apenas 12% não têm um acionista com mais de 20% do total de ações.[98] Por outro lado, uma análise do período de 1997 a 2006 constatou o aumento da proporção de companhias com elevada dispersão acionária, indicando o surgimento de um ambiente com diferentes perfis acionários.[99]

O modelo alemão, portanto, tem as cinco características principais a seguir.

1. As companhias são mais orientadas para o interesse coletivo dos stakeholders.

2. O horizonte temporal das decisões tende a ser de longo prazo, e as companhias tendem a ser mais voltadas para a produção e exportação.

3. As companhias abertas e as empresas fechadas de grande porte devem ser administradas por dois órgãos: o conselho de supervisão e o conselho de gestão;

4. O mercado de ações tem um peso reduzido no financiamento das empresas em comparação com o mercado de crédito.

5. A estrutura acionária das companhias tende a ser mais concentrada, principalmente na comparação com os países anglo-saxões.

Apesar da maior orientação social, algumas companhias alemãs foram objeto de escândalos de governança na última década, conforme exemplificado pelo caso da Siemens, descrito no Capítulo 8. Para os críticos do modelo alemão, os acionistas controladores, altos executivos e políticos são extremamente resistentes em relação à importância de uma postura ativa dos investidores institucionais, o que tende a diminuir a qualidade da prestação de contas das empresas para com seus acionistas minoritários. Um famoso exemplo da aversão ao ativismo societário no *establishment* do país partiu do líder do Partido Social Democrata alemão em 2005, que chamou os fundos de investimentos estrangeiros de "gafanhotos", acusando-os de procurar dinheiro e resultados de curto prazo à custa de empregos e empresas do país.

Por outro lado, a Alemanha tem procurado se adequar às exigências internacionais em relação às melhores práticas de governança. Atualmente, as companhias do país estão sujeitas ao princípio do "pratique ou explique", de modo similar ao ambiente britânico. A versão mais recente do código de governança corporativa alemão, publicada em 2012,[100] passou a recomendar maior diversidade nos conselhos, um tema visto como prioritário no país atualmente.

9.6. A governança corporativa na França

Historicamente, o Estado francês sempre ocupou papel central na atividade econômica do país. Como resultado, o governo atuou como acionista majoritário de uma parcela substancial das grandes companhias francesas ao longo do século XX.[101] Além da propriedade estatal, o controle familiar e a alta concentração acionária também caracterizaram o ambiente corporativo francês no período. A partir dos anos 1990, a onda de privatizações diminuiu sensivelmente a atuação direta do Estado nas empresas, o que aumentou a importância do mercado de ações no país e fomentou a adoção de práticas de governança como meio de satisfazer às demandas do crescente número de investidores estrangeiros.

A França é um país peculiar em relação à estrutura de governança de suas empresas. Dois sistemas de governança, denominados Sistemas I e II, coexistem no país.[102] O Sistema I é o mais comum, sendo adotado por cerca de três quartos das companhias listadas. É caracterizado por um único conselho de administração e pela presença de um líder organizacional que geralmente concilia os cargos de presidente do conselho e diretor executivo, denominado *Président Directeur Général* (PDG). O Sistema II, adotado por cerca de um quarto das companhias listadas, foi uma alternativa criada pelo governo nos anos 1960, inspirada no modelo alemão. Nesse sistema, as companhias devem ter dois conselhos: o conselho de supervisão (*Conseil de Surveillance*) e o conselho de direção (*le Directoire*).

Em 1995 e 1999, foram elaborados dois documentos denominados relatórios Vienot,[103] considerados os marcos iniciais no debate sobre governança no país. Em conjunto com o relatório Bouton de 2002,[104] esses relatórios serviram como base para o primeiro código de governança oficial da França, publicado em 2003.[105] Atualmente, vigora no país o Código de Governança Corporativa da AFEP-MEDEF (Associação Francesa das Empresas Privadas – Movimento das Empresas da França), publicado em 2013.[106]

Assim como Reino Unido e Alemanha, a França também adota a abordagem do "pratique ou explique" em relação a seu código de governança. Embora o código de governança francês não tenha adoção obrigatória, deve-se destacar que diversas práticas recomendadas foram incorporadas ao longo dos anos pela legislação do país, incluindo, por exemplo, a permissão para separação dos cargos de PDG e presidente do conselho em 2001. Outra mudança importante, ocorrida em 2011, diz respeito à questão da diversidade de gênero nos conselhos. A partir de 2017, todas as empresas francesas (incluindo as de capital fechado) com mais de quinhentos funcionários ou receitas anuais acima de € 50 milhões deverão contar com uma proporção mínima de 40% de mulheres nos conselhos de administração.[107] A Tabela 9.9 apresenta algumas das principais características do modelo de governança francês.

Tabela 9.9 Principais características de governança corporativa na França

GOVERNANÇA CORPORATIVA NA FRANÇA - PRINCIPAIS CARACTERÍSTICAS	
Estrutura de propriedade das empresas	■ Presença histórica marcante do Estado, que permanece como acionista de 71 companhias de grande porte com 1,7 milhão de empregados. Em 2012, o Estado francês elegeu 936 conselheiros em 329 conselhos de administração.[108] ■ Estrutura de propriedade concentrada, com o maior acionista detendo, em média, 46% do total de ações e 52% do direito de voto.[109] ■ Fuga do princípio uma ação – um voto muito comum: cerca de 36% das companhias utilizam ações com direito de voto múltiplo e 19% utilizam estruturas piramidais como meio de aumentar o poder dos acionistas controladores.[110] ■ Cerca de 50% das companhias listadas têm controle familiar; 30% sob controle compartilhado e 11% com estrutura de propriedade dispersa.[111]
Estrutura e funcionamento dos conselhos	■ Aproximadamente 75% das companhias utilizam o Sistema I com um Conselho de Administração, enquanto um quarto utiliza o Sistema II com dois conselhos. ■ Em cerca de 65% das companhias, a mesma pessoa ocupa simultaneamente os cargos de presidente do conselho de administração e diretor-presidente. ■ Quase todas as companhias têm comitês de auditoria, remuneração e nomeação instalados. Além desses, o comitê de estratégia, presente em cerca de 65% das companhias, também é muito popular. ■ Diferentemente de outros países, o código do país recomenda a adoção de conselhos com mandatos escalonados (*staggered boards*) como meio de evitar substituição maciça nos conselhos e assegurar continuidade. ■ Lei exige que conselhos sejam compostos por 3 a 18 membros com, no mínimo dois terços de conselheiros externos. A partir de 2017, no mínimo 40% dos cargos deverão ser ocupados por mulheres. ■ Como resultado do alto nível de entrelaçamento entre os conselhos de administração do país, os conselheiros podem participar simultaneamente em, no máximo, cinco conselhos de companhias abertas.

9.7. A GOVERNANÇA CORPORATIVA NOS PAÍSES NÓRDICOS[112]

Os países nórdicos – Suécia, Dinamarca, Noruega e Finlândia –, apesar de apresentarem diferenças entre si, oferecem um modelo geral de governança considerado de sucesso nos últimos anos e que pode proporcionar reflexões valiosas para os estudiosos do tema.

Em primeiro lugar, a estrutura de propriedade tende a ser relativamente concentrada: embora haja uma proporção razoável de empresas com estruturas dispersas (principalmente na Finlândia), a maioria tende a ter ao menos um acionista relevante (detentor de mais de 30% das ações), denominado "acionista de referência".[113] Em geral, esses acionistas – em muitos casos empreendedores ou famílias – desempenham um papel ativo na governança corporativa.[114] No caso da Noruega, merece destaque a elevada participação acionária do Estado, estimada em cerca de 36% da capitalização de mercado das companhias listadas.[115]

De modo geral, há uma visão muito positiva na região acerca do papel dos acionistas de referência. Cabe a eles assumir a responsabilidade pela sustentabilidade da companhia e pelo horizonte de longo prazo nas decisões, bem como em manter suas posições acionárias em períodos turbulentos, quando muitos investidores – principalmente fundos estrangeiros – tendem a vender seus papéis.

O peso dos grandes acionistas nos países nórdicos é reforçado pela elevada utilização de ações com direito de voto múltiplo. Trata-se de uma prática polêmica, na medida em que essas ações geralmente divididas em classes A (com direito a dez votos por ação, detidas pelos acionistas de referência) e B (com direito a um voto por ação, de posse dos demais acionistas) são contrárias às recomendações da maioria dos códigos de boas práticas, que preconizam a adoção do princípio uma ação – um voto.[116] A Suécia é o país europeu no qual a maior proporção de companhias listadas (cerca de dois terços) lança mão desse artifício. Por outro lado, os defensores dessa prática nos países nórdicos argumentam que as principais decisões das empresas exigem a aprovação por maioria de cada classe de acionistas, reduzindo o peso das ações classe A. Além disso, argumenta-se que essas ações tendem a ficar em posse de acionistas com interesse no sucesso de longo prazo da companhia.[117]

A relevância das assembleias de acionistas é outra característica marcante do modelo nórdico. As grandes decisões, incluindo a escolha dos auditores e o pacote de remuneração dos administradores, são decididas nas assembleias anuais.

Além de serem escolhidos pelos acionistas, os auditores independentes devem prestar contas diretamente a eles. Na Finlândia e na Suécia, os auditores devem emitir sua opinião, nas assembleias, sobre a adequação da atuação do conselho de administração e do diretor-presidente no período. Além disso, devem informar se, a seu ver, os acionistas deveriam aceitar as demonstrações financeiras apresentadas e se a diretoria ou o conselho cometeu qualquer ato que possa resultar em passivos legais à empresa e a seus acionistas.

No que tange à remuneração, Suécia e Noruega exigem que os acionistas deliberem sobre o pacote de remuneração dos administradores para o próximo exercício, de maneira relativamente similar à legislação brasileira.

Os acionistas também têm um papel decisivo no processo de seleção de conselheiros nos países nórdicos. Exige-se, no caso sueco, a instituição de um "comitê de nomeação", composto por acionistas ou seus representantes. O comitê, eleito na assembleia anual,[118] tem como função revisar a autoavaliação de desempenho realizada pelo conselho (prática obrigatória) e propor os nomes para compor o conselho na assembleia do ano seguinte. O órgão, em geral, é composto por três ou quatro representantes dos principais acionistas e, às vezes, pelo presidente do conselho de administração, que não pode presidi-lo. O comitê deve justificar publicamente sua proposta para composição do conselho no site da companhia. Trata-se de um processo singular, haja vista que, diferentemente do modelo anglo-saxão, no qual existe um comitê composto por conselheiros para exercer essa função, o comitê de nomeação nórdico é um órgão eleito diretamente pelos acionistas.

Como os acionistas controladores também tendem a ser conselheiros ou membros do comitê de nomeação, os países da região exigem a eleição de um número mínimo de conselheiros independentes dos maiores acionistas. Na Noruega e na Finlândia, por exemplo, ao menos dois conselheiros devem ser independentes dos acionistas com mais de 10% das ações.[119]

A forte proteção aos direitos dos acionistas, particularmente os minoritários, é outro traço marcante do modelo nórdico. Mesmo os pequenos acionistas têm facilidade para incluir itens na pauta das assembleias (nenhum país da região exige um percentual acionário mínimo para inclusão de propostas). Além disso, diversas decisões relevantes – como mudanças estatutárias, fusões e aquisições – exigem a aprovação por voto qualificado de todas as classes de acionistas, aumentando o poder dos investidores que têm ações com menor direito a voto. Há ainda fortes provisões legais para evitar que os acionistas majoritários utilizem seu poder de forma a prejudicar companhia ou outros acionistas.[120]

O modelo nórdico também se caracteriza pela separação completa entre conselho de administração e gestão diária. A operação do negócio é delegada a um diretor-presidente, que não pode atuar como presidente do conselho. No caso da Suécia, cerca de 50% dos conselhos não têm qualquer executivo da companhia como membro, nem mesmo o diretor-presidente. Há uma forte pressão por parte de investidores, bolsas de valores e reguladores para que uma elevada parcela dos conselheiros, idealmente a maioria, seja independente.[121]

A presença de representante de empregados nos conselhos de administração também merece destaque. Trata-se de uma prática obrigatória na Dinamarca, Noruega e Suécia.[122] Nos casos da Noruega e Dinamarca, um terço do conselho deve ser composto por representantes de empregados. No caso da Suécia, devem ser eleitos, no mínimo, dois ou três representantes, dependendo do porte da companhia.[123] A participação dos empregados nos conselhos é vista como algo positivo na região, por contribuir para uma relação mais amigável entre companhias e sindicatos, assegurar mais direitos aos trabalhadores, e produzir informações mais ricas para o conselho de administração.

A diversidade de gênero nos conselhos de administração é outro aspecto marcante do modelo nórdico. As companhias da região detêm a maior proporção do mundo de mulheres na alta gestão. Uma boa parte disso se deve a ações afirmativas promovidas pelos governos da região desde o início da década de 2000. No caso da Noruega, uma lei aprovada em 2004 determinou que todas as companhias listadas passassem a ter, pelo menos, 40% de representação de cada gênero nos conselhos. Como resultado, a proporção de mulheres nos conselhos das empresas do país subiu de 7% em 2003 para cerca de 40% em 2008. Suécia e Finlândia, com cerca de 30% de mulheres nos conselhos, são os outros países que tradicionalmente lideram os rankings globais de diversidade de gênero na alta gestão.

Os conselhos nos países nórdicos, em geral, valem-se do trabalho de comitês a fim de melhorarem seu desempenho. Embora o comitê de auditoria seja obrigatório apenas na Dinamarca e Noruega, a esmagadora maioria das companhias dos países conta com comitê de auditoria e comitê de remuneração, além do comitê de nomeação mencionado anteriormente. Provavelmente, a adoção do "pratique ou explique" na região – que exige que os conselhos expliquem os motivos para a não implantação de todos os comitês recomendados – tenha sido um fator-chave na adoção generalizada de comitês.

O último aspecto que chama a atenção no modelo nórdico é a elevada transparência sobre questões financeiras e não financeiras exigida das companhias. Em análises comparativas sobre transparência empresarial, os países da região têm sido sistematicamente bem avaliados. No caso da remuneração dos executivos, por exemplo, exige-se a divulgação completa do salário individual de cada conselheiro e do diretor-presidente, bem como a elaboração e divulgação pública da política de remuneração da alta gestão. Exige-se ainda elevada transparência em relação aos controles internos e às práticas para gerenciamento de riscos.

Em resumo, a governança nos países nórdicos tem dez características principais:

1. Papel ativo dos acionistas de referência.
2. Elevada utilização de ações com direito de voto múltiplo e outros mecanismos para aumentar o poder de controle dos grandes acionistas.
3. Grande peso das assembleias de acionistas nas principais decisões corporativas.
4. Auditores escolhidos pelos acionistas e diretamente ligados a eles.
5. Comitê de nomeação eleito por representantes de acionistas com a função de propor os nomes para compor o conselho.
6. Forte proteção aos direitos dos acionistas, particularmente os dos minoritários.
7. Separação plena entre conselho de administração e gestão diária, com ampla adoção de comitês (auditoria, remuneração e nomeação).
8. Presença relevante de representantes de empregados nos conselhos.
9. Elevada diversidade de gênero nos conselhos (maior proporção de mulheres na alta gestão do mundo).
10. Elevada transparência sobre questões financeiras e não financeiras da companhia.

9.8. A governança corporativa no Japão[124]

O modelo de governança japonês pode ser considerado um híbrido em relação aos dois grandes sistemas de governança do mundo. De um lado, há aspectos que aproximam o ambiente empresarial japonês daquele vigente nos países anglo-saxões: seu mercado de ações (com cerca de 3.400 companhias listadas)[125] é desenvolvido; há razoável dispersão acionária (mais de um terço das companhias não tem acionistas com mais de 10% das ações)[126]; e os executivos geralmente têm grande poder *vis-à-vis* os acionistas (os conselhos são compostos, em sua maioria, por executivos da própria empresa).

Por outro lado, há características que aproximam o ambiente corporativo japonês do sistema de governança vigente na Europa continental, particularmente o da Alemanha.[127] Em primeiro lugar, as companhias tendem a ter como propósito equilibrar os interesses dos stakeholders, em detrimento do foco exclusivo na criação de valor para os acionistas. Além disso, as companhias contam com diversos acionistas diferentes detentores de blocos significativos de ações, chamados de *blockholders*. Esses acionistas relevantes e de longo prazo geralmente são instituições financeiras e empresas da cadeia produtiva da companhia (como fornecedores e clientes-chave), o que acaba por criar uma intrincada rede de participações societárias cruzadas com atuação coesa e orquestrada.[128] Os conglomerados empresariais formados por essas complexas teias societárias, denominados *keiretsu*, têm sido uma característica marcante do modelo de governança japonês. Entre os principais *keiretsu*, destacam-se os grupos Mitsui, Mitsubishi, Sumitomo e Fuyo.[129]

Em geral, cada *keiretsu* tem uma instituição financeira de grande porte que atua simultaneamente como acionista relevante e como fornecedora de crédito para todo o grupo. Outra semelhança importante com o modelo alemão, portanto, diz respeito ao grande poder dos bancos, não apenas no financiamento das companhias, mas também em seu direcionamento estratégico por meio de participações acionárias.[130]

Para entender mais a fundo a governança corporativa no Japão, é necessário analisá-la *vis-à-vis* a história do país, principalmente após a Segunda Guerra Mundial. Dada sua cultura coletivista, as empresas japonesas – principalmente as de grande porte – sempre foram vistas como instituições sociais dedicadas a, acima de tudo, promover maior coesão social e fortalecer o país. Logo, o objetivo primordial das companhias sempre foi equilibrar de maneira harmônica os interesses de longo prazo de seus stakeholders. Essa visão sobre o papel da empresa se traduziu em um grande pacto social com sindicatos, que historicamente atuaram de forma altamente cooperativa.[131] Em contrapartida, as empresas passaram a oferecer empregos vitalícios aos funcionários, com remuneração e ascensão profissional tradicionalmente com base na idade (princípio da senioridade).

O modelo de estabilidade, lealdade e colaboração entre executivos, empregados, credores, fornecedores e clientes com base no tripé "stakeholders, *keiretsu* e foco em participação de mercado em vez de lucro"[132] teve muito sucesso até o fim dos anos 1980. Entretanto, sua rigidez, aliada a mudanças demográficas (com o envelhecimento da população), ao aumento da riqueza dos japoneses (com impactos sobre o custo de vida e salários) e à maior competição internacional fizeram com que suas vantagens virassem desvantagens, com impactos negativos para a economia japonesa. Os *keiretsu*, com seus vínculos de negócios quase que inseparáveis, contribuíram para a construção de um ambiente de negócios excessivamente rígido, o que minimizou a competição nas cadeias produtivas e protegeu algumas empresas ineficientes.[133]

Do ponto de vista da governança, houve um forte aumento da presença de investidores estrangeiros, principalmente fundos de investimento. Sua participação acionária no mercado japonês aumentou de 5% em 1970 para 31% em 2014. Estima-se que cerca de 60% dos investidores estrangeiros participem das assembleias de acionistas por meio de procurações de voto. Como resultado, aumentou a pressão por maior rentabilidade nas companhias e por práticas de governança mais alinhadas aos padrões internacionais, o que tem acarretado diversos embates e tentativas de mudanças no ambiente corporativo.

O resultado foi o surgimento de um modelo híbrido a partir do início da década de 2000, com elementos do antigo modelo japonês misturados a elementos do modelo anglo-saxão. Essa mudança também ocorreu no âmbito do direito comercial. Em 2003, uma reforma do Código Comercial japonês passou a dar às empresas a opção de implantar um sistema de governança inspirado no modelo norte-americano. Atualmente, as companhias podem optar entre dois sistemas distintos: o tradicional, denominado "sistema com auditores estatutários",[134] e um novo modelo, inspirado no exemplo norte-americano, conhecido como "sistema com três comitês do conselho".[135]

O sistema com auditores estatutários conta com um conselho de administração e um conselho de "auditoria e supervisão" (*Kansayaku*). O conselho de auditoria e supervisão tem como funções: auditar o cumprimento dos deveres dos conselheiros de administração; colaborar com o conselho na supervisão da atuação dos executivos; verificar qualquer abuso de poder dos administradores em relação aos auditores externos; analisar as demonstrações financeiras; e apresentar anualmente um relatório de auditoria para os acionistas. Seus membros são eleitos na assembleia de acionistas para mandatos de quatro anos. O órgão deve ser composto por, ao menos, um executivo da própria empresa e por um conselheiro externo. Cada membro detém poder e autoridade para atuar de maneira individual e independente do conselho de administração e dos executivos. Não se exige, portanto, que o órgão atue de forma colegiada.

O sistema com três comitês, inspirado no modelo anglo-saxão, requer a implantação de três comitês pelo conselho de administração: auditoria, remuneração e nomeação. O comitê de auditoria deve monitorar as atividades dos executivos, a qualidade das demonstrações financeiras e a relação da companhia com os auditores externos. O comitê de remuneração deve definir a remuneração dos conselheiros e dos diretores. O comitê de nomeação, por sua vez, deve propor os nomes para compor a chapa da administração nas eleições de conselheiros. Cada comitê deve ser composto por três ou mais conselheiros, exigindo-se maioria de externos (não executivos da própria empresa). Cabe ao conselho indicar os membros para compor os comitês.

Apesar da oportunidade proporcionada pela mudança de legislação de aproximar seu modelo de governança ao padrão anglo-saxão, a esmagadora maioria das companhias japonesas optou por manter o sistema de governança tradicional, com auditores estatutários. Entre as 225 maiores companhias da bolsa de Tóquio pertencentes ao índice Nikkei 225, 94% continuavam a adotar o sistema tradicional ao fim de 2012, enquanto apenas 6% optaram por mudar seu modelo de governança para o sistema com três comitês. Nas companhias de menor porte, a quase totalidade optou por manter o sistema tradicional.

Além da possibilidade de um novo sistema de governança, algumas empresas japonesas passaram a introduzir, ao longo da década de 2000, práticas de governança "importadas", tais como a remuneração atrelada a desempenho (p. ex., planos de opções de ações), a contratação de executivos seniores no mercado, a busca por conselheiros externos e a adoção do foco na criação de valor para os acionistas como parâmetro para tomada de decisões. Muitos bancos, dentro do processo de recapitalização decorrente da crise dos anos 1990, também diminuíram suas participações acionárias, o que levou ao desmantelamento de algumas teias societárias e à reestruturação acionária de diversas companhias.

O ritmo das mudanças no Japão, entretanto, diminuiu fortemente ao longo da década de 2000 em função dos diversos escândalos e crises nos mercados anglo-saxões, vistos até então como o modelo a ser seguido. Ademais, o *establishment* corporativo japonês, composto principalmente pelos altos executivos do país, passou a se mostrar cada vez mais resistente a mudanças que possam vir a reduzir seu poder. Como resultado, em alguns casos houve inclusive certo retrocesso, conforme observado pela crescente adoção de *poison pills* no país e pelo reforço de alguns *keiretsu* desde 2005.

Atualmente, o Japão encontra-se em um momento de encruzilhada entre o novo modelo de negócios (mais "ocidental" e orientado para os acionistas) e o antigo (mais voltado aos parceiros comerciais tradicionais e orientado para os stakeholders).

A adoção de práticas de governança mais alinhadas aos padrões anglo-saxões não deve sofrer alteração substancial nos próximos anos. Ao fim de 2012, por exemplo, cerca de metade das companhias listadas do país não tinha qualquer membro externo (não executivo da companhia) em seu conselho.

Por outro lado, o aumento da atuação dos investidores estrangeiros – inclusive por meio de tentativas de aquisições hostis – e a ocorrência de escândalos empresariais como o caso Olympus em 2011 têm aumentado substancialmente a pressão por maior transparência e melhores práticas de governança no país.[136]

A tabela a seguir apresenta as principais características de governança corporativa no Japão:

Tabela 9.10 Principais características de governança corporativa no Japão

GOVERNANÇA CORPORATIVA NO JAPÃO - PRINCIPAIS CARACTERÍSTICAS	
Estrutura de propriedade das empresas	▪ Presença ainda relevante dos *keiretsu*, participações societárias cruzadas entre diversas empresas e bancos, que formam um grande conglomerado (cerca de 20% da capitalização de mercado em 2008, contra 50% em 1990).[137] ▪ Razoável dispersão acionária: mais de um terço das companhias listadas não contam com acionistas com mais de 10% das ações. ▪ Dificuldade para o exercício de ativismo pelos investidores (p. ex., mais de 900 companhias listadas realizaram suas assembleias no mesmo dia em 2014, dificultando a participação dos acionistas em diferentes empresas).[138] ▪ Adoção de *poison pills* em muitas companhias desde 2004 como resposta ao maior ativismo de alguns fundos e a mudanças na lei visando facilitar as aquisições hostis.[139]
Estrutura e funcionamento dos conselhos	▪ Dois modelos de governança possíveis desde 2003: "sistema com auditores estatutários" (um conselho de administração e um conselho de auditoria e supervisão), e "sistema com três comitês" (conselho de administração com três comitês: auditoria, remuneração e nomeação). ▪ Cerca de 94% das companhias do índice Nikkei 225 continuam a utilizar o tradicional "sistema com auditores estatutários"; 6% passaram a adotar o novo "sistema com três comitês", inspirado no modelo anglo-saxão; ▪ Média de 15 reuniões por ano dos conselhos, denotando atuação muitas vezes operacional, e não apenas estratégica, dos conselhos japoneses;[140] ▪ Conselho típico nas empresas japonesas composto em sua maioria por executivos da companhia, indicados como recompensa por serviços prestados; ▪ Tamanho dos conselhos diminuindo fortemente nos últimos anos, com média de 11 membros em 2014 (contra média de 28 membros em 1998);[141] ▪ Diretor-presidente (CEO) da companhia quase sempre acumula o cargo de presidente do conselho; ▪ Ausência quase completa de comitês nos conselhos de administração em função da baixa adesão ao modelo de governança com três comitês.

QUESTÕES PARA REFLEXÃO E DISCUSSÃO

1. Como podem ser classificados, de maneira simplificada, os sistemas de governança do mundo em relação à estrutura acionária das companhias? Cite algumas características que diferenciam cada sistema.

2. O que são os sistemas monístico e dual de conselho existentes no mundo? Explique de forma sucinta cada estrutura de conselho vigente e indique alguns países que utilizam cada um desses sistemas.

3. Cite algumas características marcantes do modelo de governança norte-americano relativas à regulação, estrutura acionária e composição do conselho. Em sua opinião, quais são seus principais aspectos positivos e negativos?

4. Cite algumas características marcantes do modelo de governança britânico. Que abordagem o país tem utilizado para elevar o padrão de governança das companhias em relação à questão da regulação *vs.* autorregulação?

5. Quais são as principais semelhanças e diferenças entre o modelo de governança dos Estados Unidos e do Reino Unido? Em sua opinião, que abordagem tem sido mais efetiva no que se refere a regulação?

6. Quais são as cinco características marcantes do modelo de governança alemão? A seu ver, quais são as vantagens e desvantagens do seu sistema de governança?

7. Apresente alguns elementos marcantes do sistema de governança nos países Nórdicos. Você acredita que algumas práticas vigentes nesses países poderiam ser úteis para adoção em um mercado como o brasileiro? Quais?

8. Apresente um breve panorama da governança corporativa na França e no Japão. Você acredita que esses sistemas têm sofrido pressões por mudanças nos últimos anos? Em que sentido?

9. Como você avalia a qualidade geral dos sistemas de governança dos principais países desenvolvidos? É possível "hierarquizá-los" em função da qualidade de como as companhias são governadas?

10. A seu ver, ocorrerá uma convergência dos sistemas de governança no futuro rumo a um único modelo? Que evidências o levam a pensar dessa forma?

CAPÍTULO 10

A Governança Corporativa no Brasil

CONCEITOS APRESENTADOS NESSE CAPÍTULO

- Histórico do mercado de capitais no Brasil
- Marcos do movimento da governança corporativa no Brasil
- O modelo de governança das companhias abertas brasileiras
- Tópicos atuais de governança corporativa no Brasil
    - O papel dos investidores institucionais no fomento às melhores práticas de governança no Brasil
    - Diversidade de gênero nos conselhos de administração brasileiros: como assegurar equidade na participação das mulheres?
    - Contribuições políticas e melhores práticas de governança no Brasil
- Apêndice: Mitos da governança corporativa no Brasil

10.1. Histórico do mercado de capitais no Brasil

O mercado de capitais brasileiro teve um papel muito limitado no financiamento de nossas companhias durante o século XX.[1] Coube ao Estado catalisar, em grande medida, a atividade econômica. Isso ocorreu por meio da concessão de recursos de longo prazo a custo subsidiado ou diretamente, via empresas estatais.[2] Além do intervencionismo, a economia fechada que caracterizou o país ao longo do século[3] diminuiu consideravelmente a competição no ambiente empresarial, o que, por sua vez, reduziu a necessidade de captação de recursos, investimentos e inovação por parte das empresas.

O resultado foi a criação de um *establishment* corporativo tripartite composto por empresas estatais,[4] companhias multinacionais[5] e grupos familiares liderados por empreendedores locais,[6] muitas vezes bem conectados politicamente. Esses conglomerados familiares, muitas vezes altamente diversificados, tornaram-se a base do modelo de governança brasileiro.[7] O acesso privilegiado ao capital desse *establishment*[8] criou uma verdadeira barreira a potenciais entrantes, diminuindo a necessidade de as empresas buscarem adotar melhores práticas de governança como meio de melhorar sua competitividade.

Até o início da década de 1960, a centralização estatal do mercado brasileiro era de tal ordem que as bolsas de valores eram controladas pelo governo e os corretores eram servidores públicos com direitos hereditários para negociar ações.[9] Após o golpe militar de 1964, ocorreram diversas mudanças legislativas a fim de desenvolver nosso mercado financeiro como: em 1964, a reforma bancária, com a criação do Conselho Monetário e do Banco Central;[10] em 1965, a Lei de Mercado de Capitais, com a regulamentação do lançamento de valores mobiliários[11]; a criação da Comissão Brasileira de Valores Mobiliários em 1976;[12] e, ainda neste ano, a Lei das Sociedades por Ações, que dispõe sobre a estrutura de governança das companhias brasileiras.[13]

Ao longo da década de 1970, em razão da dificuldade crescente em continuar a financiar o setor privado, o governo criou diversos incentivos para encorajar o desenvolvimento do mercado acionário.[14] Um dos principais foi o chamado Fundo 157, um incentivo fiscal que dava aos contribuintes a opção de utilizar parte do imposto de renda devido para a aquisição de fundos de ações.[15] O mecanismo incentivou muitas empresas a abrir seu capital, ao mesmo tempo que criou um mercado de acionistas cativos – incluindo fundos de pensão e seguradoras –, que deveriam investir um percentual mínimo de seus ativos na compra de ações. A tentativa de fomentar artificialmente o mercado acionário, entretanto, gerou dois efeitos colaterais.

O primeiro deles foi uma bolha especulativa na bolsa de valores em 1971, consequência do rápido aumento da demanda por ações em um ambiente com pequeno número de companhias listadas. Embora esse movimento especulativo, conhecido como "boom de 1971", tenha tido curta duração, suas consequências negativas perduraram por vários anos, uma vez que algumas ofertas de ações desastrosas mancharam a reputação do mercado acionário.[16]

Além disso, os incentivos fiscais criaram um mercado de ações com características perniciosas: de um lado, empresas controladas por empreendedores sem interesse em compartilhar o poder e tornar suas companhias propriedade do público nos moldes das *corporations* norte-americanas;[17] do outro, acionistas que não se sentiam como reais proprietários, tendo adquirido papéis em função dos incentivos fiscais.

Uma solução encontrada para possibilitar o desenvolvimento do mercado sem afetar o poder decisório dos sócios controladores foi a emissão de ações sem direito a voto.[18] A utilização desse artifício em larga escala criou um sistema com duas classes de acionistas, com diferentes direitos e deveres. Anos depois, isso se tornaria a raiz de muitos conflitos societários e problemas de governança do país.[19]

Independentemente dos efeitos colaterais, o número de companhias listadas no Brasil praticamente dobrou durante a década de 1970, chegando a cerca de quatrocentas companhias na bolsa em 1981.[20] Ao longo da década de 1980, a eliminação dos incentivos fiscais e a contínua instabilidade macroeconômica levaram à estagnação do nosso mercado de capitais.

O ambiente empresarial da década de 1990 foi caracterizado por um amplo programa de privatização iniciado em 1991[21] e intensificado após o controle da inflação em 1994. Seu ápice ocorreu em 1997, com a venda (completa ou parcial) de participações acionárias do governo em grandes companhias, como Vale do Rio Doce, Telebrás e Petrobras. Ao fim desse processo, as antigas estatais se tornaram as companhias mais negociadas na Bovespa.[22] Em paralelo, muitas companhias de grande porte brasileiras passaram a ter seus papéis negociados na bolsa de Nova York por meio de programas de ADRs.[23]

O programa de privatização, entretanto, não solucionou os problemas estruturais do nosso mercado de capitais.[24] Como a prioridade do governo era maximizar suas receitas, optou-se pela venda de blocos de controle a grandes acionistas – quase sempre grupos familiares nacionais, fundos de pensão de empresas estatais[25] e multinacionais estrangeiras –, em vez de se promover maior dispersão da base acionária com a venda das ações para o público. Uma vez que o objetivo era maximizar o prêmio pelo controle a ser obtido nas privatizações, o governo chegou, inclusive, a modificar a Lei das Sociedades por Ações[26], de forma a eliminar o direito de *tag along*[27] dos acionistas minoritários.

Logo, apesar do sucesso no controle da inflação após o Plano Real, em 1995, e do programa de privatização ao longo da década de 1990, o mercado de capitais não floresceu no Brasil até o início da década de 2000 em razão de, ao menos, três motivos principais que contribuíram para a manutenção dessa atrofia: proteção deficiente dos investidores, práticas de governança insatisfatórias das empresas e instabilidade macroeconômica.[28] Com exceção das privatizações, quase não houve listagens de novas companhias na bolsa de valores, o que levou à diminuição do número de companhias listadas em nosso mercado nesse período.[29]

Silveira (2005) resume a situação, descrevendo o círculo vicioso presente no mercado de capitais brasileiro até meados dos anos 2000: "a instabilidade macroeconômica aliada a um sistema de proteção aos investidores deficiente, com diversos conflitos entre controladores e minoritários, levam a altas taxas de desconto aplicadas pelos investidores, o que se traduz em uma subavaliação dos títulos corporativos. A subavaliação generalizada, por sua vez, aumenta a distância entre as companhias e o mercado de capitais, desencorajando empresas fechadas a abrirem seu capital e as de capital aberto a utilizarem o mercado com mais frequência. A ausência de perspectiva na captação de recursos por meio de ações ou títulos de dívida faz, então, com que o mercado de capitais não seja visto pelas empresas como uma alternativa real de capitalização, distanciando-as da adoção de melhores práticas de governança. A ausência de boas práticas, associada à instabilidade econômica, reforçam esse círculo vicioso".[30]

Esse cenário aparentemente mudou radicalmente em 2004, quando teve início uma onda de ofertas públicas iniciais de ações (IPOs)[31] que duraria até a crise financeira global. De 2004 a 2007, 113 novas companhias listaram ações na BM&FBovespa, com um pico de 64 IPOs apenas no ano de

2007. À época, era comum argumentar que o súbito aumento das listagens se devia a uma percepção de melhoria na proteção aos investidores e das práticas de governança corporativa, com destaque para o Novo Mercado.

No entanto, o mercado de IPOs no Brasil voltou a minguar nos anos subsequentes à crise financeira global. Nos seis anos entre 2008 e 2013, foram apenas 45 novas ofertas de ações, uma média de cerca de oito operações por ano. Ademais, enquanto as ofertas de ações voltaram a aumentar nos mercados emergentes e nos Estados Unidos a partir de 2010, os IPOs no Brasil se mantiveram estagnados no mesmo patamar de 2008 e 2009, considerados os anos críticos da crise financeira global.[32]

Como resultado, as evidências sugerem que a onda de IPOs de 2004 a 2007 provavelmente se deveu mais a três fatores macroeconômicos – enorme liquidez global no período, diminuição das incertezas sobre a economia brasileira e o aumento global de preço das commodities – do que aos outrora festejados aprimoramentos na regulação e nas práticas de governança corporativa.[33] Nesse sentido, o quadro a seguir discute o papel da CVM e sua atuação na proteção aos investidores no Brasil, um tema-chave para aumentar a confiança dos investidores em nosso mercado.

Quadro 10.1 A CVM e a proteção aos investidores no Brasil

A CVM e a proteção aos investidores no Brasil[34]

Apesar das leis brasileiras terem sido influenciadas historicamente pela legislação da Europa continental – particularmente Itália, Portugal, Alemanha e França – o direito societário brasileiro sofreu uma considerável influência norte-americana nas leis 6.404/1976 e 6.385/1976,35 que regem as companhias abertas e o mercado de valores mobiliários.[36]

A Lei 6.404/1976, denominada Lei das Sociedades por Ações,[37] estabelece as diretrizes em relação às questões relevantes de governança corporativa, tais como os direitos dos acionistas, a administração das companhias, as assembleias gerais e os deveres fiduciários de conselheiros e acionistas controladores.

A Lei 6.385/1976,[38] por sua vez, conferiu à CVM a responsabilidade pelo cumprimento da Lei das Sociedades por Ações, inclusive por meio de Instruções e detalhamentos específicos dos aspectos previstos na lei. A CVM tem como tarefa, portanto, assegurar a adequada implantação das regras de governança corporativa a fim de proporcionar a devida proteção aos investidores, transparência das informações e integridade do mercado de capitais no Brasil.[39]

A CVM é uma autarquia federal ligada ao Ministério da Fazenda, sendo dotada de autonomia administrativa.[40] Tem amplos poderes investigativos, incluindo a autoridade para conduzir inspeções *in* loco e solicitar documentos físicos e eletrônicos das companhias abertas, auditores, investidores e analistas de mercado.

O órgão também tem poderes punitivos, podendo impor penalidades que vão de multas e inabilitações temporárias de participantes de mercado até o cancelamento de registro de companhias e agentes.[41]

As penalidades impostas pela CVM estão sujeitas a recursos impetrados ao Conselho de Recursos do Sistema Financeiro Nacional (CRSFN),[42] órgão composto por representantes das esferas pública e privada com o objetivo de julgar os casos em segunda e última instância.

Na prática, as punições impostas pela CVM têm se tornado inócuas em razão do baixo nível de atividade do CRSFN. De 2008 a 2012, por exemplo, a CVM considerou 1.408 pessoas (físicas ou jurídicas) culpadas, 1.212 das quais apelaram. Dessas, apenas 25 tiveram seus casos julgados pelo CRSFN, 18 das quais tiveram suas penalidades mantidas. Em outras palavras, cerca de 98% das pessoas punidas pela CVM conseguiram, ao menos, postergar por vários anos suas sanções ao recorrer para o CRSFN.

Em meados de 2014, o mercado de capitais brasileiro continuava sem conseguir deslanchar. Apesar do período eufórico nos anos imediatamente anteriores à crise financeira de 2008 e da percepção de melhorias em nosso mercado, a realidade é que o número de companhias abertas no Brasil caiu de 830 para 637 entre

2001 e 2013, enquanto o número de empresas listadas na BM&FBovespa caiu de 459 para 366 no mesmo período. Atualmente, contamos com apenas duas companhias listadas para cada milhão de habitantes, um número bem inferior ao observado na União Europeia (22), no Reino Unido (32), no Chile (14), e mesmo na Argentina (2,5).[43]

10.2. Marcos do movimento da governança corporativa no Brasil

A expressão governança corporativa começou a ser utilizada a partir do fim da década de 1990 no Brasil. O próprio IBGC (Instituto Brasileiro de Governança Corporativa),[44] organização pioneira dedicada ao tema, foi fundado em 1995[45] sob a denominação IBCA (Instituto Brasileiro de Conselheiros de Administração), passando a adotar a designação atual apenas em 1998.

A partir de 1998, o tema ganhou força no país em função de diversos conflitos entre acionistas motivados por operações de fechamentos de capital e de alienação de blocos de controle consideradas prejudiciais pelos sócios minoritários.[46] Deve-se também destacar o surgimento, nesse período, de alguns fundos de investimento em ações com o objetivo de atuar mais ativamente junto às companhias investidas, a fim de auferir ganhos de longo prazo decorrentes de aprimoramentos de governança. Esses fundos, chamados de ativistas, tiveram papel fundamental nos primeiros debates sobre a governança no Brasil, bem como no aprimoramento de práticas adotadas por diversas companhias.[47]

Em 1999, o IBGC lançou o primeiro *Código das Melhores Práticas de Governança Corporativa*, documento que balizou as discussões sobre o tema no país.[48] Em 2000, um estudo realizado pela consultoria McKinsey ganhou ampla repercussão no meio empresarial brasileiro ao indicar que os investidores entrevistados estariam dispostos a pagar cerca de 23% a mais por ações de companhias brasileiras que apresentassem maior transparência e prestação de contas.[49]

Em 2000, a governança corporativa ampliou sua relevância no Brasil com o lançamento, pela então Bovespa, dos segmentos especiais de listagem: Nível 1, Nível 2 e Novo Mercado. Os segmentos, em ordem crescente de exigências, são voluntários e visam segmentar as empresas em função do nível de comprometimento em relação a práticas boas práticas de governança.[50] Nesse mesmo ano, teve início a Mesa-Redonda Latino-Americana, evento anual patrocinado pelo International Finance Corporation (IFC), braço financeiro do Banco Mundial, e pela Organização para Cooperação e Desenvolvimento Econômico (OCDE), com o objetivo de elevar os padrões de governança da região.[51]

Em 2001, uma nova alteração na Lei das Sociedades por Ações (10.303/2001) introduziu diversos direitos aos acionistas minoritários, com destaque para o retorno parcial do *tag along* para os detentores de ações ordinárias.[52] Em 2002, ingressaram as duas primeiras companhias no Novo Mercado da Bovespa: CCR Rodovias e Sabesp, que ficariam isoladas no segmento mais avançado de listagem até maio de 2004, quando diversas empresas listaram suas ações no Novo Mercado após a retomada dos IPOs no país.

O aquecimento do mercado de ações propiciou o surgimento, em julho de 2005, da primeira companhia brasileira com ações totalmente dispersas na Bolsa, isto é, sem controle acionário definido: a Lojas Renner, considerada a primeira *corporation* brasileira.[53] Em 2006, a Sadia tentou adquirir o controle acionário da Perdigão por meio de uma oferta realizada diretamente junto aos acionistas de mercado. Apesar do insucesso da iniciativa, esse caso ficou conhecido como a primeira tentativa de aquisição hostil realizada no Brasil.

No início de 2008, o Novo Mercado chegou à sua 100ª companhia listada. Alguns meses depois, com a erupção da crise financeira global, teve fim a onda de IPOs iniciada em 2004. Tendo em vista a importância da onda de IPOs de 2004 a 2007 para nosso mercado de capitais, o quadro a seguir apresenta um balanço mais detalhado desse período.

Quadro 10.2 A onda de IPOs de 2004 a 2007: erros e acertos de governança no período

A onda de IPOs de 2004 a 2007: erros e acertos da governança corporativa no período[54]

A retomada do mercado de capitais no Brasil a partir de 2004 aumentou a relevância da governança corporativa, bem como fomentou a adoção de melhores práticas pelas empresas. No período, houve resultados positivos, como as migrações maciças para o Novo Mercado, o crescimento exponencial de matérias sobre governança na mídia e a melhoria da atuação da CVM como órgão regulador, fazendo com que o Brasil passasse a ser visto como líder da América Latina no tema.

Entretanto, como todo momento de euforia do mercado tende a dar margem a um menor escrutínio dos investidores, a onda de IPOs entre 2004-2007 também trouxe à tona episódios inesperados e questionáveis em relação às boas práticas de governança. São questões previamente inexistentes ou pouco debatidas no país, com destaque para os seguintes temas:

1. *Poison Pills* Brasileiras

Cerca de 60% das empresas que vieram a mercado entre 2004 e 2007 adotaram cláusulas estatutárias visando à "proteção da dispersão acionária". Essas cláusulas em geral obrigam o adquirente de certo percentual das ações (p. ex., 20%) a fazer uma oferta pública de compra de todas as ações a um preço bastante elevado. Além do baixo gatilho a um alto preço (dificultando a formação de blocos acionários relevantes), muitas companhias também adotaram "cláusulas pétreas", um mecanismo que obriga os acionistas que votarem a favor da remoção de tais cláusulas a fazerem uma oferta pública de aquisição de ações da companhia.[55] Além de sua utilidade nunca ter sido comprovada, as *poison pills* passaram a obstruir a realização de reestruturações societárias potencialmente positivas.

2. *Insider Trading*[56]

Os problemas de negociação de ações em posse de informações privilegiadas não são um fenômeno novo. Entretanto, destaca-se o número de operações de aquisição de controle que levantaram suspeitas na mídia, começando pela tentativa de aquisição da Perdigão pela Sadia em 2005.[57] Esse caso ficou famoso também por resultar na primeira ação penal relacionada ao tema do país. Além desse, operações como as aquisições de Ipiranga, Suzano Petroquímica, Varig e Nossa Caixa também ganharam as manchetes por suspeitas de negociação com informações privilegiadas.

3. *Equity Kicking*

O fenômeno da alavancagem financeira de empresas antes de seus IPOs por seus bancos coordenadores também merece destaque. Um estudo concluiu que, em 28% das ofertas de ações do período, os bancos de investimento forneceram capital às companhias de maneira a viabilizar ou acelerar sua ida ao mercado. Os autores dividiram as empresas que vieram a mercado em dois grupos: com e sem *equity kicking*. Na sequência, constataram que, um ano após os IPOs, as empresas que receberam empréstimos de seus coordenadores apresentaram resultados muito piores. Logo, essas empresas parecem ter vindo a mercado de forma prematura, isto é, sem possibilidade de entregar os resultados prometidos e/ou a um preço muito elevado, gerando maior queda no retorno das ações após os IPOs.[58]

4. *Brazilian Depositary Receipts* (BDRs):[59]

Idealmente, os BDRs devem trazer ao mercado brasileiro papéis de companhias estrangeiras com o objetivo de aumentar as opções disponíveis para o investidor local. Trata-se de algo positivo, que pode permitir a construção de carteiras mais diversificadas e eficientes. Entretanto, praticamente todos os BDRs Nível 2 ou Nível 3 listados no período no Brasil pertenciam a empresas intrinsecamente brasileiras, não estrangeiras. Algumas dessas companhias, listadas em paraísos fiscais sob regras societárias mais brandas, apresentaram sérios problemas de governança. O caso de maior destaque foi o da Agrenco. A companhia captou cerca de R$ 700 milhões no mercado brasileiro no fim de 2007 com uma ação cotada a cerca de R$ 10. Oito meses depois, teve seus diretores presos, com queda de 99% de suas ações nos meses seguintes, destruindo todo o patrimônio de seus investidores.

5. Gestão de Riscos:

Uma das funções primordiais dos conselhos de administração é monitorar os riscos aos quais suas sociedades estão expostas. Isso não ocorreu em diversas companhias brasileiras ao fim de 2008, com destaque para os casos Aracruz e Sadia. Em ambos, as companhias se encontravam em posições especulativas no mercado de derivativos, expondo-se à variação cambial. Como resultado, tiveram prejuízos bilionários, com enorme destruição de patrimônio de seus acionistas. Uma análise ao redor do anúncio dos problemas mostra que Aracruz e Sadia tiveram um retorno anormal de suas ações de –72% e –60%, com destruição líquida de valor da ordem de R$ 7 bilhões e R$ 4 bilhões, respectivamente.

6. Aquisições Originárias

Apesar de se tratar de uma operação antiga do ponto de vista jurídico, as aquisições originárias surgiram com uma nova "roupagem" durante a onda de IPOs, surpreendendo minoritários de companhias do Novo Mercado. Ao comprarem ações desse segmento, eles imaginavam que, dada a concessão voluntária de *tag along*, teriam direito de saída em condições justas caso as companhias tivessem seu controle acionário alterado. Entretanto, diversas operações possibilitaram uma alienação "de fato" do controle acionário sem que os acionistas tivessem direito de saída ou de veto a tais operações. O caso mais comentado foi o da aquisição da construtora Tenda pela Gafisa, em setembro de 2008. Uma análise das ações ao redor do anúncio dessa operação mostrou um retorno anormal de –80% nas ações da companhia, com destruição líquida de patrimônio dos acionistas de R$ 800 milhões.

7. Mecanismos para Aumento do Controle (*Control Enhancing Mechanisms* - CEMs)

Os mecanismos para aumento do poder de controle são utilizados em todo o mundo como forma de os maiores acionistas maximizarem seu poder sem uma alocação proporcional de capital. Entre os artifícios mais comuns, destacam-se a emissão de ações sem direito a voto ou com direito a voto diferenciado. Uma premissa fundamental do Novo Mercado foi criar a regra uma ação – um voto para coibir esse artifício. Entretanto, durante a onda de IPOs, algumas companhias procuraram burlar essa regra. O caso mais conhecido foi o da Cosan, em 2006. Após listar ações no Novo Mercado, a companhia propôs um plano de reestruturação societária no qual os acionistas trocariam suas ações por BDRs de uma nova companhia sediada nas Bermudas, com uma diferença: cada ação dos controladores teria direito a voto multiplicado por 10 nas assembleias, diluindo o poder dos minoritários. O plano foi muito mal recebido pelo mercado. No ano, suas ações caíram 53,3%, contra uma valorização de 43,6% do Ibovespa no mesmo período.[60]

Em dezembro de 2009, a CVM divulgou a Instrução 480, um normativo que aumentou substancialmente a transparência exigida das companhias. A partir de 2010, passou a publicar o Formulário de Referência, novo modelo de relatório em substituição ao antigo Informativo Anual (IAN). Uma das mudanças mais polêmicas foi exigir que as empresas passassem a divulgar as remunerações máxima, média e mínima do conselho de administração e da diretoria executiva. Muitas companhias utilizaram uma liminar concedida aos associados do Instituto Brasileiro dos Executivos Financeiros (IBEF) do Rio de Janeiro para que não fossem publicadas as informações exigidas pela CVM. No início de 2014, cerca de um quarto das companhias listadas – muitas das quais pertencentes ao Novo Mercado – continuava a se recusar a divulgar a remuneração de seus administradores.[61] Outro evento polêmico ocorrido em 2010 foi a tentativa de reforma nas regras do Novo Mercado. Entre as mudanças sugeridas pela BM&FBovespa, estavam a obrigatoriedade da implantação do Comitê de Auditoria e o aumento do percentual mínimo de conselheiros independentes de 20% para 30%. De acordo com as regras do segmento, qualquer proposta de mudança nos padrões exigidos deve ser aprovada por dois terços das companhias. Ao fim do processo, ambas as propostas enfrentaram elevada resistência, sendo rejeitadas por mais da metade das companhias após votação. Na ocasião, a rejeição a avanços de governança por parte das companhias do Novo Mercado fez o então presidente do conselho de administração da BM&FBovespa afirmar ter sentido um "cheiro de Brasil velho no ar".[62]

Em 2011, os acionistas rejeitaram o pacote de remuneração proposto para os administradores da PDG, uma das poucas companhias com estrutura acionária completamente pulverizada do Brasil na ocasião.[63] A inédita votação contrária mostrou a força do ativismo dos investidores nas companhias dispersas. No ano seguinte, intensificaram-se os debates sobre a necessidade de maior diversidade de gênero nos conselhos de administração brasileiros em função de um projeto de Lei no Senado Federal (PLS 112/2010), com o objetivo de assegurar um percentual mínimo de 40% de mulheres nos conselhos das empresas estatais a partir de 2022.

O ano de 2013 foi marcado pelo colapso das companhias "X", controladas pelo midiático empresário Eike Batista, sendo seis delas listadas no Novo Mercado. De certa forma, o empresário simbolizou o período de euforia e posterior depressão do mercado de capitais brasileiro. Além dos resultados operacionais muito aquém do prometido, o caso suscitou acusações de diversos problemas de governança, tais como a negociação de ações com informações privilegiadas e a falta de transparência para com os sócios minoritários. Nesse mesmo ano, a HRT, outra companhia petrolífera recém-listada em bolsa, também passou por dificuldades financeiras, levando os acionistas a pressionar pela substituição de seu fundador. Ainda em 2013, teve início o Comitê de Fusões e Aquisições (CAF), uma organização privada formada por diversas entidades do mercado com o objetivo de assegurar a todos os acionistas condições equitativas nas ofertas públicas de aquisição de ações (OPAs), um tema de governança tradicionalmente conflituoso no Brasil.

Em 2014, entrou em vigor a Lei 12.846/2013, conhecida como Lei Anticorrupção. Além de endurecer as penalidades das companhias envolvidas em casos de corrupção de agentes públicos, a lei passou a pressionar as empresas para que desenvolvam seus próprios sistemas de *compliance*. Ainda em 2014, a Cremer se tornou a primeira companhia a decidir deixar o Novo Mercado e permanecer apenas no segmento tradicional. Esse episódio evidencia a perda de atratividade do segmento máximo de listagem 14 anos após sua festejada criação. A tabela a seguir resume os principais marcos de governança no Brasil.

Tabela 10.1 Marcos da governança corporativa no Brasil

ANO	MARCO DE GOVERNANÇA
1995	Fundação do IBCA.
1997	Reforma da Lei das Sociedades por Ações (Lei 9.457/1997), com exclusão do direito de *tag along*, a fim de facilitar o processo de privatização.
1998	Criação dos primeiros fundos de investimento ativistas do país, como parte de um programa de fomento do BNDESPar.
1999	▪ Reforma do IBCA, que passa a se chamar IBGC. ▪ Lançamento da 1ª versão do *Código das Melhores Práticas de Governança Corporativa* do IBGC.
2000	▪ Lançamento dos níveis diferenciados de listagem da Bovespa (atual BM&FBovespa): Nível 1, Nível 2 e Novo Mercado; ▪ Realização da primeira Mesa-redonda Latino-Americana de Governança Corporativa, idealizada pelo IFC e OCDE.

ANO	MARCO DE GOVERNANÇA
2001	Nova reforma da Lei das Sociedades por Ações (Lei 10.303/2001), com retorno parcial do *tag along* e novos direitos para acionistas minoritários.
2002	CCR Rodovias e Sabesp se tornam as primeiras companhias a ingressar no Novo Mercado.
2004	Retomada das ofertas iniciais de ações (IPOs) na bolsa brasileira. Ingresso de cinco novas companhias no Novo Mercado ao longo do ano.[64]
2005	Lojas Renner se torna a primeira *corporation* brasileira, com ações totalmente dispersas em bolsa e ausência de controle definido.
2006	▪ Primeira tentativa de aquisição hostil no país (tentativa de compra da Perdigão pela Sadia). ▪ Reestruturação controversa na Cosan, listada no Novo Mercado, evidencia potenciais problemas de governança em empresas do segmento.
2007	▪ Onda de IPOs iniciada em 2004, que leva 113 novas companhias a listar ações até 2007. ▪ Constatação de que a maioria das companhias recém-listadas na bolsa optaram por adotar *poison pills* em seus estatutos gera debates e críticas.
2008	▪ Novo Mercado chega a 100 companhias. ▪ Escândalo da Agrenco, companhia listada no fim de 2007, levanta o debate sobre a emissão de BDRs por empresas essencialmente brasileiras. ▪ Crise financeira global interrompe onda de IPOs. ▪ Forte variação cambial em decorrência da crise leva centenas de empresas a declarar perdas colossais com derivativos, com destaque para os prejuízos bilionários de Sadia e Aracruz.
2009	▪ Estudo mostra que cerca de 30% das empresas abriram capital entre 2004 e 2007 utilizaram recursos dos bancos que coordenaram suas ofertas, em uma operação denominada *equity kicking*. ▪ Primeiro caso de negociação de ações em posse de informações privilegiadas (*insider trading*) levado para a esfera penal no Brasil (caso Sadia). ▪ Lançamento da 4ª edição do *Código das Melhores Práticas de Governança Corporativa* do IBGC.
2010	▪ Entra em vigor o Formulário de Referência, documento anual que eleva a transparência exigida das empresas.[65] Cerca de 30% das companhias listadas obtêm uma liminar por meio de uma entidade de executivos para não publicarem a remuneração detalhada de seus administradores. ▪ Primeira condenação de conselheiros de administração individualmente em função do descumprimento do dever de diligência (caso Sadia). ▪ BM&FBovespa tenta reformar as regras do Novo Mercado: principais mudanças são rejeitadas pelas companhias do segmento, indicando resistência a avanços de governança. ▪ Descobre-se uma fraude bilionária no Banco Panamericano, companhia recém-listada no Nível 1 de governança corporativa da BM&FBovespa. ▪ Empresas brasileiras passam a publicar seus balanços seguindo as normas internacionais do IFRS (*International Financial Reporting Standards*).
2011	▪ Pela primeira vez, acionistas rejeitam pacote de remuneração dos executivos em assembleia geral, evidenciando a força do ativismo em companhias com estruturas dispersas (caso PDG). ▪ Fraude bilionária no Banco Cruzeiro do Sul, mais uma companhia recém-listada em bolsa.

ANO	MARCO DE GOVERNANÇA
2012	▪ Debates sobre o aumento da diversidade de gênero se intensificam após projeto de lei que prevê percentual mínimo de mulheres nos conselhos de administração das estatais (PLS 112/2010).
2013	▪ Entram em colapso as companhias "X" do midiático empresário Eike Batista, a maioria delas listadas no Novo Mercado. Tem início uma investigação motivada por acusações de *insider trading*, falta de transparência e descumprimento de direitos de acionista minoritários. ▪ Acionistas conseguem substituir o fundador e diretor-presidente da HRT, outra companhia pré-operacional de petróleo listada no Novo Mercado com resultados aquém do prometido. ▪ Início do Comitê de Fusões e Aquisições (CAF), entidade privada de autorregulação que visa assegurar condições equitativas em ofertas públicas de aquisição de ações (OPAs).[66]
2014	▪ Entra em vigor a Lei 12.846/2013, conhecida como Lei Anticorrupção. A nova legislação objetiva contribuir para o desenvolvimento de melhores sistemas de compliance nas companhias.[67] ▪ Cremer se torna a primeira companhia a deixar o Novo Mercado e voltar ao segmento tradicional sem sair da lista.

10.3. O MODELO DE GOVERNANÇA DAS COMPANHIAS ABERTAS BRASILEIRAS

A estrutura acionária é o elemento-chave para se analisar qualquer modelo de governança corporativa. No caso brasileiro, as companhias abertas se caracterizaram historicamente pela presença de um acionista majoritário (detentor de mais de 50% das ações com poder de voto) bem definido. Como descrito no início do capítulo, esses controladores – na maioria dos casos empreendedores ou famílias – historicamente optaram por abrir capital por meio da emissão de ações preferenciais. Como resultado, a temática da governança se desenvolveu no Brasil em torno do potencial conflito entre controladores – com poder praticamente absoluto sobre a administração das companhias – e minoritários.[68]

A estrutura propriedade das companhias brasileiras passou por algumas mudanças desde o fim da década de 1990, principalmente durante a retomada de nosso mercado de capitais em meados de 2000. As tabelas a seguir descrevem a evolução de três aspectos centrais para se compreender nosso atual modelo de governança: a concentração acionária, a identidade do acionista majoritário e o modo de controle das empresas.

Tabela 10.2 Evolução da concentração acionária das companhias abertas no Brasil: de 1999 a 2014[69]

CONCENTRAÇÃO ACIONÁRIA NO BRASIL	1999	2004	2009	2014
Ações ordinárias em posse do maior acionista	62,4%	66,3%	55,1%	47,2%
Ações ordinárias em posse dos cinco maiores acionistas	85,2%	85,4%	77,4%	71,7%
Total de ações em posse do maior acionista	45,3%	47,5%	43,8%	38,4%
Total de ações em posse dos cinco maiores acionistas	62,0%	63,6%	67,3%	63,7%
Free float das ações	nd	nd	nd	39,3%
Companhias que emitem ações preferenciais	91%	88%	55%	42%
Número de companhias analisadas[70]	181	154	242	271

nd = não disponível.

Tabela 10.3 Evolução da identidade dos controladores das companhias brasileiras: de 2004 a 2012

IDENTIDADE DOS ACIONISTAS CONTROLADORES	2004	2008	2012
Familiar	50,3%	49,8%	43,5%
Compartilhado	27,7%	26,7%	32,4%
Estatal	6,7%	7,4%	7,9%
Estrangeiro	15,3%	10,3%	9,1%
Disperso	0%	5,8%	7,1%
Número de companhias analisadas[71]	163	243	241

Tabela 10.4 Evolução das formas de controle das companhias brasileiras: de 2004 a 2014

ESTRUTURA DE PROPRIEDADE	DEFINIÇÃO	COMPANHIA LISTADAS NO BRASIL ATÉ 2004	COMPANHIAS LISTADAS NO BRASIL EM 2014[72]
Controle majoritário	Maior acionista ou grupo de controle com mais de 50% das ações com direito a voto.	100%	Cerca de 85% (230 companhias)
Controle minoritário	Maior acionista ou grupo de controle com menos de 50% das ações com direito a voto, porém exercendo controle de fato da gestão da companhia.[73]	0%	Cerca de 11% (29 companhias)[74]
Propriedade dispersa (controle gerencial)	Maior acionista ou grupo coeso de acionistas com menos de 15% das ações com direito a voto.[75]	0%	Cerca de 4% (12 companhias)[76]

Essas tabelas permitem extrair conclusões importantes sobre a estrutura de propriedade de nossas companhias. Entre 1999 e 2014 (Tabela 10.2), houve certa desconcentração das ações em nosso mercado. Embora nossa concentração acionária ainda seja considerada muito elevada para os padrões internacionais – os cinco maiores acionistas detêm, em média, 72% das ações ordinárias e 64% do total de ações em 2014 –, houve queda ao longo do período de 15 anos analisado. Isso fica mais claro ao se analisar o percentual de ações em posse do maior acionista, que caiu de uma média de 62% em 1999 para 47% em 2014. Outro aspecto importante diz respeito à emissão das ações preferenciais. Em 1999, nove em cada dez companhias emitiam ações sem direito a voto. Quinze anos depois, em 2014, esse percentual caiu drasticamente para 42%, algo que se deve principalmente à listagem de empresas no Novo Mercado, segmento que exige a emissão apenas de ações com direito a voto. Pela primeira vez, portanto, nosso mercado acionário passou a contar com uma grande parcela de empresas sem a emissão de ações preferenciais.

Em relação à identidade dos controladores (Tabela 10.3), também houve algumas mudanças, embora não tão substanciais. De 2004 a 2012, houve queda no percentual das companhias familiares, de 50% para 43%, e ligeiro aumento do percentual de companhias sob controle compartilhado, de 28% para 32%. Embora em percentual menor, é importante destacar que as empresas de controle compartilhado são as mais relevantes de nosso mercado, quando são analisadas apenas as companhias de maior porte. Como exemplo, uma análise restrita às 100 companhias mais líquidas da bolsa realizada pela revista *Capital Aberto* em seu "Anuário 2012" concluiu que 52 delas detinham controle compartilhado, contra apenas 25 de controle familiar.[77]

Ainda em relação à identidade dos controladores, embora a maior parte dos recursos captados nos IPOs de 2004 a 2007 tenha sido oriunda de investidores internacionais, o percentual de companhias com controladores estrangeiros (tais como multinacionais) caiu de 15% para 9% entre 2004 e 2012.

Por fim, deve-se destacar o surgimento de companhias com estruturas acionárias dispersas após 2004. O ano de 2005 é considerado particularmente emblemático, uma vez que, pela primeira vez, surgiram companhias sem sócios controladores e com ações completamente pulverizadas no mercado. Como apresentado na Tabela 10.4, atualmente há três modos de controle coexistindo em nosso mercado acionário – majoritário, minoritário e gerencial ou disperso –, o que elevou a complexidade das discussões sobre governança corporativa no país. Em uma amostra de 271 companhias listadas em junho de 2014, é possível identificar um pequeno grupo de 12 empresas com capital pulverizado que se assemelham às *corporations* norte-americanas, como a própria bolsa de valores (BM&FBovespa), Cetip, Embraer e Lojas Renner.

A modificação na estrutura acionária das empresas aliada ao aumento das discussões sobre governança geraram mudanças na alta gestão das companhias abertas desde o início da década de 2000. A tabela a seguir – construída com base no "Anuário 2013" da revista *Capital Aberto* – descreve elementos-chave das práticas do conselho de administração e da diretoria executiva adotadas pelas 150 companhias com maior liquidez em bolsa de nosso mercado.

Tabela 10.5 Governança das 150 companhias brasileiras mais líquidas: conselho de administração

MODELO DE GOVERNANÇA DAS 150 COMPANHIAS BRASILEIRAS COM MAIOR LIQUIDEZ EM BOLSA EM 2013	
Tamanho médio do conselho de administração	6,9
Separação de cargos entre diretor-presidente e presidente do conselho	87%
Proporção de conselheiros independentes	31%
Proporção de mulheres no conselho de administração	7%
Número de comitês do conselho de administração[78]	1,1
Presença de comitê de auditoria	26%
Presença de comitê de remuneração	32%
Número de reuniões por ano do conselho de administração	9,6
Companhias que afirmam avaliar o desempenho do conselho como órgão	26%
Companhias que afirmam avaliar o desempenho dos conselheiros individualmente	20%
Companhias que afirmam avaliar o desempenho dos comitês do conselho	17%
Companhias que afirmam avaliar o desempenho de seus diretor-presidente	31%
Companhias que concedem planos de opções de ações aos conselheiros	23%
Companhias que pagam bônus aos conselheiros	12%
Companhias que concedem planos de opções de ações aos diretores	67%

MODELO DE GOVERNANÇA DAS 150 COMPANHIAS BRASILEIRAS COM MAIOR LIQUIDEZ EM BOLSA EM 2013	
Peso da remuneração variável da diretoria executiva em relação à remuneração total	44,4%
Remuneração anual dos conselheiros de administração (mediana)[79]	R$ 198 mil
Remuneração anual do presidente do conselho de administração (mediana)[80]	R$ 240 mil
Remuneração anual dos membros da diretoria executiva (mediana)[81]	R$ 1,46 milhão
Remuneração anual do diretor-presidente (mediana)[82]	R$ 2,42 milhões
Companhias que não divulgam a remuneração de seus administradores no Formulário de Referência conforme exigido pela CVM	27%
Companhias com conselho fiscal permanente instalado	58%

Fonte: Revista *Capital Aberto*, "Anuário 2013". Disponível em http://www.capitalaberto.com.br/edicoes/especial/anuario-de-governanca-corporativa-2013/

Conforme a Tabela 10.5, o conselho típico brasileiro de uma companhia listada é composto atualmente por sete pessoas, sendo duas delas independentes. A maioria dos conselhos é composta apenas por homens, com uma proporção de cerca de 1 mulher para cada 14 homens. Esses dados demonstram que a busca por maior diversidade de gênero nos conselhos ainda não virou realidade no Brasil (*vide* próxima seção). A presidência do conselho é quase sempre ocupada por uma pessoa que não atua como diretor-presidente, o que reforça a separação entre propriedade e gestão diária. Os conselhos tendem a se reunir em média dez vezes por ano, aproximando-se da prática de reuniões mensais. A utilização de comitês do conselho ainda é baixa. Em média, os conselhos brasileiros têm apenas um comitê instalado, quase sempre de remuneração ou de auditoria. A avaliação de desempenho é outro ponto distante do ideal. Poucas companhias afirmam avaliar de alguma maneira sua alta gestão, com destaque negativo para a avaliação individual dos conselheiros, ainda quase inexistente.

Chama a atenção também a relativa agressividade do sistema de remuneração dos membros da alta gestão. Cerca de 23% das companhias concedem planos de opções de ações para seus conselheiros, um incentivo que, caso não seja bem estruturado, pode levar a um foco excessivo no preço imediato das ações em detrimento do longo prazo. No caso dos membros da diretoria, dois terços das companhias remuneram seus altos executivos com opções de ações. O aumento da remuneração dos conselheiros pode ser considerado um indicador do aumento da relevância do órgão ao longo dos anos. De um valor em geral simbólico até a década de 1990, os montantes vêm se tornando cada vez mais substanciais, com uma mediana de remuneração da ordem R$ 20 mil mensais. Logo, enquanto a participação em conselhos era outrora encarada quase como um título honorífico, o patamar atual da compensação financeira – muitas vezes com componente variável – vem viabilizando cada vez mais a profissionalização da atividade de conselheiro. Deve-se destacar que 27% das companhias, muitas delas entre as maiores do país e com maior remuneração, não divulgam as informações requeridas pela CVM sobre o tema, o que tende a enviesar para baixo os montantes de remuneração apresentados.

Além dos dados quantitativos apresentados, nossos conselhos também passaram por transformações qualitativas relevantes. Houve um incremento substancial das expectativas dos investidores acerca do papel a ser exercido pelo órgão. Se antes o conselho era visto como um fórum de discussão ocasional (e muitas vezes informal) de questões frouxamente definidas como "estratégicas", agora se espera que o órgão seja o responsável não apenas pelo retorno auferido da companhia, como também pelos riscos aos quais ela se expõe. A elevação das expectativas levou os conselhos a serem alvo de um escrutínio bem maior por parte dos reguladores e de uma mídia "ativista" das boas práticas que se desenvolveu ao longo dos anos no Brasil. Um dos resultados da maior pressão foi a maior responsabilização dos conselheiros. Isso foi observado no caso das perdas com derivativos da Sadia em 2010, quando a CVM puniu conselheiros individualmente por descumprirem seu dever de diligência. Outra mudança qualitativa importante diz respeito ao poder para tomar as grandes decisões empresariais. Com a crescente pressão pela presença de pessoas diferentes nos cargos de diretor-presidente e presidente do conselho, muitos líderes empresariais abriram mão da diretoria executiva, permanecendo apenas na presidência do órgão máximo de administração. Como resultado, cada vez mais surgiram casos de presidentes do conselho que passaram a tomar, na prática, as principais decisões de suas empresas, mesmo sem poderes formais – como membros de um órgão colegiado – para isso.[83] No geral, nossos conselhos se tornaram mais ativos na última década, embora ainda estejam, na maioria das vezes, sujeitos às preferências dos acionistas controladores e dos altos executivos.

Além de mudanças na alta gestão, houve uma pressão generalizada do mercado na última década para que as companhias brasileiras se tornassem mais transparentes, bem como passassem a auferir mais direitos para seus acionistas. A tabela abaixo – também construída a partir do "Anuário 2013" da revista *Capital Aberto* – descreve como as 150 companhias com maior liquidez em bolsa de nosso mercado acionário vêm abordando essas questões.

Tabela 10.6 Governança das companhias brasileiras: transparência e direitos dos acionistas

MODELO DE GOVERNANÇA DAS 150 COMPANHIAS BRASILEIRAS COM MAIOR LIQUIDEZ EM BOLSA EM 2013	
Companhias que apresentam o quadro societário (acionistas com mais de 5% de participação) na internet, em seu site	93%
Companhias com seção dedicada à governança corporativa em seu site com currículos dos membros diretores e conselheiros	89%
Companhias que apresentam seus conselheiros independentes na internet, em seu site	84%
Companhias que divulgam publicamente seu código de ética ou conduta	92%
Companhias que discorrem sobre a presença de comitês no conselho em seu site	57%
Companhias que afirmam publicamente ter um comitê dentro de sua estrutura organizacional destinado ao gerenciamento dos riscos corporativos	47%
Companhias que têm uma política para as doações a campanhas políticas	3%
Companhias que têm uma política formal sobre relações com partes relacionadas e situações envolvendo conflito de interesses	17%
Companhias que têm auditoria interna com reporte ao conselho de administração	84%
Companhias que têm *poison pills* em seu estatuto	35%
Companhias que têm *poison pills* com cláusula pétrea	17%
Companhias que divulgam um manual de assembleia detalhado, contendo modelo de procuração de voto e procuradores previamente designados	11%
Companhias com sistema eletrônico para outorgar procuração de voto nas assembleias	12%

Fonte: revista *Capital Aberto*., "Anuário 2013". Disponível em http://www.capitalaberto.com.br/edicoes/especial/anuario-de-governanca-corporativa-2013/

De acordo com os dados da Tabela 10.6, a maioria das companhias brasileiras tem uma área dedicada à governança corporativa em seus sites. Nelas, as empresas em geral apresentam seus principais acionistas, nomes e currículos dos administradores, além de identificarem os conselheiros considerados independentes. A vasta maioria também disponibiliza seu código de ética para o público. Por outro lado, quase metade não discorre sobre a existência de comitês do conselho, bem como pouco mais da metade não deixa claro se tem algum comitê – mesmo que gerencial – dedicado à gestão de riscos em sua estrutura organizacional.

Dois outros pontos, ambos relativos a temas críticos de governança, destacam-se negativamente em relação à transparência: é quase nula a presença de companhias com uma política clara sobre contribuições políticas (um tema detalhado na seção 10.3.3 adiante), e apenas 1 em cada 6 empresas tem regras claras sobre as transações com partes relacionadas e outras situações envolvendo conflito de interesses. Do ponto de vista dos direitos dos acionistas, chama a atenção o fato de que mais de um terço das companhias tem *poison pills*, uma prática muito questionada, enquanto apenas cerca de 1 a cada 10 divulgam manual de assembleia e disponibilizam a seus acionistas um sistema eletrônico para facilitar o voto por meio de procuração nas assembleias.

10.4. Temas recentes de governança corporativa no Brasil

10.4.1. O papel dos investidores institucionais no fomento à boa governança no Brasil

A lógica em torno da governança corporativa parte de três premissas: (1) que as empresas que optarem por adotar as melhores práticas serão vistas de maneira diferenciada pelos investidores, conseguindo acesso privilegiado ao capital a um custo menor; (2) que os investidores terão sempre interesse em maximizar o retorno de longo prazo sobre seu investimento; e (3) que os investidores, como acionistas, se preocuparão em cuidar ativamente do seu patrimônio. Caso essas premissas não sejam realidade, então uma parte substancial dos problemas de governança poderia ser atribuída aos investidores, que não estariam fazendo sua parte para a lógica da governança funcionar.

Entre os investidores, merecem destaque os institucionais, os mais importantes em função de seu peso econômico. Nesta seção, analisaremos o papel dos principais investidores institucionais – fundos de pensão e fundos de investimento – no fomento às boas práticas de governança no Brasil, de forma a aferir até que ponto eles, de fato, têm preferido alocar seus recursos em companhias que se comprometem a adotar padrões mais elevados de governança. Os dois primeiros tópicos abordam a questão do ponto de vista conceitual, analisando em separado o papel dos fundos de pensão e fundos de investimento, enquanto o último apresenta resultados de uma pesquisa quantitativa com dados do nosso mercado.

10.4.1.1. *O caso dos fundos de pensão*

Internacionalmente, os fundos de pensão se destacaram como os pioneiros do movimento da governança nos anos 1980. Como acionistas de longo prazo, a efetividade de sua contribuição depende de três atitudes principais: (1) que avaliem com profundidade as práticas de governança das empresas, priorizando o investimento naquelas com melhores práticas ou que se comprometam a realizar melhorias substanciais; (2) que exerçam seu papel de acionistas por meio da eleição, nas assembleias, de pessoas altamente qualificadas para os conselhos de suas empresas investidas; e (3) que defendam as melhores práticas de governança em todas as situações, mesmo naquelas em que não aufiram benefício particular. Deve-se questionar se isso de fato vem ocorrendo no Brasil.

Em relação ao primeiro aspecto, a resposta parece ser negativa. A maioria de nossos fundos de pensão utiliza o Ibovespa como referência de desempenho, o que tende a levá-los a investir nas companhias que fazem parte desse índice, independentemente de como são governadas. Além disso, uma parte pequena da carteira de renda variável dos fundos de pensão é investida nas empresas do Novo Mercado, segmento com maior exigência de governança, o que reforça a percepção de ausência de mecanismos para avaliar a governança das empresas, de forma a priorizar o investimento nas companhias mais comprometidas com o tema.

Em relação ao segundo aspecto, os fundos de pensão tendem a atuar de maneira mais reativa (quando ocorre algum problema de governança ou decisão questionável) do que proativa. Como resultado, é raro observar fundos de pensão que submetem propostas nas assembleias a fim de aprimorar as práticas de suas investidas. A indicação de conselheiros é outro tema importante. Para se ter ideia de sua relevância, os principais fundos de pensão do país elegem anualmente centenas de conselheiros dadas as suas elevadas participações acionárias. Do ponto de vista da boa governança, o ideal seria que os fundos indicassem os melhores conselheiros possíveis para cada companhia, levando em consideração as habilidades e os perfis exigidos para cada organização. Entretanto, a maioria dos fundos tende a indicar seus próprios beneficiários, aposentados ou da ativa, como conselheiros. Por mais talentosos que sejam seus quadros, é provável que nem sempre o conselheiro mais adequado para determinada companhia seja participante do fundo. Ademais, o processo de seleção dos conselheiros, na maioria das vezes, é opaco, o que pode diminuir a relevância do aspecto técnico na seleção.

Em relação ao terceiro aspecto, alguns exemplos recentes mostram que, muitas vezes, os fundos podem deixar de levantar a "bandeira da governança", dependendo da posição em que se encontram. Um exemplo clássico ocorreu no caso da reestruturação da Telemar em 2006.[84] Na ocasião, os controladores propuseram uma relação de troca vista como desfavorável para os acionistas detentores de ações preferenciais. A proposta diluiria os minoritários e criaria um precedente negativo para outras possíveis reestruturações. Praticamente todos os fundos de ações locais e estrangeiros se mostraram contrários à proposta. Entretanto, o maior fundo de pensão brasileiro, também detentor de ações ordinárias, votou a favor da proposta dos controladores na assembleia definitiva. Para uma atuação mais efetiva, é preciso que os fundos de pensão apoiem as melhores práticas de governança sempre, independentemente de suas posições específicas. Do contrário, darão margem para os críticos, que argumentarão que esses investidores adotam a "governança da ocasião".

Em resumo, é fundamental que os fundos de pensão brasileiros demonstrem, com clareza, a seus beneficiários e públicos externos: (1) como avaliam as práticas de governança de suas empresas investidas; (2) qual o peso das questões de governança na seleção das companhias; (3) quais têm sido suas propostas e seus votos nas assembleias; e (4) quais são os critérios utilizados para a escolha de seus conselheiros. Com isso, dariam um bom exemplo de transparência e boa governança, reforçando a adoção de melhores práticas pelas companhias nacionais.

10.4.1.2. *O caso dos fundos de investimento*

Os fundos de investimento, principalmente os ligados a grandes instituições financeiras, podem estar sujeitos a conflitos de interesses que tendem a afetar sua capacidade de impactar positivamente a governança de suas companhias investidas.

Um exemplo clássico ocorreu em 2002, com a companhia norte-americana HP.[85] Na ocasião, a empresa teria uma assembleia de acionistas para decidir sobre a fusão controversa de US$ 19 bilhões com a Compaq. Muitos acionistas se opuseram à proposta por acreditar que destruiria valor. Pouco antes da assembleia, a CEO da HP, Carly Fiorina, soube de uma notícia potencialmente desastrosa para sua proposta: os fundos de investimentos do Deutsche Bank – que controlavam quase 17 milhões de ações da HP e poderiam ser o fiel da balança – votariam contra a fusão. Fiorina enviou, então, uma mensagem (posteriormente utilizada em um processo judicial) para seu diretor-financeiro, que dizia: "temos de fazer algo extraordinário para trazer o banco para o nosso lado". O CFO da HP deu, em seguida, aos executivos do banco um recado claro: os resultados dos votos do Deutsche seriam de enorme importância para a manutenção do relacionamento comercial (estimado em milhões de dólares por ano) do banco com a companhia em atividades de *investment banking*. Ao final, os gestores dos fundos mudaram seus votos pouco antes da assembleia, e a proposta de fusão foi aprovada, com o bloco de ações do banco representando parte substancial da margem de vitória.

Além do potencial conflito de interesses, os fundos de investimento podem ter baixo incentivo econômico para promover a boa governança. Muitas vezes, o benchmark para avaliar o desempenho dos gestores é o retorno de um índice de mercado. Logo, o gestor do fundo fica na seguinte posição: se gastar recursos e esforços em maior ativismo, arcará com os custos, enquanto os demais fundos também vão se beneficiar do aumento de preço das ações. Em termos relativos, além de não obter um retorno relativo maior que os outros, arcará com o custo administrativo de seu ativismo. Ademais, ao ter como benchmark um índice de mercado, o gestor dificilmente poderá se dar ao luxo de não ter ações de uma empresa de grande porte muito representativa do índice, mesmo que acredite que essa esteja longe de ser exemplar na boa governança. O terceiro potencial problema diz respeito ao horizonte temporal: os bônus dos gestores são, em geral, obtidos com base nos retornos semestrais ou anuais, ao passo que a priorização do investimento em empresas com melhores práticas de governança pode gerar um retorno maior no longo prazo, porém não necessariamente no próximo mês ou semestre. Logo, pode não ser economicamente racional para um gestor ser ativista, priorizar a governança em suas análises, ou deixar de ter ações de uma grande empresa, mesmo que acredite que essa não tem boa governança.

No Brasil, os fundos ativistas independentes (desvinculados de grandes conglomerados financeiros) foram fundamentais para o início do movimento da governança no fim dos anos 1990. Entretanto, esses fundos são exceção em vez da regra do setor. O ativismo dos fundos brasileiros ainda tende a ser predominantemente reativo, isto é, os gestores acionam a CVM ou o Poder Judiciário quando acreditam que seus interesses foram prejudicados (geralmente em operações de fechamento de capital ou alienação do controle acionário). Inexiste em grande medida, portanto, uma atitude mais proativa e orientada para a proposição de melhorias de governança nas companhias investidas.

10.4.1.3. *Investidores institucionais e a governança no Brasil: evidências quantitativas*

É fundamental avaliar se os investidores institucionais de fato promovem melhores práticas de governança em suas companhias investidas no Brasil. Nesta seção, são apresentados resultados de um amplo levantamento com 457 companhias listadas na BM&FBovespa entre 2005 e 2012, totalizando 1.751 observações.[86]

À primeira vista, parece haver uma relação clara entre a presença de institucionais como sócios relevantes[87] e práticas superiores de governança. Na Tabela 10.7 a seguir, observa-se que as companhias que têm institucionais como acionistas relevantes apresentam, em média, melhores "notas" em governança e maior chance de pertencerem ao Novo Mercado.[88]

Tabela 10.7 Investidores institucionais e práticas de governança: resultados agregados

INDICADOR DE GOVERNANÇA CORPORATIVA	EMPRESAS *SEM* INVESTIDORES INSTITUCIONAIS COMO ACIONISTAS RELEVANTES	EMPRESAS *COM* INVESTIDORES INSTITUCIONAIS COMO ACIONISTAS RELEVANTES
Índice de Práticas de Governança Corporativa (IPGC)[89]	5,3	6,0***
Nota de governança do prêmio "melhores companhias para os acionistas" da revista Capital Aberto[90]	6,4	6,8***
Percentual (%) de companhias listadas no Novo Mercado	21,6%	48,8%***

***, ** e * indicam a existência de diferença entre as médias com significância estatística de 1%, 5% ou 10%, respectivamente.

A análise inicial da Tabela 10.7, entretanto, oculta diferenças importantes na forma de atuação dos diferentes tipos de institucionais brasileiros. Em nosso mercado, há três grupos de institucionais que tendem a deter participações acionárias relevantes e, consequentemente, a ser importantes para a governança corporativa: (1) os três maiores fundos de pensão locais;[91] (2) os fundos de investimento de gestoras de recursos independentes, incluindo-se os fundos de *private equity*;[92] e (3) o BNDESPar, empresa de participações acionárias do BNDES.[93]

Os demais institucionais têm tido uma atuação tímida no fomento às boas práticas de governança no país. Os fundos de pensão de menor porte, por exemplo, tendem a investir pouco em ações e a seguir índices (como o Ibovespa) de modo passivo, desconsiderando práticas de governança em suas decisões de investimento. Por sua vez, os fundos pertencentes às grandes instituições financeiras também têm sido passivos no estímulo às melhores práticas – possivelmente influenciados pelo conflito de interesses resultante das relações comerciais entre bancos e companhias. Com base nesse cenário, a Tabela 10.8 analisa separadamente a relação entre os três tipos principais de investidores institucionais do mercado brasileiro e as práticas adotadas por suas companhias investidas.

Tabela 10.8 Investidores institucionais e governança: resultados por classe de institucional

	FUNDO DE PENSÃO		FUNDO INVESTIMENTOS OU *PRIVATE EQUITY*		BNDESPAR	
INDICADOR DE GOVERNANÇA CORPORATIVA	EMPRESAS *SEM FUNDO DE PENSÃO* COMO ACIONISTA RELEVANTE	EMPRESAS *COM FUNDO DE PENSÃO* COMO ACIONISTA RELEVANTE	EMPRESAS *SEM FUNDO INVESTIMENTO* OU ***PRIVATE EQUITY*** COMO ACIONISTA RELEVANTE	EMPRESAS *COM FUNDO INVESTIMENTO* OU ***PRIVATE EQUITY*** COMO ACIONISTA RELEVANTE	EMPRESAS *SEM BNDESPAR* COMO ACIONISTA RELEVANTE	EMPRESAS *COM BNDESPAR* COMO ACIONISTA RELEVANTE
Índice de Práticas de Governança (IPGC)	5,7***	5,2	5,2	6,5***	5,7**	5,3
Nota de governança da revista *Capital Aberto*	6,7*	6,4	6,5	7,0***	6,7	6,5
Percentual (%) de companhias listadas no Novo Mercado	38,0%***	22,8%	20,7%	64,0%***	36,6%**	29,8%

***, ** e * indicam a existência de diferença entre as médias com significância estatística de 1%, 5% ou 10%, respectivamente.

A análise segregada por grupo de investidor mostra que a atuação dos institucionais em relação à governança está longe de ser uniforme no Brasil. A presença de fundos de pensão ou do BNDESpar como acionistas relevantes é associada a uma pior nota de governança, além de menor chance de a companhia ser listada no Novo Mercado. A presença de fundos de investimento ou de *private equity*, por outro lado, é associada a um maior alinhamento com as recomendações de governança e com a listagem no Novo Mercado.

É possível aprofundar essa discussão, analisando o impacto da presença dos institucionais em algumas práticas específicas de governança. Na Tabela 10.9 a seguir, os índices de governança utilizados foram decompostos em questões relativas a quatro dimensões-chave do tema: (A) composição do conselho; (B) funcionamento do conselho; (C) sistema de remuneração; e (D) controles (auditorias e gestão de riscos).

Tabela 10.9 Investidores institucionais e governança: resultados por prática adotada

		FUNDO DE PENSÃO		FUNDO INVESTIMENTOS OU *PRIVATE EQUITY*		BNDESPAR	
INDICADOR DE GOVERNANÇA CORPORATIVA		EMPRESAS SEM FUNDO DE PENSÃO COMO ACIONISTA RELEVANTE	EMPRESAS COM FUNDO DE PENSÃO COMO ACIONISTA RELEVANTE	EMPRESAS SEM FUNDO INVESTIMENTO OU *PRIVATE EQUITY* COMO ACIONISTA RELEVANTE	EMPRESAS COM FUNDO INVESTIMENTO OU *PRIVATE EQUITY* COMO ACIONISTA RELEVANTE	EMPRESAS *SEM BNDESPAR* COMO ACIONISTA RELEVANTE	EMPRESAS *COM BNDESPAR* COMO ACIONISTA RELEVANTE
(A) Composição CA	Conselheiros independentes	18,3%***	12,3%	12,2%	26,9%***	17,8%**	15,1%
	Mulheres nos conselhos	6,8%	6,4%	7,2%**	6,0%	6,8%	6,9%
	Conselhos com composição alinhada às práticas recomendadas[94]	16,2%	17,6%	12,8%	22,3%***	15,1%	23,9%***
(B) Funcionamento CA	Companhias com comitê de remuneração do conselho	18,6%***	12,6%	13,3%	26,0%***	16,9%	21,6%**
	Conselhos com funcionamento alinhado às práticas recomendadas[95]	8,6%	7,9%	7,6%	10,0%*	8,0%	11,4%*
(C) Remuneração	Companhias que divulgam remuneração de acordo com a Instrução 480 (seção 13.11)	70,5%**	57,4%	59,0%	80,4%***	70,6%**	57,6%
(D) Controles	Companhias com auditoria interna alinhada às práticas recomendadas[96]	32,7%	36,6%	42,7%***	22,2%	32,0%	41,4%**
	Companhias com comitês de risco gerenciais ou do conselho em sua estrutura organizacional	29,2%	30,4%	31,8%**	25,4%	27,5%	37,1%**

***, ** e * indicam a existência de diferença entre as médias com significância estatística de 1%, 5% ou 10%, respectivamente.

Em relação à composição do conselho (dimensão A), observa-se uma menor proporção de conselheiros independentes nas companhias com fundos de pensão ou o BNDESPar como sócios relevantes. Por outro lado, há maior proporção de independentes nas companhias com fundos de investimento como acionistas relevantes. A análise dessa dimensão deixa claro que nenhum institucional tem pressionado ativamente por maior diversidade de gênero nos conselhos. No caso das companhias com fundos de investimento como acionistas relevantes, observa-se, inclusive, uma proporção menor de mulheres no órgão.

A análise de indicadores de funcionamento do conselho (dimensão B) mostra, novamente, que a presença de fundos de pensão como acionistas relevantes tem relação negativa com uma boa prática de governança, nesse caso, a presença de um comitê de remuneração do conselho. Por outro lado, as companhias com fundos de investimento ou BNDESPar como sócios têm maior probabilidade de ter esse comitê instalado.

Em relação à remuneração (dimensão C), observa-se um resultado curioso: as companhias nas quais os fundos de pensão ou o BNDESPar atuam como sócios relevantes têm maior probabilidade de não divulgar a remuneração de seus administradores de acordo com o exigido pela CVM; uma clara divergência em relação às boas práticas de governança. O resultado se inverte no caso dos fundos de investimento, em que as companhias tendem a ter uma probabilidade maior de cumprir a regra de divulgação plena da remuneração.

Por fim, tem-se a questão dos controles (dimensão D). Nesse aspecto, o cenário se inverte. As companhias com fundos de investimento como sócios relevantes apresentam pior resultado, tendo menor probabilidade de terem auditorias internas alinhadas às práticas recomendadas e de terem comitês de risco como parte de sua estrutura organizacional. Por outro lado, as empresas com a presença do BNDESPar apresentam resultados superiores nessa dimensão.

A análise agregada dos dados permite extrair as seguintes conclusões em relação à atuação de cada modalidade de investidor institucional no Brasil:

1. Fundos de pensão como acionistas relevantes: Os grandes fundos de pensão não se preocupam em seguir à risca os preceitos e as recomendações do código do IBGC. Uma análise qualitativa adicional de suas companhias investidas sugere que essas são propensas a cultivar práticas singulares como: a indicação de executivos dos fundos como conselheiros no lugar de profissionais de mercado; a utilização de conselheiros suplentes; o uso de reuniões prévias entre representantes de acionistas para decidir sobre matérias de competência do conselho; a preferência por conselho fiscal em detrimento ao comitê de auditoria; e o baixo interesse em fazer suas empresas aderirem ao Novo Mercado. Essas evidências, somadas a casos recentes de mudanças do corpo executivo e de indicações de conselheiros motivadas por pressões políticas (Vale em 2011[97] e Petrobras em 2012,[98] respectivamente), indicam que os fundos de pensão podem colocar outras motivações à frente do objetivo de maximizar o valor de suas carteiras de investimento, com efeitos potencialmente negativos para seus beneficiários.

2. Fundos de investimento e de *private equity* como acionistas relevantes: Os fundos independentes são os mais associados às práticas de governança recomendadas. Duas questões, todavia, devem ser observadas com cautela na atuação desses investidores: a maior agressividade dos sistemas de remuneração e a menor ênfase dada às áreas de controle por suas companhias investidas. A recente crise financeira global provou que a combinação desses dois fatores é potencialmente explosiva.

3. BNDESPar como acionista relevante: a presença do braço de participações acionárias do BNDES como sócio relevante não é associada a qualquer padrão claro (superior ou inferior) de práticas de governança, o que sugere um papel passivo do banco. Além disso, o elevado percentual de

empresas investidas da instituição que se recusam a divulgar a remuneração de acordo com as exigências da Instrução 480 da CVM demonstra uma enorme contradição: o banco estatal é acionista relevante de companhias que simplesmente se negam a cumprir uma determinação do Estado brasileiro.

Em resumo, se os investidores institucionais desejam que as companhias brasileiras sigam as melhores práticas, deveriam dar o exemplo nas companhias em que possuem participações acionárias mais relevantes; algo em geral não corroborado pelos números no Brasil. Além das questões que tendem a prejudicar uma atuação mais efetiva desses investidores, como o porte, horizonte de investimento, conflitos de interesses e incentivos econômicos, há, adicionalmente, um potencial problema no mercado brasileiro: muitos institucionais relevantes tendem a ser ligados direta ou indiretamente ao governo, o que pode ocasionar a busca por soluções políticas, em vez do foco no melhor resultado de longo prazo da companhia.

10.4.2. Diversidade de gênero nos conselhos de administração brasileiros: como assegurar equidade na participação das mulheres?[99]

Desde o início da década de 2010, intensificaram-se os debates sobre a necessidade de maior diversidade de gênero nos conselhos brasileiros. Além da grande discussão internacional sobre o tema, a elaboração do Projeto de Lei do Senado 112/2010 – que estabelece um percentual mínimo de 40% de mulheres nos conselhos de administração das empresas públicas e sociedades de economia mista a partir de 2022 – levou a diversidade de gênero ao topo dos debates sobre governança no país.

Trata-se de um tema muito relevante social e economicamente, que não pode ser resumido a uma pergunta simplista do tipo: "Você é favorável ou contrário a cotas para mulheres?" Em um mundo ideal, a maioria das pessoas obviamente seria contrária a cotas, na medida em que essa iniciativa gera resistência inicial por parecer ferir o conceito de meritocracia. Todos desejam, afinal, que prevaleçam ambientes meritocráticos nos mais diversos campos da sociedade, inclusive nos conselhos das empresas.

A questão-chave, na verdade, é avaliar: (1) quão distante o Brasil está de uma situação mais equânime e justa de participação das mulheres nos órgãos que tomam as principais decisões econômicas do país; (2) se estamos avançando concretamente nesse sentido; e (3) que medidas devem ser tomadas a fim de acelerar (ou deslanchar) esse processo.

Trata-se de um debate que não pode ser abordado de maneira superficial e, muitas vezes, enviesada e preconceituosa. Como resultado, devem-se primeiramente analisar os fatos, para que então se possam tecer conclusões a respeito. Há ao menos seis pontos principais a destacar em relação ao tema:

1. O percentual de mulheres nos conselhos de administração brasileiros é ínfimo, inclusive em relação aos padrões internacionais:

O percentual médio de mulheres nos conselhos de 480 companhias abertas brasileiras era de 7,5% ao fim de 2012.[100] Entre as vinte maiores listadas na BM&FBovespa, esse percentual cai para 5%.[101] Os números brasileiros são muito baixos para os padrões internacionais. Enquanto as empresas norte-americanas do índice S&P 500 detêm cerca de 18% de mulheres em seus conselhos (três vezes mais que no Brasil), as companhias listadas da União Europeia apresentam cerca de 14%. Deve-se ainda destacar que mais da metade (55%) das empresas brasileiras não tinha mulheres no conselho ao fim de 2012, e que muitas sequer tiveram a presença de, ao menos, uma mulher nos últimos 15 anos.

2. O percentual de mulheres nos conselhos brasileiros, além de baixíssimo, tem-se mantido estagnado na última década:

O percentual de mulheres nos conselhos brasileiros se manteve na casa dos 7% entre 2000 e 2013. Essa estagnação desconstrói o argumento de que nosso mercado estaria "evoluindo" em relação ao tema e de que seria apenas uma "questão de tempo" para uma participação mais igualitária das mulheres na alta gestão. Vale destacar que reguladores de vários mercados têm apontado a demasiada lentidão no aumento da presença de mulheres como um dos principais motivos para a busca por soluções legislativas. Na União Europeia e no Reino Unido, por exemplo, estima-se que, no ritmo atual de evolução, uma igualdade maior de gênero nos conselhos será alcançada daqui a cerca de quarenta e setenta anos, respectivamente. No Brasil, não é possível nem mesmo realizar uma previsão temporal similar, uma vez que nossa taxa de crescimento tem sido nula.

3. Vários trabalhos têm refutado o argumento de que o atual sistema de seleção de conselheiros é meritocrático e que a baixa proporção de mulheres se deve à ausência de capital humano "adequado".

Em todo o mundo, há evidências concretas de que a percepção das qualificações das mulheres tende a ser subestimada e que elas precisam dar mais provas de sua capacidade que os homens para ascender ao mesmo cargo.[102] Entre os estudos, há os seguintes exemplos:

- Estados Unidos: entrevistas com CEOs das empresas do ranking Fortune 500, em 2007, revelaram que os executivos possuíam temor em "arriscar" indicar uma mulher sem experiência para seus conselhos. Entretanto, não demonstram receio em sugerir homens igualmente inexperientes para a mesma posição. Em um levantamento mais antigo, de 1995, fica claro que os CEOs tendem a indicar pessoas mais parecidas com eles – quanto a gênero, idade, raça e formação – para compor os conselhos, de maneira a reforçar o sentimento de pertencimento a um grupo com visões de mundo e valores similares.[103]

- Espanha: um trabalho que investigou mil empresas do país entre 2005 e 2008 concluiu que a chance de uma mulher ser eleita conselheira aumenta muito quando a companhia já tem outra mulher no órgão.[104] Esse resultado reforça a hipótese de subestimação da capacidade feminina, na medida em que a presença prévia de uma mulher no conselho serve para reduzir o potencial viés de percepção negativa de sua capacidade.

- Reino Unido: um estudo com as empresas do FTSE 100 em 2008 mostrou que as mulheres nos conselhos têm, em média, mais experiência internacional e maior probabilidade de terem concluído um MBA que seus pares homens.[105]

- Austrália: entrevistas com cerca de quinhentos homens indicaram que a competência feminina precisa ser atestada, adicionalmente, por reconhecimentos públicos ou por conexões familiares – fatores que atuam como pré-requisitos somente para a consideração de mulheres para os conselhos, não para os homens.[106]

No caso brasileiro, o atual processo de identificação e seleção de conselheiros é em geral desestruturado, sendo a escolha baseada em função de questões políticas e de relacionamento, em detrimento de critérios técnicos.[107] Como é muito maior a probabilidade de homens possuírem laços pessoais e de amizade de longa data com outros homens, eles, naturalmente, tendem a ter preferência na seleção, perpetuando a desigualdade de acesso. A ausência de meritocracia nos conselhos brasileiros é reconhecida pelos próprios órgãos, uma vez que apenas um quinto das empresas afirma realizar algum tipo de avaliação de desempenho de seus membros.

4. Além da questão moral – relativa ao atendimento ao princípio constitucional de igualdade de gênero e às metas do milênio da Organização das Nações Unidas (ONU) –, centenas de trabalhos confirmam a existência de um racional econômico em favor do aumento da diversidade de gênero nos conselhos de administração.

Foram publicados mais de quatrocentos trabalhos científicos em todo o mundo com foco na participação das mulheres em conselhos. A maioria conclui que uma presença maior de mulheres resulta em diversos benefícios às empresas, entre eles:[108]

- presença de mais pontos de vista diferentes para análise das matérias, o que leva a debates mais profundos e a melhores decisões corporativas;
- menor nível de conflito entre os conselheiros e melhor funcionamento do órgão;
- melhor aproveitamento do capital humano organizacional;
- maior monitoramento dos executivos;[109]
- melhor visão social e de mercado;
- adoção de melhores práticas de governança, com maior valorização das questões de ordem ética nas decisões de negócio;[110] e
- melhor desempenho e maior valor de mercado.

5. O exemplo da Noruega – principal experiência concreta sobre a presença mínima obrigatória de mulheres nos conselhos – mostra como a mudança no perfil dos conselhos tende a ser positiva e menos traumática que o previsto.

A Noruega foi o primeiro país, por meio de legislação específica em 2006, a definir um percentual mínimo de 40% de mulheres nos conselhos. A mudança ocorreu após dois anos de tentativas voluntárias fracassadas, com baixa receptividade das empresas. Diferentemente do que propõe o projeto de lei brasileiro, a regra na Noruega é válida para todas as companhias da bolsa, incluindo as de controle privado. Mesmo sendo um país avançado na questão da igualdade de gênero, a iniciativa gerou forte reação contrária dos empresários e executivos. Alguns, inclusive, chegaram a afirmar publicamente que teriam que contratar "acompanhantes" para seus conselhos – em uma infeliz mensagem de que não haveria executivas capacitadas para ocupar tais cargos. Ao final, não se constatou qualquer ruptura ou problemas relevantes com as empresas do país. O percentual de mulheres nos conselhos subiu de 6,8% em 2002 para 40,3% em 2010. Muitos estudos, inclusive, mostraram diversos aprimoramentos nos conselhos noruegueses após o aumento da participação das mulheres.[111]

Outros países europeus seguiram a experiência da Noruega e aprovaram leis similares. Na França, todas as empresas de certo porte em diante (inclusive as de capital fechado) deverão contar com. pelo menos. 40% de mulheres a partir de 2017. Na Bélgica e Itália, as companhias listadas devem passar a ter, no mínimo, 33% de conselheiras em 2015 e em 2019, respectivamente. Na Dinamarca, Finlândia e África do Sul, entre outros países, a obrigação de as companhias estatais terem um mínimo de mulheres nos conselhos – como determina o projeto de lei brasileiro – já vigora há tempos.

6. *As experiências internacionais com ações voluntárias têm mostrado efetividade bastante limitada.*

Vários países procuraram aumentar a presença de mulheres nos conselhos por meio de recomendações e outras iniciativas voluntárias. No geral, obtiveram pouco sucesso. O próprio caso da Noruega serve como exemplo, haja vista que o país procurou inicialmente uma abordagem voluntária, com um baixíssimo nível de adesão por parte das empresas. Na Espanha, uma lei aprovada em 2007 encorajou as companhias a terem, pelo menos, 40% de conselheiras a partir de 2015. Entretanto, como a recomendação legal não prevê sanções em caso de descumprimento, os avanços vêm sendo muito tímidos – a proporção de mulheres alcançou apenas 11% no início de 2012.

A União Europeia, que vem debatendo o tema ativamente, solicitou às empresas no início de 2011 que se comprometessem formalmente a alcançar, pelo menos, 40% de mulheres em seus conselhos até 2020. Um ano depois, apenas 24 companhias de todo o continente manifestaram interesse em aderir voluntariamente.[112] Por outro lado, como parte do problema tem relação com a oferta de conselheiras – e não apenas com a demanda pelas empresas –, ações voluntárias para promover aculturamento sobre o tema e aprimorar a rede de contatos das mulheres são complementos bem-vindos, embora não suficientes para a solução.

Como a questão é mais cultural e institucional que educacional – haja vista que, em avaliações mais meritocráticas no Brasil, como concursos públicos, a proporção de mulheres tende a ser similar à de homens –, é possível contribuir para mitigar o problema por meio de políticas públicas. Entre elas, destacam-se a adoção de políticas contra discriminação no mercado de trabalho e o maior investimento público em creches e pré-escolas, evitando que as mulheres tenham de optar entre carreira ou família a certa altura de suas vidas. Essa necessidade de escolha foi observada em uma pesquisa publicada na *Harvard Business Review*,[113] que constatou que cerca de 50% das mulheres norte-americanas bem-sucedidas não possuíam marido e filhos (embora manifestassem desejo de tê-los), contra apenas 19% dos homens de elevado sucesso profissional na mesma situação.

Com base nas evidências apresentadas, fica claro que o sistema brasileiro de seleção de conselheiros não é meritocrático atualmente e que medidas como o Projeto de Lei 112/2010 podem ser uma boa oportunidade para promover acesso mais igualitário e justiça social. Além de atender à meta do Milênio da ONU – da qual o Brasil é signatário – de "promover igualdade de gênero e empoderamento das mulheres" –, trata-se de um meio de aproveitar melhor a totalidade do talento nacional, e não apenas 50% dele, bem como de dar um bom exemplo à iniciativa privada. Em vez de um risco, tem-se, na verdade, uma grande oportunidade para os conselhos das estatais – quase sempre com uma atuação passiva e politizada – aprimorarem seu funcionamento, algo tão necessário para o desenvolvimento do país. Conceder às mulheres acesso mais equânime aos centros de poder que tomam as grandes decisões econômicas do país é um passo positivo, que o Brasil já deveria ter dado há tempos.

10.4.3. Contribuições políticas e melhores práticas: as empresas precisam de regras claras e maior transparência em relação ao tema

Em um país com presença tão forte do Estado, é fundamental assegurar relações sadias entre as empresas e o governo. Nesse sentido, as contribuições para campanhas políticas precisam ser equacionadas dentro da perspectiva das boas práticas de governança. Trata-se de um tema delicado. São raras as empresas dispostas a enfrentar o tema de frente, provavelmente pela percepção negativa que vincula contribuições a favores políticos.

Obviamente, as companhias em si são ficções jurídicas que, *per se*, não têm preferências políticas: quem as tem são seus principais dirigentes. Contribuições políticas feitas por empresas representam decisões tomadas por seus controladores ou executivos. Ademais, as doações políticas, assim como todas as outras decisões empresariais, envolvem recursos dos acionistas e devem ter como foco gerar valor para o negócio. Do contrário, o que justificaria gastar recursos gratuitamente?

Há aí uma provável discrepância entre o discurso e a prática. Em reportagem do jornal *Valor Econômico*, de 10/11/2010, grandes empresas nacionais entrevistadas sobre o tema foram praticamente unânimes em responder que a principal motivação para suas contribuições é o simples desejo de "colaborar com a democracia, sem solicitação de qualquer tipo de compromisso dos candidatos".[114]

Na prática, é natural que as empresas tenham interesse em financiar candidatos mais alinhados às suas estratégias de mercado e interesses ideológicos. Nos Estados Unidos, por exemplo, algumas companhias são historicamente alinhadas ao partido republicano (como as do setor de armamentos e petróleo), enquanto outras são mais alinhadas aos democratas. Questionável – haja vista a existência de uma corrente de pensamento que argumenta ser melhor para a empresa se manter apolíticas, porém coerente.

Há outro paradoxo no Brasil. Muitas empresas afirmam tomar decisões sem critérios partidários ou ideológicos, muitas vezes financiando simultaneamente (e com quantias similares) candidatos governistas e de oposição. Ora, como criar valor para os acionistas doando recursos similares para candidatos concorrentes e com visões ideológicas diferentes?

Independentemente da mensuração do resultado econômico das contribuições, as boas práticas recomendam que as empresas: (1) elaborem políticas claras e publicamente disponíveis para lidar com o tema; (2) assegurem que seus conselhos de administração se envolvam ativamente nessas decisões; e (3) publiquem de forma transparente todas as contribuições políticas realizadas no período, prestando contas aos seus acionistas.

As regras deveriam contemplar itens como: a visão da empresa sobre as contribuições políticas, procedimentos internos para aprovação, limites, divulgação e modos de prestação de contas para a sociedade, entre outros aspectos. Apesar de ser uma recomendação do código do IBGC, as políticas sobre contribuições políticas ainda são extremamente raras no país.

Além de regras claras, é imprescindível uma supervisão ativa do conselho na aprovação dos desembolsos relacionados com atividades políticas. Afinal, são doações de recursos de todos os sócios, e não apenas dos controladores. Um maior escrutínio por parte dos conselheiros, notadamente dos independentes, poderia evitar com que muitas empresas ficassem expostas a riscos legais e reputacionais, incluindo investigações e multas, entre outros passivos.

Por fim, tem-se a questão da transparência. Os montantes desembolsados e a destinação dos recursos são opacos. Uma reportagem do *Valor Econômico*, de 19/08/2010,[115] evidenciou a dificuldade de se obter informações a respeito. Em primeiro lugar, as empresas não divulgam as informações em seus sites, sendo necessário recorrer ao Tribunal Superior Eleitoral. Segundo, há a questão das "doações ocultas".[116] Trata-se de doações feitas aos partidos, porém já "carimbadas" pela empresa com o nome de determinado candidato.[117] Evita-se, assim, que o relatório de prestação de contas do candidato identifique o nome da empresa doadora, na medida em que tecnicamente a doação é feita pelo partido. Estima-se que cerca de 60% dos recursos dos principais partidos tenham sido oriundos de doações corporativas, dos quais cerca de dois terços teriam sido repassados aos candidatos. Também difíceis de serem identificadas são as doações realizadas por subsidiárias e prestadoras de serviço de grandes empresas.

No geral, o cenário em relação à transparência e à prestação de contas para os acionistas no Brasil é desolador. Não se sabe ao certo quanto foi gasto nem qual foi a destinação dos resultados, e o investidor, analista ou acadêmico interessado é "vencido pelo cansaço" na busca de informações confusas de diferentes fontes.

Regras claras, supervisão ativa do conselho e prestação de contas periódica e transparente são boas práticas associadas às contribuições políticas. Adicionalmente, as companhias poderiam explicar melhor a seus investidores a lógica por trás dos desembolsos políticos, procurando os vincular à criação de valor para o negócio. Afinal, esse é o motivo pelo qual executivos e conselheiros estão lá. Trata-se de um tema fundamental não apenas para investidores, como também para toda a população, haja vista que pode influenciar as políticas públicas e o desenvolvimento do país.

APÊNDICE
OS MITOS DA GOVERNANÇA CORPORATIVA NO BRASIL[118]

Em 2006, o acadêmico de finanças Aswath Damodaran lançou um livro intitulado *Mitos de Investimento*. Na obra, o autor procurava desconstruir seis estratégias de investimento apregoadas por praticantes de mercado como de "retorno certo", mas que dificilmente se mostravam vencedoras à luz de dados trabalhados metodologicamente. No Brasil, algumas crenças sobre o tema da governança também parecem ter-se tornado verdades indubitáveis, apesar de sucumbirem a uma análise mais estruturada teórica e empiricamente. São os nossos mitos da governança corporativa.

É possível identificar cinco mitos principais: (1) o do Índice de Governança Corporativa Diferenciada (IGCX)[119] como comprovação do valor da governança; (2) o do empreendedor que tem de ser controlador; (3) o do prospecto; (4) o do maior retorno das ações das empresas com melhor governança; e (5) o do *tag along*. Seguem suas respectivas descrições.

1. O mito do IGCX como comprovação do valor da governança: é comum observar em apresentações sobre governança a comparação do retorno das ações do IGCX contra o Ibovespa. Como o IGCX muitas vezes proporciona um retorno nominal maior que o Ibovespa dependendo do período selecionado,[120] tem-se uma "prova" de que a governança corporativa cria valor. Essa afirmação parte de dois pressupostos implícitos e pouco observados, porém fundamentais: o de que o IGCX é um bom indicador das empresas com padrões superiores de governança, e o de que sua carteira apresenta risco similar ao da carteira do Ibovespa. Ambos são muito questionáveis. Em primeiro lugar, pertencer a um dos níveis diferenciados de listagem não é garantia de que a empresa será de fato mais bem governada, isto é, de que adotará práticas efetivas de governança em seu cotidiano. Além disso, em julho de 2014, 31% do peso do IGCX era composto por empresas do Nível 1, patamar menos exigente dos segmentos diferenciados de listagem da bolsa.[121] Em relação ao segundo questionamento, é incorreto comparar retornos nominais de ativos com riscos diferentes. Na verdade, devem-se comparar os retornos ajustados aos diferentes riscos dos ativos. Como exemplo, a comparação dos retornos das empresas do Novo Mercado (que tendem a ser menores e mais novas do que as demais da bolsa) com o retorno de empresas pertencentes do Ibovespa (mais antigas e com fluxos de caixa mais estáveis) pode levar a inferências incorretas. Tendo em vista a diferença no risco das empresas dos dois grupos, ter-se-ia de ajustar os retornos obtidos ao retorno esperado de cada grupo,[122] para, então, serem feitas inferências adequadas. Logo, o IGCX é um índice útil, porém sua comparação direta com o Ibovespa como maneira de comprovar o real valor da boa governança pode levar a conclusões erradas.

2. O mito do empreendedor que tem de ser controlador: empreendedores talentosos são essenciais para o sucesso de muitos negócios. Com base nessa premissa, muitos agentes de mercado afirmam

ser fundamental mantê-los como controladores das empresas após os IPOs, tendo em vista sua expertise e importância para a empresa. Em nome de tal habilidade essencial, sugerem que todos os mecanismos para manter o controle da companhia nas mãos dos empreendedores são válidos, incluindo a emissão de ações sem direito a voto e a abertura de capital em locais que permitam direitos diferenciados de ações de mesma classe. São os chamados "mecanismos para incremento do controle", que distanciam a companhia do conceito uma ação-um voto. Como justificativa para esses artifícios, alega-se que a manutenção do empreendedor como controlador assegurará sua permanência na empresa e, consequentemente, o melhor resultado para todos os acionistas. Trata-se, entretanto, de um argumento frágil quando analisado com cuidado. Se o empreendedor for mesmo essencial para o sucesso do negócio, qualquer acionista ou grupo que detenha a maioria do capital terá, então, interesse em mantê-lo como executivo principal, haja vista que ele será fundamental para o melhor resultado de longo prazo da companhia. Steve Jobs, por exemplo, detinha ínfimos 0,5% das ações da Apple durante a década de 2000, quando reinou como seu CEO. Nesse período, nenhum acionista cogitou substituí-lo, tendo em vista o reconhecimento de sua importância para o sucesso da companhia. Assim, não era fundamental que Jobs permanecesse como eterno controlador para que sua liderança na gestão do negócio fosse assegurada. Esse mito da governança, portanto, parece estar mais associado ao desejo de alguns controladores definirem indefinidamente e de maneira arbitrária os rumos do negócio que à criação de valor para a companhia e seus stakeholders.

3. O mito das informações no prospecto: quando indagados sobre certas práticas questionáveis de governança, como a contratação sistemática de serviços em empresas de familiares do sócio controlador, alguns executivos as justificam alegando que tais informações estavam "contidas no prospecto". Em outras palavras, argumenta-se que o fato de determinada prática estar contida na "página 385" do prospecto torna-a transparente e, portanto, plenamente compatível com a boa governança. Nada mais distante do que isso. Primeiramente, o objetivo final da boa governança é fazer com que as decisões sejam tomadas visando ao melhor resultado de longo prazo do negócio. Assim, no exemplo em questão, se a companhia pagar um valor excessivo pelo serviço de outra empresa do controlador, o fato de tornar essa operação disponível publicamente pelo prospecto não a transforma em boa governança. Segundo, a transparência é apenas um dos pilares da boa governança, devendo ser acompanhada por equidade e prestação de contas. Em relação à equidade, tem-se a obrigação de tratar todos os acionistas de forma igual, o que obviamente não corresponderia à situação descrita. Em relação à prestação de contas, é necessário que os administradores chamem a atenção dos públicos externos para todas as questões relevantes do negócio, facilitando (e não dificultando) o entendimento dos investidores como meio de facilitar suas decisões de investimento. Trata-se da distinção entre volume de informações e transparência.

4. O mito do maior retorno das ações das empresas com melhor governança: é comum partir da premissa de que as empresas com melhor governança deverão sistematicamente apresentar maior retorno das suas ações. Entretanto, essa abordagem simplista vai contra a lógica e a teoria. Em primeiro lugar, do ponto de vista do investidor, a governança representa de certo modo um fator de risco, ou uma probabilidade de perda ou expropriação de seu capital investido. Esse fator de risco se reduz à medida que as empresas adotam melhores práticas, uma vez que passam a ter menor chance de surpresas negativas em função da adoção de melhores controles internos, conselhos mais ativos e independentes, maior transparência etc. Como um dos princípios básicos de finanças é o de que risco e retorno esperado devem andar de mãos dadas, por que se deveria esperar um retorno maior de empresas com menor risco? Ademais, como o retorno esperado das ações é utilizado como me-

dida de custo do capital próprio, um maior retorno esperado significaria um maior custo do capital próprio para as empresas com melhores práticas de governança, algo simplesmente ilógico. Assim, como descrito em diversos estudos,[123] uma melhor governança deveria conduzir, *ceteris paribus*, a um menor retorno esperado das ações; portanto, um maior valor relativo de tais empresas, decorrente da maior confiança dos investidores. Entretanto, o que acontece, e que provavelmente confunde os praticantes de mercado, é que o aprimoramento da governança deve ocasionar uma redução do risco percebido do negócio, traduzindo-se, nesse caso, em um efeito discreto positivo no preço das ações e, por conseguinte, em um maior retorno durante o período de melhorias. Logo, são os aprimoramentos de governança que devem levar a um maior retorno das ações, em razão da redução do patamar de risco do negócio. Nesse caso, ocorre um fato curioso: ao olharmos para trás, observamos muitas vezes um retorno superior das ações de empresas atualmente com melhores práticas de governança. Entretanto, tal retorno decorre das melhorias obtidas no período, que levaram essas empresas a apresentar maiores múltiplos de mercado hoje. Ao se olhar para a frente, porém, não se deveriam esperar retornos necessariamente maiores novamente. De fato, é muito factível que se tornem menores, em função do menor risco/custo de capital. Por fim, mais um fator complicador para a análise: é provável que o aprimoramento do modelo de governança leve não apenas a uma diminuição do risco nas empresas, mas também a melhores decisões de negócio na alta gestão, decorrentes de processos decisórios mais bem estruturados e da melhor qualidade das discussões. Consequentemente, essas empresas tenderiam a apresentar um maior número de surpresas positivas no futuro (como anúncios de boas decisões de investimento, bons processos de sucessão de lideranças etc.), o que levaria a aumentos no preço das ações nessas ocasiões. Como solucionar essa questão complexa? Novamente, é necessário olhar o retorno ajustado ao risco das empresas com padrões superiores de governança, em vez dos retornos nominais. As empresas com melhores práticas deveriam apresentar, como resultado, um maior retorno ajustado ao risco ao longo do tempo, o que poderia, inclusive, ser compatível com retornos acionários nominais menores que o de outras empresas.

5. O mito do *tag along*: alguns praticantes atribuem um peso enorme à concessão voluntária do *tag along* além das exigências legais. Sem dúvida, trata-se de uma boa prática de governança. Entretanto, outros países, também caracterizados por estruturas acionárias concentradas e empresas de controle familiar, como os da Europa continental, sudeste asiático e Canadá, pouco discutem o tema. Por que, então, enfatiza-se tanto a importância do *tag along* no Brasil? Trata-se de um dispositivo de fato tão positivo? Em primeiro lugar, é um direito potencial, que pode nunca ser exercido caso o controle não seja alienado. Logo, é possível que uma empresa tenha más práticas de governança durante toda sua vida, investindo mal ou mesmo desviando recursos dos investidores, ao mesmo tempo que concede aos seus acionistas o tão valorizado direito. Mais importante ainda é perceber que a necessidade do *tag along* deriva do prêmio pelo controle pago aos controladores. Se uma empresa tivesse administração profissional, com as melhores pessoas em cada cargo, e se todos os acionistas (controladores ou não) tivessem ao final sua remuneração oriunda apenas dos dividendos, as ações do bloco de controle simplesmente não deveriam ser mais valorizadas que as demais. Dois estudos, realizados com dados de diversos países durante a década de 2000,[124] chegaram à mesma conclusão: o prêmio pelas ações do bloco de controle varia muito entre os países, sendo maior nos países com baixa proteção aos investidores e com maior possibilidade de os controladores obterem certos benefícios não compartilhados com outros acionistas, os chamados benefícios privados do controle.[125] Em suma, o *tag along* é tão valorizado no Brasil porque, em sua ausência, os prêmios pelas ações de controle seriam elevadíssimos, muito maiores que na maioria dos outros países. Assim, temos uma conclusão inversa à ideia propagada: apesar de ser uma boa prática de governança *per se*, quanto mais

relevante for o *tag along* para determinada companhia, provavelmente pior será a percepção de sua governança corporativa. Logo, à medida que as empresas aprimorarem suas práticas para valer, os controladores terão margem cada vez menor para auferirem benefícios extraordinários, diminuindo naturalmente o prêmio pelo controle e, consequentemente, a relevância do *tag along*.

Os mitos da governança corporativa apresentados nesta seção são resultado da desatenção a conceitos básicos, como a mensuração dos retornos ajustados ao risco, a avaliação dos benefícios privados do controle, a separação entre propriedade e gestão, a distinção entre *disclosure* e transparência, e a relação entre risco incorrido e retorno esperado. Esses conceitos devem ser reforçados junto aos praticantes de mercado, como meio de diminuir a disseminação desses e de outros mitos da governança corporativa no Brasil.

QUESTÕES PARA REFLEXÃO E DISCUSSÃO

1. A seu ver, as iniciativas para fomentar o mercado acionário brasileiro na década de 1970 influenciaram as atuais questões de governança enfrentadas no país? Como?
2. Descreva brevemente a evolução da governança no Brasil. A seu ver, quais são os grandes marcos do movimento da governança corporativa em nosso país?
3. Do ponto de vista da governança corporativa, quais foram os aspectos positivos e negativos ocorridos no mercado de capitais brasileiro durante o boom dos IPOs no período 2004-2007?
4. Quais foram as principais mudanças em relação à estrutura de propriedade (concentração acionária e perfil dos acionistas controladores) das companhias listadas brasileiras desde 2000? Discorra brevemente sobre esta questão.
5. Quais são os impactos do surgimento de companhias dispersas em nosso mercado a partir de 2005 para as discussões sobre governança e para a regulação do mercado de capitais brasileiro?
6. Em sua opinião, qual tem sido o papel dos fundos de pensão brasileiros na governança corporativa? Quais são os principais aspectos positivos e negativos de sua atuação? No geral, você acredita que eles têm tido um impacto positivo ou negativo sobre a qualidade da governança das companhias?
7. Em sua opinião, qual tem sido o papel dos fundos de investimento brasileiros na governança corporativa? Quais são os principais aspectos positivos e negativos de sua atuação? No geral, você acredita que eles têm tido um impacto positivo ou negativo sobre a qualidade da governança das companhias?
8. Discorra sobre a questão da diversidade de gênero nos conselhos de administração brasileiros. A seu ver, que medidas podem levar a uma proporção mais equitativa de mulheres na alta gestão das companhias brasileiras?

CAPÍTULO 11

Tópicos especiais: governança corporativa em empresas familiares, estatais e de controle compartilhado

CONCEITOS APRESENTADOS NESSE CAPÍTULO

- Diferentes formas de controle acionário e seus desafios específicos
- A governança corporativa nas empresas familiares
- A governança corporativa nas empresas estatais

11.1. DIFERENTES FORMAS DE CONTROLE ACIONÁRIO E SEUS DESAFIOS ESPECÍFICOS

Cada companhia tem desafios específicos de governança a serem equacionados, os quais dependem de vários fatores como porte da empresa, estágio de vida, estratégia, setor de atuação, perfil dos acionistas etc.

Entre esses aspectos, merece destaque a estrutura de propriedade, um termo que contempla o grau de concentração acionária da companhia e a identidade de seus acionistas de referência. Como resultado, além das questões-chave de governança comuns a todas as companhias apresentadas ao longo deste livro, as diferentes configurações da estrutura de propriedade levam a diferentes problemas de governança a serem solucionados.

Quanto ao grau de concentração acionária, a tabela a seguir descreve as quatro formas principais de controle às quais as companhias estão sujeitas, incluindo suas vantagens e desvantagens potenciais.

Tabela 11.1 Formas de controle acionário

FORMA DE CONTROLE	DEFINIÇÃO	VANTAGENS POTENCIAIS	DESVANTAGENS POTENCIAIS
Majoritário exercido por um único acionista	Um único acionista possui mais de 50% das ações com direito a voto e controla a gestão da companhia.	Agilidade para a tomada de grandes decisões; possibilidade de decisões com horizonte temporal de mais longo prazo; maior interesse econômico no negócio; maior poder para avaliar e substituir executivos com desempenho deficiente.	Risco de o controlador extrair benefícios para si à custa dos demais acionistas; maior dificuldade de os acionistas minoritários se fazerem ouvidos a respeito dos rumos da companhia; e potencial problema de meritocracia na gestão.
Majoritário compartilhado	Um grupo coeso de diferentes acionistas tem mais de 50% das ações com direito a voto e controla a gestão da companhia.	Presença de diferentes acionistas com interesse econômico relevante na companhia e com poder para substituir uma gestão ineficiente. Ao mesmo tempo, acionistas sem poder isolado para, arbitrariamente, tomarem decisões em seu benefício exclusivo.	Possibilidade de loteamento de cargos de diretoria. Eventual transformação do conselho em campo de batalha de acionistas com horizontes temporais e interesses estratégicos diferentes. Risco de piora no desempenho da empresa em caso de brigas entre os sócios. Maior dificuldade de os acionistas minoritários se fazerem ouvidos sobre os rumos da companhia.[1]
Minoritário compartilhado	Um grupo coeso de acionistas exerce o controle "de fato" da gestão da companhia, mesmo sem possuir conjuntamente mais de 50% das ações com direito a voto.		

FORMA DE CONTROLE	DEFINIÇÃO	VANTAGENS POTENCIAIS	DESVANTAGENS POTENCIAIS
Controle gerencial	Maior acionista ou grupo coeso de acionistas tem um percentual baixo (p. ex., 5%) das ações.	Possibilidade de maior meritocracia na gestão; maior liquidez dos papéis; possibilidade de ocorrência de aquisições hostis (*takeovers*), o que poderia fomentar maior eficiência empresarial.	Poder excessivo na mão dos executivos pode levá-los a priorizar seus ganhos pessoais em detrimento da criação de valor de longo prazo para os acionistas. Tendência de menor horizonte temporal nas decisões empresariais. Maior risco de gerenciamento de resultados como forma de aumentar o bônus e outras formas de remuneração variável.

Além do grau de concentração acionária, o perfil dos principais acionistas constitui outro aspecto central na definição dos desafios específicos de governança a serem solucionados. A tabela a seguir descreve as quatro principais identidades dos acionistas de referência:

Tabela 11.2 Identidade dos acionistas de referência

IDENTIDADE DOS ACIONISTAS DE REFERÊNCIA	DESCRIÇÃO
Familiar	Empresas cuja maioria do capital votante pertence a um empreendedor ou a uma ou mais famílias[2]
Estatal	Empresas públicas (sob propriedade integral do Estado) e sociedades de economia mista (conjugação de capital público e de investidores privados com controle acionário detido pelo Estado)
Compartilhado	Empresas nas quais um grupo de acionistas (em geral, dois a quatro) têm participações acionárias relevantes e exercem conjuntamente o controle, sem que qualquer um deles detenha isoladamente o poder para deliberar sobre as principais questões empresariais[3]
Estrangeiro	Empresas controladas por multinacionais ou por acionistas internacionais

Na sequência, serão apresentados os principais desafios de governança enfrentados pelas diferentes modalidades de controle acionário. Mais adiante, este capítulo abordará em maior profundidade as empresas familiares e estatais, formas de controle muito relevantes no Brasil.

No caso das empresas familiares, além dos relacionamentos potencialmente conflituosos entre executivos, conselheiros e acionistas, surge um fator complicador adicional: a família. Esse componente, com seus aspectos psicológicos e sentimentais do relacionamento entre parentes, pode afetar substancialmente as decisões relativas ao negócio. Como resultado, surgem as questões específicas de governança apresentadas na tabela a seguir.

Tabela 11.3 Controle familiar: Questões específicas a serem solucionadas

QUESTÕES ESPECÍFICAS DE GOVERNANÇA PARA AS EMPRESAS FAMILIARES
1. Que mecanismos devem ser implantados a fim de assegurar que a empresa – e não a família – seja colocada em primeiro lugar nas decisões empresariais?
2. Como criar um sistema de contrapesos no processo decisório que evite concentração excessiva de poder nas mãos do fundador ou representante da família controladora?
3. Como estruturar um processo de sucessão de lideranças e de transição de gerações que assegure sucesso nesse momento especialmente crítico para as empresas familiares?
4. Que medidas devem ser implantadas para criar um ambiente meritocrático na alta gestão, evitando situações de nepotismo e fuga de talentos?
5. Como estruturar um sistema de avaliação de desempenho formal e imparcial nos órgãos e cargos-chave de governança?
6. Como criar mecanismos de prestação de contas transparentes para com os familiares não envolvidos com a gestão diária, evitando ruídos em relação aos resultados e utilização indevida de recursos da empresa por familiares?
7. Como resolver as questões familiares de modo a assegurar uma relação harmônica entre os diferentes ramos da família controladora, principalmente quando da entrada de agregados e da formação dos membros mais jovens?
8. Como equacionar as demandas de financiamento da empresa *vis-à-vis* as demandas de recursos por parte dos familiares?

No caso das empresas de controle estatal, a possibilidade de interferência indevida do Estado no papel de controlador – priorizando questões políticas em detrimento de decisões técnicas de negócio – naturalmente constitui a principal peculiaridade dessas sociedades. Como resultado, destacam-se os seguintes desafios específicos:

Tabela 11.4 Controle estatal: Questões específicas a serem solucionadas

QUESTÕES ESPECÍFICAS DE GOVERNANÇA PARA AS EMPRESAS SOB CONTROLE ESTATAL
1. Como lidar com a dualidade entre a maximização do valor da companhia (objetivos comerciais) e a promoção de políticas públicas (objetivos sociais), equacionando a questão da função-objetivo da empresa?
2. Como criar mecanismos para assegurar que o conselho de administração tenha autonomia para cumprir seu papel estratégico, incluindo o poder para de fato selecionar e substituir o diretor-presidente e demais diretores?
3. Como estruturar um procedimento para a seleção de conselheiros de forma a assegurar diversidade de experiências, qualificação técnica e pontos de vista independentes no órgão?
4. Como criar um procedimento para nomeação de altos executivos que assegure um ambiente meritocrático, incluindo a devida "blindagem" contra indicações de cunho eminentemente político?
5. Como proteger o modelo de gestão contra mudanças bruscas no cenário político – tais como aquelas associadas às eleições –, assegurando continuidade administrativa e manutenção de compromissos prévios com os investidores e demais stakeholders?
6. Como definir regras claras para as políticas de preços e as transações com partes relacionadas, tornando-as independentes de questões políticas momentâneas, tais como períodos eleitorais?
7. Como superar as restrições legais e políticas de forma a implantar um sistema adequado de remuneração e avaliação de desempenho na alta gestão, incluindo sistemas efetivos de recompensas e punições?
8. Como assegurar transparência periódica ao mercado acerca dos custos associados ao atendimento de políticas públicas por parte da empresa?

As companhias com estrutura acionária dispersa ou pulverizada, caracterizadas pela ausência de um sócio controlador ou bloco de controle, tornaram-se realidade no ambiente empresarial brasileiro a partir da década de 2000. Nessas sociedades, os executivos tendem a possuir um poder substancialmente maior do que nas companhias com acionistas majoritários. Isso leva a desafios específicos, tais como enumerados na tabela a seguir.

Tabela 11.5 Controle disperso ou gerencial: questões específicas a serem solucionadas

QUESTÕES ESPECÍFICAS DE GOVERNANÇA PARA AS EMPRESAS COM ESTRUTURA DISPERSA
1. Como incentivar a participação dos acionistas nas assembleias, principalmente naquelas em devem ser tomadas decisões cruciais?
2. Como estruturar um processo de nomeação de conselheiros que limite a influência dos executivos em sua escolha?
3. Como assegurar a presença de conselheiros não apenas independentes, mas envolvidos ativamente com a companhia e interessados na geração de valor de longo prazo para acionistas e demais stakeholders?
4. Como evitar que o conselho de administração se torne manipulado ou dominado, do ponto de vista informacional, pelo diretor-presidente?
5. Como criar um sistema de remuneração que estimule os executivos a agir no melhor interesse de longo prazo e na perenidade da companhia?
6. Como estruturar um canal de comunicação entre o conselho de administração e os acionistas da companhia para estabelecer um diálogo contínuo sobre suas percepções, preocupações e sugestões?
7. Como evitar que o maior poder nas mãos dos executivos os leve a maximizar sua remuneração de curto prazo em detrimento da geração de valor de longo prazo para os acionistas?
8. Como evitar que os executivos criem barreiras de difícil remoção a fim de dificultar sua substituição e se perpetuarem em suas posições?

O controle compartilhado é uma forma de controle societário que se tornou muito popular no ambiente empresarial brasileiro a partir da década de 1990. Trata-se de uma situação intermediária entre as empresas com um único acionista majoritário e as pulverizadas, na qual um grupo de acionistas com participações acionárias relevantes exercem conjuntamente o controle – em geral regrados por um acordo de acionistas. Entre os desafios específicos para a governança das sociedades sob controle compartilhado, destacam-se os a seguir.

Tabela 11.6 Controle compartilhado: questões específicas a serem solucionadas

QUESTÕES ESPECÍFICAS DE GOVERNANÇA PARA AS EMPRESAS SOB CONTROLE COMPARTILHADO
1. Como assegurar coesão e priorização do valor de longo prazo da empresa nas deliberações do conselho, evitando que o órgão se torne um "campo de batalha" de acionistas com horizontes temporais e interesses estratégicos diferentes?
2. Como assegurar que os conselheiros sejam de fato leais à empresa e não aos acionistas que os elegeram em sua atuação no conselho de administração, particularmente nas situações em que recebem instruções ou orientações de voto?
3. Como evitar que as reuniões prévias entre representantes dos acionistas esvaziem a atuação do conselho de administração como órgão decisório e o papel dos conselheiros independentes?
4. Como definir regras para a atuação dos conselheiros suplentes (muito comuns nesse tipo de empresa), incluindo presença contínua ou não nas reuniões, tipo de remuneração e avaliação de desempenho?

QUESTÕES ESPECÍFICAS DE GOVERNANÇA PARA AS EMPRESAS SOB CONTROLE COMPARTILHADO
5. Como assegurar coesão e meritocracia na diretoria executiva, evitando que o processo de nomeação de diretores se torne um "loteamento de cargos" entre os acionistas do bloco de controle?
6. Quais devem ser as regras para o acesso de representantes dos controladores junto aos gestores das sociedades investidas, incluindo visitas, recebimento de informações operacionais do negócio etc.?
7. Como assegurar o sigilo acerca das informações recebidas por conselheiros indicados pelo bloco de controle, muitas vezes disseminadas na estrutura organizacional das entidades que compõem o bloco de controle como forma de preparar a instrução ou orientação de voto aos conselheiros?
8. Como "blindar" a empresa contra os impactos negativos decorrentes de eventuais disputas entre os acionistas do bloco de controle, evitando a desconsideração dos interesses dos demais acionistas e a destruição de valor empresarial?

Por fim, estão as sociedades sob controle estrangeiro. Em alguns casos, essas empresas têm participações minoritárias de acionistas brasileiros, o que aumenta a complexidade de seu modelo de governança. Entre suas reflexões específicas, destacam-se as a seguir.

Tabela 11.7 Controle estrangeiro: questões específicas a serem solucionadas

QUESTÕES ESPECÍFICAS DE GOVERNANÇA SOB CONTROLE ESTRANGEIRO
▪ Como evitar que o conselho local se torne um órgão meramente pró-forma, haja vista que as decisões estratégicas tendem a ser emanadas diretamente pela matriz?
▪ Como assegurar um bom funcionamento do conselho de administração – incluindo reuniões com frequência adequada –, tendo em vista que a maioria dos conselheiros muitas vezes reside no exterior?
▪ Como equacionar o modelo de reporte matricial sem esvaziar excessivamente o poder das lideranças locais?
▪ Como evitar lentidão excessiva nas matérias que dependem de aprovação da matriz?
▪ Como harmonizar as políticas e regras corporativas da matriz com a realidade local, de modo a assegurar que os executivos estrangeiros tenham conhecimento adequado sobre a regulação e práticas de governança locais?
▪ Como adaptar o modelo de gestão da matriz ao modelo de governança brasileiro, evitando a criação de órgãos e cargos exóticos e de difícil compreensão pelo mercado local?
▪ Como definir regras equitativas para as transações com a matriz, principalmente quando a companhia tem outros acionistas locais?
▪ Como assegurar adequada transparência para com os stakeholders locais em qualidade similar àquela proporcionada pela matriz no exterior?

11.2. A GOVERNANÇA CORPORATIVA NAS EMPRESAS FAMILIARES

Um negócio de sucesso é frequentemente a melhor coisa que pode acontecer com uma família - e a pior também... Na maioria das vezes, não há nada científico na gestão de uma empresa familiar. As coisas tendem a se basear na emoção e a sucessão é a questão mais emotiva de todas. Os professores de negócio odeiam esse tipo de situação: os psiquiatras a adoram.[4]

GORDON PITTS (1951-)

11.2.1. Peculiaridades, riscos e oportunidades das empresas familiares

As famílias são de Vênus, os negócios são de Marte.[5]

Alan Barker

A governança corporativa adquire uma complexidade substancialmente maior nas empresas familiares por causa do relacionamento entre parentes como acionistas, conselheiros e executivos.[6] A existência de fortes envolvimentos afetivos entre os membros da alta gestão e a enorme concentração de poder nas mãos de um pequeno grupo de pessoas,[7] características dessas empresas, gera riscos e oportunidades específicos. A tabela a seguir descreve os principais riscos tradicionalmente associados às empresas familiares.

Tabela 11.8 Principais riscos das empresas familiares

RISCO	DESCRIÇÃO
Problemas sucessórios e de transição de gerações	A substituição de lideranças e a entrada de novas gerações são momentos-chave nas empresas familiares, com possibilidade de ocorrência de disputas internas e declínio na qualidade da alta gestão.
Nepotismo, informalidade na avaliação de desempenho e ausência de meritocracia	A promoção automática de pessoas com base em parentesco pode minar a meritocracia no ambiente de trabalho, ocasionando fuga de talentos e aumento da rivalidade entre os membros da alta gestão.
Criação de facções entre ramos familiares	A convivência de gerações distintas na mesma companhia pode criar disputas por autoafirmação e poder. Além disso, a tentativa de promoção, por diferentes sócios, de seus respectivos ramos familiares e a eventual influência de agregados que surgem ao longo do tempo podem causar impactos negativos sobre a empresa.
Separação das questões familiares das questões empresariais	A ausência de critérios para separação de ativos familiares dos ativos corporativos pode causar prejuízos à organização.
Manutenção do profissionalismo em certas situações	Dinâmicas familiares de longa data (relacionamentos pessoais e histórico sentimental) podem influenciar as decisões correntes sobre o negócio. Além disso, pode ser mais difícil exercer a autoridade e exercer regras de mercado entre familiares.
Ausência de fóruns para solução de divergências de âmbito familiar	A discussão de assuntos familiares na empresa (e vice-versa) tende a ser potencialmente problemática, dificultando a necessária separação de papéis e a formalização das decisões tomadas.

Além dos riscos descritos na Tabela 11.8, as empresas familiares de capital aberta têm o risco adicional de os sócios controladores colocarem a família em primeiro lugar, o que pode ocasionar prejuízos aos demais investidores. Por outro lado, deve-se destacar que as empresas familiares também têm diversas vantagens potenciais. A tabela a seguir apresenta os potenciais diferenciais positivos associados às empresas familiares.

Tabela 11.9 Principais vantagens potenciais das empresas familiares

VANTAGEM POTENCIAL	DESCRIÇÃO
Maior convergência de interesses na alta gestão entre acionistas e administradores	A presença de acionistas da família na gestão tende a mitigar possíveis desalinhamentos de interesses entre executivos e acionistas, uma vez que estes arcarão com boa parte do ônus financeiro decorrente de suas decisões.
Maior comprometimento e dedicação dos executivos familiares para com a empresa	Caso as atividades consigam se desenvolver em harmonia, a união entre família e trabalho pode acarretar níveis de comprometimento e dedicação raramente alcançados em empresas comandadas por executivos de mercado.
Adoção de um horizonte temporal de mais longo prazo nas decisões empresariais	As famílias controladoras em geral têm posições acionárias de longo prazo em suas companhias. Como resultado, podem ser menos suscetíveis a pressões por resultados de curto prazo.
Maior agilidade no processo decisório	A presença do acionista principal como gestor tende a aumentar a rapidez para a tomada das decisões importantes, algo que pode ser fundamental para o sucesso das empresas (especialmente nos seus primeiros anos).
Maior interesse dos controladores em construir um negócio para gerações futuras	Como a relação entre a família e a entidade comercial é muito próxima, em geral os acionistas controladores pretendem deixar um legado para as gerações futuras.

Autores especializados na temática da governança familiar, como Bernhoeft e Gallo (2003), argumentam ainda que as empresas familiares enfrentarão desafios específicos como: (i) prestar contas de forma periódica e transparente a todos os envolvidos;[8] (ii) conciliar o crescimento familiar com o crescimento da rentabilidade da empresa;[9] (iii) conciliar os interesses coletivos com as expectativas individuais dos envolvidos;[10] (iv) educar os herdeiros para o papel de acionistas que devem agregar valor ao capital;[11] e (v) profissionalizar a família e a propriedade paralelamente à profissionalização da empresa.[12]

A governança corporativa é um tema importante não apenas para as companhias familiares de capital aberto, mas também para aquelas de capital fechado.[13] Independentemente de sua decisão pela listagem em bolsa, a estrutura de propriedade das empresas familiares tenderá a adquirir uma complexidade crescente, pulverizando-se cada vez mais ao longo das gerações. Como resultado, diversos conflitos de governança surgirão naturalmente.

Na esfera acadêmica, os resultados de pesquisas realizadas em todo o mundo sobre empresas familiares ainda são inconclusivos. Entre os poucos resultados robustos encontrados em diferentes ambientes, dois se destacam: o de que as empresas com fundadores ativos na gestão parecem ser negociadas a um prêmio (o chamado *founder premium*); e o de que o desempenho das companhias tende a cair após a primeira sucessão do líder-fundador da empresa, principalmente quando a gestão é passada para um herdeiro da família. Em um dos trabalhos mais famosos sobre o tema, duas pesquisadoras da Universidade de Harvard constataram que as empresas familiares criam valor apenas quando o fundador continua na ativa como CEO ou como presidente do conselho (nesse caso, com um CEO não pertencente à família). Além disso, elas observaram que as companhias dirigidas por familiares descendentes do fundador (mesmo quando este atuava como presidente do conselho) apresentavam um desempenho inferior, principalmente as situadas na "segunda geração".[14]

Os resultados dos estudos acadêmicos realizados em outros países devem ser interpretados com cautela, sob a pena de levarem a inferências incorretas para nosso mercado. Quando realizados em países desenvolvidos, particularmente nos Estados Unidos, muitas pesquisas classificam como "empresa familiar" aquelas nas quais determinada família tem 10% ou mais das ações; um percentual extremamente baixo para a realidade empresarial brasileira. Quando realizados em países em desenvolvimento, um eventual desempenho superior das empresas familiares pode ser resultado do acesso a condições de mercado diferenciadas em razão de conexões políticas (como o acesso a capital subsidiado ou a obtenção de reserva de mercado), em vez de ser resultado de uma melhor gestão.

No fim das contas, o desempenho das empresas familiares no longo prazo dependerá de sua preparação para lidar com os relacionamentos e conflitos que ocorrerão em suas três esferas de poder: as esferas da propriedade, família e gestão. A governança em empresas familiares, portanto, lida com os relacionamentos e mecanismos para mitigar os conflitos entre a chamada "família empresária", os demais proprietários/acionistas e os administradores da companhia.

O desenvolvimento de mecanismos eficazes de governança nessas esferas e de competências no âmbito familiar,[15] foco das próximas seções, serão os aspectos centrais que distinguirão as empresas familiares que obterão sucesso daquelas de valor que passarão por problemas financeiros e de governança.

11.2.2. Os círculos de poder nas empresas familiares: o modelo dos três círculos[16]

O modelo mais conhecido para analisar as empresas familiares é o chamado "modelo de três círculos". Esse modelo, criado por um grupo de pesquisadores na década de 1990,[17] parte do pressuposto de que as esferas da gestão, da propriedade e da família se sobrepõem integralmente no início de qualquer empresa familiar. Como resultado, todas as decisões desses três núcleos se concentram inicialmente na figura de uma única pessoa.[18] À medida que a empresa cresce e passa por transições de gerações, as relações de poder, influência e interesses mudam. Isso leva a um afastamento gradual das três esferas de poder, que passam a ter suas próprias normas, regras de admissão, valores e estrutura organizacional. A transição que leva ao modelo de três círculos é descrita na figura a seguir:

Figura 11.1 O modelo dos três círculos nas empresas familiares.

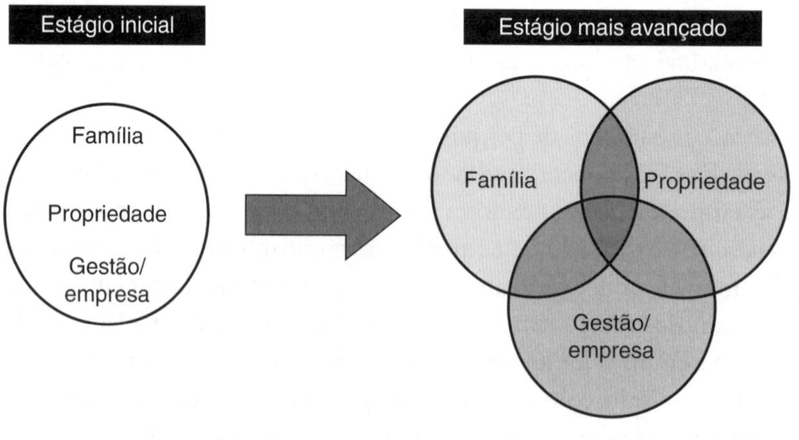

Fonte: Davis, et al. Generation to Generation: Life Cycles of the Family Business. Harvard Business School Press. 1ª ed. 1997.

O modelo dos três círculos permite identificar os diferentes públicos de interesse nas empresas familiares. Em uma empresa não familiar, os principais stakeholders são os acionistas, clientes, funcionários, fornecedores, credores e comunidade. Por sua vez, nas empresas familiares, existem diversos públicos de interesse adicionais a serem considerados, os quais podem ser visualizados na figura a seguir:[19]

Figura 11.2 Os públicos de interesse nas empresas familiares.

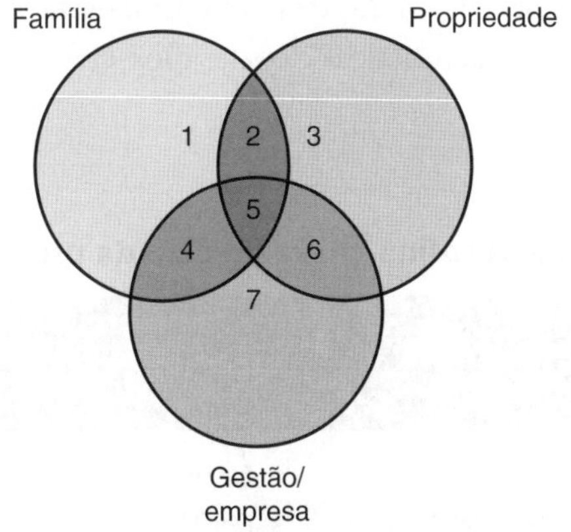

Fonte: Bernhoeft, R., Gallo, M. Governança na Empresa Familiar. Elsevier, 2003. Bornholdt, W. Governança na Empresa Familiar. Bookman, 2005.

A identificação das pessoas que atuam em cada uma das regiões dessa figura ajuda a compreender seus diferentes interesses e, consequentemente, seus pontos de vista em relação a determinada empresa familiar.

11.2.3. O modelo tridimensional de desenvolvimento das empresas familiares

O modelo dos três círculos, apesar de sua utilidade para analisar as empresas familiares, apresenta uma deficiência: é estático, na medida em que desconsidera a dimensão temporal. A inclusão de um componente dinâmico é algo fundamental, tendo em vista que o tempo leva a mudanças nos problemas e nos desafios a serem enfrentados pelas empresas familiares. Para complementar o modelo de três círculos, quatro pesquisadores[20] criaram outro que contempla a dimensão temporal por meio de uma escala de desenvolvimento para cada uma das esferas de poder – propriedade, família e empresa. Esse modelo, denominado "modelo tridimensional de desenvolvimento da empresa familiar", é apresentado na figura a seguir:

Figura 11.3 O modelo tridimensional de desenvolvimento da empresa familiar.

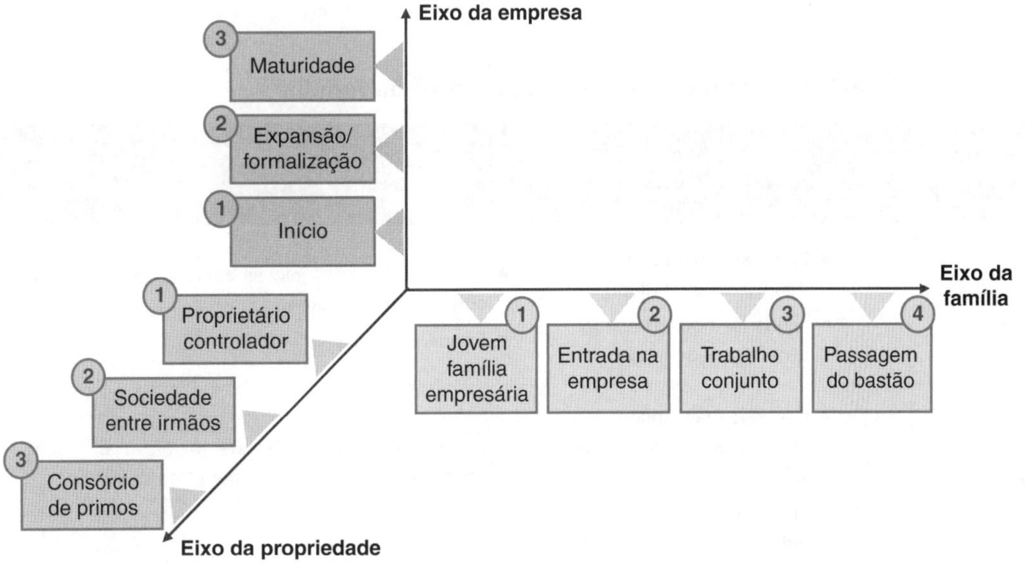

Fonte: Davis *et al.* Generation to Generation: Life Cycles of the Family Business. Harvard Business School Press. 1ª ed. 1997.

De acordo com o modelo tridimensional apresentado na Figura 11.3, as empresas familiares passarão por estágios distintos em cada uma de suas esferas de poder. Esses estágios as levarão, por sua vez, a desafios diferentes ao longo de suas vidas. As características e os desafios-chave de cada estágio de desenvolvimento são detalhados nas tabelas a seguir.

Tabela 11.10 Características e desafios-chave do eixo da propriedade

ESTÁGIO DE DESENVOLVIMENTO DA PROPRIEDADE	CARACTERÍSTICAS	DESAFIOS-CHAVE
Proprietário controlador	▪ Controle consolidado em uma pessoa ou casal ▪ Outros proprietários, caso existam, têm apenas participações simbólicas	▪ Capitalizar a empresa ▪ Equilibrar o controle unitário (decisões centralizadas em uma única pessoa) com a entrada de outros tomadores de decisão ▪ Escolher uma estrutura de propriedade para a próxima geração (futuros acionistas e seus respectivos percentuais acionários)
Sociedade entre irmãos	▪ Dois ou mais irmãos detêm o controle acionário ▪ Possibilidade de outros acionistas, porém controle efetivo nas mãos de uma geração de irmãos	▪ Desenvolver um processo para a partilha do controle entre os proprietários ▪ Definir o papel dos acionistas da família que não atuarão como executivos da empresa ▪ Reter capital para capitalizar a empresa ao mesmo tempo em que se lida com a demanda de acionistas não executivos por dividendos ▪ Evitar a formação de facções nos ramos familiares
Consórcio de primos	▪ Muitos primos acionistas ▪ Presença de dezenas de acionistas familiares que atuam ou não como executivos	▪ Administrar a complexidade da família e do grupo de acionistas (propriedade mais pulverizada) ▪ Criar um mercado de capitais para a empresa familiar (compra e venda de ações pelos familiares)

Fonte: Davis *et al.* Generation to Generation: Life Cycles of the Family Business. 1997.

Tabela 11.11 Características e desafios-chave do eixo da família

ESTÁGIO DE DESENVOLVIMENTO DA FAMÍLIA	CARACTERÍSTICAS	DESAFIOS-CHAVE
Jovem família empresarial	▪ Geração adulta abaixo dos 40 anos de idade ▪ Filhos (se houver) abaixo de 18 anos de idade	▪ Tomar as decisões iniciais em relação ao equilíbrio entre trabalho e família ▪ Educar os filhos
Entrada na empresa	▪ Geração mais antiga entre 35 e 55 anos de idade ▪ Geração mais jovem entre 20 e 30 anos de idade	▪ Individualizar a geração mais nova (avaliar separadamente os novos membros da família) ▪ Facilitar um bom processo para as decisões sobre as carreiras dos jovens

ESTÁGIO DE DESENVOLVIMENTO DA FAMÍLIA	CARACTERÍSTICAS	DESAFIOS-CHAVE
Trabalho em conjunto	▪ Geração mais antiga entre 50 e 65 anos de idade ▪ Geração mais jovem entre 20 e 45 anos de idade	▪ Promover cooperação e comunicação entre as gerações que atuam juntas na empresa ▪ Encorajar a administração positiva de conflitos entre os familiares ▪ Administrar as duas ou três gerações da família que trabalham em conjunto
Passagem do bastão	▪ Geração mais antiga com 60 anos de idade ou mais	▪ Afastar de forma harmônica e tranquila a geração mais velha da empresa ▪ Transferir a liderança da família de uma geração para outra

Fonte: Davis *et al.* Generation to Generation: Life Cycles of the Family Business. 1997.

Tabela 11.12 Características e desafios-chave do eixo da empresa/gestão

ESTÁGIO DE DESENVOLVIMENTO DA EMPRESA	CARACTERÍSTICAS	DESAFIOS-CHAVE
Início	Estrutura organizacional informal, com o fundador no centro Um produto	▪ Sobreviver (entrada no mercado, financiamento etc.) ▪ Análise racional vs. sonho (planos iniciais em relação ao negócio vs. decisões difíceis para sua sobrevivência)
Expansão/ formalização	Estrutura cada vez mais formalizada Vários produtos ou linhas de negócio	▪ Evolução do papel do fundador e profissionalização da gestão da empresa ▪ Realizar um planejamento estratégico ▪ Definir os sistemas e políticas organizacionais
Maturidade	Estrutura organizacional estável; Base de clientes estável, com crescimento modesto Estrutura divisional dirigida por equipe de executivos Rotinas organizacionais bem estabelecidas	▪ Definir um novo foco estratégico para o negócio ▪ Assegurar o comprometimento dos executivos e de todos os acionistas com o sucesso de longo prazo da companhia ▪ Obter recursos para assegurar a expansão da companhia (reinvestimento e captação junto ao mercado de capitais)

Fonte: Davis *et al.* Generation to Generation: Life Cycles of the Family Business. 1997.

11.2.4. Órgãos de governança para as três esferas de poder na empresa familiar

Para o bom funcionamento do modelo de governança nas empresas familiares, é importante que as três esferas de poder desenvolvam fóruns estruturados para discutir e solucionar os problemas e conflitos. Esses fóruns devem ter papéis claros e delimitações bem definidas entre si. De modo geral, conforme descrito na figura a seguir, sugere-se a estruturação de um órgão de governança para cada esfera de poder: conselho de família para a esfera da família, conselho de administração para a esfera da propriedade (ou conselho consultivo[21] como opção inicial para as empresas de menor porte) e diretoria executiva para a esfera da gestão.

Figura 11.4 **Órgãos de governança para as três esferas de poder na empresa familiar.**

Enquanto a diretoria executiva e o conselho de administração são órgãos comuns a todas as sociedades anônimas, o conselho de família é naturalmente um órgão peculiar às empresas familiares. Sua principal função é administrar o cotidiano das chamadas "famílias empresárias", proporcionando um espaço para que as questões familiares ligadas ao mundo dos negócios sejam debatidas de forma estruturada e organizada. O *Manual IFC de Governança* para empresas familiares argumenta que o órgão tende a ser constituído quando a família alcança um tamanho superior a trinta membros com interesses na empresa, o que dificulta a discussão e a tomada de decisões em assembleias familiares.

Em relação à sua interface, os conselhos de família funcionam como um fórum representativo dos interesses da família em sua relação com a assembleia de acionistas e o conselho de administração. A instalação de um conselho de família visa principalmente:[22]

- contribuir para maior unidade do posicionamento familiar, coordenando e alinhando as expectativas da família empresária;
- facilitar a comunicação entre os familiares (incluindo os que não atuam na empresa), diminuindo a assimetria informacional e os ruídos entre os acionistas e demais familiares envolvidos com a companhia;
- evitar que a agenda da empresa seja discutida em eventos familiares, e vice-versa;
- atuar como o elo entre a família, o conselho de administração e a direção executiva;
- propor os candidatos indicados pela família para o conselho de administração;
- promover a educação de familiares e o planejamento sucessório da companhia;
- elaborar e revisar políticas de emprego para membros da família na empresa;[23]
- resguardar os princípios e a cultura (história, valores éticos, visão) da família, bem como os documentos corporativos que reflitam a posição da família sobre essas matérias;
- definir critérios para proteção patrimonial, crescimento, diversificação e administração de bens mobiliários e imobiliários da família empresária; e,
- criar mecanismos para a aquisição de ações de sócios familiares em caso de saída.

Para Bornholdt (2005, p. 97), os conselhos de família podem ter diferentes focos, em função das especificidades familiares a seguir apresentadas.

- Conselhos de família com foco no patrimônio: centram suas atividades em torno da propriedade, zelando pelo patrimônio, pela rentabilidade e pela liquidez dos investimentos. Acompanham e controlam os negócios e investimentos com perspectiva de investidores, por meio de um sistema formal de prestação de contas sobre os negócios para os membros da família, incluindo a avaliação do desempenho dos conselheiros familiares e a administração do acordo de acionistas.
- Conselhos de família com foco na educação familiar: centram suas atividades na formação de herdeiros e sucessores, preparando os jovens, dentro ou fora da empresa, para que tenham uma boa formação. Criam e administram programas de formação dos familiares para o exercício do papel de acionistas, além de fomentar e administrar o processo sucessório.
- Conselhos de família com foco na cultura/memória familiar: centram suas atividades na manutenção da união da família e preservação da imagem da empresa. Zelam pela imagem e reputação da família, bem como sua história, crenças e valores. Administram as atividades filantrópicas da família, eventualmente criando fundações e outras entidades não governamentais.

O conselho de família pode ser formalizado por meio de um acordo de acionistas. O órgão deve ter um tamanho que proporcione representatividade dos ramos familiares e, ao mesmo tempo, boa produtividade das reuniões, sendo recomendável algo de cinco a dez membros. O presidente deve ser eleito entre seus membros, e as reuniões do órgão devem ocorrer com as devidas formalidades, incluindo a distribuição prévia de documentos e a posterior elaboração de atas a serem assinadas por todos os presentes. O conselho de família deve contar com uma secretaria para registro das decisões e manutenção de um sistema de informações, bem como ter um orçamento próprio definido anualmente e um local próprio (fora da empresa) para seu funcionamento. A periodicidade das reuniões deve ser, no mínimo, trimestral. Um calendário anual de pautas é importante para assegurar espaço anualmente para todas as questões relevantes, mesmo aquelas com baixo nível de urgência. O conselho de família também pode ter comitês destinados a aprofundar o entendimento sobre temas relevantes, como capacitação e desenvolvimento de familiares, cultura e administração de recursos, entre outros. De modo similar aos demais órgãos de governança internos à empresa, deve ter um regimento interno próprio contendo suas atribuições, composição e *modus operandi.*

11.2.5. Os ganhos potenciais da boa governança: o estudo de casos do IBGC

Em 2006, o IBGC produziu[24] o primeiro livro com estudos de casos sobre empresas familiares brasileiras voltado à temática da governança. O livro, intitulado *Governança Corporativa em Empresas de Controle Familiar: casos de destaque no Brasil*, entrevistou 15 companhias de controle familiar listadas em bolsa e consideradas, então, destacadas em governança corporativa no país.[25]

O trabalho obteve resultados potencialmente úteis para outras empresas familiares do país. Do ponto de vista quantitativo, constatou que as empresas familiares analisadas apresentaram resultados financeiros melhores que a média das empresas listadas na bolsa na ocasião, indicando forte correlação positiva entre o "investimento" em boas práticas de governança e seu sucesso no mercado.

Do ponto de vista qualitativo, a pesquisa identificou as motivações das empresas familiares para aprimorar suas práticas de governança. Cinco motivos foram citados com maior frequência: (i) o desejo de institucionalizar e perpetuar o modelo de negócio da companhia; (ii) o interesse em executar adequadamente o plano estratégico da companhia; (iii) a busca por agregar valor para seus acionistas; (iv) o aumento da possibilidade de captar recursos junto a investidores; e (v) o desejo de melhorar a imagem da empresa no exterior e facilitar sua internacionalização.

O trabalho reportou, ainda, os principais benefícios, na ótica das companhias, decorrentes da adoção de melhores práticas, os quais se dividiam em dois grupos: benefícios internos, ligados à melhoria do funcionamento e nas decisões da alta gestão; e externos, associados a redução no custo de capital e a uma melhor percepção junto aos investidores.

Entre os benefícios internos, cinco se destacam: (i) maior profissionalização e alinhamento de interesses da gestão; (ii) maior formalização dos processos de trabalho; (iii) aprimoramento do processo decisório, com decisões menos subjetivas e, ao mesmo tempo, mais rápidas; (iv) separação mais clara de papéis entre representantes da propriedade (conselheiros) e da gestão (diretores); e (v) melhor gestão dos riscos e dos controles internos.

Entre os benefícios externos auferidos de acordo com as empresas, merecem destaque: (i) melhoria na percepção dos títulos da empresa junto aos investidores, com valorização das ações e dos títulos de dívida; (ii) maior acesso ao capital, com aumento do leque de opções para financiar os projetos da empresa; (iii) aumento da credibilidade perante credores e elevação do *rating* de crédito; (iv) maior liquidez das ações; e (v) melhor imagem e reputação da companhia no mercado.

11.3. A GOVERNANÇA CORPORATIVA NAS EMPRESAS ESTATAIS

11.3.1. A importância das boas práticas de governança nas empresas estatais

Apesar do processo de privatização ocorrido na década de 1990, a governança das empresas estatais continua sendo um tema-chave para os investidores e sociedade em geral no Brasil. Há três razões principais para isso. Primeiro, as empresas estatais representam um peso substancial da composição da carteira do Ibovespa (cerca de um quarto em agosto de 2014), principal índice de nosso mercado acionário e parâmetro de rentabilidade para a maioria dos fundos de ações. Logo, é importante para os investidores que essas empresas sejam bem dirigidas, haja vista que decisões erradas e surpresas negativas terão impacto imediato em seu patrimônio.

Segundo, o desempenho das estatais – em geral pertencentes a setores estratégicos e de infraestrutura como os de energia, petróleo, transportes, saneamento e financeiro[26] – tem impacto direto sobre a sociedade numa espécie de "efeito cascata", na medida em que suas eventuais ineficiências são transferidas para o preço de seus produtos e serviços, com efeitos sobre toda a cadeia produtiva. E, terceiro, é fundamental que o governo "dê o exemplo" em relação à governança de suas atividades empresariais como maneira de exigir com legitimidade que o setor privado aprimore suas práticas.[27]

As empresas estatais podem ser divididas em empresas públicas e sociedades de economia mista. As primeiras compreendem entidades cujo capital social é detido integralmente pelo Estado. As sociedades de economia mista, por sua vez, são empresas nas quais o capital público e o privado (investidores) são conjugados e o controle (maioria das ações com direito a voto) é detido pelo Estado.[28] Dado o fato de as questões de governança serem mais discutidas nas empresas estatais em que há participação de investidores do mercado, as sociedades de economia mista constituem o foco deste capítulo, sendo denominadas no texto como "empresas sob controle estatal" (ECEs).[29]

Além das questões de governança tradicionalmente presentes em qualquer sociedade anônima, as ECEs apresentam riscos e desafios peculiares de governança. Entre os principais riscos das estatais, destacam-se:

- a interferência indevida ou excessiva do Estado no papel de controlador;
- a baixa pressão por elevada eficiência operacional em função da ausência da possibilidade de falência e de aquisição;
- a diluição da responsabilização pelas decisões tomadas, tendo em vista que as estatais estão sujeitas a uma cadeia complexa de agentes para suas decisões (como executivos, conselheiros, secretários de estado, ministros e governo); e
- a dificuldade da manutenção da continuidade administrativa,[30] tendo em vista que as estatais tendem a passar por uma "mudança" do controlador a cada quatro ou oito anos.

Nos últimos anos, o tema da governança aplicada às estatais tem recebido atenção cada vez maior do mercado, principalmente em razão do anúncio de diversos casos polêmicos envolvendo essas companhias. O quadro a seguir ilustra alguns dos casos ocorridos na última década.

Quadro 11.1 Órgãos de governança para as três esferas de poder na empresa familiar

Exemplos de decisões de governança em estatais mal recebidas pelo mercado[31]

Apesar dos esforços de algumas estatais no sentido de aprimorar suas práticas de governança, episódios recentes relativos a decisões de governança em companhias sob controle estatal foram mal recebidos pelo mercado. A seguir, são apresentados alguns desses casos.

Caso Copel: reajuste de tarifas em concessionárias de serviços públicos (2003 a 2009)[32]

A Copel (Companhia Paranaense de Energia) é uma sociedade de economia mista com controle acionário pertencente ao estado do Paraná. Em 1997, a companhia tornou-se a primeira do setor elétrico brasileiro listada na bolsa de Nova York.[33]

A Copel passou por mudanças substanciais em sua política de reajuste de preços a partir de 2003, com a eleição de um novo governador no estado. Durante seu governo, a companhia várias vezes se recusou a repassar aos consumidores os reajustes anuais autorizados pela Agência Nacional de Energia Elétrica (Aneel). Como exemplo, a Aneel autorizou um reajuste de 25,27% em 2003. O novo governo, entretanto, determinou à Copel a suspensão do reajuste tarifário a seus clientes adimplentes. Além de impactar negativamente a receita e o resultado financeiro, a decisão contribuiu para rebaixar a classificação de risco de crédito da companhia atribuído pela agência Moody's na ocasião.[34]

A Copel repetiu esse comportamento diversas vezes, ocasionando, inclusive, a destituição de uma conselheira da companhia que manifestou visão contrária à interferência governamental na decisão sobre sua política de preços.[35] Em 2009, quando a Copel novamente optou por não aplicar um reajuste da ordem de 13% concedido pela Aneel, três conselheiros independentes votaram contrariamente à determinação do governo estadual para congelamento dos preços, enquanto os acionistas minoritários manifestaram intenção de protestar publicamente na assembleia de acionistas. Em todos os casos, a cotação das ações e sua credibilidade perante os investidores sofreram com os anúncios de interferência política nas questões empresariais.

Caso Nossa Caixa: transações com partes relacionadas (2007)[36]

Em março de 2007, a Nossa Caixa, então sob controle do governo do estado de São Paulo,[37] negociou com a Secretaria da Fazenda do estado a aquisição dos direitos relativos à folha de pagamento de cerca de 1 milhão de servidores públicos de São Paulo. Ao fim das negociações, o Banco aceitou pagar à vista cerca de R$ 2,1 bilhões ao estado para garantir a manutenção dos correntistas até 2012. O valor, correspondente a 80% do patrimônio líquido do banco e a cerca de dois terços de seu valor de mercado na ocasião, foi considerado muito elevado pelo mercado,[38] o que levou a uma forte queda no preço de suas ações quando a operação foi anunciada.

Independentemente da discussão técnica sobre a razoabilidade do montante pago, deve-se destacar que, nos dois lados da mesa de negociação, estavam apenas representantes do governo. De acordo com as boas práticas, as partes sujeitas a conflitos de interesses (no caso, o governo) deveriam se abster da deliberação da matéria em questão, deixando-a a critério dos acionistas e conselheiros sem interesses conflitantes. Essa boa prática, entretanto, não foi seguida na Nossa Caixa, apesar de a companhia ser listada no Novo Mercado da bolsa à época.

Caso Banco do Nordeste do Brasil (BNB): a importância do comitê de auditoria (2008)[39]

O Banco do Nordeste do Brasil (BNB) é um banco de desenvolvimento regional de capital aberto da União. Em 2008, a revista *Época* noticiou problemas de governança na instituição. O caso teria começado em junho de 2006, quando o então diretor administrativo do banco teria aprovado irregularmente a redução da dívida de uma empresa de R$ 65 milhões para R$ 6,6 milhões. O caso ganhou repercussões maiores pelo fato de o diretor em questão, apesar de ocupar um cargo técnico, ter sido indicado por questões políticas.[40]

Além de ignorar um parecer contrário da Advocacia-Geral da União (AGU), o então diretor descumpriu as normas do próprio BNB, que exigia decisões colegiadas. Em maio de 2007, a auditoria interna do banco identificou o prejuízo e o descumprimento das normas da instituição. O caso ganhou força quando o presidente do comitê de auditoria do banco encaminhou denúncia contra a redução da dívida ao Ministério Público, à Polícia Federal e à Controladoria-Geral da União (CGU). No dia seguinte, o conselho de administração do banco se reuniu e demitiu o diretor acusado de irregularidades.[41]

Caso Banco do Brasil – substituição de executivos sem autonomia do conselho (2009)[42]

Em abril de 2009, o mercado foi surpreendido pela troca de comando no Banco do Brasil, companhia listada no Novo Mercado da bolsa. De acordo com os principais veículos da mídia especializada, a troca ocorreu em função de divergências políticas entre o presidente da instituição e o governo federal, que desejava maior redução das taxas de juros do banco a fim de mitigar os efeitos da crise financeira global do fim de 2008.

O impacto foi imediato, com queda do preço das ações de 8,1% no dia do anúncio, data em que o índice Ibovespa subiu 0,8%. Independentemente do mérito da substituição, ficou clara na ocasião a relação direta entre representantes do governo e executivos do banco, com ausência de poder do conselho de administração sobre a decisão em questão.[43]

Como uma das principais recomendações do código de governança para estatais da OCDE é atribuir autonomia aos conselhos para escolha e substituição do CEO, tem-se um ponto negativo em relação à adoção das boas práticas de governança na instituição. No ano anterior, o Banco do Brasil havia sido alvo de questionamentos sobre suas práticas de governança em razão da eleição de um político para sua diretoria, apesar de voto contrário dos conselheiros representantes dos acionistas minoritários.[44]

Caso Petrobras 1 – vazamento de balanços (2009)[45]

O tratamento das informações que vão a público é um tema-chave para qualquer companhia aberta, principalmente para as mais representativas do mercado. Em 6 de março de 2009, diversos analistas de mercado receberam os números do balanço da Petrobras relativos ao quarto trimestre de 2008 antes da divulgação oficial da companhia. O relatório preliminar passou a circular por volta das 16h no mercado, antes do encerramento do pregão na bolsa.[46] O documento oficial, por sua vez, somente foi divulgado ao mercado após as 19h30.

Nos dias seguintes, a Petrobras constituiu uma comissão interna para apurar o vazamento das informações. A companhia afirmou que ao menos cem pessoas poderiam ter tido acesso à versão preliminar de seu balanço. Após dois meses de trabalho, entretanto, a companhia informou que a comissão não foi capaz de identificar os responsáveis pelo vazamento.[47]

Caso Petrobras 2 - eleição de conselheiros por minoritários (2012)[48]

Em 2012, acionistas de mercado da Petrobras se uniram a fim de indicar candidatos próprios para as duas vagas no conselho da companhia destinadas aos ordinaristas e preferencialistas minoritários. Como forma de evitar que os nomes propostos fossem eleitos, outras entidades sob controle ou forte influência do governo, como o BNDES e os fundos de pensão Petros, Previ e Funcef, votaram favoravelmente à reeleição de dois conselheiros que haviam sido indicados previamente pelo governo, incluindo o filho do ex-vice-presidente da República.

Em outras palavras, foram eleitos representantes do controlador como se fossem representantes de minoritários, em uma flagrante situação de conflito de interesses.

O caso repercutiu negativamente não apenas para a companhia e o governo, que utilizaram artifícios a fim de evitar que conselheiros desvinculados do governo fossem eleitos, mas também para os dois maiores fundos de pensão do país, os quais, em tese, deveriam promover as melhores práticas de governança de forma independente.

Caso Petrobras 3 - aquisição polêmica de refinaria norte-americana (2006-2014)[49]

Em 2006, a Petrobras adquiriu 50% de uma refinaria localizada em Pasadena, nos Estados Unidos, por US$ 360 milhões junto à companhia belga Astra Oil. Chama a atenção o fato de que um ano antes, em 2005, a Astra havia pagado apenas US$ 42,5 milhões para adquirir o controle integral da mesma refinaria.

Além disso, o contrato de aquisição da Petrobras, aprovado unanimemente por seu conselho de administração, previa que a estatal brasileira seria obrigada a assegurar uma rentabilidade mínimo de 6,9% à companhia belga, bem como incluía uma opção de venda que obrigaria a Petrobras a adquirir o controle integral da refinaria em caso de desentendimento entre os sócios.

Essas cláusulas fizeram com que, em 2008, a Petrobras fosse obrigada judicialmente a desembolsar US$ 820 milhões para adquirir as ações da Astra. Ao fim, a estatal brasileira desembolsou US$ 1,18 bilhão pela refinaria, cerca de 27 vezes o preço pago pela companhia belga em 2005.

O caso se tornou ainda mais polêmico quando a presidente da República, à época presidente do conselho de administração da estatal, afirmou desconhecer o teor dessas importantes cláusulas contratuais. Segundo a presidente, o resumo apresentado pela diretoria ao conselho era "técnica e juridicamente falho" e omitia as condições do contrato.

Além da discussão sobre a diligência dos administradores da estatal na aprovação do negócio, o caso ganhou repercussão ainda maior quando um dos diretores da Petrobras, investigado em um amplo processo de corrupção na companhia, afirmou ter recebido R$ 1,5 milhão de propina nesse caso.[50]

Tendo em vista a importância do bom governo das estatais para o mercado e a sociedade, a tabela a seguir descreve os principais problemas de governança das estatais identificados em um encontro latino-americano de investidores e representantes de estatais.

Tabela 11.13 Principais problemas de governança das estatais latino-americanas

DIMENSÃO DE GOVERNANÇA	PRINCIPAIS PROBLEMAS IDENTIFICADOS NAS EMPRESAS ESTATAIS[51]
Transparência e *disclosure*	▪ Falta de transparência sobre os objetivos da companhia e sobre as formas de avaliação de desempenho ▪ Falta de transparência sobre as informações financeiras e não financeiras ▪ Ausência de transparência sobre o sistema de incentivos do conselho de administração e da diretoria executiva ▪ Necessidade de maior continuidade na gestão após mudanças eleitorais

DIMENSÃO DE GOVERNANÇA	PRINCIPAIS PROBLEMAS IDENTIFICADOS NAS EMPRESAS ESTATAIS[51]
Composição e funcionamento do CA	▪ Ausência de autonomia do conselho de administração para definir a estratégia e selecionar os diretores ▪ Seleção de conselheiros indicados politicamente e vinculados à administração pública, sem levar em conta as exigências do cargo ▪ Falta de critérios para definir o perfil de conselheiros e diretores ▪ Baixo número de conselheiros efetivamente independentes ▪ Ausência de separação clara dos papéis entre conselho e diretoria ▪ Supervisão deficiente do conselho de administração sobre a gestão
Ética e conflitos de interesse	▪ Indicação de conselheiros e executivos como instrumento político ▪ Utilização arbitrária dos ativos da empresa ▪ Transações com partes relacionadas: – Ausência de poder dos demais acionistas para deliberar em matérias sujeitas a conflitos de interesses do Estado – Ausência de divulgação transparente e auditada de todas as operações com entidades da administração pública
Direitos dos acionistas	▪ Abuso do poder de controle por parte do Estado ▪ Elevada proporção de ações sem direito a voto na estrutura de propriedade ▪ Ausência de *tag along* além das previsões legais e ausência do direito a voto dos acionistas preferencialistas em matérias relevantes.

11.3.2. As diretrizes de governança da OCDE para as empresas estatais

Em setembro de 2005, a Organização para Cooperação e Desenvolvimento Econômico (OCDE)[52] lançou, após dois anos de pesquisa junto aos agentes do mercado e do setor público, um documento que fornece diretrizes para o aprimoramento das práticas de governança nas empresas estatais. O documento, intitulado *Corporate Governance Guidelines for State-Owned* Enterprises (SOEs), é considerado o primeiro benchmark internacional para auxiliar os governos a aprimorar as práticas de governança das empresas sob seu controle. As diretrizes da OCDE são baseadas em cinco princípios fundamentais a seguir.

1. Deve haver um mercado que assegure competição justa entre as empresas estatais e as privadas, devendo-se separar a atuação do Estado como sócio controlador e como órgão regulador.

2. O Estado deve exercer seu papel de acionista de forma ativa e bem informada, porém com uma atuação distinta dos administradores.

3. O Estado deve separar as decisões de negócio das decisões políticas, reduzindo a interferência política na gestão diária das empresas.

4. As estatais devem aprimorar sua transparência por meio de melhores controles internos, supervisão por auditorias independentes, elaboração de relatórios de elevada qualidade e divulgação das operações celebradas com o Estado.

5. Os conselhos de administração das estatais devem ser fortalecidos por meio de iniciativas como a introdução de um processo transparente para indicação de conselheiros (com base em competências e expertises) e pela autonomia para a escolha e destituição dos diretores-presidentes (CEOs).

Em relação à estrutura, o documento da OCDE é composto por seis capítulos: garantia de uma estrutura legal e reguladora efetiva para as estatais; atuação do Estado como proprietário; tratamento equitativo dos acionistas; relacionamento com os demais stakeholders; transparência e *disclosure*; e responsabilidades dos conselhos de administração.

Cada capítulo apresenta uma série de recomendações às ECEs, com destaque para as apresentadas na tabela a seguir.

Tabela 11.14 Diretrizes da OCDE sobre governança corporativa para empresas estatais[53]

CAPÍTULO	TÍTULO	FRASE-SÍNTESE	PRINCIPAIS RECOMENDAÇÕES[54]
1	Implantação de uma estrutura legal e reguladora efetiva para as empresas estatais	"A estrutura legal e reguladora das estatais deve assegurar que as empresas estatais e privadas possam competir de forma isonômica, sem distorções de mercado".	▪ Separar claramente o papel do Estado como acionista de seus outros papéis, principalmente o de regulador ▪ Assegurar transparência sobre as eventuais responsabilidades das estatais pelo investimento em políticas públicas (atividades fora de sua atuação comercial), incluindo a divulgação de seus custos ▪ Assegurar condições competitivas de todas as empresas no acesso ao capital (o relacionamento das estatais com bancos públicos ocorrer em condições de mercado)
2	Atuação do Estado como proprietário	"O Estado deve agir como um proprietário ativo e informado. Ele deve estabelecer uma política clara e consistente, assegurando que a governança nas estatais seja empreendida de uma forma transparente e com devida prestação de contas".	▪ Elaborar e publicar a política do Estado como acionista, incluindo seus objetivos, papel na governança das estatais e mecanismos para implantação da política ▪ Separar o Estado da gestão diária das estatais, concedendo-lhes autonomia para que alcancem os objetivos definidos ▪ Conceder poder aos conselheiros das estatais para que exercitem suas responsabilidades com independência ▪ Exercer as responsabilidades do Estado como acionista de forma apropriada, incluindo o direito de: – ser representado nas assembleias gerais e utilizar seu poder de voto – estabelecer um processo estruturado e transparente para escolha de conselheiros – estabelecer sistemas de reporte que permitam monitorar e avaliar o desempenho das estatais – manter um diálogo contínuo com os auditores – garantir que a remuneração dos administradores esteja alinhada com os objetivos de longo prazo e consiga atrair profissionais qualificados
3	Tratamento equitativo dos acionistas	"O Estado e as ECEs devem reconhecer os direitos de todos os acionistas, garantindo-lhes um tratamento equitativo e com igual acesso às informações corporativas".	▪ Criar mecanismos nas estatais para assegurar que todos os acionistas sejam tratados igualmente ▪ Definir um elevado nível de transparência das estatais para com seus acionistas ▪ Desenvolver uma política ativa de comunicação e consulta com todos seus acionistas ▪ Criar regras para facilitar a participação dos acionistas minoritários nas Assembleias Gerais, permitindo-lhes participar das deliberações fundamentais da companhia

CAPÍTULO	TÍTULO	FRASE-SÍNTESE	PRINCIPAIS RECOMENDAÇÕES[54]
4	Relacionamento com os demais públicos de interesse (stakeholders)	"A política do Estado como proprietário deve reconhecer as responsabilidades das ECEs perante seus stakeholders".	▪ Reconhecer e respeitar os direitos dos demais stakeholders estabelecidos em lei ou outras regulamentações ▪ Divulgar periodicamente um documento descrevendo o relacionamento das estatais com seus stakeholders ▪ Elaborar, implantar e comunicar códigos de ética nas estatais
5	Transparência e *disclosure*	"As ECEs devem observar um alto padrão de transparência, em conformidade com os princípios de GC da OCDE".	▪ Desenvolver procedimentos de auditoria interna eficientes, reportando diretamente ao conselho ou comitê de auditoria ▪ Assegurar auditoria externa anualmente nas estatais com base em padrões internacionais ▪ Divulgar informações financeiras e não financeiras com base em padrões de qualidade reconhecidos internacionalmente ▪ Divulgar as informações materiais das estatais para o púbico, incluindo: os objetivos da companhia e as métricas utilizadas para avaliar seu desempenho; sua estrutura societária detalhada; os fatores de risco relevantes e as medidas adotadas para mitigá-los; e as operações com partes relacionadas
6	Responsabilidades do conselho de administração	"Os Conselhos das ECEs devem ter a necessária autoridade, competência e objetividade para cumprir sua função de direcionamento estratégico e monitoramento dos gestores. Os conselheiros devem agir com integridade e ser responsáveis por suas ações".	▪ Atribuir aos conselhos de administração a responsabilidade final pelo desempenho da companhia perante seus acionistas ▪ Conceder autonomia para que o conselho tenha, de fato, poder para definir a estratégia e escolher o CEO da companhia ▪ Assegurar ao conselho uma composição que o permita tomar decisões objetivas, independentes e no interesse da empresa ▪ Em caso de presença de representantes de empregados no conselho, seus membros devem contribuir para aprimorar as informações e o funcionamento do conselho ▪ Constituir comitês do conselho para aprimorar seu desempenho, incluindo os de auditoria e de governança ▪ Realizar uma autoavaliação anual formal de desempenho dos conselheiros de administração e do órgão

11.3.3. Como resolver o dilema sobre o propósito empresarial nas estatais? Maximização do valor *vs.* promoção de políticas públicas

A definição do propósito e dos critérios a serem empregados para tomar decisões e avaliar o desempenho da companhia ao longo do tempo é a questão mais importante de governança a ser trabalhada nas empresas estatais. Sem clareza de critérios, seus administradores podem passar por uma espécie de "crise existencial" organizacional na análise de matérias relevantes.[55] Eles poderiam se perguntar, por exemplo, até que ponto devem-se fazer investimentos a fim de atender ao melhor interesse social que certamente resultarão em prejuízo, bem como até que ponto vale a pena adquirir produtos mais caros que outras opções equivalentes no mercado.

Nas companhias sob controle integral do Estado, normalmente determina-se que a promoção de políticas públicas voltadas ao aumento do bem-estar social é o principal objetivo a ser perseguido. Nas empresas privadas, por sua vez, o objetivo, em geral, é maximizar seu resultado financeiro ao longo do tempo. O dilema sobre o propósito das companhias sob controle estatal geralmente ocorre nas sociedades de economia mista (SEMs), entidades que conjugam capital público e privado. Nelas, é necessário definir um propósito que atenda a ambos os interesses. Em outras palavras, devem-se definir critérios consistentes e previsíveis para as decisões nas quais o objetivo de promoção de políticas públicas (muitas vezes, decisões ineficientes do ponto de vista econômico) entra em conflito com o objetivo de máxima rentabilidade.

Há duas maneiras principais de resolver esse problema. A primeira opção seria assumir perante o mercado que a SEM visa alcançar simultaneamente os dois objetivos. Nessa abordagem, a empresa estatal deveria: (1) informar aos investidores, antes de captar recursos junto ao mercado, que tomará algumas decisões que sacrificarão a rentabilidade em prol de determinadas causas sociais; (2) procurar aumentar a previsibilidade do impacto de suas decisões sociais sobre seu resultado financeiro para os investidores; e (3) informar, com transparência e periodicidade, os custos de suas ações e subsídios sociais ações para os acionistas.

A segunda opção seria deixar a SEM livre para buscar seus objetivos empresariais de maior rentabilidade para o negócio, eliminando, dessa forma, a dicotomia entre rentabilidade e metas sociais. Nesse caso, seus administradores receberiam uma única missão: tomar as melhores decisões possíveis visando maximizar o valor de longo prazo da companhia.

Em caso de adoção da segunda abordagem, como ficaria a questão da promoção de políticas públicas não rentáveis? Nesse caso, o custo das políticas públicas deveria ser segregado e explicitado no orçamento da SEM, sendo, então, arcado por toda a sociedade e não apenas por seus acionistas. Em outras palavras, as estatais agiriam como executoras de políticas de interesse público, porém a um custo transparente e arcado pelo Estado, e não pela companhia.

Como exemplo, tem-se a questão da universalização dos serviços de saneamento, algo socialmente importante, porém muitas vezes não rentável empresarialmente. Sob essa ótica, o Estado deveria definir junto à SEM sua meta de universalização. A SEM estimaria, então, os custos de execução de tal política, apresentando-a ao Estado. Na sequência, o projeto entraria na disputa por verbas do orçamento público com outros projetos de interesse da sociedade. No caso de aprovação, a empresa mista seria responsável por sua execução, recebendo uma remuneração pelos serviços prestados. Raciocínio similar aplicar-se-ia no caso dos subsídios do financiamento agrícola, algo a ser arcado pelo Estado e não pelas instituições financeiras de controle estatal.[56]

Do ponto de vista das boas práticas de governança, a segunda opção parece oferecer mais vantagens do que a primeira. Primeiramente, eliminaria o livre-arbítrio dos administradores na promoção de outras iniciativas que não as de interesse empresarial, evitando o uso das estatais como instrumentos opacos de condução de políticas de governo.

Além disso, acabaria com a confusão entre os objetivos empresariais e políticos, conferindo aos administradores um propósito claro (geração de valor para o negócio ao longo do tempo), pelo qual deveriam prestar contas e serem avaliados de maneira objetiva por investidores, governo e sociedade.

Em resumo, a definição transparente dos critérios decisórios das sociedades de economia mista e dos mecanismos para assegurar sua manutenção ao longo do tempo terminaria por protegê-las, impelindo-as rumo a uma eficiência operacional e financeira maior – sem prejudicar a execução de políticas públicas fundamentais. O resultado seria positivo para os investidores (incluindo o Estado), demais stakeholders e a sociedade como um todo.

QUESTÕES PARA REFLEXÃO E DISCUSSÃO

1. Quais são as principais formas de controle acionário às quais as companhias estão sujeitas? Cite algumas das vantagens e desvantagens potenciais de cada modelo.

2. A seu ver, quais são os principais desafios específicos de governança a serem enfrentados pelas empresas familiares?

3. A seu ver, quais são os principais desafios específicos de governança a serem enfrentados pelas empresas estatais?

4. A seu ver, quais são os principais desafios específicos de governança a serem enfrentados pelas empresas sob controle compartilhado?

5. A seu ver, quais são os principais desafios específicos de governança a serem enfrentados pelas companhias dispersas?

6. A seu ver, quais são os principais desafios específicos de governança a serem enfrentados pelas empresas sob controle estrangeiro?

7. Quais são os principais riscos e vantagens potenciais das empresas familiares?

8. Quais são as três esferas de poder tradicionalmente atribuídas às empresas familiares? Que órgãos podem ser constituídos para melhorar o funcionamento dessas esferas?

9. O que é conselho de família? Quais são suas principais atribuições? De acordo com as práticas recomendadas, teça algumas recomendações para seu funcionamento.

10. Por que a governança das empresas estatais continua a ser um tema relevante para os investidores e sociedade em geral?

11. De seu ponto de vista, quais são os principais riscos de governança das empresas estatais? Em sua opinião, qual é o estágio geral de adoção das boas práticas de governança pelas estatais brasileiras?

12. A seu ver, como a questão do propósito empresarial (dicotomia entre a maximização do resultado financeiro da empresa e a promoção de políticas públicas) deve ser resolvido nas empresas estatais?

Referências

ADAM, T., CHITRU S., GOLUBEVA, E. 2012. *Managerial Overconfidence and Corporate Risk Management.* AFA 2010 Meetings Paper. Disponível em http://ssrn.com/abstract=1364533.

ALCHIAN, A. 1965) The basis of some recent advances in the Theory of Management of the Firm. *Journal of Industrial Economics.* 30-44.

ALCHIAN, A. 1968. *Corporate Management Behavior and Property Rights.* Economic Policies and the Regulation of Securities. Ed. Henry Manne. Washington D.C.: American Enterprise Institute.

ALCHIAN, A., DEMSETZ H. 1972. Production, information costs and economic organization. *American Economic Review.* 62: (777-795).

AMMANN, M., OESCH, D., SCHMID, M. 2011. Corporate Governance and Firm Value: International Evidence. *Journal of Empirical Finance.* 18: 35-55.

ANDERSON, *R., REEB, D. 2003. Founding family ownership and firm performance: Evidence from the S&P 500. Journal of Finance.* 58: 1301–1329.

ARIELY, D., AYAL, S., GINO, F. 2009. *Contagion and Differentiation in Unethical Behavior*: The Effect of One Bad Apple on the Barrel. Psychological Science, 20(3): 393-398.

ARIELY, Dan. 2010. *Predictably Irrational, Revised and Expanded Edition*: The Hidden Forces That Shape Our Decisions. Harper. 1 ed. 384 p.

ARIELY, Dan. 2012. *The Honest Truth About Dishonesty*: How We Lie to Everyone – Especially Ourselves. 1 ed. Harper. 304 p.

ARMOUR, J., *DEAKIN, S., SARKAR, P., SIEMS, M., SINGH, A. 2008.* Shareholder Protection and Stock Market Development: An Empirical Test of the Legal Origins Hypothesis. ECGI - Law Working Paper n. 108/2008. Disponível em http://ssrn.com/abstract=1094355.

AZEVEDO, S., MUTO, S. 2008. Dez Anos de Evolução: Principais Marcos da Governança no País. *Capital Aberto.* Especial – 10 anos de Governança Corporativa no Brasil.

BALLIET, D. 2010. Communication and Cooperation in Social Dilemmas: A Meta-Analytic Review, *Journal of Conflict Resolution*. 54: 39-57.

BARNES, C. M., SCHAUBROECK, J., HUTH, M., GHUMMAN, S. 2011. *Lack of Sleep and Unethical Conduct. Organizational Behavior and Human Decision Processes*. 115(2): 169-180.

BARONTINI, R., CAPRIO, L. 2005. The Effect of Family Control on Firm Value and Performance. Evidence from Continental Europe. ECGI Working Paper n. 88.

BARROS, L. A. B. de C. 2005. *Decisões de Financiamento e de Investimento das Empresas sob a Ótica de Gestores Otimistas e Excessivamente Confiantes*. Tese de doutorado defendida em 19/12/2005 na FEA--USP. Disponível em http://www.teses.usp.br/teses/disponiveis/12/12139/tde-07082007-224658/pt--br.php.

BARROS, L. A., SILVEIRA, A., LEAL, R. P., BORTOLON, P. M. 2013. *Facing the Regulators*: Non-Compliance with Detailed Mandatory Compensation Disclosure in Brazil. In: Capital and Financial Markets Post-Crisis Developments Law schools from the USA, Europe and Brazil present their latest research, 2013, São Paulo. Direito-GV.

BARROS, Lucas, SILVEIRA, Alexandre Di Miceli da. 2007. Overconfidence, Managerial Optimism and the Determinants of Capital Structure. Disponível http://ssrn.com/abstract=953273

BATSON, D. 2009. In: DECETY, J., ICKES, W. J., (Eds.). *The Social Neuroscience of Empathy*. MIT Press. Cambridge, MA, 3–15.

BATSON, D., POWELL, A. 2003. *Altruism and Prosocial Behavior, Handbook of Psychology*. 463-484.

BAUMEISTER, R., VOHS, K., TICE, D. 2007. *The Strength Model of Self-Control, Current Directions in Psychological Science,* 16: 351.

BAZERMAN, Max, MOORE, Don. 2008. *Judgment in Managerial Decision Making*. 7 ed. Wiley. 230 p.

BEBCHUK, L. 2013. The myth that insulating boards serves long-term value. Columbia Law Review. 113. Disponível em http://ssrn.com/abstract=2248111

BEBCHUK, L. COHEN, A., WANG, C. 2013. Learning and the Disappearing Association between Governance and Returns. *Journal of Financial Economics*. 108(2): 323-348.

BEBCHUK, L., FRIED, J. 2006. *Pay without Performance*: The Unfulfilled Promise of Executive Compensation. Harvard University Press. 304 p.

BECKER, G. 1968. Crime and Punishment: An Economic Approach. *Journal of Political Economy*. 76(2): 169-217.

BEN-DAVID, I., HARVEY, C. R., GRAHAM, J. R. 2007. *Managerial Overconfidence and Corporate Policies*. AFA 2007 Chicago Meetings Paper. Disponível em http://ssrn.com/abstract=890300.

BENNEDSEN, M., NIELSEN, K., PÉREZ-GONZALES, F., WOLFENZON, D. 2006. Inside the family firms: the role of families in sucession decisions and performance. Working paper disponível em http://ssrn.com/abstract=925650.

BERG, J., DICKHAUT, J., MCCABE, K. 1995. *Trust, Reciprocity, and Social History. Games and Economic Behavior.* 10(1): 122-142.

BERLE, A. 1931. Corporate Powers as Powers in Trust. *Harvard Law Review*, 44:1049-1074.

BERLE, A. MEANS, G. 1991. *The Modern Corporation and Private Property.* Transaction Publishers; Reprint edition. 426 p.

BERLE, A., MEANS, G. 1932. *The Modern Corporation and Private Property.* Nova York: Macmillan.

BERNARDI, R., BOSCO, S., COLUMB, V. 2009. Does Female Representation on Boards of Directors Associate with the "Most Ethical Companies" List?. *Corporate Reputation Review.* 25(3): 270-280.

BERNHOEFT, R., GALLO, M. 2003. *Governança na Empresa Familiar.* Campus. 4ª ed. 148 p.

BERTRAND, M., DOLLY, C., MULLAINATHAN, S. 2005. Implicit discrimination. *The American Economic Review.* 95: 94-98.

BHAGAT, S., BOLTON, B. 2008. Corporate Governance and Firm Performance. Journal of Corporate Finance. 14(3): 257-273.

BHAGAT, S., BOLTON, B., ROMANO, R. 2008. The Promise and Peril of Corporate Governance Indices. *Columbia Law Review.* 108(8): 1803-1882.

BIKHCHANDANI, S., HIRSHLEIFER D., WELCH, I. 2001. *Informational Cascades and Rational Herding*: an Annotated Bibliography. Disponível em http://www.info-cascades.info/.

BLACK, B., DE-CARVALHO, A. G., GORGA, E. 2008. An Overview of Brazilian Corporate Governance. Working paper disponível em http://ssrn.com/abstract=1003059.

BLAIR, M. 1995. *Ownership and Control.* The Brookings Institution, Washington, D.C.

BLOCH, R., LAMOREAUX, N. 2013. *Corporations and the Fourteenth Amendment.* Working paper disponível em http://economics.yale.edu/people/naomi-r-lamoreaux.

BOARD, B. J., FRITZON, K. 2005. Labcoat Leni's Real Research: You Don't Have to be Mad Here, but It Helps. Psychology, Crime & Law. 11: 17–32.

BONN, I., YOSHIKAWA, T., PHAN, P. 2004. Effects of Board Structure on Firm Performance: a comparison between Japan and Australia. Asian Business & Management. 3: 105–125.

BORNHOLDT, W. 2005. *Governança na Empresa Familiar.* Bookman. 1ª ed. 182 p.

BÖRSCH-SUPAN, A., KÖKE, J. 2002. An Applied Econometrician's View of Empirical Corporate Governance Studies. *German Economic Review*. 3(3), 295-326.

BOZEC, R., BOZEC, Y. 2012. The Use of Governance Indexes in the Governance – Performance Relationship Literature: International Evidence. *Canadian Journal of Administrative Sciences*. 29: 79-98.

BRATTON, W. 2006. Hedge Funds and Governance Targets. *Georgia Law Journal*. 95: 1375.

CAIN, D. M., LOEWENSTEIN, G. F., MOORE, D. A. 2010. When Sunlight Fails to Disinfect: Understanding the Perverse Effects of Disclosing Conflicts of Interest. *Journal of Consumer Research*. 37(5): 836-857.

CAIN, D. M., LOEWENSTEIN, G., MOORE, D. A. 2005. The Dirt on Coming Clean: Perverse Effects of Disclosing Conflicts of Interest. *The Journal of Legal Studies*. 34(1): 1-25.

CAMARGO, A. S. 2009. A Pessoa Jurídica: um Fenômeno Social Antigo, Recorrente, Multidisciplinar e Global. In: AZEVEDO, E. V., FRANÇA, N. (Org.). *Direito Societário Contemporâneo I*. Quartier Latin. p. 281-298.

CAMARGO, A. S. 2012. A importância do Conselho de Administração na legislação societária brasileira. In: FONTES FILHO, J. R., LEAL, R. P. C.. (Org.). *Governança Corporativa*: Discussões sobre os Conselhos em Empresas no Brasil. 1 ed. Saint Paul. p. 25-36.

CAPITAL ABERTO. 2013. Anuário de Governança Corporativa das Companhias Abertas em 2013. Edição especial.

CARLSSON, R. 2001. Ownership and Value Creation; Strategic Corporate Governance in the New Economy. 1a ed. Wiley.

CARTER, D., SIMKINS, B., SIMPSON, W. 2002. *Corporate Governance*, Board Diversity, and Firm Performance. Working paper disponível em http://ssrn.com/abstract=304499.

CARVALHAL DA SILVA, A., LEAL, R. P. C. 2003. Corporate Governance, Market Valuation and Dividend Policy in Brazil. *Relatório Coppead* n. 358.

ÇELIK, S., ISAKSSON, M. 2013. Institutional Investors as Owners: Who Are They and What Do They Do? OECD Corporate Governance Working Papers n. 11. Disponível em http://dx.doi.org/10.1787/5k3v1dvmfk42-en.

CESARINI, D., DAWES, C. T., FOWLER, J. H., JOHANNESSON, M., LICHTENSTEIN, P., WALLACE, B. 2008. *Heritability of Cooperative Behavior in the Trust Game*. Proceedings of The National Academy of Sciences of the USA – PNAS. 105(10): 3721-3726.

CHARKHAM, J. 1994. Keeping Good Company: A Study of Corporate Governance in Five Countries. Oxford University Press.

CHARREAUX, G. J. 2005. *Pour une Gouvernance D'entreprise «Comportementale»*: une Réflexion Exploratoire... Cahiers du Fargo WP n. 1050601. Disponível em http://ssrn.com/abstract=740946.

CHEN, K., CHEN, Z., WEI, J. 2009. Legal Protection of Investors, Corporate Governance, and the Cost of Equity Capital. *Journal of Corporate Finance*. 15: 273-289.

CHERNOW, R. 2004. Titan: *The Life of John D. Rockefeller*. Vintage. 2 ed. 832 p.

CHO, M. 1998. Ownership Structure, Investment, and the Corporate Value: an Empirical Analysis. *Journal of Financial Economics*. 47: 103-121.

CLAESSENS, S. 2006. Corporate Governance and Development. World Bank Research Observer. 21 (1): 91-122.

CLAESSENS, S., DJANKOV, S., FAN, J., LANG, L. 2002. Disentangling the Incentive and Entrenchment Effect of Large Shareholdings. *The Journal of Finance*. 57(6): 2741-2771.

CLSA Group. 2012. *Corporate Governance Watch 2012*. Disponível em https://www.clsa.com/pdf.cfm?link=/assets/files/reports/CLSA-CG-Watch-2010.pdf.

COASE, R. 1937. The Nature of the Firm. *Economica*. 4: 386-405.

COMPARATO, F. K., SALOMÃO FILHO, C. 2014. *O Poder de Controle na Sociedade Anônima*. 6ª ed. Forense.

COSO II: Committee of Sponsoring Organizations of the Treadway Commission. *Enterprise Risk Management*. 2004. Disponível em http://www.coso.org/documents/coso_erm_executivesummary.pdf.

CUEVAS-RODRÍGUEZ, G., GOMEZ-MEJIA, L., WISEMAN, R. 2012. *Has Agency Theory Run its Course?* Making the Theory more Flexible to Inform the Management of Reward Systems. Corporate Governance: An International Review, 20(6): 526-546.

DAILY, C., DALTON, D., CANNELLA, A. 2003. *Corporate Governance*: Decades of Dialogue and Data. Academy of Management Review, 28: 371-82.

DAMODARAN, A. 2006. *Mitos de Investimentos*. São Paulo: Financial Times Prentice Hall. 1 ed. 177 p.

DARI-MATTIACCI, G., GELDERBLOM, O., JONKER, J., PEROTTI, E. 2013. *The Emergence of the Corporate Form*. Amsterdam Law School Legal Studies Research Paper n. 2013-11. Disponível em http://ssrn.com/abstract=2223905

DAVIS, G., COBB, J. 2010. *Resource Dependence Theory*: Past and Future. Stanford's Organization Theory Renaissance, 1970-2000: 21-42. Bingley, NY: Emerald Group.

DAVIS, J., HAMPTON, M., LANSBERG, I., GERSICK, K. 1997. *Generation to Generation*: Life Cycles of the Family Business. Harvard Business School Press. 1 ed.

DAVIS, J., SCHOORMAN, D., DONALDSON, L. 1997. *Toward a Stewardship Theory of Management.* The Academy of Management Review. 22(1): 20-47.

DAVIS, S., LUKOMNIK, J., PITT-WATSON, D. 2006. *The New Capitalists*: How Citizen Investors Are Reshaping the Corporate Agenda. Harvard Business School Press. 1 ed. 288 p.

DAY, C. 2007. Paper Conspiracies and the End of All Good Order: Perceptions and Speculation in Early Capital Markets. Entrepreneurial *Business Law Journal.* 1(2): 282. Disponível em http://ssrn.com/abstract=946161

DE BONO, Edward. 1999. *Six Thinking Hats.* Back Bay Books. 2 ed. 192 p.

De CARVALHO, A. G. 2000. *Rise and Fall of Capital Markets in Brazil*, the Experience of the 90's. Working paper disponível em http://ssrn.com/abstract=1147765.

DE JONGH, J. M. 2010. *Shareholder* Activism at the Dutch East India Company 1622-1625. Working paper apresentado na Conference on the Origins & History of Shareholder Advocacy, Yale, Millstein Center for Corporate Governance. Novembro, 2009.

DECETY, J., JACKSON, P. 2004. The Functional Architecture of Human Empathy. *Behavioral Cognitive Neuroscience. Rev.* 3. 71.

DECETY, J., JACKSON, P. L., SOMMERVILLE, J. A., CHAMINADE, T., MELTZOFF, A. N. 2004. The Neural Bases of Cooperation and Competition: an fMRI Investigation. *NeuroImage.* 23: 744– 751.

DELGADO, M. R., FRANK, R. H., PHELPS, E. A. 2005. Perceptions of Moral Character Modulate the Neural Systems of Reward During The Trust Game. *Nature Neuroscience.* 8: 1611 – 1618.

DEMSETZ, H., LEHN, K. 1985. The Structure of Corporate Ownership: Causes and Consequences. *Journal of Political Economy.* 93(6): 1155-1177.

DEMSETZ, H., VILLALONGA, B. 2001. Ownership Structure and Corporate Performance. *Journal of Corporate Finance.* 7: 209-233.

DIAVATOPOULOS, D., FODOR, A. 2010. *Does Corporate Governance Matter for Equity Returns*? Working paper disponível em http://ssrn.com/abstract=1546645.

DOBIJA, D. 2008. Emergence of Corporate Contract Set, *Governance and Accountability: Standing* Orders of the East India Company, 1600-1621. Working paper disponível em http://ssrn.com/abstract=1159928

DODD, M. 1932. For Whom are Corporate Managers Trustees. *Harvard Law Review.* 45(7):1145-1163.

DONAGGIO, Angela R. F. 2012. *Governança Corporativa e Novo Mercado*: Proteção ao Investidor e Falhas no Marco Regulatório. Editora Saraiva. 1 ed. 216 p.

DONALDSON, L. DAVIS, J. 1991. Stewardship Theory or Agency Theory: CEO Governance and Shareholder Returns. *Australian Journal of Management.* 16(1): 49-64.

DONALDSON, L. DAVIS, J. 1994. *Board and Company Performance*: Research Challenges the Conventional Wisdom. Corporate Governance: An International Review. 2(3): 65-91.

DREES, J., HEUGENS, P. 2013. Synthesizing and Extending Resource Dependence Theory: A Meta-Analysis. *Journal of Management*. 39: 1666-1698.

DROBETZ, W., SCHILLHOFER, A., ZIMMERMANN, H. 2003. C*orporate Governance and Expected Stock Returns*: Evidence from Germany. Working paper disponível em http://ssrn.com/abstract=379102.

DRUCKER, P. 2006. *The Practice of Management*. HarperBusiness; Reissue edition. 416 p.

DRUCKER, P. 2008. *The Essential Drucker*: The Best of Sixty Years of Peter Drucker's Essential Writings on Management. HarperBusiness; Reissue edition. 368 p.

DYCK, A., ZINGALES, L. 2004. Private Benefits of Control: an International Comparison. *Journal of Finance*. 59: 537-600.

ECGI – European Corporate Governance Institute. 2014. Index will all Codes of Best Practices. Disponível em http://www.ecgi.org/codes/all_codes.php

EISENBERG, N., FABES. 1990. Empathy: Conceptualization, Measurement, and Relation to Prosocial Behavior. *Motivation and Emotion*. 14(2): 131-149.

EISENBERG, N., MILLER, P. 1987. The Relation of Empathy to Prosocial and Related Behaviors. *Psychological Bulletin*. 101(1): 91-119.

FAMA, E., JENSEN, M. 1983. Separation of Ownership and Control. *Journal of Law and Economics*. 26: 301-327.

FEHRE, K., RAPP, M., SCHWETZLER, B., SPERLING, M. 2013. The disappearing 'Deutschland AG' – An analysis of blockholdings in German large caps.

FERGUSON, N. 2008. *The Ascent of Money*: A Financial History of the World. Penguin Press. 1 ed. 442 p.

FORSYTHE, R., HOROWITZ, J., SAVIN, N., SEFTON, M. 1994. Fairness in Simple Bargaining Experiments. *Games and Economic Behavior*. 6: 347-369.

FRANK, R. H., GILOVICH, T. D., REGAN, D. T. 1996. Do Economists Make Bad Citizens? *The Journal of Economic Perspectives*. 10(1): 187-192.

FRANK, R., GILOVICH, T., REGAN, D. 1993. Does Studying Economics Inhibit Cooperation? *The Journal of Economic Perspectives*. 7(2): 159-171.

FREEMAN, E. 1984. *Strategic Management*: A Stakeholder Approach. Boston: Pitman.

FREEMAN, E., REED, D. 1983. Stockholders and Stakeholders: A New Perspective on Corporate Governance. *California Management Review*, 83(25 Issue 3): 88-106.

FRIEDMAN, M. 1970. The Social Responsibility of Business is to Increase its Profits. *The New York Times Magazine*. 13/09/1970.

GADHOUM, Y., LANG, L., YOUNG, L. 2005. Who Controls US? European Financial Management. 11(3): 339-363.

GELDERBLOM, O., DE JONG, A., JONKER, J. 2010. *An Admiralty for Asia*: Isaac le Maire and Conflicting Conceptions about the Corporate Governance of the VOC. Erasmus Research Institute of Management – ERS-2010-026. Disponível em http://hdl.handle.net/1765/19907

GELDERBLOM, O., DE JONG, A., JONKER, J. 2012. *The Formative Years of the Modern Corporation*: The Dutch East India Company VOC, 1602-1623. Erasmus Research Institute of Management – ERS-2012-007. Disponível em http://hdl.handle.net/1765/32952

GINO, Francesca, ARIELY, Dan. 2012. The Dark Side of Creativity: Original Thinkers Can Be More Dishonest. *Journal of Personality and Social Psychology*. 102(3): 445-459.

GINO, Francesca, MOORE, D., ARIELY, D., BAZERMAN, M. 2008. *See No Evil*: When We Overlook Other People's Unethical Behavior. Harvard Business School NOM Working Paper n. 08-045. Disponível em http://ssrn.com/abstract=1079969

GINO, Francesca, Norton, MICHAEL I., ARIELY, Dan. 2010. The Counterfeit Self: The Deceptive Costs of Faking It. *Psychological Science*. 21: 712-720.

GINO, Francesca, PIERCE, Lamar. 2009. Dishonesty in the Name of Equity. *Psychological Science*. 20(9): 1153-1160.

GINO, Francesca, SCHWEITZER, M., MEAD, N., ARIELY, D. 2011. *Unable to Resist Temptation*: How Self-Control Depletion Promotes Unethical Behavior. Organizational Behavior and Human Decision Processes. 115: 191–203.

GINTIS, H. 2000. Strong Reciprocity and Human Sociality. *Journal of Theoretical Biology*. 206: 169-179.

GINTIS, H., BOWLES, S., BOYD, R., FEHR, E. 2003. Explaining Altruistic Behavior in Humans. *Evolution and Human Behavior*. 24: 153–172.

GIUSTI, G., NOUSSAIR, C., VOTH, H. 2014. *Recreating the South Sea Bubble*: Lessons from an Experiment in Financial History. University of Zurich, Department of Economics, Working Paper n. 146. Disponível em http://ssrn.com/abstract=2416442

GONZALES, M., MODERNELL, R. 2006. *Herding Behaviour Inside the Board*: An Experimental Approach. Corporate Governance: An International Review. 14(5): 388-405.

GRAHAM J., HARVEY, C., RAJGOPAL, S. 2006. Value Destruction and Financial Reporting Decisions. *Financial Analysts Jo*urnal. 62(6):27-39.

GROSSMAN, S., HART, O. 1982. Corporate Financial Structure and Managerial Incentives. In: MC-CALL, J. (Org.). *The Economics of Information and Uncertainty*. Chicago: Chicago.

GÜTH, W., SCHMITTBERGER, R., SCHWARZE, B. 1982. An Experimental Analysis of Ultimatum Bargaining. *Journal of Economic Behavior*. 3(4): 367-388.

HANNAH, L. 2013. *Corporations in the US and Europe 1790-1860*. Business History. 56(6): 865-899.

HANSMANN, H., KRAAKMAN, R., SQUIRE, R. 2006. *Law and the Rise of the Firm*. Harvard Law Review. 119: 1335-403.

HARVEY, A., KIRK, U., DENFIELD, G., MONTAGUE, P. 2010. Monetary Favors and Their Influence on Neural Responses and Revealed Preference. *The Journal of Neuroscience*. 30(28): 9597–9602.

HEINEMAN Jr., B., DAVIS, S. 2011. Are Institutional Investors Part of the Problem or Part of the Solution? Millstein Center for Corporate Governance at the Yale School of Management. Working paper disponível em https://www.ced.org/reports/single/are-institutional-investors-part-of-the-problem-or--part-of-the-solution.

HEINER, M. 2007. Co-determination in Germany: The Recent Debate. Working paper disponível em https://www.uclouvain.be/cps/ucl/doc/etes/documents/WDW004.pdf

HENRICH, J., BOYD, R., BOWLES, S., CAMERER, C., HERBERT, E., MCELREATH, R. 2001. In Search of Homo Economicus: Behavioral Experiments in 15 Small-Scale Societies. *The American Economic Review*. 91(2): 73-78.

HEWLETT, Sylvia Ann. 2002. Executive Women and the Myth of having it all. *Harvard Business Review*.

HIMMELBERG, C., HUBBARD, G., PALIA, D. 1999. Understanding the Determinants of Managerial Ownership and the Link between Ownership and Performance. *Journal of Financial Economics*. 53: 353-384.

HITZ, J., LEHMANN, N. 2013. *The Usefulness of Corporate Governance Ratings*: Insights from European Settings. Trabalho em andamento disponível em http://ssrn.com/abstract=2042019

HOFFMAN, E., MCCABE, K., SMITH, V. 1996. Social Distance and Other-Regarding Behavior in Dictator Games. *The American Economic Review*. 86(3): 653-660.

IBGC – Instituto Brasileiro de Governança Corporativa. 2009. *Código das Melhores Práticas de Governança Corporativa*. 4ª Ed. Disponível em www.ibgc.org.br

IBGC. 2006. *Governança em Empresas de Controle Familiar*: Casos de Destaque no Brasil. Saint Paul Institute of Finance. 1 ed. São Paulo. 361 p.

IBGC. 2007. *Guia de Orientação para Gerenciamento de Riscos Corporativos*. Disponível em www.ibgc.org.br/CadernoGovernanca.aspx?CodCaderno=5.

IFC: INTERNATIONAL FINANCE CORPORATION. 2007. *Manual IFC de Governança para Empresas Familiares*. International Finance Corporation. Nova York. 59 p.

ISO 31000: International Organization for Standardization. 2009. *Risk Management: Principles and Guidelines on Implementation*. Disponível em http://www.iso.org/iso/home/standards/iso31000.htm.

ITURRIAGA, F., CRISÓSTOMO, V. 2010. Do Leverage, Dividend Payout, and Ownership Concentration Influence Firms' Value Creation? An Analysis of Brazilian Firms. *Emerging Markets Finance and Trade*. 46(3): 80-94.

JANIS, I. 1973. Victims of Groupthink: *A Psychological Study of Foreign-Policy Decisions and Fiascoes*. Boston: Houghton-Mifflin Company. 320 p.

JENSEN, M. 1986. Agency Costs of Free Cash Flow, Corporate Finance and Takeovers. *American Economic Review*. 76: 323-329.

JENSEN, M. 2001. *A Theory of the Firm*: Governance, Residual Claims, and Organizational Forms. 1 ed. Harvard University Press. Cambridge, Massachusetts. 320 p.

JENSEN, M., MECKLING, W. 1976. Theory of the Firm: Managerial Behavior, Agency Costs and Ownership Structure. *Journal of Financial Economics*. 3: 305-360.

JOHNSON, S., LA PORTA, R., LOPEZ-DE-SILANES, F. e SHLEIFER, A. 2000. Tunneling. *American Economic Review*. 40: 22-27.

JOSEPHSON, M. 1962. *The Robber Barons*. Mariner Books. 474 p.

KAHNEMAN, D. 2011. *Thinking, Fast and Slow*. 1 ed. 512 p.

KAHNEMAN, D., KNETSCH J., THALER, R. 1986. Fairness and the Assumptions of Economics, *The Journal of Business*. 59(4): 285-300.

KAHNEMAN, D., TVERSKY, A. 1979. Prospect Theory: An Analysis of Decision Under Risk. *Econometrica*. 47: 263-291.

KOSFELD, M., HEINRICHS, M., ZAK, P., FISCHBACHER, U., FEHR, E. 2005. Oxytocin Increases Trust in Humans. *Nature*. 435(2): 673-676.

KOTCHEN, M., MOON, J. 2012. *Corporate* Social Responsibility for Irresponsibility. The B.E. Journal of Economic Analysis & Policy. 12:1. Article 55.

LA PORTA, R., SHLEIFER, A., LOPEZ-DE-SILANES, F. 1999. Corporate Ownership around the World. *Journal of Finance*. 54: 471-517.

LA PORTA, R., SHLEIFER, A., LOPEZ-DE-SILANES, F., VISHNY, R. 1998. Law and Finance. *Journal of Political Economy*. 106: 1113-1155.

LEAL, R. P. C., CARVALHAL DA SILVA, A. 2007. Corporate governance and value in Brazil (and in Chile). Inter-American Development Bank - Research Network Working Paper #R-514. In: CHONG, A., LOPEZ-DE-SILANES, F. (Org.), *Investor Protection and Corporate Governance*: Firm Level Evidence Across Latin America, 213-287, Stanford University Press. Disponível em http://www.iadb.org/res/pub_desc.cfm?pub_id=R-514.

LEAL, R. P., CARVALHAL DA SILVA, A., VALADARES, S. 2002. Estrutura de Controle e Propriedade das Companhias Brasileiras de Capital Aberto. *RAC – Revista de Administração Contemporânea*. 6(1): 7-18.

LESLIE, M. B. 2009. *Conflicts of Interest and Nonprofit Governance*: the Challenge of Groupthink. Cardozo Legal Studies Research Paper n. 276. Disponível em http://ssrn.com/abstract=1477553.

LIST, J. A., CHERRY, T. L. 2008. Examining the Role of Fairness in High Stakes Allocation Decisions. *Journal of Economic Behavior & Organization*. 65: 1–8.

LÓPEZ-PÉREZ, R. 2009. Followers and Leaders: Reciprocity, Social Norms and Group Behavior. *The Journal of Socio-Economics*. 38(4): 557-567.

MAHER, M., ANDERSSON, T. 2000. Corporate Governance: Effects on Firm Performance and Economic Growth. Working paper disponível em http://ssrn.com/abstract=218490.

MALMENDIER, U., GEOFFREY T., JONATHAN, Y. 2007. *Corporate Financial Policies with Overconfident Managers*. Working Paper disponível em http://ssrn.com/abstract=1027189.

MALMENDIER, U., TATE, G. 2005. CEO Overconfidence and Corporate Investment. *Journal of Finance*. 60: 2661–2700.

MALMENDIER, U., TATE, G. A. 2008. Who Makes Acquisitions? CEO Overconfidence and the Market's Reaction. *Journal of Financial Economics*. 89(1): 20-43.

MARTIN, R. 2012. *Fixing the Game*. Harvard Business Review Press. 1 ed. 251 p.

MATEOS DE CABO, R., GIMENO, R., ESCOT, L. 2010. Disentangling Discrimination on Spanish Boards of Directors. *Corporate Governance*: An International Review, 19(1): 77-95.

MATSA, David, MILLER, Amalia. 2012. *A Female Style in Corporate Leadership?* Evidence from Quotas. Working paper disponível em http://ssrn.com/abstract=1636047.

MAYER, C. 2012. *Firm Commitment*. Oxford University Press. 1 ed. 306 p.

MAZAR, N., AMIR, O., ARIELY, D. 2008. The Dishonesty of Honest People: A Theory of Self-Concept Maintenance. *Journal of Marketing Research*. 45(6): 633-644.

MAZAR, N., ARIELY, D. 2006. Dishonesty in Everyday Life and its Policy Implications. *Journal of Public Policy and Marketing*. 25(1): 117-126.

MCCABE, K., HOUSER, D., RYAN, L., SMITH, V., TROUARD, T. 2001. *A Functional Imaging Study of Cooperation in Two-Person Reciprocal Exchange*. Proceedings of the National Academy of Sciences of the United States of America. 98(20): 11832-11835

MCCABE, K., RASSENTI, S., SMITH, V. 1996. *Game Theory and Reciprocity in Some Extensive Form Experimental Games*. Proceedings of the National Academy of Sciences of the United States of America. 93(23): 13421-13428.

McCANN, Mark, WHEELER, Sally. 2011. Gender Diversity in the FTSE 100: The Business Case Claim Explored. *Journal of Law and Society*, 38(4): 542-574.

McCONNEL, J., SERVAES, H. 1990. Additional Evidence on Equity Ownership and Corporate Value. *Journal of Financial Economics*. 27: 595-612.

MEAD, Nicole L., BAUMEISTER, Roy F., GINO, Francesca, SCHWEITZER, Maurice E., ARIELY, Dan. 2009. Too Tired To Tell the Truth: Self-Control Resource Depletion and Dishonesty. *Journal of Experimental Social Psychology*. 45(3): 594-597.

MEIER, S., FREY, B. 2004. Do Business Students Make Good Citizens? *International Journal of the Economics of Business*. 11(2): 141-163.

MICKLETHWAIT, J., WOOLDRIDGE, A. 2005. *The Company*: A Short History of a Revolutionary Idea. Modern Library. 1 ed. 272 p.

MILGRAM, S. 1974. *Obedience to Authority*: An Experimental View. New York. NY. Harpercollins (ISBN 0-06-131983-X).

MORCK, R. 2008. Behavioral Finance in Corporate Governance – Economics and the Ethics of the Devil's Advocate. *Journal of Management and Governance*. 12: 179-200.

MORCK, R. 2009. *Generalized Agency Problems*. National Bureau of Economic Research working paper 15051. Disponível em http://www.nber.org/papers/w15051.

MORCK, R., SHLEIFER, A., VISHNY, R. 1988. Management Ownership and Market Valuation: an Empirical Analysis. *Journal of Financial Economics*. 20: 293-315.

MORCK, R., STANGELAND, D., YEUNG, B. 2000. Inherited wealth, corporate control, and economic growth. The Canadian disease? In: MORCK, R, K. (ed.): *Concentrated Corporate Ownership*, Chicago: University of Chicago Press. 319-369.

MORRIS, C. 2006. *The Tycoons*: How Andrew Carnegie, John D. Rockefeller, Jay Gould, and J. P. Morgan Invented the American Supereconomy. Holt Paperbacks. 400 p.

MULLER-KAHLE, M., LEWWELLYN, K. 2011. Did Board Configuration Matter? The Case of US Subprime Lenders. *Corporate Governance*: An International Review 19(5): 405-417.

NENOVA, T. 2003. The Value of Corporate Voting Rights and Control: A Cross-Country Analysis. *Journal of Financial Economics*. 68: 325–351.

NIELSEN, S., HUSE, M. 2010. The Contribution of Women on Boards of Directors: Going beyond the Surface. *Corporate Governance*: An International Review, 18(2): 136-148.

NOWAK, M., COAKLEY, S. 2012. *Evolution, Games, and God*: The Principle of Cooperation. 1 ed. Harvard University Press. 416 p.

NOWAK, M., HIGHFIELD, R. 2012. *SuperCooperators*: Altruism, Evolution, and Why We Need Each Other to Succeed. 1 ed. Free Press. 352 p.

NOWAK, M., PAGE, K., SIGMUND, K. 2000. Fairness Versus Reason in the Ultimatum Game. *Science*. 289(5485): 1773-1775.

OAKLEY, J. 2000. Gender-based Barriers to Senior Management Positions: Understanding the Scarcity of Female CEOs. *Journal of Business Ethics*. 27(4): 321-334.

OCDE: Organização para Cooperação e Desenvolvimento Econômico. 2009. *Practical Guide to Corporate Governance*: Experiences from the Latin American Companies Circle. Disponível em http://www.oecd.org/daf/ca/corporategovernanceprinciples/43653171.pdf.

OECD. 2005. *OECD Guidelines on the Corporate Governance of State-Owned Enterprises*. 34 p.

OECD. 2013. *Supervision and Enforcement in Corporate Governance*, Corporate Governance. OECD Publishing. Disponível em http://dx.doi.org/10.1787/9789264203334-en.

OECD. Board Member Nomination and Election. 2012. OECD Publishing. Disponível em http://dx.doi.org/10.1787/9789264179356-en.

OECD. Corporate Governance Factbook. 2014. OECD Publishing. Disponível em http://www.oecd.org/daf/ca/CorporateGovernanceFactbook.pdf.

OKIMURA, R., SILVEIRA, A. M., ROCHA, K. 2007. Estrutura de Propriedade e Desempenho Corporativo no Brasil. *RAC – Revista de Administração Contemporânea*. 1: 119-135.

OOSTERBEEK, H., SLOOF, R., VAN DE KUILEN, G. 2004. Cultural Differences in Ultimatum Game Experiments: Evidence from a Meta-Analysis. *Experimental Economics*. 7(2): 171–188.

PÉREZ-GONZÁLEZ, F. 2006. Inherited control and firm performance. *American Economic Review*. 96: 1559-1588.

PERSKY, J. 1995. Retrospectives: The Ethology of Homo Economicus. *The Journal of Economic Perspectives*. 9(2): 221-231.

PFEFFER, J., SALANCIK, G. 1978. *The External Control of Organizations*: A Resource Dependence Perspective. New York, NY, Harper and Row.

RAJAN, R., ZINGALES, L. 2001. The Great Reversals: The Politics of Financial Development in the 20th Century. AFA 2001 New Orleans Meetings; CRSP Working Paper n. 526. Disponível em http://ssrn.com/abstract=236100.

RANDAZZO, S. 2005. The Nature of Partnership in Roman Law. *Australian Journal of Legal History*. 9: 119-130.

RENDERS, A., GAEREMYNCK, A., SERCU, P. 2010. *Corporate-Governance Ratings and Company Performance*: A Cross-European Study. Corporate Governance: An International Review. 18(2): 87-106.

RILLING, J., GUTMAN, D., ZEH, H., PAGNONI, G., BERNS, G., KILTS, C. 2002. A Neural Basis for Social Cooperation. *Neuron*. 35: 395–405.

ROE, M. 2006. *Legal Origins and Modern Stock Markets*. Harvard Law Review. 120: 462-527. Disponível em http://ssrn.com/abstract=908972.

ROSE, J. 2006. Corporate Directors and Social Responsibility: Ethics versus Shareholder Value. *Journal of Business Ethics*. 73: 319-331.

ROSS, S. 1973. The Economic Theory of Agency: The Principal's Problem. *The American Economic Review*. 63(2): 134-139.

SAITO, R., SILVEIRA, A. M. 2008. Governança Corporativa: Custos de Agência e Estrutura de Propriedade. *RAE – Revista de Administração de Empresas da EAESP/FGV*. 48: 9-85.

SALLY, D. 1995. Conversation and Cooperation in Social Dilemmas: A Meta-Analysis of Experiments from 1958 to 1992. *Rationality and Society*. 7:58-92.

SCHNEIDER, B. R. 2004. *Business Politics and the State in 20th Century Latin America*. Nova York: Cambridge University Press.

SCHWIEREN, C., WEICHSELBAUMER, D. 2010. Does competition enhance performance or cheating? A laboratory experiment. *Journal of Economic Psychology*. 31(3): 241-253.

SHERIDAN, A., MILGATE, G. 2005. Accessing Board Positions: A Comparison of Female and Male Board Members Views. *Corporate Governance*: An International Review, 13(6).

SHLEIFER, A., VISHNY, R. 1997. A Survey of Corporate Governance. *Journal of Finance*. 52(2): 737-783.

SHU, L. L., MAZAR, N., GINO, F., ARIELY, D., BAZERMAN, M. H. 2012. *When To Sign On the Dotted Line?* Signing First Makes Ethics Salient and Decreases Dishonest Self-Reports. Harvard Business School NOM Unit Working Paper N. 11-117.

SIEMS, M. 2008. *What Does Not Work in Comparing Securities Laws*: A Critique on La Porta et al.'s Methodology. International Company and Commercial Law Review, 300-305.

SILVEIRA, A. M. 2005. *Governança Corporativa, Desempenho e Valor da Empresa no Brasil*. São Paulo: Saint Paul Institute of Finance. 1 ed. 181 p.

SILVEIRA, A. M. 2006. *Governança Corporativa e Estrutura de Propriedade*. São Paulo: Saint Paul Institute of Finance. 1 ed. 250 p.

SILVEIRA, A. M. 2013. *Corporate Scandals of the 21st Century*: Limitations of Mainstream Corporate Governance Literature and the Need for a New Behavioral Approach. Working paper disponível em http://ssrn.com/abstract=2181705.

SILVEIRA, A. M., BARROS, L. A. 2011. *Who is the Boss for Major Decisions?* Chairmen - Not CEOs - As Powerful Leaders. Working paper disponível em http://ssrn.com/abstract=1874690.

SILVEIRA, A. M., BARROS, L. A., FAMÁ, R. 2006. Atributos Corporativos, Qualidade da Governança Corporativa E Valor das Companhias Abertas no Brasil. *Revista Brasileira de Finanças*. 4(1): 1-30. Disponível em http://ssrn.com/abstract=923310.

SILVEIRA, A. M., DIAS JUNIOR, A. 2010. What Is the Impact of Bad Governance Practices in a Concentrated Ownership Environment. *International Journal of Disclosure and Governance*. 7: 70-91.

SILVEIRA, A. M., LANZANA, A. P., BARROS, L. A., FAMÁ, R. 2004. Efeito dos Acionistas Controladores no Valor das Companhias Abertas Brasileiras. *RAUSP – Revista de Administração de Empresas da Universidade de São Paulo*. 39(4): 362-372.

SINGER, T., FRITH, C. 2005. The Painful Side of Empathy. *Nature Neuroscience*. 8(7): 845-846.

SLOAN, A. 1990. *My Years with General Motors*. Crown Business; Reissue edition. 496 p.

SMITH, N., SMITH, V., VERNER, M. 2005. *Do Women in Top Management Affect Firm Performance?* A Panel Study of 2500 Danish Firms. IZA Discussion Paper n. 1.708. Disponível em http://ssrn.com/abstract=780910.

SPAMANN, H. 2008. *"Law and Finance" Revisited*. Harvard Law School John M. Olin Center Discussion Paper n. 12. Disponível em http://ssrn.com/abstract=1095526.

SRAER, D., THESMAR, D. 2007. Performance and Behavior of Family Firms: Evidence from the French Stock Market. *Journal of the European Economic Association*. 5: 709-751.

STANDARD & POOR's. 2004. *Country Governance Study*: Brazil. Preparado por Daniel Araujo e Andrea Sposito.

STOUT, L. 2010. *Cultivating Conscience*: How Good Laws Make Good People. 1 ed. Princeton Univ. Press.

STOUT, L. 2012. *The Shareholder Value Myth*. Berret-Koehler Publishers. 1 ed. 134 p.

STRINE Jr., L. 2014. Can we do better by ordinary investors? A pragmatic reaction to the dueling ideological mythologists of corporate law. Columbia Law Review. 114. Disponível em http://ssrn.com/abstract=2421480.

STULZ, R. 1988. Managerial Control of Voting Rights: Financing Policies and Market of Corporate Control. *Journal of Financial* Economics. 20: 25-54.

STULZ, R. 1990. Managerial Discretion and Optimal Financing Policies. *Journal of Financial Economics*. 26(1): 3-27.

TAYLOR, J. 2014. *Creating Capitalism*: Joint-Stock Enterprise in British Politics and Culture, 1800-1870. Royal Historical Society. 1 ed. 266 p.

THALER, R. H. 1988. Anomalies: The Ultimatum Game. *The Journal of Economic Perspectives*. 2(4): 195-206.

THALER, R. H. 2000. From Homo Economicus to Homo Sapiens. *The Journal of Economic Perspectives*. 14(1): 133-141.

THE ECONOMIST. 2005. *Survey*: Corporate Social Responsibility – The Good Company. 20/01/2005.

THE ECONOMIST. 2008. *Special Report*: Corporate Social Responsibility – Just Good Business. 17/01/2008.

TIROLE, J. 2006. *The Theory of Corporate Finance*. Princeton University Press. Princeton, New Jersey. 1 ed. 644 p.

TRICKER, Bob. 2009. *Corporate Governance: Principles, Policies, and Practices*. 1ª ed. Oxford: Oxford University Press. 420 p.

TVERSKY, A., KAHNEMAN, D. 1974. Judgment Under Uncertainty: Heuristics and Biases. *Science*. 185: 1124-1131.

VAN EES, H., GABRIELSSON, J., HUSE, M. 2009. *Toward a Behavioral Theory of Boards and Corporate Governance*, Corporate Governance: An International Review, 17(3): 307-319.

VILLALONGA, B., AMIT, R. 2006. How Do Family Ownership, Control, and Management Affect Firm Value. *Journal of Financial Economics*. 80: 385-417.

WILLIAMSON, O. 1975. *Markets and Hierarchies*: Analysis and Antitrust Implications. 1 ed. The Free Press. New York.

WILTERMUTH, S. 2011. Cheating More When the Spoils Are Split. *Organizational Behavior and Human Decision Processes*. 115(2): 157-168.

WINTOKI, M., LINCK, J. NETTER, J. 2012. Endogeneity and the Dynamics of Internal Corporate Governance. *Journal of Financial Economics*. 105(3): 581-606.

WISEMAN, R. M., CUEVAS-RODRIGUEZ, G., GOMEZ-MEJIA, L. 2012. Toward a Social Theory of Agency, *Journal of Management Studies*, 49: 202–222.

YERMACK, D. 2005. *Flights of Fancy*: Corporate Jets, CEO Perquisites, and Inferior Shareholder Returns. AFA 2005 Meetings. Disponível em http://ssrn.com/abstract=529822.

YOSHIMORI, M. 1995. Whose Company Is It? The Concept of the Corporation in Japan and the West. *Long Range Planning*, 28(4): 33-44.

Notas

CAPÍTULO 1

1. Tradução livre do original: *Changez vos opinions, gardez vos principes; changez vos feuilles, gardez vos racines*. Fonte: Hugo, V. Post-Scriptum de Ma Vie. Disponível em http://gallica.bnf.fr/ark:/12148/bpt6k454325m/texteBrut.

2. O relatório Cadbury é abordado em detalhes no Capítulo 2 e está disponível em http://www.ecgi.org/codes/documents/cadbury.pdf.

3. O *OECD Principles of Corporate Governance* está disponível em www.oecd.org/dataoecd/32/18/31557724.pdf

4. Duas passagens do livro *A história do Instituto Brasileiro de Governança Corporativa* ilustram a crença do IBGC em aplicar internamente os princípios de governança como forma de dar o exemplo ao mercado. Uma delas conta como o sueco Bengt Hallqvist, fundador do Instituto, passou a utilizar um martelo de tribunais a fim de assegurar ordem e disciplina nas reuniões. Outra mostra como, mesmo em uma época de dificuldade de equilíbrio financeiro, a entidade recusou o patrocínio de uma firma de auditoria, a qual esperava que o patrocínio incluísse a divulgação de seus serviços de consultoria, o que ia de encontro à independência do Instituto. Disponível em http://www.ibgc.org.br/inter.php?id=18087&item_id=369.

5. Com destaque para o *UK Corporate Governance Code* britânico (https://frc.org.uk/Our-Work/Codes-Standards/Corporate-governance.aspx), o *ASX Corporate Governance Principles* australiano (http://www.asxgroup.com.au/corporate-governance-council.htm), o *King Report on Corporate Governance* sul-africano (http://www.iodsa.co.za/?page=kingIII) e o *OECD Principles of Corporate Governance* da Organização para Cooperação e Desenvolvimento Econômico (OCDE) (http://www.oecd.org/corporate/oecdprinciplesofcorporategovernance.htm).

6. De acordo com o Dicionário Houaiss, a meritocracia significa o predomínio, em uma sociedade ou organização, das pessoas que têm mais méritos (mais trabalhadoras, dedicadas, bem dotadas intelectualmente etc.). Trata-se, portanto, do estabelecimento de um ambiente de seleção e promoção fundamentado no mérito pessoal.

7. Viés cognitivo é a tendência de uma pessoa tomar decisões sistematicamente erradas em função de suas características cognitivas. O fenômeno é amplamente estudado na psicologia, que analisa como nossas "regras de bolso" ou heurísticas pessoais podem nos levar a fazer julgamentos errados. O Capítulo 6 detalha esse tema.

8. Stakeholders são todos os públicos que podem afetar ou serem afetados de modo substancial pelas atividades de uma empresa. Além dos próprios acionistas, o termo inclui funcionários, consumidores, credores, fornecedores, comunidade e sociedade em geral.

9. Uma das principais críticas feitas à governança corporativa nos últimos anos é que muitas empresas passaram a adotar o tema como um mero conjunto de práticas a serem implantadas de maneira tecnicista a fim de melhorar a imagem junto aos públicos externos, saltando a etapa fundamental de internalização de seus preceitos basilares.

10. Uma externalidade ocorre quando uma transação entre dois agentes gera impactos sobre um terceiro não envolvido diretamente na operação em questão. Um exemplo no campo empresarial ocorre quando a sociedade arca com custos ambientais decorrentes da produção de determinada companhia (que transaciona com seus clientes). O Capítulo 3 discute a questão das externalidades em detalhe.

11. O fluxo de caixa livre para a empresa (FCLE) pode ser estimado pela seguinte equação: lucros antes de juros e imposto de renda × (1 – alíquota de imposto de renda) + depreciação e amortização – aumento no capital de giro líquido – investimentos de capital.

12. Abreviação de *weighted average cost of capital*, acrônimo amplamente usado pelo mercado. O custo médio ponderado de capital (WACC) é dado pela seguinte equação: retorno exigido pelos acionistas × (valor de mercado do patrimônio líquido / soma do valor de mercado do patrimônio líquido e das dívidas da empresa) + retorno exigido pelos credores × (1 – alíquota de imposto de renda) × (valor de mercado das dívidas / soma do valor de mercado do patrimônio líquido e das dívidas da empresa).

13. O Capítulo 6 apresenta os resultados de diversos estudos que analisaram a relação entre práticas de governança e valor das empresas.

14. Entre os trabalhos, destacam-se os de Maher e Andersson (2000), Rajan e Zingales (2001) e Claessens (2006).

15. A proteção legal inclui os direitos de propriedade e o grau de cumprimento (*enforcement*) das leis. Diversos trabalhos mostram que o ambiente legal determina em grande medida a forma de governança das empresas, o desenvolvimento dos mercados e o crescimento econômico. O Capítulo 6 aborda esse tema em detalhes.

16. O mercado de capitais é o mercado de compra e venda de valores mobiliários, notadamente títulos de dívidas e ações. Ele proporciona às companhias uma oportunidade de captar recursos de longo prazo diretamente junto aos investidores, eliminando a necessidade do banco como intermediário financeiro. Em uma economia de mercado, o interesse dos investidores em adquirir títulos corporativos depende de dois fatores: (i) da viabilidade econômico-financeira dos empreendimentos; e (ii) da confiança em relação ao recebimento de recursos, uma vez que existe o risco de o empreendimento ser rentável porém seus resultados serem canalizados para outros fins (que não o pagamento dos fornecedores de capital). Enquanto a viabilidade econômico-financeira pode ser avaliada por meio de técnicas de orçamento de capital (geralmente quantitativas e baseadas em medidas de retorno ajustado ao risco), a confiança dos investidores depende de um conjunto mais amplo e qualitativo de fatores. Entre esses fatores qualitativos, destacam-se os relacionados ao ambiente institucional no qual a empresa está inserida (como a garantia de cumprimento dos contratos) e as práticas de governança, que aumentam a probabilidade de os investidores auferirem um retorno adequado sobre o capital investido.

17. A importância dos mercados financeiros para o crescimento econômico é considerada bem estabelecida desde a década de 1990. Os mercados financeiros são, em geral, subdivididos no sistema bancário e no mercado de capitais. O desenvolvimento de ambos tende a contribuir para o crescimento, sendo vistos, portanto, como mecanismos complementares e não substitutos. Para funcionarem bem, tanto o sistema bancário quanto o mercado de capitais necessitam de bons fundamentos, entre os quais se inclui a boa governança.

18. Essa conclusão é baseada no trabalho de Claessens (2006).

19. A literatura acadêmica tem sido tradicionalmente dominada pela teoria da representação (*agency theory*). O Capítulo 4 detalha as principais teorias sobre governança corporativa.

20. *Vide* a nota 7.

21. De acordo com o artigo 116 da Lei das Sociedades por Ações (Lei 6.404/1976), entende-se por acionista controlador "a pessoa, natural ou jurídica, ou o grupo de pessoas vinculadas por acordo de voto, ou sob controle comum, que: a) é titular de direitos de sócio que lhe assegurem, de modo permanente, a maioria dos votos nas deliberações da assembleia-geral e o poder de eleger a maioria dos administradores da companhia; e b) usa efetivamente seu poder para dirigir as atividades sociais e orientar o funcionamento dos órgãos da companhia". Em outras palavras, a lei brasileira entende como sócio controlador aquele acionista ou grupo de acionistas que detém mais de 50% das ações com direito a voto e que controla a gestão de determinada companhia. Além do conceito presente na Lei das S.A., o controle de uma companhia também pode ser aferido pela atuação dos acionistas nas assembleias gerais. Nesse caso, pode-se constatar o chamado "controle de fato", que ocorre quando um grupo de acionistas com participações minoritárias tem um histórico de atuação coesa e determinante para as deliberações nas últimas assembleias gerais.

22. A literatura tradicional de governança corporativa, baseada na teoria da representação (*agency theory*), parte da premissa de que as pessoas tomam decisões a fim de maximizar seu bem-estar pessoal ou, no jargão econômico, sua utilidade pessoal. A enorme maioria dos textos, portanto, praticamente ignora o aspecto "ético" do decisor, isto é, a possibilidade de tomar decisões "moralmente corretas", independentemente do resultado para si próprio. O Capítulo 6 critica a abordagem tradicional, baseada estritamente na economia, sobre o tema.

23. Vide o Capítulo 6.

24. A possibilidade de aquisição hostil depende da existência de um mercado de capitais desenvolvido, da relativa pulverização das ações com direito a voto e da inexistência de mecanismos defensivos restritivos nas companhias. Em mercados com elevada concentração acionária, como é o caso do Brasil, esse mecanismo de governança não tem se mostrado relevante na prática.

25. *Vide* os capítulos 2 e 9 para obter mais detalhes.

26. Para obter informações mais detalhadas sobre o modelo de governança norte-americano, *vide* o Capítulo 9.

27. No caso das empresas sob controle compartilhado, é comum os acionistas do grupo de controle indicarem pessoas de sua confiança para atuar como administradores. Deve-se destacar que, desde meados da década de 2000, a estrutura de propriedade de diversas companhias abertas brasileiras vem passando por mudanças, com o aumento da proporção de empresas com estruturas acionárias mais dispersas. Apesar dessa mudança, a alta concentração acionária permanece como a norma nas companhias brasileiras. O Capítulo 9 detalha esse tema.

28. Além do porte, diferentes características institucionais, incluindo a proteção aos investidores, tendem a influenciar o grau de pulverização acionária das companhias abertas.

29. Segundo a revista *The Economist* (1990), um problema fundamental de governança atualmente decorre da mudança do conceito de propriedade no último século e da consequente mudança de postura dos investidores. De acordo com a publicação, em vez de tratar a compra de ações como a aquisição de "um pedaço" de uma empresa, muitos investidores passaram a visualizar a compra de ações como uma espécie de "aposta numa corrida de cavalos". Fonte: *The Economist*, 05/05/1990, p. 7-20. "Whose firm, whose money".

30. No Brasil, os fundos de *private equity* são denominados "fundos de investimento em participações" (FIPs). A Instrução 391/2003 da CVM dispõe sobre a constituição, o funcionamento e a administração dos FIPs no Brasil.

31. De modo peculiar, diversos fundos de pensão no Brasil pertencem ao grupo de controle de algumas companhias abertas, principalmente em decorrência de questões políticas durante o processo de privatização ocorrido na década de 1990.

32. No Reino Unido, o percentual de ações em posse de pessoas físicas caiu de 54% para apenas 11% no período de 50 anos entre 1963 e 2012. Nos Estados Unidos, o percentual caiu de 84% para 40% no mesmo período.

33. Uma pesquisa realizada por The Conference Board em 2009 constatou que os investidores institucionais detinham 76,4% das ações das mil maiores companhias norte-americanas. Em 1987, esse percentual era de 46,6%. O trabalho observou ainda que os investidores institucionais norte-americanos detinham cerca de US$ 27 trilhões em ativos, dez vezes mais que os cerca de US$ 2,7 trilhões em 1980. Os fundos de pensão, por sua vez, representam cerca de 40% dos ativos dos institucionais. Fonte: *The 2009 Institutional Investment Report of the Conference Board of Canada.*

34. *The Economist*. "BlackRock: The monolith and the markets". 6 de dezembro de 2013.

35. California Public Employees' Retirement System.

36. As empresas que fornecem esse aconselhamento são chamadas de *proxy advisory firms*.

37. *Fonte*: Çelik e Isaksson (2013).

38. Mais informações disponíveis em www.icgn.org.

39. Os fundos de hedge têm se destacado por maior ativismo desde a década de 1990. Trata-se de um grupo muito heterogêneo, com inúmeras estratégias de investimento. Alguns têm como foco operações de curto prazo, como fusões e aquisições, enquanto outros atuam de maneira ativa junto às empresas visando torná-las mais eficientes no longo prazo.

40. Franz Müntefering, então líder do Partido Social Democrata em abril de 2005.

41. Ao final de 2012, as entidades fechadas de previdência complementar (EFPC) brasileiras detinham um patrimônio total de cerca de R$ 640 bilhões, o equivalente a 15,2% do PIB brasileiro. Em 1996, esse patrimônio era de apenas R$ 73 bilhões (8,3% do PIB). Fonte: Consolidado Estatístico ABRAPP – dezembro de 2012.

42. Para consultar uma discussão sobre o tema, *vide* Heineman Jr. e Davis (2011).

CAPÍTULO 2

1. Embora não documentado, é possível, todavia, que outras formas empresariais tenham surgido antes na China ou na Índia. *Vide* Randazzo (2005) para ler uma discussão mais profunda sobre o tema. As *societas publicanorum* constituíam uma variante das *societas*, tendo como objetivo realizar obras públicas por meio de contratos com o Estado.

2. Por outro lado, diferentemente das companhias modernas, a entidade não tinha uma vida independente de seus sócios. Qualquer mudança na configuração dos sócios exigia a celebração de um novo contrato (não havia ações livremente negociadas). Além disso, os sócios eram responsáveis pessoalmente pelas dívidas da empresa (não havia responsabilidade limitada), bem como os credores dos sócios podiam atingir os bens da empresa (não havia separação entre o patrimônio da entidade e dos sócios).

3. Fonte: Hansmann *et al.* (2006).

4. As *compagnias* também se desenvolveram em Veneza, bem como passaram a atrair investimentos de fora da família. Em cerca de 1340, elas criaram o sistema de dupla entrada para os registros contábeis. Os documentos do empresário Francesco di Marco Datini, o "Mercador de Prato" constituem uma das principais evidências da atuação das *compagnias*. Seus registros, encontrados em 1870 – com cerca de 150 mil cartas, quinhentos livros contábeis e trezentos acordos de acionistas – mostram exemplos de promoções, treinamento de funcionários, acordos com acionistas insatisfeitos etc. nas entidades comerciais da época.

5. Para obter mais informações, *vide* http://www.storaenso.com/about/history.

6. Stewart Kyd (1793-1794) foi o autor do primeiro tratado sobre direito societário na língua inglesa. De acordo com Kyd, uma *corporation* é *a collection of many individuals united into one body, under a special denomination, having perpetual succession under an artificial form, and vested, by policy of the law, with the capacity of acting, in several respects, as an individual, particularly of taking and granting property, of contracting obligations, and of suing and being sued, of enjoying privileges and immunities in common, and of exercising a variety of political rights, more or less extensive, according to the design of its institution, or the powers conferred upon it, either at the time of its creation, or at any subsequent period*

of its existence. Fonte: A Treatise on The Law of Corporations. Disponível em https://archive.org/details/atreatiseonlawc01kydgoog.

7. A City of London Corporation é responsável pela administração do centro histórico e financeiro de Londres. Mais informações em http://en.wikipedia.org/wiki/City_of_London_Corporation.

8. Do verbo saxão *gildan*, que significa pagar.

9. Mais informações em http://www.lordsandladies.org/merchant-guilds-in-the-middle-ages.htm.

10. Esta seção foi elaborada com base principalmente nas seguintes obras: Dari-Mattiacci *et al.* (2013), Gelderblom *et al.* (2012), De Jong (2010), Gelderblom *et al.* (2010). Camargo (2009) apresenta um debate interessante sobre a evolução histórica da pessoa jurídica.

11. No original: *royal charters*.

12. A Hudson's Bay Company, fundada em 1670, é considerada a mais antiga "companhia certificada" do mundo em atividade. Mais informações em http://www3.hbc.com/hbc/about-us/.

13. A Companhia das Índias Orientais (EIC – Eastern Indian Company) britânica foi fundada por 218 pessoas um pouco antes, em 31 de dezembro de 1600. Entretanto, somente adotou algumas características das modernas *corporations* – como a responsabilidade limitada, prazo indeterminado e a livre negociabilidade das ações – por volta de 1650. Ela durou 274 anos. Mais informações disponíveis em Dobija (2008).

14. A competição entre diferentes cidades holandesas fez com que fossem despachados 62 navios entre 1597 e 1601.

15. O investimento mínimo era de 3 mil florins por pessoa, algo não muito elevado à época. A capitalização foi dividida da seguinte forma entre as seis câmaras de comércio: Amsterdã – 3,7 milhões; Middelburg – 1,3 milhão; Enkhuizen – 540 mil; Delft – 470 mil; Hoorn 267 mil; e Roterdã – 173 mil. A capitalização da VOC foi dez vezes superior à EIC inglesa, sua principal rival à época.

16. O Estado holandês optou por controlar a VOC via estatuto social, e não por meio da indicação de pessoas para seu conselho de administração. Havia quatro cláusulas subordinando à VOC ao governo. Apenas seis dos 46 artigos do estatuto mencionavam os acionistas não gestores (investidores) da empresa. O estatuto se encontra em http://www.eurostudium.uniroma1.it/ricerche/didattica/strumenti_didattici/fonti/600/VOCengvers.pdf.

17. A administração poderia determinar o pagamento de dividendos antes do período de dez anos, desde que fossem auferidos lucros superiores ao investimento realizado.

18. Na medida em que se aproximava o prazo de dez anos, ficou claro que a liquidação exigiria a distribuição de recursos justamente quando a Holanda precisava de novos investimentos a fim de assegurar a manutenção da liderança comercial de suas colônias na Ásia. Muitos acionistas tinham pouco interesse em fazer investimentos de longo prazo, tais como a construção de fortificações, uma vez que pretendiam o máximo de rentabilidade no curto prazo. Por outro lado, esses investimentos eram

importantes para os acionistas de longo prazo e para o Estado holandês. Sem investimentos, não seria fácil ter novos investidores em 1612. O conselho da empresa fez lobby junto ao governo para uma "virada de mesa" e o Estado aceitou, em 31 de julho de 1612, mudar o estatuto social da VOC. Muitos acionistas ficaram descontentes com a mudança de regras de última hora, o que fez com que esse evento seja considerado o primeiro conflito de governança entre grupos de acionistas da história. A fim de aplacar os ânimos dos acionistas, a administração da companhia determinou o pagamento de dividendos extraordinários equivalentes a 162,5% do capital investido ao final de 1612. O montante representava os 100% dos recursos aportados em 1602 acrescidos por uma taxa linear de 6,25% ao ano durante dez anos. Com isso, os diretores podiam, a seu ver, argumentar que nada mais era devido para os demais acionistas.

19. Termo utilizado para designar "um pedaço das atividades" desenvolvidas pelo empreendimento.

20. O livro *The world's first stock Exchange*, de Lodewijk Petram (Columbia University Press, 2014) descreve esse processo em detalhes. Para obter mais informações, *vide* http://www.lodewijkpetram.nl/phd-thesis.html.

21. Para alguns autores, a responsabilidade limitada dos sócios já havia sido criada nas sociedades islâmicas denominadas *qirad* e nas *commendas* italianas.

22. A responsabilidade limitada foi adotada na Inglaterra apenas cerca de meio século depois.

23. Em caso de falecimento, os conselhos municipais elegiam um novo acionista-gestor com base em uma lista tríplice elaborada pelos demais *bewindhebbers* da companhia.

24. Dos 17 lordes, oito eram apontados pela câmara de Amsterdã, quatro pela câmara de Zeeland e um por cada uma das outras câmaras. O décimo sétimo assento era ocupado de forma rotativa entre todas as câmaras, com exceção da câmara de Amsterdã. Eles eram remunerados com 1% dos lucros da companhia por seu trabalho.

25. O descontentamento com a ênfase da companhia em resultados políticos ao invés de comerciais levou dois acionistas-gestores a renunciaram: De Moucheron em 1603 e Le Maire em 1605.

26. Entre 1602 e 1796, a VOC enviou quase 1 milhão de pessoas para trabalhar na Ásia em 4.785 navios, obtendo 2,5 milhões de toneladas em especiarias asiáticas. Como comparação, o resto da Europa enviou 882 mil pessoas para a região entre 1500 e 1795.

27. A partir de 1612.

28. Para os acionistas-gestores ou diretores, a responsabilidade limitada ocorreu a partir de 1623.

29. Para uma discussão mais profunda sobre o conceito de personalidade jurídica e sua relação com o interesse social, *vide* Comparato e Salomão Filho (2014, p. 286).

30. Esta seção foi elaborada com base principalmente nos seguintes textos: Micklethwait e Wooldridge (2005), Day (2007), Ferguson (2008), e Giusti *et al.* (2014).

31. As primeiras grandes companhias também foram criticadas por seu imperialismo econômico, incluindo práticas extremamente violentas com os povos produtores do sudeste asiático.

32. John Law nasceu em uma família abastada de banqueiros e ourives. Ele tinha facilidade para cálculos matemáticos e estudou economia em Amsterdã.

33. O duque de Orléans se tornou regente real após o falecimento de Luís XIV em 1714. Luís XV, seu sucessor, tinha apenas cinco anos de idade.

34. O nome "New Orleans" foi uma homenagem de Law ao seu amigo duque de Orléans.

35. À época, o Estado francês possuía uma enorme dívida pública devido à guerra da sucessão espanhola.

36. Na maioria dos casos, Law expandiu seu império pagando com ações de suas companhias.

37. Em janeiro de 1720, Law se tornou o controlador geral e o superintendente geral das finanças, uma espécie de ministro da economia do país. Em contrapartida, o Banque Générale de Law foi estatizado pelo governo francês em 1719, passado a se chamar Banque Royale.

38. Em 1719, Law renomeou todo seu conglomerado de Companhia das Índias (Compagnie des Indes). Entretanto, as pessoas continuaram a chamá-lo de Companhia do Mississipi.

39. Rua *Quincampoix*, sede do Banco de Law.

40. No original: *millionaire.*

41. Para fomentar ainda mais a demanda, Law permitiu que as ações fossem compradas em dez parcelas, mediante o pagamento de 10% do valor por mês. No auge da bolha, o escocês emitiu opções de ações, permitindo aos investidores depositar mil *livres* para terem o direito de comprar ações a 10 mil *livres* em até seis meses.

42. Para Ferguson (2008), as bolhas têm cinco estágios: (1) deslocamento: alguma mudança nas circunstâncias econômicas cria oportunidades novas e rentáveis; (2) euforia ou excesso de negociação: um processo de retroalimentação tem início, no qual o aumento das expectativas de lucro leva a um rápido aumento do preço das ações; (3) mania: a perspectiva de um rápido ganho de capital atrai investidores iniciantes ("marinheiros de primeira viagem"), assim como vigaristas ansiosos por espoliá-los; (4) perigo: os investidores mais experientes ou aqueles com informações privilegiadas percebem que os lucros esperados não justificam os preços exorbitantes dos papéis, passando a vendê-los a fim de realizar os lucros; e (5) descrédito: na medida em que o preço das ações cai, todos passam a tentar vender os papéis desesperadamente, fazendo com que a bolha estoure de uma vez só.

43. A expansão da base monetária levou o preço dos bens a dobrar entre 1719 e 1720. O preço dos imóveis e a demanda por bens de luxo dispararam. A França apenas voltaria a emitir papel-moeda oitenta anos após o episódio.

44. De acordo com alguns autores, Blunt pagou propina para alguns políticos em troca do apoio para suas iniciativas.

45. Em 1719, a Companhia dos Mares do Sul detinha cerca de £ 11,7 milhões em títulos da dívida pública britânica, estimada em £ 50 milhões à época.

46. A companhia aproveitou os preços estratosféricos para lançar novas ações. Apenas entre janeiro e julho de 1720, a Companhia dos Mares do Sul realizou quatro novas ofertas de ações a preços crescentes.

47. No original: *For carrying on an undertaking of great advantage; but nobody to know what it is.* Outros exemplos de propostas de negócio de empresas que abriram capital à época incluíam companhias que se propunham a negociar cabelo, construir bolas de canhão quadradas, e, criar uma roda de movimento perpétuo.

48. No original: *I can calculate the movement of the stars, but not the madness of men.*

49. Na ocasião, uma proposta chegou a ser feita para o parlamento para que os diretores fossem colocados em sacos repletos de cobras e lançados no rio Tâmisa!

50. No original: *The never to be forgotten or forgiven South Sea scheme still damned the name of joint-stock companies of all sorts.* A fúria popular levou o parlamento a abrir uma investigação sobre o caso em dezembro de 1720. Ao final, o relatório da comissão encarregada revelou a existência de fraude e corrupção entre membros do gabinete do primeiro ministro associados à Companhia dos Mares do Sul.

51. As grandes companhias da época foram as pioneiras do trabalho escravo em várias regiões. Fonte: Micklethwait e Wooldridge (2005, p. 39).

52. No original: *corporations have neither bodies to be punished, nor souls to be condemned, they therefore do as they like.* Essa frase se assemelha a um dos primeiros críticos das sociedades por ações, *sir* Edward Coke (1552-1634), que, dois séculos antes, afirmara a respeito das companhias: *they cannot commit treason, nor be outlawed, or excommunicated, for they have no souls.* Em *The Case of Sutton's Hospital.* Disponível em http://oll.libertyfund.org/titles/911.

53. Tradução livre do original: *The directors of such [joint-stock] companies, however, being the managers rather of other people's money than of their own, it cannot well be expected that they should watch over with the same anxious vigilance with which the partners in a private copartnery frequently watch over their own... Negligence and profusion, therefore, must always prevail, more or less, in the management of the affairs of such a company.*

54. *The Wealth of Nations*, Parte III. *Of the Expense of public Works and public Institutions.* Disponível em http://www.gutenberg.org/files/3300/3300-h/3300-h.htm.

55. Como resultado, a maioria dos empreendedores preferia outras formas organizacionais mais simples, como as parcerias (*partnerships*), entidades nas quais duas ou mais pessoas dividiam a gestão e o capital investido, possuindo responsabilidade ilimitada sobre o negócio. As parcerias, entretanto, eram empresas frágeis, já que a morte de um dos sócios resultava em sua dissolução ou em uma completa reconfiguração dos sócios. Os dois principais setores da economia britânica – comércio de escravos e manufatura – continuaram a operar por meio de parcerias ou por iniciativas individuais. De qualquer forma, houve algumas ondas de criação de sociedades por ações na Inglaterra no período, principalmente para a cons-

trução de canais. Entre 1758 e 1803, por exemplo, 168 pedidos de constituição de companhias foram submetidos ao parlamento inglês. Fonte: Micklethwait e Wooldridge (2005, p. 40).

56. No original, *Sociétés anonymes et commandites par actions*. Nelas, a responsabilidade pelas dívidas contraídas pela sociedade se limitava ao aporte de capital realizado pelos sócios. Os nomes dos sócios não podiam figurar da razão social, já que eles não respondiam de forma ilimitada pelas dívidas.

57. O governo britânico procurou simplificar a regulação das sociedades por ações motivado pelo interesse em manter a atratividade empresarial do país perante outros mercados que já asseguravam o instituto da responsabilidade limitada, como França e Estados Unidos. Fonte: Micklethwait e Wooldridge (2005, p. 50).

58. A questão da responsabilidade limitada gerava grandes debates entre os economistas e políticos. Muitos se questionavam, por exemplo, se o "subsídio" público da responsabilidade limitada não terminaria por transferir os riscos de se fazer negócios aos fornecedores, clientes e credores. Por outro lado, economistas como John Stuart Mill argumentavam que a responsabilidade limitada ajudaria as pessoas comuns a montar seus próprios negócios, bem como seria a única alternativa para a captação dos enormes recursos necessários a empreendimentos de grande porte, como as ferrovias. Fonte: Micklethwait e Wooldridge (2005, p. 49).

59. O texto da *Joint Stock Companies Act* de 1856 foi elaborado por Robert Lowe. Para alguns autores, Lowe deveria ser considerado o pai da moderna sociedade por ações. Para obter mais informações, *vide* Taylor (2014) e o site http://en.wikipedia.org/wiki/Robert_Lowe.

60. No original: PLC, acrônimo de *public limited company*.

61. Além disso, a responsabilidade limitada não valia para as companhias seguradoras.

62. Entre os que reforçam essa visão, destacam-se Hansmann *et al.* (2006). A legislação societária britânica sofreu poucos ajustes desde então, o último deles o Companies Act de 2006.

63. Após a aprovação da Lei de 1844, por exemplo, o número de companhias do setor de ferrovias com ações negociadas explodiu: 120 abriram o capital em 1845, 272 em 1846 e 170 em 1847. Cerca de dois terços de seu capital total eram constituídos por ações preferenciais (*preference shares*), as quais proporcionavam dividendos mínimos periódicos. A maioria das ações era negociada em bolsas de valores locais. Fonte: Micklethwait e Wooldridge (2005, p. 48-52).

64. Além das ferrovias, os telégrafos e os barcos a vapor eram os outros setores que levaram a um aumento exponencial do número de sociedades anônimas.

65. Enquanto as companhias abertas são chamadas de *company* ou *limited company* no Reino Unido, utiliza-se comumente a expressão *corporation* nos Estados Unidos. No inglês britânico, a expressão *corporation* tem uma conotação mais ampla, sendo utilizada para designar todas as pessoas jurídicas com finalidade empresarial.

66. O país também teve algumas entidades sem fins lucrativos similares às corporações de ofício europeias. A mais antiga delas é a Universidade de Harvard, fundada em 1636.

67. Principalmente canais, pontes com pedágio etc. Havia também algumas instituições financeiras com ações emitidas junto ao público. Micklethwait e Wooldridge (2005, p. 43-45)

68. A primeira lei societária de Delaware – estado que conta atualmente com a maioria das companhias listadas norte-americanas – foi promulgada apenas em 1883.

69. Essa decisão ocorreu no caso *Trustees of Dartmouth College v. Woodward*. Mais informações em http://www.oyez.org/cases/1792-1850/1818/1818_0.

70. Em 1848, o Pennsylvania's General Manufacturing Act estabeleceu um prazo (renovável) de validade de 20 anos para os estatutos das companhias do setor manufatureiro. Até 1903, cerca de metade dos estados norte-americanos ainda limitavam a autorização para operação das companhias para algo cerca de 20 a 25 anos. A ideia era que os Estados pudessem revogar as concessões das companhias, caso elas não cumprissem com suas responsabilidades. Fonte: Micklethwait e Wooldridge (2005, p. 46).

71. O maior vencedor dessa "corrida para o abismo" no que diz respeito à regulação foi o estado de Delaware. Ao final da década de 1920, o estado havia se tornado sede de cerca de um terço de todas as companhias industriais dos Estados Unidos.

72. Essa decisão ocorreu no caso *Santa Clara County v. Southern Pacific Railroad Company*, 118 U.S. 394. Mais informações em http://www.oyez.org/cases/1851-1900/1885/0.

73. No original: *Equal Protection Clause*. Para obter mais informações, *vide* Bloch e Lamoreaux (2014).

74. No original: *No State shall deprive any person of life, liberty, or property, without due process of law.*

75. A *equal protection clause* passou a ser utilizada em diversos casos no final do século XIX e começo do século XX.

76. Tendo em vista as dimensões continentais do país, era necessário um enorme montante de capital para construir ferrovias no território norte-americano. Entre 1860 e 1910, a malha ferroviária no país passou de 31 mil milhas para 240 mil milhas. Fonte: Micklethwait e Wooldridge (2005, p. 60).

77. As ferrovias foram responsáveis por disseminar a cultura de investimento entre as pessoas físicas. Havia diversos jornais especializados em cobrir as companhias do setor, com destaque para o *Wall Street Journal*, criado em 1889. As ferrovias representavam 60% do total das ações emitidas nos Estados Unidos em 1898. Fonte: Micklethwait e Wooldridge (2005, p. 61).

78. Fonte: Micklethwait e Wooldridge (2005, p. 62).

79. Para obter informações detalhadas sobre a era dos "barões ladrões", *vide* Josephson (1962), Chernow (2004) e Morris (2006).

80. O *trust* não tem uma tradução exata por ser um instituto desconhecido no direito brasileiro. No direito norte-americano, trata-se de um contrato privado lastreado na confiança. Nele, o instituidor do *trust*, denominado *settlor* ou *grantor* transfere a propriedade de parte ou da totalidade de seus bens a um terceiro denominado *trustee*, que assume a obrigação de administrá-los de forma adequada, em benefício

do *settlor* ou de pessoas por ele indicadas (as chamadas *beneficiaries*). Trata-se, portanto, de uma operação jurídica que consiste na entrega de um bem para que seja administrado em favor do depositante ou de uma pessoa por ele indicada. Na consolidação promovida pelos "barões ladrões", os acionistas de companhias concorrentes concediam seu direito a voto para um *trust* central que, em contrapartida, fornecia-lhes certificados negociáveis do trust com direito a receberem parte dos resultados (porém sem direito a voto). Esse arranjo permitia que o *trust* central tivesse poder para determinar os preços de transferência e de venda de todo o grupo. Entre 1890 e 1904, houve uma forte onda de consolidação empresarial nos Estados Unidos que levou a indústria do país a ser controlada por cerca de cinquenta grandes organizações, a maioria *trusts*. Fonte: Morris (2006).

81. A ação foi movida após uma ação de David Watson, procurador público de Ohio. Fonte: http://www.pagetutor.com/standard/chapter14_part3.html.

82. A *holding* é uma entidade guarda-chuva que detém o controle acionário de diversas companhias.

83. Desde então, companhias de todo o mundo têm usado amplamente o artifício das *holdings*.

84. Como os Estados Unidos ainda não tinham banco central, instituições financeiras como o J.P. Morgan tinham um poder enorme.

85. Fonte: Micklethwait e Wooldridge (2005, p. 70).

86. Os "barões ladrões" muitas vezes procuravam mitigar a percepção popular negativa por meio de atividades filantrópicas. A Carnegie Endowment de Andrew Carnegie, por exemplo, doou cerca de US$ 350 milhões para mais de 2.800 bibliotecas e 7.700 igrejas. A Wharton Business School, primeira escola dedicada à administração de empresas do mundo, foi criada com recursos de Joseph Wharton, fundador da Bethlehem Iron Company. Fonte: Micklethwait e Wooldridge (2005, p. 67).

87. Mesmo com muitas dificuldades, alguns sindicatos cresceram e passaram a pressionar o governo por mais direitos para os trabalhadores. Em 1916, foram aprovadas leis que restringiam o número de horas de trabalho e o trabalho infantil no país.

88. O desmembramento da Standard Oil levou à criação de companhias como Exxon, Amoco, Mobil e Chevron.

89. O império de J.P. Morgan tinha, à época, ativos de US$ 22 bilhões, ocupando 341 assentos em conselhos de 122 companhias diferentes. Fonte: Micklethwait e Wooldridge (2005, p. 67).

90. De acordo com Micklethwait e Wooldridge (2005, p. 104), além dos barões ladrões não terem mais condições de tomar as decisões diárias de seus gigantescos conglomerados, eles muitas vezes não encontravam talento gerencial entre seus familiares.

91. Os executivos profissionais eram chamados de *company men* (homens de empresas). A demanda por esses gestores levou à criação das primeiras escolas de negócio do mundo, entre elas a Wharton (fundada em 1881) e a Harvard Business School (1908).

92. Para obter informações detalhadas, *vide* Sloan (1990) e Drucker (2006, 2008).

93. No original: *he is a great man with a great weakness – he could create, but not administer*. Fonte: Sloan (1990, p. 4).

94. Fonte: Sloan (1990, p. xviii – Introdução).

95. Carros, caminhões, peças, acessórios etc. No caso dos carros, as unidades eram divididas em função do mercado a ser atendido – Cadillac para os ricos, Buick para os que estavam em ascensão, e Chevrolet para os trabalhadores. Ao criar carros por faixa da pirâmide econômica, a GM passou a reter seus clientes durante toda a vida. Fonte: Micklethwait e Wooldridge (2005, p. 104).

96. Em contrapartida, a Ford, criadora do conceito de produção em massa de automóveis, perdeu terreno. A companhia era administrada à moda antiga por seu fundador Henry Ford, ignorando todas as teorias gerenciais. Ford costumava dizer que qualquer pessoa encontrada com um organograma da companhia (mesmo que desenhado à mão) seria demitida imediatamente. Ele tinha aversão aos mais básicos controles gerenciais, bem como tentou promover seu filho em detrimento de executivos mais talentosos.

97. No modelo de Sloan, denominado "descentralização controlada", a autonomia de cada unidade era contrabalançada por um escritório central poderoso, dotado de muitos executivos dedicados a acompanhar seus números. Enquanto os gerentes de divisão se concentravam em aumentar as receitas, os executivos do escritório monitoravam seu desempenho. No topo, um comitê executivo composto por dez pessoas, chefiado por Sloan, estabelecia a estratégia a ser seguida por toda a companhia.

98. Adolf Berle, pesquisador visitante à época da Escola de Direito de Columbia, foi o principal autor do trabalho. Ele havia recebido uma bolsa da Fundação Rockfeller para desenvolver uma pesquisa que culminou com a publicação do livro. O economista Gardiner Means passou a fazer parte do projeto como pesquisador assistente na área de estatística. Após contribuir de maneira substancial para as análises empíricas sobre estrutura acionária do livro, Berle lhe ofereceu coautoria, concedendo-lhe um terço dos royalties da obra. Posteriormente, Adolf Berle se tornou embaixador dos Estados Unidos no Brasil durante o governo Getúlio Vargas.

99. Tradução livre: A Companhia Moderna e a Propriedade Privada.

100. Berle e Means também apresentaram evidências da enorme concentração de poder existente à época nos Estados Unidos: as duzentas maiores companhias do país detinham cerca de metade do total dos ativos da economia. Apenas a AT&T tinha um ativo total superior ao dos vinte estados mais pobres do país.

101. Apenas 11% das duzentos maiores companhias norte-americanas tinham acionistas majoritários, detentores de mais de 50% do total das ações. O estudo de Berle e Means excluiu instituições financeiras.

102. Berle e Means foram os primeiros a discutir a racionalidade da apatia dos acionistas em um ambiente caracterizado por elevada dispersão acionária. Para os autores: *the normal apathy of the small stockholder is such that he will either fail to return his proxy vote, or will sign on the dotted line, returning his proxy to the [management] of the corporation.*

103. Tradução livre do original: *The property owner who invests in a modern corporation so far surrenders his wealth to those in control of the corporation that he may become merely recipient of the wages of capital... Such*

owners have surrendered the right that the corporation should be operated in their sole interest [...] Outros trechos destacados estão disponíveis em http://en.wikiquote.org/wiki/Adolf_A._Berle.

104. Em um dos exemplos, os autores argumentam que os acionistas tendem a preferir que os lucros sejam distribuídos sob a forma de dividendos, enquanto os executivos tendem a preferir reinvestir os lucros na companhia ou mesmo optar por elevar seus privilégios, aumentando sua remuneração e benefícios.

105. Em 1933, a NYSE passou a exigir que as companhias divulgassem números auditados. Em 1933 e 1934, foi criada a SEC, bem como foram implementadas diversas medidas para promover maior prestação de contas pelos executivos.

106. De acordo com Micklethwait e Wooldridge (2005, p. 114), houve poucas mudanças no rol das grandes companhias mundiais entre 1932 e 1976, com relativa estabilidade no mundo dos negócios após a Segunda Guerra Mundial.

107. No original: *the job of management is to maintain an equitable and working balance among the claims of the various directly interested groups... stockholders, employees, customers, and the public at large.* Fonte: The New York Times. 04/01/1996. *How To Avoid These Layoffs?* http://www.nytimes.com/1996/01/04/opinion/how-to-avoid-these-layoffs.html.

108. Fonte: http://www.nytimes.com/1996/01/04/opinion/how-to-avoid-these-layoffs.html.

109. Entre os economistas da Escola de Chicago, destacam-se Harry Markowitz, George Stigler, Merton Miller, Robert Lucas, Jr., Eugene Fama, Myron Scholes, Gary Becker, Edward C. Prescott e James Heckman.

110. Tradução livre do original: *In a free society, there is one and only one social responsibility of business – to use its resources and engage in activities designed to increase its profits so long as it stays within the rules of the game, which is to say, engages in open and free competition without deception or fraud.*

111. No original: *What does it mean to say that "business" has responsibilities? Only people can have responsibilities.*

112. No original: *In a free-enterprise, private-property system, a corporate executive is an employee of the owners of the business. He has direct responsibility to his employers. That responsibility is to conduct the business in accordance with their desires, which generally will be to make as much money as possible while conforming to the basic rules of the society, both those embodied in law and those embodied in ethical custom.* É importante enfatizar que Friedman destaca a importância de os executivos não apenas conduzirem o negócio dentro da lei, mas também "seguirem as regras básicas da sociedade incorporadas nos costumes éticos". O economista, portanto, reconhece que as leis não são suficientes para definir a conduta empresarial, e que ela também deve se pautar pelo espírito das regras e por padrões éticos não necessariamente explicitados nas leis. Na prática, entretanto, difundiu-se uma interpretação simplista de seu texto, na qual cabe aos administradores apenas fazer o máximo de dinheiro, limitados somente pelo cumprimento das leis.

113. *If they are to be civil servants, then they must be elected through a political process.*

114. Para Stout (2012, p. 19), a visão da Escola de Chicago se mostrou útil para diversos públicos. Para professores de direito, os preceitos da teoria econômica aplicados ao direito societário proporcionavam um "rigor científico" atraente e convincente, que acabou se tornando um elemento central da linha de pesquisa de *law & economics*. Para economistas e pesquisadores de finanças, a ideia de que o desempenho de uma companhia poderia ser facilmente mensurado por uma única métrica objetiva – o preço das ações – proporcionou a produção de inúmeros trabalhos estatísticos relacionando a cotação das ações com as mais diversas variáveis, tais como o tamanho do conselho, a estrutura de capital, decisões de fusões e aquisições etc. –, algo que constituiu uma busca pelo "santo graal" da "estrutura ótima de governança corporativa". Para as pessoas da mídia e praticantes do mercado, as ideias da Escola de Chicago simplificaram a compreensão do propósito das companhias e as métricas para avaliar a "qualidade" de sua gestão.

115. A abordagem orientada para os acionistas gerou uma "receita de governança corporativa" que passou a ser prescrita para as companhias norte-americanas, incluindo medidas como: menor poder para os executivos; mais poder para os acionistas; e mais incentivos aos administradores por meio da adoção de opções de ações e outras modalidades de remuneração associadas à elevação da cotação dos papéis.

116. Fonte: Machado de Assis. 1908. *Memorial de Aires*, p. 15. Disponível gratuitamente em *Google Play* Livros.

117. Tradução: "Teoria da Firma: Comportamento dos Gestores, Custos de Representação e Estrutura de Propriedade". A literatura de finanças tem utilizado frequentemente a expressão "teoria do agente--principal" ou "teoria de agência" como tradução literal de *agency theory*. Entretanto, tendo em vista a inexistência dos termos agente e principal no instituto do direito brasileiro, optar-se-á por adotar as traduções "representante e representado", respectivamente, expressões comuns ao nosso linguajar jurídico.

118. Apesar de a *agency theory* ter sido formulada anos antes por outros autores, Jensen e Meckling foram os primeiros a aplicá-la à realidade das companhias abertas.

119. No original: *We define an agency relationship as a contract under which one or more persons (the principal) engage another person (the agent) to perform some service on their behalf which involves delegating some decision making authority to the agent.* Fonte: Jensen e Meckling (1976, p. 308).

120. Com exceção do Japão.

121. A taxa de crescimento econômico nos países desenvolvidos na década de 1970 foi bem menor que a observada nas décadas de 1950 e 1960. Houve recessão nos Estados Unidos e no Reino Unido de 1973 a 1975, com queda, respectivamente, de cerca de 2% e 4% no PIB durante esse período.

122. A primeira crise do petróleo começou em outubro de 1973, quando vários países árabes da OPEC (Organização dos Países Exportadores de Petróleo – Organization of the Petroleum Exporting Countries) declararam embargo do petróleo. Ao final do embargo, em março de 1974, o preço do barril havia quadruplicado de US$ 3 para US$ 12. A segunda crise do petróleo, deflagrada em 1979 após a revolução iraniana, fez com que o barril subisse de cerca de US$ 15 para US$ 39 no mercado internacional. Além de seus efeitos imediatos, como o aumento da inflação e o racionamento de gasolina em vários países ricos, as crises do petróleo ocasionaram mudanças profundas de longo prazo nas esferas política e econômica.

123. O aumento da inflação tem relação direta com a forte elevação do preço internacional do petróleo ocorrida após o movimento dos principais países produtores, a maioria deles árabes, em 1973 e 1979. A inflação média nos Estados Unidos entre 1970 e 1979 foi de 7,1%, contra uma média de 2,5% de 1900 a 1970. Em dezembro de 1979, a inflação anualizada alcançou o recorde de 13,3%. Fonte: http://inflationdata.com/articles/inflation-cpi-consumer-price-index-1970-1979/.

124. A taxa de desemprego nos Estados Unidos chegou a quase 11% no início da década de 1980, a maior desde o período da grande depressão pós-quebra da bolsa de 1929.

125. Como resposta à elevada inflação, o governo dos Estados Unidos elevou a taxa de juros a patamares inéditos. Em janeiro de 1981, a taxa básica chegou a 19,1%. Fonte: https://research.stlouisfed.org/fred2/data/FEDFUNDS.txt.

126. A desregulamentação financeira foi outra característica importante dos Estados Unidos e do Reino Unido na década de 1980. No caso britânico, as diversas medidas governamentais para aumentar o volume de operações na bolsa de Londres em 1986 – tais como a abolição das comissões fixas de corretagem e a autorização para adoção do pregão eletrônico em vez do pregão por viva-voz – ficaram conhecidas como *Big Bang*, dada sua importância para a mudança da estrutura do mercado financeiro londrino. A desregulamentação dos mercados financeiros levou ao aumento da dupla listagem (*cross-listing*) das companhias em bolsas internacionais por meio dos recibos de depósitos de ações (DRs – *Depositary Receipts*) nos anos 1990, o que, por sua vez, impactou as práticas de governança de companhias de todo o mundo.

127. A onda de privatizações começou no Reino Unido no início da década de 1980, com destaque para as privatizações da British Petroleum (1981), British Telecom (1984), Rolls-Royce e British Airways (1987). As privatizações se espalharam para outros países europeus na década de 1980 e para os países latino-americanos e do antigo bloco soviético na década de 1990, como parte da agenda econômica liberal. Enquanto o Reino Unido adotou o modelo de privatização com dispersão acionária, na maioria dos outros países utilizou-se um modelo de alienação do bloco de controle para grandes acionistas. As privatizações foram um elemento importante para o movimento da governança corporativa, já que levantaram a discussão sobre como as novas empresas privatizadas deveriam ser controladas e dirigidas, bem como aumentaram a relevância dos mercados de capitais para essas companhias. No caso brasileiro, muitas companhias privatizadas total ou parcialmente se tornaram as mais líquidas da bolsa de valores, como Vale, Petrobras e as empresas oriundas do antigo sistema Telebrás.

128. Os principais índices das bolsas de Nova York e Londres só conseguiram voltar ao mesmo patamar de 1973 mais de dez anos depois, em meados da década de 1980.

129. Os Estados Unidos passaram a apresentar déficit em sua balança comercial a partir de 1975. Por outro lado, as crescentes exportações japonesas aumentavam sistematicamente as receitas internacionais do país nipônico.

130. O conceito de "valor" no campo das finanças também diz respeito à obtenção de um lucro econômico positivo, isto é, à geração de um retorno sobre o capital investido superior ao custo de oportunidade do capital.

131. No original: *Growing Fast in a Slow-Growth Economy.*

132. Uma consequência direta da aceitação da abordagem do *shareholder value* foi a disseminação dos planos de opções de ações como forma de remunerar os executivos. Michael Jensen, formulador da *agency theory* foi um dos grandes proponentes da utilização desse dispositivo como mecanismo de alinhamento dos interesses dos executivos e acionistas. Os planos de opções de ações ficaram ainda mais populares após uma mudança legislativa nos Estados Unidos em 1993 que passou a conferir vantagens tributárias para essa forma de remuneração.

133. Dentro da perspectiva da *agency theory*, a maior transparência financeira é um elemento importante para que os *principals* possam aferir melhor o comportamento dos *agents*.

134. No original *corporate raiders*.

135. Em geral, um investidor, fundo de investimentos ou outra empresa do setor.

136. A aquisição hostil em geral ocorre por meio de uma oferta pública de aquisição de ações (*tender offer*) realizada pelo adquirente diretamente para os acionistas da companhia-alvo.

137. A batalha pelo controle da RJR Nabisco em 1988 foi, para muitos, um símbolo da era. Após uma longa disputa, o fundo KKR (*Kolhberg Kravis Robert*) adquiriu o controle da companhia por US$ 25 bilhões. O antigo CEO recebeu uma indenização de US$ 53 milhões e milhares de trabalhadores perderam seus empregos após a subsequente "racionalização". O KKR era um fundo especializado em realizar compras alavancadas (*leveraged buyouts*). Na operação da Nabisco, o fundo desembolsou apenas US$ 1,5 bilhão em ações. O restante foi financiado via emissão de títulos de dívida de grau especulativo, os chamados *junk bonds*.

138. Mais informações em https://www.sharkrepellent.net/.

139. A busca por um novo acionista amigável (*white knight*) que possa vir a adquirir um bloco de ações considerável para dificultar a aquisição do controle é outro exemplo de estratégia defensiva.

140. Em alguns casos, a cláusula permite aos demais acionistas comprar ações a preços altamente descontados apenas em caso de concretização da aquisição hostil. Em muitos países, como o Reino Unido, as *poison pills* são permitidas apenas se houver aprovação dos acionistas em assembleia.

141. Fonte: SpencerStuart Board Index 2013. Disponível em *https://www.spencerstuart.com/research-and--insight/spencer-stuart-us-board-index-2013*. 11th Annual Survey of the Largest US Public Companies 2013, Shearman & Sterling. Disponível em http://corpgov.shearman.com/about-the-survey.

142. Como exemplo de sua relevância, a primeira vez que a expressão *corporate governance* foi utilizada na revista *The Economist*, publicação líder entre a elite empresarial, ocorreu em 1985, como parte de uma matéria sobre *poison pills*. Fonte: *The Economist*, February 16th, p. 79, 1985. "Nasty pills propping up on Wall Street".

143. A onda de fusões e aquisições dos anos 1980 terminou em desastre. Cerca de 20% das dívidas especulativas emitidas para financiar as aquisições hostis não foram pagas. Michael Milken, criador dos *junks bonds* (expressão para designar as dívidas com alto risco de inadimplência), foi preso por extorsão.

Muitos fundos que estruturavam essas emissões, incluindo o Drexel, Burham & Lambert de Michael Milken, faliram.

144. No original: *Equity is soft, debt is hard. Equity is forgiving, debt insistent. Equity is a pillow, debt is a sword.*

145. O título oficial do Relatório Cadbury é *The Financial Aspects of Corporate Governance.*

146. A Maxwell Communications era uma empresa de mídia controlada por Robert Maxwell. Durante os anos 1980, a companhia realizou uma série de aquisições, financiadas em parte por recursos desviados do fundo de pensão de seus funcionários. Em 1991, após viajar para as Ilhas Canárias, o corpo de Maxwell foi encontrado boiando próximo ao seu iate em circunstâncias misteriosas. Após sua morte, descobriu-se que uma das empresas de seu grupo possuía enormes dívidas ocultas, bem como que cerca de £ 440 milhões haviam sido desviados do fundo de pensão dos funcionários da companhia. Em 1992, a Maxwell teve sua falência decretada. Mais informações em http://en.wikipedia.org/wiki/Robert_Maxwell.

147. A Polly Peck era uma companhia britânica do setor têxtil que havia crescido rapidamente durante a década de 1980, chegando a fazer parte do índice FTSE 100. A companhia entrou em colapso em 1990 após declarar ter dívidas ocultas de £ 1,3 bilhão. Após a quebra, seu CEO fugiu para o Chipre. Mais informações em http://en.wikipedia.org/wiki/Polly_Peck.

148. Abreviação de Bank of Credit and Commerce International. O banco, com ativos de mais de U$ 20 bilhões e mais de 30 mil funcionários, faliu em 1991 após ser investigado por suspeita de fraudes, lavagem de dinheiro e outros crimes financeiros. Mais informações em http://en.wikipedia.org/wiki/Bank_of_Credit_and_Commerce_International.

149. O relatório Cadbury se encontra disponível em www.ecgi.org/codes/documents/cadbury.pdf.

150. No original: *The Committee's purpose was to review those aspects of corporate governance specifically related to financial reporting and accountability.*

151. No original: *Corporate governance is the system by which companies are directed and controlled. Boards of directors are responsible for the governance of their companies.*

152. No original: *The principles on which the Code is based are those of openness, integrity and accountability. They go together.*

153. Outras inovações do relatório Cadbury foram as recomendações para a criação de comitês de auditoria e para a designação de pessoas diferentes nos cargos de diretor-presidente e presidente do conselho.

154. A Organisation for Economic Co-operation and Development (OECD) é uma organização econômica internacional com o objetivo de estimular o desenvolvimento econômico em todo o mundo. A entidade, fundada em 1961, é composta atualmente por 34 países membros, a maioria deles de alta renda. Mais informações em www.oecd.org/about/.

155. O nome Sarbanes-Oxley decorre do fato de a lei ter sido proposta pelo senador democrata Paul Sarbanes e pelo deputado republicano Michel G. Oxley. Seu título original é *Public Company Accounting Reform and Investor Protection Act of 2002*. Mais informações em http://www.soxlaw.com/.

156. No original: *an Act to protect investors by improving the accuracy and reliability of corporate disclosures made pursuant to the securities laws, and for other purposes.*

157. A lei também implicou novas exigências para as subsidiárias brasileiras de empresas listadas nos Estados Unidos, como companhias multinacionais norte-americanas e europeias. Como resultado, unidades brasileiras de empresas como Siemens, Nestlé, Volkswagen, GE etc. também tiveram de passar por ajustes nos seus controles internos em função da aprovação da Sarbanes-Oxley.

158. Do original *internal control over financial reporting*. De acordo com a SEC, os "controles internos relativos às demonstrações financeiras" são definidos como: um processo desenhado por ou sob a supervisão do CEO e do CFO e efetivado pelo conselho de administração, diretoria ou outro órgão da administração para prover segurança razoável, em relação à confiabilidade dos relatórios financeiros e à preparação das demonstrações financeiras para fins externos, de acordo com os princípios de contabilidade geralmente aceitos, incluindo políticas e procedimentos: (i) de manutenção de documentos que reflitam as transações e disposições de ativos da companhia; (ii) que assegurem de forma razoável que as transações são registradas de forma a permitir a elaboração das demonstrações financeiras de acordo com os princípios geralmente aceitos em contabilidade, as despesas e receitas da companhia são autorizadas pela diretoria e conselho de administração da companhia; e (iii) que assegurem de forma razoável a detecção e prevenção, em tempo hábil, de aquisição, disposição ou uso de ativos de forma não autorizada, que possam ter um impacto adverso relevante nas demonstrações financeiras. Fonte: http://www.sec.gov/rules/final/33-8238.htm.

159. No original, *material weakness*. A SEC o define da seguinte forma: *material weakness can be defined as a deficiency, or a combination of deficiencies, in internal control over financial reporting such there is a reasonable possibility that a material misstatement of the registrant's annual or interim financial statements will not be prevented or detected on a timely basis by the company's internal controls.* Mais informações em http://www.sec.gov/rules/final/2007/33-8809.pdf.

160. Posteriormente, a SEC também passou a adotar a expressão "deficiência significativa", a ser utilizada pelas companhias quando seus controles internos apresentam problemas relevantes, porém não tão críticos ao ponto de serem considerados deficiências materiais. De acordo com a SEC, uma deficiência significativa é uma "deficiência, ou combinação de deficiências, nos controles internos relativos às demonstrações financeiras, que é menos severa que uma deficiência material, porém importante o suficiente para merecer atenção pelos responsáveis pela supervisão dos relatórios financeiros da companhia". Mais informações em http://www.sec.gov/rules/final/2007/33-8829.pdf.

161. Abreviação de *Chief Executive Officer.*

162. Abreviação de *Chief Financial Officer.*

163. De longe, a seção 404 é a mais controversa da SOX, sendo alvo de críticas da maioria das companhias em função do seu custo de implantação.

164. De acordo com a SOX, um conselheiro independente não pode: aceitar qualquer serviço de consultoria ou outra remuneração paga pela companhia que não a remuneração oriunda das suas atividades como conselheiro e ser uma pessoa "afiliada" da companhia ou de alguma das suas subsidiárias. De acordo com a Lei de Investimentos da Companhia de 1940, uma pessoa afiliada de outra companhia é uma

pessoa que, direta ou indiretamente, possui, controla ou tem poder de voto de mais de 5% das ações com direito a voto da companhia; uma pessoa que controla ou é controlada, direta ou indiretamente, pela companhia; e um executivo, parceiro ou empregado da Companhia. Fonte: https://www.sec.gov/about/laws/soa2002.pdf.

165. De acordo com a SEC, um especialista em finanças é a pessoa que possui os seguintes atributos: entendimento das demonstrações financeiras e dos princípios contábeis geralmente aceitos; capacidade de avaliar a aplicação dos princípios contábeis em conjunto com as estimativas de resultado, reservas etc.; experiência em preparar, auditar, analisar e avaliar demonstrações financeiras com um nível de amplitude e complexidade característicos de grandes organizações; entendimento dos controles internos e procedimentos para divulgação de informações; e entendimento das funções do comitê de auditoria. Adicionalmente, a pessoa deve ter a seguinte formação: educação e experiência como CFO, CAO, *controller*, contador público ou auditor, ou experiência em posições similares; experiência de supervisão ativa de CFOs, CAOs, *controllers*, auditores ou posições similares; ou experiência na avaliação de desempenho de companhias em relação à preparação, auditoria e avaliação das demonstrações financeiras. Fonte: http://www.sec.gov/rules/final/33-8177.htm.

166. Os relatórios 20-F são o título dos relatórios anuais emitidos pelas companhias estrangeiras com ADRs negociados no mercado norte-americano.

167. Abreviação de Public Company Accounting Oversight Board. *Vide* http://pcaobus.org/Pages/default.aspx

168. Financial Crisis Inquiry Commission (FCIC). No original: *We conclude dramatic failures of corporate governance and risk management at many systemically important financial institutions were a key cause of this crisis.... Too many of these institutions acted recklessly, taking on too much risk, with too little capital, and with too much dependence on short-term funding... Compensation systems—designed in an environment of cheap money, intense competition, and light regulation—too often rewarded the quick deal, the short-term gain—without proper consideration of long-term consequences. Often, those systems encouraged the big bet—where the payoff on the upside could be huge and the down-side limited. This was the case up and down the line—from the corporate boardroom to the mortgage broker on the street.* Mais informações em http://fcic.law.stanford.edu/report/conclusions.

169. A relação entre os problemas de governança corporativa e a crise financeira também mereceu destaque no Reino Unido. O *Walker Review*, documento elaborado em 2009 por uma comissão composta por diversos agentes públicos e privados para analisar os problemas ocorridos no país, concluiu: *It is clear that governance failures contributed materially to excessive risk taking in the lead up to the financial crisis. Weaknesses in risk management, board quality and practice, control of remuneration, and the exercise of ownership rights need to be addressed in the UK and internationally to minimise the risk of a recurrence.*

170. A relação entre a crise financeira global e os problemas de governança nas instituições financeiras foi corroborada por dois relatórios produzidos em 2009 pela OCDE: *Corporate Governance and the Financial Crisis: Key Finding and Main Messages* e *The Corporate Governance Lesson from the Financial Crisis.* De acordo com a OCDE: *the financial crisis can be to an important extent attributed to failures and weaknesses in corporate governance initiatives.* Disponível em http://www.oecd.org/finance/financial-markets/42229620.pdf e http://www.oecd.org/corporate/ca/corporategovernanceprinciples/43056196.pdf.

171. Na maioria dos casos, os conselhos das grandes instituições financeiras aparentemente não compreendiam os riscos associados aos complexos produtos financeiros que geravam a maior parte dos ganhos no período pré-crise. Outros problemas apontados em relação aos conselhos foram os seguintes: falta de visões divergentes entre os membros; baixo nível de questionamento aos pontos de vista dos executivos; conselheiros independentes sem experiência da indústria financeira; e, baixa dedicação de tempo.

172. Dodd–Frank Wall Street Reform and Consumer Protection Act. Disponível em https://www.sec.gov/about/laws/wallstreetreform-cpa.pdf.

173. Uma versão preliminar deste texto foi publicada em formato de artigo pelo autor nas edições nº 96 (agosto/2011) e nº 97 (setembro/2011) da revista *Capital Aberto*, seção "Governança". Uma versão mais completa sobre o caso, incluindo as referências para os dados apresentados, encontra-se disponível em http://ssrn.com/abstract=2310114. Fonte: SILVEIRA, Alexandre Di Miceli. 2013. *The Enron Scandal a Decade Later: Lessons Learned?* Disponível em http://dx.doi.org/10.2139/ssrn.2310114.

174. Esses agentes são chamados de *gatekeepers* na literatura anglo-saxã.

CAPÍTULO 3

1. Tradução livre do original: *A business that makes nothing but money is a poor business*. Fonte: *Ford Motor Company Fund and Community Services*. Disponível em http://corporate.ford.com/our-company/community/ford-fund/presidents-message-401p?releaseId=1244754314736.

2. A distribuição de resultados pode ocorrer por meio de dividendos, recompras de ações e, no caso brasileiro, pelos juros sobre o capital próprio.

3. Stakeholders são todas as pessoas ou entidades que podem afetar ou serem afetadas de forma substancial pelas atividades de uma empresa. O termo engloba acionistas, empregados, consumidores, credores, fornecedores, comunidades e sociedade em geral.

4. Para Mayer (2012, p. 4), as companhias não devem ter como objetivo maior promover os interesses de seus acionistas, mas, sim, fornecer bens e serviços que melhorem a vida das pessoas. Para o autor, as companhias representam um mecanismo amplo de comprometimento de longo prazo entre investidores (credores e acionistas), empregados, fornecedores e comunidades.

5. Em um mundo com mercados plenamente eficientes do ponto de vista informacional, o preço das ações representaria de forma fidedigna as perspectivas reais de fluxo de caixa que a companhia geraria para seus acionistas por um horizonte de tempo indefinido. Caso isso fosse verdade, então as eventuais divergências entre os interesses da companhia e os de seus acionistas praticamente inexistiriam. Entretanto, há diversas evidências de que essa é uma premissa problemática. Além de o mercado passar por períodos de euforia e depressão (com a consequente sobrevalorização ou subavaliação do preço das ações), a imperfeição da qualidade das informações fornecidas pelas companhias e da capacidade de processamento dos agentes de mercado faz com que, na prática, ocorram várias situações conflitantes entre os interesses das companhias como entidades e os de seus acionistas.

6. É importante destacar que a legislação dos Estados Unidos, país no qual o debate sobre o propósito das companhias se desenvolveu inicialmente no século XX, não exige que os administradores necessariamente maximizem a riqueza dos acionistas. A maioria dos estados do país permite que os conselhos levem em consideração os interesses dos demais stakeholders em suas decisões. A margem para interpretação decorre do texto da lei, que exige que as decisões sejam tomadas no melhor interesse da companhia e de seus acionistas. Como resultado, desde que os administradores ajam de maneira bem informada, de boa-fé e sem conflitos de interesse, então se entende que eles possuem razoável discricionariedade para dirigir as companhias com outros propósitos simultâneos, incluindo sua sustentabilidade de longo prazo, a proteção dos funcionários e o atendimento ao interesse público. Esse posicionamento jurídico ocorre por causa de uma doutrina central da legislação societária norte-americana denominada "regra do julgamento do negócio" (*business judgment rule*). Essa regra determina que, na medida em que os administradores tomem decisões informadas e sem conflitos de interesses, os juízes não emitirão uma segunda opinião sobre as decisões dos executivos acerca do que era melhor para a companhia – mesmo que essas decisões resultem em redução (ou não otimização) da riqueza dos acionistas. Fonte: Stout (2012, p. 24).

7. Para Comparato e Salomão Filho (2014, p. 288), o contratualismo é a concepção que sustenta que o interesse social coincide com o interesse do grupo de sócios da companhia. De acordo com essa abordagem, de origem italiana, o interesse social não deve ser considerado hierarquicamente superior ao interesse dos sócios. O institucionalismo, por sua vez, procura conferir vontade própria à pessoa jurídica na pluralidade de interesse de seus diversos componentes. Para essa abordagem, de origem alemã, o interesse social deve prevalecer em relação ao interesse dos sócios.

8. No original: *all powers granted to a corporation or the management of a corporation . . . are necessarily and at all times exercisable only for the ratable benefit of all the shareholders as their interest appears*. Fonte: Berle (1931).

9. A literatura utiliza o termo *managerialist* para designar essa visão.

10. No original: *The business corporation is an economic institution which has a social service as well as a profit-making function*. Fonte: Dodd (1932).

11. Fonte: Berle e Means (1991).

12. O movimento em prol da concessão de um maior peso para os acionistas nas decisões empresariais, algo que ganhou força nos países anglo-saxões nas últimas décadas com apoio dos reguladores, é resultado direto da mudança do debate sobre o propósito das companhias em favor da primazia dos acionistas.

13. Conforme exposto no Capítulo 2, há evidências de que uma causa dos problemas nas instituições financeiras na crise de 2008 foi a busca incessante dos executivos em maximizar de seus planos de opções de ações exercíveis no curto-prazo, em detrimento da valorização sustentável de suas companhias no longo prazo.

14. No original: *I do not work for the shareholder, to be honest; I work for the consumer, the customer* [...] *I'm not driven and I don't drive this business model by driving shareholder value*. Fonte: *Financial Times*. "Unilever warning on 'shareholder value'", 04/04/2010.

15. Outra pergunta realizada pela pesquisa foi a seguinte: Se sua companhia passar por dificuldades financeiras, você acredita que ela cortaria funcionários ou dividendos? 90% dos executivos dos Estados Unidos e do Reino Unido assinalaram a primeira opção, contra apenas 40% na França e Alemanha e ínfimos 3% no Japão. Fonte: Yoshimori (1995).

16. Jensen (2001).

17. Uma externalidade ocorre quando uma transação econômica entre dois agentes gera impactos sobre um terceiro não envolvido diretamente na transação em questão. No caso das externalidades negativas – tais como os impactos ambientais decorrentes das atividades de determinada empresa –, os preços acabam por não refletir os custos completos de um bem ou serviço. A produção de bens por meio da poluição de um rio é um exemplo típico de uma externalidade negativa, já que, caso a empresa não arque com os custos do tratamento do rio, ela imporá automaticamente um custo oriundo de sua atividade sobre toda a sociedade. Nessa situação, a busca pela maximização do valor dessa companhia obviamente não levará ao melhor bem-estar social.

18. O monopólio ocorre quando um indivíduo ou empresa detém controle suficiente sobre um produto ou serviço específico de forma a definir os termos nos quais os outros indivíduos terão acesso a ele. Logo, os monopólios são caracterizados pela falta de competição por determinado bem ou serviço, sem possibilidade de utilização de produtos ou serviços substitutos.

19. Outro aspecto enfatizado por Jensen (2001) diz respeito à necessidade de definição de uma única função-objetivo para a companhia. Para o autor, "como é matematicamente impossível maximizar em mais de uma direção, um comportamento com propósito lógico requer uma única função-objetivo, e não objetivos múltiplos conforme preconizado pela teoria de equilíbrio dos interesses dos stakeholders".

20. Na hierarquia de recebimentos da companhia, o risco do acionista é considerado maior, já que ele deve ser remunerado somente após o pagamento de todos os outros públicos de interesse. Esse argumento parte da premissa de que todos aqueles que realizam trocas com as empresas o fazem de forma voluntária. Como resultado, todos ganhariam e, por razões fundamentalmente egoístas, as companhias bem dirigidas procurariam bons relacionamentos de longo prazo com seus públicos, como funcionários, clientes e fornecedores. Como afirmava Adam Smith em seu célebre *A Riqueza das Nações*: *It is not from the benevolence of the butcher, the brewer, or the baker, that we expect our dinner, but from their regard to their own interest.*

21. Este argumento parte da premissa de que todos os participantes na companhia possuem contratos explícitos que os permitem saber de antemão quanto e quando serão remunerados, com exceção dos acionistas. Ademais, no caso de não recebimento da remuneração devida, qualquer stakeholder (p. ex., um fornecedor ou credor) terá o direito de acionar judicialmente a companhia e de levá-la à falência, novamente com exceção apenas dos acionistas.

22. Esse argumento parte da premissa de que a companhia detém um capital permanente que não pode ser retirado discricionariamente. No caso de problemas de viabilidade competitiva da companhia, todos os stakeholders poderiam deixar de renovar seus contratos e migrar para outras empresas (funcionários mudariam de emprego, fornecedores passariam a vender seus insumos para outros, credores deixariam de emprestar recursos etc.), enquanto os acionistas permaneceriam como os únicos stakeholders com "fundos perdidos" ou inteiramente alocados na companhia.

23. Jensen (2001, p. 2), por exemplo, chega a afirmar que "conceder o controle a qualquer outro grupo que não aos acionistas seria o equivalente a permitir que esse grupo jogasse pôquer com o dinheiro dos outros, criando ineficiências que levariam à possibilidade de fracasso da companhia. A negação implícita dessa proposição é a falácia que se esconde por trás da chamada teoria dos stakeholders".

24. Mayer (2012, p. 32) é um dos principais críticos da abordagem da MRA em relação a esse aspecto. Além da facilidade de saída da companhia em decorrência da elevada liquidez das ações, o autor aponta um segundo fator que evidencia o menor nível de comprometimento dos acionistas: as retiradas maciças de capital das companhias abertas nas últimas décadas em volume muito superior ao capital aportado. Como evidência, o autor mostra que o fluxo de capital no mercado acionário dos Estados Unidos e Reino Unido nas últimas décadas do século XX foi negativo.

25. Os próprios defensores da MRA, como Jensen (2001), reconhecem que a mera aceitação dessa abordagem como propósito correto a ser perseguido não assegurará sucesso às companhias. A seu ver, é preciso complementar a MRA (que nada mais é do que um critério para tomar decisões e avaliar resultados) com uma visão, estratégia e tática que una e motive os participantes da organização. Reconhece-se, portanto, que uma empresa não conseguirá maximizar a riqueza de seus acionistas se ignorar os interesses dos demais stakeholders, cabendo aos executivos não apenas satisfazer, mas obter o apoio de todos os públicos com interesses na companhia.

26. Esse exemplo é descrito por Mayer (2012, p. 29).

27. Tradução livre do original: *There is only one valid definition of a business purpose: to create a customer... The concept of profit maximization is, in fact, meaningless.* Fonte: Drucker. P. 2008. *The Essential Drucker: The Best of Sixty Years of Peter Drucker's Essential Writings on Management. Ed. HarperBusiness. Reissue edition.* 368 p.

28. O problema das companhias que adulteraram as datas das opções de ações de seus executivos (*option backdating*) para maximizar sua remuneração no mercado norte-americano é descrito no Capítulo 9.

29. Além desses três fatores, o argumento em favor da MRA parte da premissa de que os contratos protegeriam perfeitamente os demais stakeholders, eliminando a necessidade de os administradores considerarem seus interesses. Naturalmente, trata-se de uma premissa precária, tendo em vista a impossibilidade de celebrar contratos completos com todos os stakeholders, principalmente com os funcionários.

30. Um estudo sobre o comportamento dos fundos de hedge ativistas concluiu que "os fundos procuram quatro coisas em seus alvos: possiblidade de venda de toda a companhia, possibilidade de venda de suas partes, caixa disponível e custos a serem cortados". Fonte: Bratton (2006).

31. Para Mayer (2012, p. 53), ocorre atualmente uma transferência de recursos no ambiente empresarial entre diferentes gerações de investidores, o que, a seu ver, caracteriza um verdadeiro esquema Ponzi. Segundo o autor, a promoção a todo o custo dos interesses dos acionistas tem ocorrido à custa dos interesses dos outros stakeholders.

32. Um estudo constatou que os bancos que tinham maior alinhamento financeiro entre executivos e acionistas e maior presença de investidores em seus conselhos sofreram os piores prejuízos, indicando que o *agency problem* não foi o aspecto crucial para os prejuízos econômicos das instituições financeiras.

33. De acordo com Mayer (2012, p. 62), a alavancagem presente em muitas instituições financeiras fez com que elas tivessem uma grande probabilidade de obter ganhos anormais ao custo de um risco muito pequeno de perdas catastróficas. Caso os ganhos anormais se mantivessem por um período suficientemente longo antes da concretização das grandes perdas, então valeria a pena para os participantes com horizonte temporal de curto prazo "jogar esse jogo".

34. Para Mayer (2012, p. 64), assim como nos casos dos bancos, companhias em outros setores estratégicos, como energia e indústria, também tendem a ser consideradas importantes demais para quebrar. Para o autor, é perfeitamente racional para as companhias com potenciais passivos futuros antecipar ao máximo a distribuição de resultados no presente, como forma de se precaver dos passivos aos quais estarão sujeitas.

35. Fonte: Graham *et al.* (2006).

36. Além de as recompras terem atingido seu ápice no período em que as ações alcançaram suas máximas históricas na década de 2000, os críticos argumentam que muitos executivos venderam boa parte de suas ações pessoais ao mesmo tempo em que recompravam ações em nome de suas companhias. Logo, o argumento de que as recompras agregam valor ao sinalizar ao mercado que as ações da companhia estão subavaliadas fica muito enfraquecido com essa constatação. Para evidências a respeito desse comportamento contraditório, *vide* o artigo "Insider Buying Dries Up Defying $ 275 Billion of Buybacks", da *Bloomberg* (22/09/2014) em http://www.bloomberg.com/news/2014-09-22/insider-buying-dries-up-defying-275-billion-of-buybacks.html.

37. Há modelos de apreçamento de ativos com base em "expectativas heterogêneas" que sugerem que, ao efetuar recompras de ações, as companhias podem reduzir seu grupo de acionistas apenas para os mais otimistas com as perspectivas do negócio, levando a uma sobrevalorização do preço das ações.

38. Fonte: Rose (2006).

39. Martin (2012) aborda a fundo essa questão.

40. Ao menos dez executivos auferiram remunerações entre R$ 70 milhões e R$ 200 milhões durante o breve período em que estiveram na deficitária companhia. Fonte: revista *Exame*. "Todos os Homens de Eike" (19/03/2014).

41. *Earnings management*, no original.

42. O "mercado de expectativas" coloca os executivos em um dilema. Caso a companhia esteja indo bem e operando no máximo de seu desempenho, o mercado de ações vai incorporar desde já no preço das ações a expectativa futura de máximo desempenho. Nesse caso, como os executivos conseguiriam elevar o preço das ações ainda mais? Como o *shareholder value* exige que os executivos aumentem o preço das ações continuamente, eles precisam elevar as expectativas do mercado em relação à companhia infinitamente. Logo, exige-se, o impossível: que os executivos superem as expectativas das pessoas continuamente e para sempre. Fonte: Martin (2012).

43. Segundo Stout (p. 10), os modelos atuais têm reduzido os acionistas o seu pior denominador comum: impaciente, oportunista, autodestrutivo e indiferente ao bem-estar de stakeholders e de terceiros. Segun-

do a autora, além de diferentes horizontes temporais, os acionistas podem possuir demandas distintas por liquidez, diferentes interesses em outros ativos (incluindo seu próprio capital humano), e atitudes distintas em relação ao impacto das ações de suas companhias sobre terceiros (diferentes graus de pró-sociabilidade).

44. Stout (p. 69) afirma que o modelo centrado no acionista tem sido, na verdade, um modelo centrado para os acionistas de curto prazo, como os fundos de hedge. Esses acionistas têm vantagem em relação aos acionistas mais diversificados e de longo prazo, já que concentram seus investimentos em algumas companhias que são alvo de seus ataques (enquanto os de longo prazo tendem a sofrer de sua própria apatia racional).

45. Esse processo é chamado de *top slicing* pelo mercado.

46. A maioria dos fundos havia comprado ações abaixo de £ 8,00, o que lhes proporcionou, em poucas semanas, um excepcional retorno de 20 a 30% ao preço final de £8,50. Para diversos stakeholders, no entanto, o resultado da aquisição não foi bom. Ao anunciar sua oferta, a Kraft comunicara que, "nos nossos planos, o Reino Unido deve ter um resultado líquido positivo em termos de empregos". Uma semana após a aquisição, contudo, a Kraft anunciou o fechamento da centenária fábrica de Somerdale da Cadbury e a transferência de suas atividades para a Polônia.

47. Alguns chegam inclusive a argumentar que o foco no resultado financeiro de curto prazo tem desestimulado novas companhias a abrir capital. Como evidência, Stout (2012, p. 54) mostra que, entre 1997 e 2009, o número de companhias listadas nos Estados Unidos caiu 39% em termos absolutos e 53% quando ajustado pelo crescimento do PIB do país.

48. Como exemplo, os credores teriam menos interesse em emprestar recursos de longo prazo caso acreditassem que os acionistas poderiam retirar o capital da companhia via uma enorme distribuição de resultados, aumentando seu risco de insolvência.

49. No original: *Shareholder value is a result, not a strategy... Your main constituencies are your employees, your customers and your products... On the face of it, shareholder value is the dumbest idea in the world.* Fonte: *Financial Times*. "Welch condemns share price focus" (12/03/2009).

50. Tradução livre do original: *Nearly all men can stand adversity, but if you want to test a man's character, give him power.* Fonte: Abraham Lincoln Presidential Library Foundation. Disponível em *http://www.alplm.org/272viewessay.aspx?id=775.*

51. Fonte: Mayer (2012, p. 63). Para o autor, quanto mais se reduz o problema de governança ao alinhamento de interesses entre executivos e acionistas, mais se aumenta o conflito entre acionistas e outros stakeholders, bem como a divergência entre os acionistas atuais e futuros.

52. Fonte: Comparato e Salomão Filho (2014, p. 322). Ainda segundo os autores (p. 317), "a harmonização dos interesses internos e externos à empresa faz-se, naturalmente, no sentido da supremacia dos segundos sobre os primeiros na hipótese de conflito. O direito ao lucro ou à expansão da empresa não é garantido contra os interesses da comunidade local, regional e nacional em que ela se insere; interesses esses não só de ordem econômica, como também de ordem social em sentido mais amplo (proteção do meio ambiente, dos interesses dos consumidores, ou do patrimônio cultural)".

53. Entre seus membros, destacam-se lideranças como Warren Buffet, James Wolfenson (ex-presidente do Banco Mundial) e Ira Millstein (um dos pioneiros do movimento da governança corporativa), entre outros. Consulte o site: http://www.aspeninstitute.org/

54. Título original: *Long-Term Value Creation: Guiding Principles for Corporations and Investors*. Disponível em http://www.aspeninstitute.org/publications/aspen-principles-long-term-value-creation-guiding-principles-corporations-investors.

55. Além dos princípios, o documento do Instituto Aspen argumenta que três medidas são necessárias para promover um ambiente empresarial mais responsável e com horizonte temporal mais equilibrado: incentivos de mercado para encorajar um capital mais "paciente"; deveres fiduciários para alinhar os interesses dos investidores institucionais aos seus beneficiários e cotistas finais; e melhor transparência nas informações prestadas aos investidores.

56. Para o Instituto, a expressão "longo prazo" se refere a um horizonte temporal superior a cinco anos.

57. Fonte: Mayer (2012). Uma de suas propostas é fazer com que o direito de voto dos acionistas seja proporcional não apenas à quantidade de ações, mas também ao tempo que o acionista se compromete a mantê-las.

58. Para consultar uma discussão mais profunda da "função social", *vide* Comparato e Salomão Filho (2014).

59. A pesquisa foi realizada pelo próprio autor. Todas as perguntas respondidas voluntariamente e de forma anônima antes do início do curso pela internet, de modo a evitar influências nas respostas com base nos debates posteriores. Alguns participantes não responderam a todas as questões, o que fez com que algumas tivessem um menor número de respostas.

60. 69% dos respondentes são homens, e 31%, mulheres.

61. Uma descrição é a seguinte: *Corporate Social Responsibility (CSR) is a form of corporate self-regulation integrated into a business model. Ideally, CSR policy would function as a built-in, self-regulating mechanism whereby business would monitor and ensure their adherence to law, ethical standards, and international norms. Business would embrace responsibility for the impact of their activities on the environment, consumers, employees, communities, stakeholders and all other members of the public sphere. Furthermore, business would proactively promote the public interest by encouraging community growth and development, and voluntarily eliminating practices that harm the public sphere, regardless of legality. Essentially, CSR is the deliberate inclusion of public interest into corporate decision-making, and the honoring of a triple bottom line: People, Planet, Profit*. Fonte: http://en.wikipedia.org/wiki/Corporate_social_responsibility.

62. Nos últimos anos, ocorreram vários escândalos empresariais associados a atividades irresponsáveis do ponto de vista social, incluindo a utilização de trabalho infantil (caso Nike no Paquistão em 1996), racismo no recrutamento e promoção de funcionários (caso Coca-Cola nos Estados Unidos em 1999), utilização de trabalho escravo (caso Zara no Brasil em 2013), e uso de peles de coelho e raposa em produtos (caso Arezzo no Brasil em 2011). Todos esses casos levaram a deterioração da imagem das companhias envolvidas perante o público.

63. Em 2014, a Índia se tornou o primeiro país a exigir que as companhias invistam em iniciativas de responsabilidade social empresarial. A partir de abril desse ano, uma nova lei determinou que as companhias abertas do país deverão gastar pelo menos 2% de seu lucro líquido em iniciativas sociais. Fonte: *The Guardian* (11/08/2014), "India's new CSR law sparks debate among NGOs and businesses". Disponível em http://www.theguardian.com/sustainable-business/india-csr-law-debate-business-ngo.

64. Como descrito por *The Economist* (2008), "Chief executives queue up to speak at conferences to explain their passion for the community or their new-found commitment to making their company carbon-neutral".

65. Como contraponto, Bill Gates e Warren Buffet, os maiores filantropos do mundo, montaram suas fundações com recursos pessoais, não de suas companhias.

66. Os críticos questionam se as ações filantrópicas com recursos de terceiros, realizadas por pessoas potencialmente sujeitas a conflitos de interesse e despreparadas para entender as prioridades sociais, é realmente algo positivo para a sociedade. Para eles, as ações de RSE representam uma alocação arbitrária e não solicitada de recursos de terceiros, invadindo uma área que deveria ser tratada pelos governos.

67. *Vide* Tirole (2006, p. 58).

68. *Vide* Kotchen and Moon (2012). Disponível em http://www.nber.org/papers/w17254.

69. Essas práticas são frequentemente citadas como uma relação "ganha-ganha" pelos executivos: por exemplo, investindo em um melhor relacionamento com as partes interessadas, a companhia adquire melhor reputação e resultados, bem como consegue atrair, reter e motivar melhores funcionários. De acordo com os críticos da RSE, o problema é que todas as companhias acreditam que suas ações de RSE são sempre apenas do tipo "ganha-ganha".

70. *Vide* Karnani (2010), "The Case against Corporate Social Responsibility", *The Wall Street Journal*. Disponível em http://online.wsj.com/news/articles/SB100014240527487033380045752301126645 04890.

71. No original da *The Economist* (2005): *this survey concludes that, done badly, it is often just a fig leaf and can be positively harmful. Done well, though, it is not some separate activity that companies do on the side: it is just good business.*

72. Fonte: Brundtland Commission, World Commission on Environment and Development (WCED). 1987. Disponível em http://en.wikipedia.org/wiki/Brundtland_Commission.

73. Atualmente, apenas 16% da humanidade (1 bilhão de pessoas) é responsável por 78% de tudo que é consumido no planeta. Fonte: Instituto Akatu. "Novas Fronteiras da Integridade: a boa governança como elemento potencializador da sustentabilidade". Apresentação realizada no 14º Congresso do IBGC. Disponível em http://www.ibgc.org.br/download/eventos/MATTAR.H_Novas_Fronteiras_Integridade_Out2013.pdf.

74. Deve-se destacar que esta não é uma tarefa das mais simples. Como exemplo, uma pesquisa do varejista Marks & Spencer descrita na *The Economist* (2008) com 25 mil consumidores ingleses em 2007 mos-

trou que apenas 11% dos consumidores estariam dispostos a comprar produtos "verdes" mais caros ou que exigissem maior esforço de compra. De acordo com a revista: *The lesson for companies is that selling green is hard work.* Adicionalmente, uma pesquisa realizada no Brasil em 2009 concluiu que apenas 7% dos consumidores brasileiros consideram aspectos de responsabilidade socioambiental das empresas na hora de escolher um produto. Fonte: *Folha de São Paulo*, 25/08/2009. "Só 7% dos clientes avaliam sustentabilidade". Jornalista André Palhano.

75. Deve-se destacar que muitas questões ambientais, como a emissão de gases causadores do efeito estufa, são tão amplas que nem mesmo os governos isoladamente têm sido capazes de resolver, sendo necessários acordos multilaterais.

76. Essa visão se enquadra como uma das dez regras do "manifesto capitalista" elaboradas por Davis *et al.* (2006, p. 53): *Seek regulations that ensure your operations do not cause collateral damage and your competitors do not gain unfair advantage.*

77. Universal Ownership: *Why Environmental Externalities Matter to Institutional Investors. UNPRI: United Nations Environmental Project Finance Initiative.* 2010. Disponível em http://www.unpri.org/publications/.

78. Para obter mais informações sobre esse caso, *vide O Estado de S.Paulo.* "Construtoras pagavam propina a fiscais no prédio da prefeitura em dinheiro" (01/11/2013). Disponível em http://sao-paulo.estadao.com.br/noticias/geral,construtoras-pagavam-propina-a-fiscais-no-predio-da-prefeitura-e-em-dinheiro-imp-,1091939 .

CAPÍTULO 4

1. Para Daily *et al.* (2003), dois fatores explicam a predominância da *agency theory*. Primeiro, a teoria é extremamente simples, reduzindo a companhia a dois participantes: executivos e acionistas. Segundo, ela parte do princípio de que empregados e executivos agirão de forma egoísta e autointeressada.

2. Tradução: "Teoria da Firma: Comportamento dos Gestores, Custos de Representação e Estrutura de Propriedade". A literatura de finanças tem utilizado frequentemente a expressão "teoria do agente-principal" ou "teoria de agência" como tradução literal de *agency theory*. Entretanto, tendo em vista a inexistência dos termos agente e principal no instituto do direito brasileiro, optar-se-á por adotar as traduções representante e representado, respectivamente, expressões comuns ao nosso linguajar jurídico.

3. Fonte: Machado de Assis, 1908. Poemas do livro *Papéis avulsos*. Disponível em http://pensador.uol.com.br/poemas_do_livro_papeis_avulsos_machado_de_assis/.

4. Saito e Silveira (2008) resumem o trabalho de Jensen e Meckling (1976).

5. Deve-se destacar que, desde o estudo pioneiro de Berle e Means (1932), a estrutura de propriedade e os conflitos de interesses na alta gestão sempre estiveram no centro das discussões sobre governança corporativa. Academicamente, o desenvolvimento de pesquisas na área dependia de uma teoria que deixasse de analisar as empresas como "caixas-pretas" e passasse a explicar como a distribuição do capital entre os acionistas e os objetivos potencialmente conflitantes dos executivos poderiam afetar as decisões

e o desempenho empresarial. Durante o século XX, foram desenvolvidos estudos em áreas correlatas que ampliaram a compreensão sobre o funcionamento das empresas e abriram caminho para o trabalho seminal de Jensen e Meckling, tais como os de Coase (1937, 1960), Alchian (1965, 1968), Alchian e Demsetz (1972) e Ross (1973). Apesar da relevância desses trabalhos, o artigo de Jensen e Meckling (1976) é considerado, sob o ponto de vista da economia financeira, o trabalho seminal na linha de pesquisa em governança, um verdadeiro divisor de águas, do qual foram desenvolvidos inúmeros trabalhos empíricos.

6. O modelo da "teoria de estrutura de propriedade" de Jensen e Meckling (1976) se inicia com a análise do nível de utilidade percebido por um acionista que detém 100% das ações de uma companhia hipotética, atuando também como seu executivo principal. A fim de maximizar sua utilidade, esse indivíduo acumulará certa quantidade de benefícios pecuniários e não pecuniários – tais como acesso a "mordomias" e outros elementos de *status* – derivados de seu poder de gestão. Na ausência de impostos, a combinação ótima dos benefícios pecuniários e não pecuniários ocorre quando a utilidade marginal de uma unidade monetária adicional de gastos com ambos os tipos de benefícios se igualar a uma unidade monetária adicional de riqueza. Nesse caso, cada unidade monetária gasta com benefícios "supérfluos" (que não contribuem para a maior produtividade da empresa) reduziria na mesma proporção a riqueza disponível para o acionista. Na sequência, os autores analisam um segundo momento, no qual o acionista/executivo se desfaz de parte de suas ações, negociando-as no mercado. Quando ocorre o lançamento das ações, a situação de equilíbrio se altera. Agora, ele não terá mais uma redução de riqueza na mesma proporção em que aumentam seus benefícios pecuniários e não pecuniários. Caso, por exemplo, ele passe a deter 80% das ações da empresa, poderá continuar a acumular ganhos integrais para si com os benefícios pecuniários e não pecuniários, aumentando sua utilidade total. Todavia, arcará agora com apenas 80% dos custos associados a essas despesas. Ou seja, para cada dólar extra em gastos improdutivos, sua riqueza será reduzida em 80 centavos de dólar. O restante será absorvido pelos outros acionistas. Nesse caso, o administrador tenderá a aumentar o volume de benefícios, estabelecendo-se o conflito de interesses. No limite, quando o executivo não tiver ações da empresa, o nível de despesas supérfluas será o maior possível, já que não acarretará custos para ele.

7. A figura também pode ser aplicada às empresas com presença de um acionista ou grupo de controle. Nesse caso, todos os acionistas, incluindo os minoritários, atuam como representados, sendo os controladores, em seus diferentes papéis exercidos, simultaneamente representantes e representados.

8. Academicamente, o trabalho de Jensen e Meckling (1976) apresentou três contribuições principais: (1) a criação de uma teoria de estrutura de propriedade das companhias baseada nos conflitos de interesses dos indivíduos envolvidos (a própria utilização do termo "estrutura de propriedade", em vez do termo "estrutura de capital" utilizado até então, pode ser considerada uma inovação do trabalho); (2) a definição de um novo conceito de custos de representação, vinculando-o à separação entre propriedade e controle presente nas companhias abertas; e (3) a elaboração de uma nova definição da firma, descrevendo-a como uma mera ficção legal que serve como um ponto de ligação para um conjunto de relacionamentos contratuais entre os indivíduos.

9. Desenvolvida, entre outros, por Coase (1937), Alchian e Demsetz (1972) e Fama e Jensen (1983).

10. No original: *the firm is a nexus of contracts*. A palavra *nexus* entendida como a junção ou entrelaçamento entre duas ou mais coisas, pode ser traduzida por feixe ou nexo.

11. De acordo com Jensen (2001, p. 1), não haveria nem mesmo a necessidade do debate sobre governança corporativa caso estivéssemos em um mundo no qual todas as contingências futuras pudessem ser descritas *ex ante* nos contratos.

12. Para (2001): "dada a ocorrência de eventos inesperados, nem todos os contratos, sejam eles explícitos ou implícitos, podem ser cumpridos".

13. Como observado por Tirole (2006, p. 15), a separação entre fornecedores de capital e tomadores de decisão cria um "risco moral" (*moral hazard*) que pode levar a diversos problemas, tais como um baixo nível de esforço pessoal do gestor ou a apropriação de benefícios corporativos exclusivamente para si.

14. Um resumo de resultados de trabalhos evidenciando os custos de agência na prática pode ser encontrado em Shleifer e Vishny (1997, p. 746).

15. *Pet projects* são projetos empreendidos por executivos com a finalidade de satisfazer a algum desejo pessoal, sem vínculo com necessidades da companhia e ocasionando destruição de valor.

16. Ignorando impostos, por simplicidade.

17. Um caso amplamente citado pela literatura é o da RJR Nabisco, companhia-alvo de uma famosa aquisição hostil no final dos anos 1980. De acordo com Yermack (2005), a empresa tinha uma frota com 10 jatos corporativos e 36 pilotos ao dispor dos executivos, que frequentemente utilizavam as aeronaves para fins pessoais (incluindo transporte de amigos, familiares e animais de estimação). Yermack (2005) observa ainda que os acionistas reagem negativamente à divulgação de compra de uma aeronave corporativa para utilização pelo CEO. Após analisar 237 empresas durante dez anos, o autor constatou que a divulgação dessas aquisições acarreta em uma queda média de 1,1% no preço de suas ações.

18. O componente sistêmico ou sistemático é aquele que não pode ser eliminado por meio da diversificação de sua carteira pessoal.

19. Ou acionistas "financeiros" da companhia, no jargão comumente utilizado no mercado.

20. Por outro lado, dependendo do seu sistema de remuneração, o executivo poderia agir de forma demasiadamente arriscada.

21. A tendência ao investimento exagerado motivado por conflito de interesses foi abordada por diferentes autores, a exemplo de Jensen (1986), Grossman e Hart (1982) e Stulz (1990). Jensen (1986) destaca que este comportamento, conhecido na literatura como propensão à "construção de impérios" (*empire building*), também pode ser motivado pelo desejo de obtenção de benefícios pessoais. Em geral, o crescimento da organização aumenta o poder do gestor, na medida em que aumenta a quantidade de recursos sob seu controle. O autor também enfatiza que a remuneração dos executivos nos Estados Unidos é positivamente correlacionada com o porte das empresas.

22. Prazo de recuperação do investimento, técnica comumente utilizada em análises de orçamento de capital.

23. Bebchuk e Fried (2006) apresentam resultados de diversos estudos que corroboram essa afirmação.

24. Johnson *et al.* (2000) discutem a questão do *tunneling* e seus impactos para os acionistas minoritários, apresentando exemplos de operações dessa natureza em diversos países europeus.

25. O fluxo de caixa livre (*free cash flow*) representa o excesso de recursos disponíveis para gastos discricionários pelos gestores, após o pagamento de todas as obrigações da companhia. *Vide* Jensen (1986).

26. Tais como Shleifer e Vishny (1997, p. 745).

27. Jensen (1986) é o principal expoente dentre os autores que propõem a solução organizacional das compras alavancadas.

28. *Vide* La Porta *et al.* (1999).

29. O efeito-incentivo é descrito por Claessens *et al.* (2002, p. 2.741).

30. Os benefícios privados do controle consistem na utilização, pelos acionistas controladores, do direito de voto para perseguirem objetivos que os beneficiem em vez de beneficiarem a todos os acionistas, de forma a auferir um ganho extra além do que seria justo por sua fatia da propriedade.

31. Carregando, portanto, um risco excessivo. Fonte: Demsetz e Lehn (1985).

32. A literatura internacional utiliza a expressão *self-dealing* para identificar as operações entre a companhia e seus controladores ou administradores realizadas fora das condições de mercado, tendo como efeito prático a expropriação do patrimônio de outros acionistas.

33. Essa configuração assimétrica da empresa se assemelha a opção de compra. Se o resultado for satisfatório, a opção seria exercida (ou seja, os acionistas pagariam os credores e ficariam com os ganhos residuais). Em caso de insucesso, não se exerceria a opção (os credores não seriam pagos, tendo de arcar com a maior parte dos prejuízos).

34. Valor presente líquido. Técnica comumente adotada na análise de orçamento de capital.

35. A frase original em inglês – *If you look for the bad in people expecting to find it, you surely will* – é falsamente atribuída a Abraham Lincoln (1809-1865). Provavelmente, entretanto, ela foi criada pelo diretor David Swift em 1960 durante a produção do filme *Pollyana*. Fonte: http://en.wikiquote.org/wiki/Abraham_Lincoln.

36. Silveira (2013) resume as críticas à *agency theory* oriundas de trabalhos em outras áreas do conhecimento.

37. Assim como as pessoas físicas, por exemplo, as companhias são pessoas jurídicas que podem celebrar contratos e ser proprietárias de ativos, bem como processar e serem processadas em nome próprio.

38. O autor agradece aos preciosos comentários de Lélio Lauretti que contribuíram substancialmente para o aprimoramento da crítica apresentada neste parágrafo. Lauretti destaca ainda que os direitos básicos dos sócios (voto e recebimento de dividendos) são, na realidade, direitos atribuídos às cotas de capital que os mesmos possuem, algo evidenciado pela possibilidade de participantes votarem com ações alugadas nas assembleias gerais.

39. No caso norte-americano, por exemplo, os acionistas têm direito a receber dividendos apenas caso sejam atendidas duas situações: (1) a companhia detenha lucros retidos que não comprometam sua situação financeira; e (2) o conselho decida declarar o pagamento de dividendos. No país, apenas o conselho tem autoridade para decidir o montante do pagamento de dividendos e, mesmo que a companhia possua lucros substanciais no período ou retidos, os conselheiros não possuem qualquer obrigação legal de declarar seu pagamento.

40. As companhias norte-americanas, por exemplo, são controladas na prática por seus conselhos de administração, e não por seus acionistas. Lá, portanto, os conselhos possuem razoável autonomia no comando da companhia que fazem com que não possam ser enquadrados de forma simplista no modelo econômico padrão do *principal-agent*.

41. Stout (2012, p. 33) argumenta que a teoria da representação pode eventualmente ser aplicável a empresas limitadas de capital fechado, mas não às sociedades por ações.

42. Fonte: Freeman e Reed (1983) e Freeman (1984).

43. Após certo ostracismo durante as décadas de 1990 e início da década de 2000, a teoria dos stakeholders voltou a ser tornar popular ao final da década de 2000, principalmente após o surgimento de muitos escândalos e crises empresariais, o que, para críticos, tem demonstrado que a predominante *agency theory* não vem dando certo.

44. A teoria dos stakeholders, portanto, enfatiza a necessidade de que o propósito da companhia deve ser mais amplo que apenas o bem-estar de seus acionistas.

45. Este argumento é desenvolvido por Blair (1995). De acordo com a autora (p. 322) *...the goal of directors and management should be maximizing total wealth creation by the firm. The key to achieving this is to enhance the voice of and provide ownership-like incentives to those participants in the firm who contribute or control critical, specialized inputs (firm specific human capital) and to align the interests of these critical stakeholders with the interests of outside, passive shareholders.*

46. Fonte: Tirole (2006, p. 56).

47. *Stanford Research Institute (SRI)*. Fonte: Freeman e Reed (1983). Disponível em http://www.sri.com/.

48. Freeman (1984).

49. Freeman e McVea (2000, p. 2).

50. Evan e Freeman (1988) justificam a teoria dos stakeholders com base na linha kantiana de pensamento filosófico. Para os autores, cada público com interesses na companhia deve ter o direito de ser tratado como um fim em si mesmo, e não como um meio para outro fim, como ocorre no caso na abordagem para a maximização da riqueza dos acionistas.

51. Conforme Freeman e McVea (2000).

52. Outros autores, como Hill e Jones (1992), buscam relacionar a teoria dos stakeholders com a *agency theory*, criando a teoria de representação dos stakeholders, que constituiria uma *agency theory* generalizada. De acordo com essa concepção, os administradores seriam os representantes de todos os stakeholders da companhia (e não apenas dos acionistas).

53. Além dessas questões, a teoria dos stakeholders exige, para sua implantação, a identificação dos públicos de interesse da empresa, seu grau de relevância para a organização, seus objetivos e a melhor forma de conciliá-los. Segundo os críticos, essa tarefa provavelmente cairia nas mãos dos administradores, que definiriam essas questões com base em seus vieses cognitivos e conflito de interesses. A dificuldade de implantação é levantada inclusive por defensores da abordagem, como Freeman e McVea (2000). Os autores reconhecem não ser fácil definir quem são os stakeholders, qual seu grau de relevância para a organização, quais são seus objetivos e como seria possível conciliá-los para uma gestão bem-sucedida baseada no melhor interesse coletivo.

54. Jensen (2001) é um dos principais críticos históricos dessa abordagem. Para o autor, a questão principal, mais importante e geralmente não discutida é definir se a empresa deve ter uma única função-objetivo ou se deve perseguir objetivos múltiplos. Em vez de a discussão ser estruturada como "teoria dos acionistas *vs.* teoria dos stakeholders", ela deveria ser estruturada como "busca por um único objetivo corporativo *vs.* busca por múltiplos objetivos". Para ele, é impossível a empresa obter sucesso perseguindo múltiplos objetivos, uma vez que acabaria fatalmente não os alcançando. A tentativa de maximizar diversos objetivos causaria conflitos ao gestor quanto à definição dos *trade-offs* para tomada de decisões, o que deixaria, por fim, a empresa sem objetivo algum: "objetivos múltiplos significa não ter objetivos". Um modo de a empresa resolver esse impasse seria a especificação de uma única função-objetivo. Apesar de não ser possível assegurar que a função definida será maximizada, ou mesmo que a maximização resultará em melhor resultado para a empresa, ao menos poder-se-ia assegurar que as decisões seriam tomadas na mesma direção, minimizando a existência de conflitos e fornecendo critérios lógicos para tomada de decisão e avaliação de desempenho.

55. *Vide* Jensen (2001) para uma discussão detalhada desta questão. Tirole (2006, p. 59) reforça a ideia de que a abordagem da teoria de equilíbrio dos interesses dos stakeholders potencializaria o *agency problem* nas empresas. Dentre os argumentos, o autor afirma que essa abordagem não impõe aos gestores uma missão específica a ser perseguida, aumentando seu poder discricionário e a possibilidade de expropriação da riqueza dos demais participantes na empresa. Ademais, a adoção dessa abordagem tenderia a aumentar os dispêndios com ações de responsabilidade social e outras atividades não relacionadas com a finalidade das empresas, criando na prática um imposto sobre suas operações.

56. Para Jensen (2001, p. 2), por exemplo, a teoria dos stakeholders seria uma prescrição para a destruição de valor nas empresas, tendendo a politizá-las: "esta teoria deixa os executivos sem qualquer regra para tomada de decisão, tornando-os responsáveis por ninguém a não ser por suas preferências pessoais – ironicamente o oposto do que os defensores da teoria dos stakeholders desejam alcançar".

57. Tirole (2006) argumenta que se deve suspeitar dos motivos por trás do endosso tão efusivo da teoria dos stakeholders por muitos executivos, sem que eles proponham a substituição do controle pelos acionistas por outra estrutura de governança efetiva.

58. *Vide* Sternberg (1999) para ter acesso a uma crítica mais profunda em relação a essa questão.

59. Fonte: Stout (2012, p. 108)

60. *Vide* Jensen (2001) e Tirole (2006).

61. Para Sternberg (1999), por exemplo, é simplesmente impossível trabalhar para o alcance do objetivo da teoria dos stakeholders, já que a abordagem não estabelece quaisquer diretrizes para identificar os envolvidos que devem ter seus interesses considerados ou para determinar o modo de balanceamento dos seus interesses. Para a autora, seria necessário estabelecer objetivos claros para o mérito de a teoria tornar-se passível de avaliação.

62. Jensen (2001, p. 9): *Without the clarity of mission provided by a single-valued objective function, companies embracing stakeholder theory will experience managerial confusion, conflict, inefficiency, and perhaps even competitive failure.*

63. *Vide* Sternberg (1999) e Jensen (2001).

64. Para Sternberg (1999), por exemplo, o fato de uma empresa afetar um grupo é bem diferente de ela ser responsável por ele, e tal obrigação de responsabilidade social poderia ser entendida como uma ameaça feita pela sociedade às empresas.

65. O termo *stewardship* é de difícil tradução literal para a língua portuguesa. De acordo com o dicionário *Merriam-Webster*, significa *the activity or job of protecting and being responsible for something; the conducting, supervising, or managing of something; the careful and responsible management of something entrusted to one's care.* Logo, o termo visa identificar o trabalho ou atividade de cuidar de um patrimônio de um terceiro com responsabilidade. Entre os termos mais apropriados em português para definir essa expressão no campo da governança, destacam-se: custódia, procuradoria, administração, intendência. Nessa obra, optou-se por utilizar a palavra custódia.

66. *Vide* Donaldson e Davis (1991) e Davis *et al.* (1997).

67. No original: *managers are good stewards of the corporations and diligently work to attain high levels of corporate profit and shareholders returns.* Fonte: Donaldson e Davis (1994).

68. Para Davis *et al.* (1997): *a steward protects and maximizes shareholders wealth through firm performance, because by so doing, the steward's utility functions are maximized.*

69. Além do sentimento de realização, argumenta-se que os executivos teriam interesse em maximizar o valor de suas companhias como forma de proteger a sua reputação pessoal perante o mercado.

70. Outra prescrição antagônica a práticas atualmente consagradas de boa governança diz respeito à predominância de membros independentes nos conselhos. Para os defensores da teoria, os executivos deveriam ser libertados da subserviência a conselhos dominados por pessoas de fora da organização. Em casos extremos de aceitação da teoria, a própria necessidade de existência do conselho deveria ser questionada. Nas palavras de Donaldson e Davis (1994): *the non-executive board of directors is, by its design, an ineffective control device.*

71. Pfeffer e Salancik (1978). *Vide* Davis e Cobb (2010) e Drees e Heugens (2013) para uma revisão recente sobre os estudos na área da teoria da dependência de recursos.

72. Para a teoria da dependência de recursos, os consumidores são o recurso final do qual as empresas são dependentes.

73. No original: *When an organization appoints an individual to a board, it expects the individual will come to support the organization, will concern himself with its problems, will variably present it to others, and will try to aid it.* Fonte: Pfeffer e Salancik (1978).

74. Até o surgimento da teoria da firma, as empresas eram retratadas de forma rudimentar pela teoria econômica neoclássica tradicional.

CAPÍTULO 5

1. Tradução livre do original: *If people are good only because they fear punishment, and hope for reward, then we are a sorry lot indeed.* Provavelmente, essa frase, popularmente atribuída a Einstein, é uma paráfrase de uma resposta de Einstein em uma entrevista a *The New York Times Magazine* em 1930, na qual o físico afirmara: *A man's ethical behavior should be based effectually on sympathy, education, and social ties and needs; no religious basis is necessary. Man would indeed be in a poor way if he had to be restrained by fear of punishment and hope of reward after death.* Fonte: Albert Einstein, "Religion and Science", *The New York Times Magazine*, 9/11/1930. Fonte: http://en.wikiquote.org/wiki/Talk:Albert_Einstein.

2. Na verdade, podem ser até mesmo utilizadas apenas para transmitir aos públicos externos a impressão de que a empresa tem boas práticas, sem que isso de fato se traduza em um bom governo da organização no seu dia a dia.

3. *Vide* Charreaux (2005), Van Ees *et al.* (2009), Cuevas-Rodríguez *et al.* (2012) e Wiseman *et al.* (2012).

4. Tradução livre do original: *Real knowledge is to know the extent of one's ignorance.* Disponível em http://sourcesofinsight.com/confucius-quotes/.

5. Viés cognitivo é a tendência de o indivíduo tomar decisões sistematicamente erradas em função de suas características cognitivas. O fenômeno é amplamente estudado na psicologia, que analisa como nossas "regras de bolso" ou heurísticas pessoais podem nos levar a fazer julgamentos errados.

6. Tradução livre do original: *I say let the world go to hell, but I should always have my tea.* Fonte: Fiódor Dostoiévski. 1864. Notes from Underground. p. 190. Embora essa frase seja atribuída popularmente atribuída a Dostoiévski, trata-se, na verdade, de um resumo da seguinte sentença do autor em seu livro *Memórias do Subsolo*: *Because I only like playing with words, only dreaming, but, do you know, what I really want is that you should all go to hell. That is what I want. I want peace; yes, I'd sell the whole world for a farthing, straight off, so long as I was left in peace. Is the world to go to pot, or am I to go without my tea? I say that the world may go to pot for me so long as I always get my tea.* Disponível em http://www.gutenberg.org/files/600/600-h/600-h.htm.

7. Fonte: Harvey *et al.* (2010).

8. Fonte: Cain *et al.* (2005 e 2010).

9. Ademais, deve-se destacar que parte da literatura sobre a corrente "material ou substancial" para o conflito de interesses se baseia em pareceres jurídicos, estando, portanto, ela mesma sujeita a conflitos de interesses.

10. Tradução livre do original: *We don't see things as they are, we see things as we are.* Anaïs Nin. 1961. *The Seduction of the Minotaur*, p. 124. Há uma disputa sobre a autoria da frase. Para alguns, tem origem no Talmude, livro sagrado dos judeus. Para uma discussão sobre a autoria, *vide Seeing things: the Internet, the Talmud and Anais Nin*, Crane e Kadane (2008). Disponível em http://jonathankcrane.files.wordpress.com/2011/06/seeing-things.pdf.

11. Kahneman realizou seus estudos pioneiros sobre finanças comportamentais durante os anos 1970 com seu colega Amos Tversky. Com o falecimento de Tversky em 1996, Kahneman acabou por receber o prêmio Nobel de Economia sozinho. *Vide* Tvesky e Kahneman (1974), Kahneman e Tversky (1979) e Kahneman (2011).

12. *Vide* Ariely (2010) e Bazerman e Moore (2008) para obter um resumo de diversas pesquisas que abordam os vieses cognitivos.

13. Tradução livre do original: *There are no facts, only interpretations.* Friedrich Nietzsch. Notebooks. 1880 (*Summer* 1886 – *Autumn* 1887). Disponível em http://www.fatuma.net/text/nietzsches_notebooks.pdf.

14. *Vide* Barros (2005) para consultar diversas evidências sobre esta questão.

15. Tradução livre do original: *When everyone thinks alike, no one thinks very much.* Walter Lippmann. 1915. The Stakes of Diplomacy, p. 51 (*The line of least resistance*). Ed. Henry Holt and Company. Nova York. Disponível em http://archive.org/stream/stakesofdiplomac02lipp/stakesofdiplomac02lipp_djvu.txt.

16. Fonte: Janis (1973).

17. *Vide* Leslie (2009) como exemplo dos problemas de *groupthink* no âmbito do conselho de administração.

18. *Vide* Bikhchandani *et al.* (2001), Gonzales e Modernell (2006).

19. Tradução livre do original: *Gentlemen, I take it we are all in complete agreement on the decision here. Then I propose we postpone further discussion of this matter until the next meeting to give ourselves time to develop disagreement, and perhaps gain some understanding of what the decision is all about.* Fonte: Alfred Sloan. 1964. My Years with General Motors. Disponível em http://www.economist.com/node/13047099.

20. Isso se torna particularmente importante em empresas com empreendedores ativos na gestão diária, já que elas são mais propensas a sofrerem decisões baseadas nos aspectos afetivos e visão de mundo de seus fundadores.

21. Tradução livre do original: *Convictions are more dangerous enemies of truth than lies.* Fonte: Friedrich Nietzsche. § 483. Human, All Too Human.

22. Para consultar uma discussão sobre o papel do "advogado do diabo" aplicado à governança, *vide* Morck (2008).

23. Deve-se evitar a utilização frequente do papel do "advogado do diabo" para matérias rotineiras. Para assuntos extremamente complexos, pode-se constituir um comitê *ad hoc* com essa finalidade, em vez de pessoas isoladas.

24. Tradução livre do termo original *Nominal Group Technique.*

25. Tradução livre do termo original *Stepladder Technique.*

26. Tradução livre do termo original *Six Thinking Hats*. A técnica foi desenvolvida por De Bono (1999).

27. Tradução livre do original: *A young man can be most surely corrupted when he is taught to value the like-minded more highly than the differently minded.* Friedrich Nietzsche. *The Dawn of the Day*, 1911, p. 262 (trad. John McFarland Kennedy). Ed. The MacMillan Company. Disponível em http://www.gutenberg.org/files/39955/39955-h/39955-h.html.

28. Tradução livre do original: *Let us not forget that the causes of human actions are usually infinitely more complex and more various than we are in the habit of explaining them afterwards.* Fonte: Fiódor Dostoiévski. The Idiot, cap. 3. 2004. Ed. Penguin. 768 p. Disponível em Google e-books.

29. *Vide* Becker (1968).

30. Ariely (2012) resume dezenas de estudos recentes da área em seu livro.

31. Fonte: Mazar e Ariely (2006) e Mazar *et al.* (2008).

32. Fonte: Ariely (2012) e Mazar *et al.* (2008).

33. Fonte: Mazar *et al.* (2008). Os pesquisadores afirmam não ter observado qualquer pessoa ter resolvido 18 ou 19 matrizes das vinte. De vez em quando, porém, um ou outro afirmava ter resolvido as vinte matrizes, em uma clara demonstração de comportamento de custo-benefício decorrente de uma análise estritamente econômica da situação. De acordo com os pesquisadores, essas pessoas com desonestidade extrema causaram um prejuízo de centenas de dólares em seus experimentos. Entretanto, eles afirmam ter perdido muito mais – milhares de dólares na verdade – com a pequena desonestidade da maioria das pessoas que afirmava ter resolvido algumas matrizes a mais do que de fato haviam feito. São essas pequenas ações desonestas, portanto, que parecem ocasionar prejuízos muito maiores para as organizações, do que as ações específicas de pessoas "fora da curva".

34. *Vide* Shu *et al.* (2012).

35. Essa teoria ficou conhecida como "fator de correção" (*fudge factor*, no original). Ela sugere que nossa capacidade de maleabilidade mental nos permite conseguir obter algum benefício decorrente de ações desonestas ao mesmo tempo em que mantemos uma imagem positiva de nós mesmos.

36. Para obter maior detalhamento desta discussão, *vide* Silveira (2013).

37. Fonte: Baumeister (2007), Mead *et al.* (2009), Barnes *et al.* (2011) e Gino *et al.* (2011).

38. Fonte: Ariely (2012).

39. Em uma variante curiosa do experimento com matrizes de tarefas, os pesquisadores distribuíram óculos escuros para dois grupos de mulheres antes da realização dos testes. Para um grupo, os pesquisadores afirmavam que os óculos, de uma grife famosa, eram originais. Para o outro grupo, afirmavam que os óculos eram falsificados. 30% das pessoas que receberam óculos na condição "original" fraudaram os testes. Esse percentual aumentou para 74% no grupo que havia recebido os óculos "falsificados". Uma conclusão interessante é que usar produtos falsificados afrouxa nossas restrições morais, aumentando nossa propensão a agir de forma desonesta.

40. Fonte: Gino *et al.* (2010).

41. Fonte: Ariely *et al.* (2009).

42. Fonte: Gino e Ariely (2012).

43. Fonte: Mazar *et al.* (2008). Para evidenciar a importância deste fator, os pesquisadores criaram uma variante do experimento anterior com matrizes de tarefas. Nela, os participantes receberam o pagamento em fichas, as quais eram trocadas pelo valor equivalente em dinheiro vivo em outra sala adjacente à sala de testes. O mero pagamento em fichas fez com que a média de matrizes "resolvidas" subisse para 9,4, um aumento de mais de 50% em relação à variante denominada "máquina de trituração". Fica claro, portanto, que a utilização de outros meios de pagamento que não dinheiro vivo propicia maior maleabilidade mental aos participantes para justificarem seus atos, aumentando substancialmente sua desonestidade. Não por acaso, muitos escândalos de governança são ocasionados por *traders*, pessoas que operam quantias milionárias em telas de computador de forma similar a um jogo eletrônico.

44. Fonte: Gino e Pierce (2009) e Wiltermuth (2011).

45. Fonte: Schwieren e Weichselbaumer (2010).

46. Tradução livre do original: *You can't operate a company by fear, because the way to eliminate fear is to avoid criticism. And the way to avoid criticism is to do nothing.* Fonte: *The Ultimate Book of Quotations.* Compilado e Organizado por Joseph Demakis. 2012, p. 42. Ed. Lulu Enterprises.

47. A ideia do *homo economicus* foi elaborada por John Stuart Mill em 1836. Segundo Persky (1995, p. 222), Mill nunca utilizou esta expressão em seus textos. O termo, na verdade, surgiu como reação ao trabalho de Mill, apresentando uma conotação pejorativa que refletia a hostilidade à sua visão egoísta sobre os seres humanos. O conceito se tornou um arquétipo amplamente utilizado nos textos de economia para explicar as trocas de bens e serviços em mercados anônimos. Com o tempo, a ideia se estendeu indiscriminadamente para outros campos do conhecimento.

48. Fonte: Henrich *et al.* (2001), McCabe *et al.* (2001), Rilling *et al.* (2002), Gintis *et al.* (2003), Decety *et al.* (2004), Kosfeld *et al.* (2005), Singer e Frith (2005), Katja *et al.* (2007), List e Cherry (2008), Akitsuki e Decety (2009), e Krupka e Weber (2009). Diversos estudos na área estão resumidos em Stout (2011).

49. Fonte: Berg *et al.* (1995), McCabe *et al.* (1996, 2001) e Brülhart e Usunier (2012).

50. Fonte: Güth *et al.* (1982), Thaler (1988), Kahneman *et al.* (1986), Hoffman *et al.* (1996), Nowak *et al.* (2000) e Oosterbeek *et al.* (2004).

51. Fonte: Kahneman *et al.* (1986), Forsythe *et al.* (1994) e Hoffman *et al.* (1996b).

52. Fonte: Kosfeld *et al.* (2005).

53. *Vide* Stout (2011) para consultar uma discussão mais profunda sobre os três fatores que "ativam" a consciência das pessoas.

54. Fonte: Sally (1995) e Balliet (2010).

55. Fonte: Gintis (2000), Henrich *et al.* (2001), Gintis *et al.* (2003) e López-Pérez (2009).

56. Fonte: Eisenberg e Miller (1987), Eisenberg and Fabes (1990), Batson e Powell (2003), Decety e Jackson (2004) e Batson (2009).

57. A expressão *tone at the top* é utilizada para indicar a importância da atitude da alta gestão no estabelecimento de um clima ético saudável na organização.

58. Para os reguladores, os resultados reforçam a ideia da necessidade de punições relativamente mais severas aos líderes envolvidos em problemas de conduta, haja vista que servem de referência para os demais colaboradores, exercendo grande influência em sua leitura do contexto social.

59. Fonte: Meier e Frei (2004) e Frank *et al.* (1993, 1996).

60. Essas pesquisas são resumidas por Nowak e Highfield (2012).

61. Tradução livre do original: *It must not be forgotten that ... a tribe including many members who, from possessing in a high degree the spirit of patriotism, fidelity, obedience, courage, and sympathy, were always ready to aid one another, and to sacrifice themselves for the common good, would be victorious over most other tribes; and this would be natural selection.* Fonte: Charles Darwin. The Descent of Man. 1871. Capítulo V. Disponível em http://www.gutenberg.org/cache/epub/2300/pg2300.html.

62. A adoção da consciência como fator-chave na governança apresenta uma importante limitação. A visão do *homo economicus* implica que as pessoas agem de forma egoísta e amoral, sendo capazes de ignorar regras, mentir ou romper acordos quando isso acarretar ganhos materiais para si. Logo, está embutida neste conceito a ideia de que somos verdadeiros psicopatas. Algumas pessoas de fato o são. Estima-se que 1% a 4% da população seja composta por pessoas com esse distúrbio, sem capacidade de sentir culpa, remorso ou empatia pelo próximo. A má notícia é que a taxa de psicopatia é aparentemente quatro vezes maior nas empresas, com proporção ainda maior nos cargos mais altos. Logo, o fomento à consciência é algo fundamental, mas que obviamente terá efeito muito limitado em organizações lideradas por indivíduos com esta característica.

63. Tradução livre do original: *Governance and leadership are the yin and the yang of successful organisations. If you have leadership without governance you risk tyranny, fraud and personal fiefdoms. If you have governance without leadership you risk atrophy, bureaucracy and indifference.* Fonte: Mark Goyder. Director of Tomorrow's Company: http://tomorrowscompany.com/mark-goyder.

64. *Vide* Persky (1995).

65. A racionalidade é definida pela capacidade dos indivíduos em otimizar sua função de utilidade pessoal, de maneira a maximizar o alcance de determinados objetivos a um mínimo custo possível.

66. Muitos economistas tentam responder essa afirmação argumentando que eles empregam o conceito de utilidade em vez de seus benefícios econômicos e que, como resultado, isso poderia incluir até mesmo um comportamento altruístico por parte do indivíduo. Na prática, entretanto, os modelos teóricos por via de regra reduzem o conceito de "utilidade" para a maximização dos ganhos econômicos para o tomador de decisão, o que inviabiliza essa potencial defesa em favor da abordagem do *homo economicus*.

67. Essa predição é baseada no trabalho de Becker (1968).

68. Em alguns casos, a parte mais difícil desse processo provavelmente será mudar a mentalidade de algumas das próprias lideranças. Diversos casos recentes mostram que alguns líderes tendem a se concentrar em seus ganhos pessoais de curto prazo, sem preocupações dos impactos sobre terceiros. Além disso, a redução dos vieses depende de um sistema de contrapesos efetivo, o qual implica descentralização de poder, algo não necessariamente bem-vindo por mandatários que se sentem confortáveis em manter seu *status quo*.

69. Tradução livre do original: *Autoritätshörigkeit ist der größte Feind der Wahrheit.* Albert Einstein, carta para Jost Winteler, 08/07/1901. Fonte: http://www.aphorismen.de/zitat/118921.

70. Em 2009, a rede de televisão BBC conseguiu permissão para uma versão modificada do teste, chegando a um resultado idêntico ao de sua versão original.

71. Incluindo testes em outras cidades e fora da universidade.

72. Segundo Milgram, muitos voluntários lhe escreveram cartas posteriormente agradecendo por terem participado, e alguns inclusive se candidataram a participar como seus assistentes de pesquisa dali em diante!

CAPÍTULO 6

1. A definição de desempenho empresarial permanece em aberto na literatura. Aí se incluem desde medidas de rentabilidade, como retorno sobre ativos ou sobre o patrimônio líquido, até aquelas decorrentes da percepção do mercado, como retorno das ações e múltiplos de valor de mercado (preço da ação/lucro por ação, preço da ação/valor patrimonial da ação etc.), passando por medidas que envolvem ambos os aspectos, como o lucro econômico ou residual. Além dos indicadores financeiros, o construto "desempenho" também pode ser interpretado de maneira mais ampla, incluindo aspectos sociais, ambientais e de relacionamento com os stakeholders.

2. A econometria consiste da aplicação de ferramentas de matemática e estatística a fim de analisar dados econômicos e financeiros.

3. Como múltiplos de mercado preço-lucro (P/E) ou preço-valor patrimonial (P/BV).

4. Os índices de governança têm sérias limitações, incluindo potenciais problemas na sua construção e a dificuldade de um observador externo aferir a qualidade efetiva do governo de uma companhia de forma indireta. Por outro lado, os índices podem ser considerados ao menos aproximações parciais da adesão da empresa às recomendações do mercado.

5. *Vide* Silveira e Dias Junior (2010).

6. Algo é chamado de endógeno quando é oriundo de dentro de um sistema. Já a expressão "exógeno" é aplicada quando algo é determinado de fora do sistema. Em um modelo econômico, as variáveis endógenas são aquelas que resultam de outras variáveis, presentes ou não no modelo. O problema é que os modelos estatísticos exigem que as variáveis independentes ou explanatórias devam ser exógenas a fim de propiciar inferências corretas sobre a questão da causalidade. No caso dos estudos sobre governança corporativa, a maioria dos modelos visa a estimar o impacto de medidas de qualidade da governança (denominadas variáveis explanatórias ou independentes) sobre medidas de desempenho (que atuam como variáveis dependentes). Assim, se a "qualidade da governança" for determinada por certas características das empresas (como tamanho ou estrutura de propriedade), ter-se-ia, então, uma situação clara de endogeneidade.

7. Ou podem ocorrer simultaneamente a um melhor desempenho, novamente sem causá-lo.

8. Como seu percentual de membros independentes ou a separação dos cargos de presidente do conselho e diretor-presidente.

9. Especificamente, os autores argumentam que a maior parte dos estudos anteriores estimou a relação entre governança e desempenho por meio de métodos como efeitos fixos ou por métodos claramente inferiores, como o método dos mínimos quadrados ordinários. Entretanto, esses procedimentos não capturam dois problemas de endogeneidade potencialmente relevantes nos trabalhos em governança corporativa: a possibilidade de uma situação de causalidade reversa e a possibilidade de um efeito dinâmico sobre a variável dependente de interesse, denominada pelos autores "endogeneidade dinâmica" (p. ex., impacto do desempenho passado ou de mudanças na estrutura de governança ocorridas anteriormente sobre o valor ou desempenho atual de uma empresa). Como resultado, os autores argumentam que o método mais correto para lidar com os problemas de endogeneidade nas pesquisas sobre governança é o método dos momentos generalizado (*GMM – Generalized Method of Moments*) sistêmico e dinâmico.

10. Bozac e Bozac (2012) discutem em profundidade a utilização de índices de governança, apresentando um resumo com resultados contraditórios encontrados em dezenas de trabalho realizados com essa abordagem.

11. Um resultado relativamente similar ao de Bebchuk *et al.* (2013) é obtido por Diavatopoulos e Fodor (2010).

12. Tradução livre do original: *The greater the power, the more dangerous the abuse*. Fonte: Edmund Burke. 1771. *Thoughts on the Present Discontents and Speeches, Speech on the Middlesex Election February*. Disponível em http://burke.classicauthors.net/DiscontentsSpeeches/DiscontentsSpeeches2.html.

13. Companhias do empresário Eike Batista listadas na bolsa de valores, como OGX, MMX, CCX, OGX e LLX.

14. A expressão "escândalo de governança" visa identificar casos de empresas que sofreram destruição substancial de valor para seus acionistas e demais stakeholders em função de problemas de governança. Nem todos os casos, portanto, envolvem fraudes ou outras ações ilegais.

15. No original: *We are committed to being an active and responsible member of every community where we do business worldwide and we've set the goal of becoming best-in-class in corporate governance, business practices, sustainability and corporate citizenship... We believe that an unwavering commitment to corporate responsibility is vital for our long-term success. That's why we go to great lengths to balance business, ethical, environmental and social concerns... Binding rules and guidelines ensure that our dealings are ethical and adhere to all relevant legal requirements*. Fonte: Siemens 2005 *Annual Report*. Disponível em http://www.siemens.com/investor/pool/en/investor_relations/downloadcenter/e05_00_gb2005_1336469.pdf.

16. Fonte: Relatório Anual 2007. Grupo Silvio Santos. Disponível em http://www.youblisher.com/p/10624--Grupo-Silvio-Santos/.

17. No original: *We continue to be committed to industry best practices with respect to corporate governance. Our board of directors consists of ten members. With the exception of our CEO, all of our directors are independent... The audit, nominating and corporate governance, finance and risk, and compensation and benefits committees are composed exclusively of independent directors. The board and all its committees each conduct a self-evaluation at least annually. Last year, overall director attendance at board and committee meetings was 96%... We have designed our internal control environment to put appropriate risk mitigants in place. We have a global head of risk management and a global risk management division which is independent. We believe that our internal controls are effective over financial reporting. These controls have also been considered effective by independent auditors*. Fonte: Lehman Brothers 2007 *Annual Report*. Disponível em https://www.zonebourse.com/NB-PRIV-EQ-PARTN-56192/pdf/87896/NB%20PRIV%20EQ%20PARTN_Rapport-annuel.pdf.

18. No original: *Safety, people and performance, these remain our priorities. Our number one priority was to do everything possible to achieve safe, compliant and reliable operations... Good policies and processes are essential but, ultimately, safety is about how people think and act. That's critical at the front line but it is also true for the entire group... Safety must inform every decision and every action. Our operating management system turns the principle of safe and reliable operations into reality by governing how every project, site, operation and facility is managed. Our work on safety has been acknowledged inside and outside the group*. Fonte: *BP Annual Report and Accounts 2009*. Disponível em http://www.bp.com/content/dam/bp/pdf/investors/BP_Annual_Report_and_Accounts_2009.pdf.

19. Até o início dos anos 1990, havia certo consenso, com base nos estudos pioneiros de Morck, Shleifer e Vishny (1988) e McConnel e Servaes (1990), de que a concentração acionária impactava o valor das empresas no sentido previsto pelas hipóteses de efeito-incentivo e efeito-entrincheiramento. Entretanto, estudos posteriores, como os de Cho (1998), Himmelberg *et al.* (1999) e Demsetz e Villalonga

(2001), indicaram que a concentração acionária tende a ser mais uma consequência de certos atributos da companhia que a causa de melhor desempenho ou maior valor, refutando, então, a ideia que a concentração da propriedade impacta o valor das empresas.

20. *Vide* Leal *et al.* (2002), Okimura *et al.* (2007), e Iturriaga e Crisóstomo (2010).

21. *Vide* Carvalhal da Silva e Leal (2003) e Silveira *et al.* (2004).

22. *Vide* La Porta, Lopez-de-Silanes, Shleifer e Vishny (1998, 1999).

23. Os trabalhos de La Porta *et al.* (1998, 1999) foram alvo de muitas críticas no meio acadêmico. Alguns trabalhos, como os de Spamann (2008), Siems (2008) e Armour *et al.* (2008), questionam a qualidade da metodologia empregada pelos autores, as métricas relativas à proteção aos acionistas e credores utilizadas, e a omissão de outras variáveis relevantes, entre outros aspectos. De acordo com esses trabalhos, os resultados encontrados poderiam ser substancialmente diferentes caso metodologias, variáveis e modelos fossem corrigidos. Outros trabalhos questionam a proposta de que a "origem legal" dos países é o fator determinante para o desenvolvimento dos mercados e estrutura de governança das companhias. Entre estes, destaca-se a abordagem de Roe (2006), que aponta a evolução do processo político nos diferentes países como o principal fator explicativo do desenvolvimento dos mercados e da estrutura de propriedade das companhias.

24. La Porta *et al.* (1998, p. 1.117).

25. Entre os direitos básicos dos credores citados, destacam-se: o direito prioritário sobre o recebimento dos fluxos de caixa, previamente aos acionistas; a possibilidade de acarretar a falência da empresa; e a possibilidade de recebimento de ativos como colateral. Entre os direitos básicos dos acionistas, por sua vez, destacam-se: a garantia de recebimento periódico de números precisos da empresa; a possibilidade de votar para eleger conselheiros; a possibilidade de processar conselheiros e executivos por suspeita de expropriação; a possibilidade de decidir sobre o pagamento de dividendos e outras matérias corporativas da mais alta relevância; e a possibilidade de liquidar a empresa e receber os recursos provenientes.

26. É importante ressaltar que o termo "investidores" inclui todos os fornecedores de capital, notadamente acionistas e credores.

27. O *common law* é o direito que se desenvolveu em certos países por meio das decisões dos tribunais, e não mediante atos legislativos ou executivos. Como resultado, constitui um sistema ou família do direito diferente da família romano-germânica, que enfatiza os atos legislativos. Nos sistemas de *common law*, o direito é criado ou aperfeiçoado pelos juízes: uma decisão a ser tomada num caso depende das decisões adotadas para casos anteriores e afeta o direito a ser aplicado a casos futuros. Nesse sistema, quando não existe um precedente, os juízes possuem a autoridade para criar o direito, estabelecendo um precedente. O conjunto de precedentes é chamado de *common law*, e em tese deveria vincular as decisões futuras. Na prática, os sistemas de *common law* são bem mais complexos. As decisões de um tribunal são vinculantes apenas numa jurisdição em particular e, mesmo dentro de certa jurisdição, alguns tribunais detêm mais poderes do que outros. O *common law* é a base dos sistemas jurídicos da Inglaterra e do País de Gales, Irlanda do Norte, Irlanda, do direito federal e estadual dos Estados Unidos (exceto Louisiana), do direito federal e provincial do Canadá (exceto Quebec), Austrália, Nova Zelândia, África do Sul, Índia, Malásia, Brunei, Paquistão, Cingapura, Hong Kong e muitos outros países, geralmente de língua ingle-

sa ou membros da *Commonwealth* (exceto Malta e a Escócia). Como regra, todos os países que foram colonizados em algum momento pela Inglaterra ou pelo Reino Unido usam o *common law*, exceto os que já haviam sido colônias de outro império.

28. Literalmente, a expressão *civil law* significa direito civil. Trata-se do sistema jurídico mais disseminado no mundo, sendo baseado no Direito romano. O *civil law* foi sistematizado pelo fenômeno da codificação do Direito a partir do século XVIII. Pertencem à família romano-germânica os direitos de toda a América Latina, toda a Europa continental, quase toda a Ásia (exceto partes do Oriente Médio) e cerca de metade da África. Em diversos países de tradição romano-germânica, o Direito é organizado em códigos, cujos exemplos principais são os códigos civis francês e alemão. É, portanto, típico desse sistema o caráter escrito do Direito. Outra característica dos Direitos de tradição romano-germânica é a generalidade das normas jurídicas, que são aplicadas pelos juízes aos casos concretos. Difere, portanto, do sistema jurídico anglo-saxão (*common law*), que infere normas gerais a partir de decisões judiciais proferidas a respeito de casos individuais. O Direito do Brasil integra o *civil law* ou a família romano-germânica.

29. Os autores chegaram ao mesmo resultado após vários testes de robustez no qual incluíram controles para os diferentes níveis de rendas *per capita* entre os países.

30. La Porta *et al.* (1999, p. 27).

31. Esse exemplo é citado por Himmelberg *et al.* (1999, p. 359).

32. O detalhamento econométrico das principais limitações dos estudos em governança corporativa pode ser encontrado em Silveira (2004).

33. A utilização de dados em painel, particularmente por meio do procedimento de efeitos fixos, é considerado por Himmelberg *et al.* (1999) e por Börsch-Supan e Köke (2002) como mecanismo necessário para mitigar o problema da causalidade reversa, uma vez que leva em conta o componente não observável (constante ao longo do tempo) de heterogeneidade da empresa. Por outro lado, é importante ressaltar que o procedimento de efeitos fixos tem uma importante limitação: caso as diferenças não observáveis entre as empresas variem ao longo do tempo, os coeficientes serão inconsistentes e enviesados, repetindo os problemas obtidos pela utilização do método dos mínimos quadrados. Ademais, o procedimento não controla o potencial problema da causalidade reversa.

34. O desconhecimento da forma funcional correta leva à utilização de modelos lineares sem a presença de termos com ordens maiores na equação estimada. Diversos estudos, por exemplo, buscam uma relação linear entre concentração da propriedade e desempenho, ou entre tamanho do conselho e desempenho. A questão é que o impacto desses mecanismos de governança sobre o desempenho pode seguir, por exemplo, uma relação quadrática em vez de linear. Deixar de lado a possibilidade de um relacionamento quadrático, com um ponto de mínimo ou máximo, faz com que o modelo fique eventualmente incompleto e o coeficiente estimado da variável de governança eventualmente enviesado.

35. Para Börsch-Supan e Köke (2000, p. 18), assumir que o desempenho corporativo é uma variável irrelevante para a decisão de listar ações em bolsa é uma premissa demasiadamente forte.

36. Essas informações passam então a ser incluídas no termo de erro das regressões.

CAPÍTULO 7

1. Tradução livre do original: *No institution can possibly survive if it needs geniuses or supermen to manage it. It must be organized in such a way as to be able to get along under a leadership composed of average human beings.* Fonte: Peter Drucker. 1993, p. 26. Concept of the Corporation (originalmente publicado em 1946 por John Day Company).

2. Lei das Sociedades por Ações (Lei 6.404/1976, consolidada pelas leis 9.457/1997 e 10.303/2001). A versão consolidada está disponível em http://www.planalto.gov.br/ccivil_03/leis/l6404compilada.htm. De acordo com a Lei, a assembleia geral ordinária deverá ocorrer nos quatro primeiros meses após o término do exercício social.

3. Os conselheiros podem ser destituídos a qualquer tempo pela assembleia de acionistas.

4. A aprovação das demonstrações financeiras exime de responsabilidade os administradores no período.

5. Tradução livre do original: *Chief Executives are not looking for Dobermans on Corporate Boards. They're looking for Cocker Spaniels.* Fonte: *The Economist*. Attacking the corporate gravy train. 28/05/2009.

6. Tradução livre do original: *The most unpardonable sin in society is independence of thought.* Emma Goldman. *Anarchism and Other Essays*. 1910. Capítulo 2: *Minorities Versus Majorities*. Disponível em http://theanarchistlibrary.org/library/emma-goldman-anarchism-and-other-essays.

7. *Vide* Camargo (2012) para uma descrição da evolução do papel do conselho de administração sob a perspectiva da legislação societária brasileira.

8. Em caso de constituição nas sociedades anônimas fechadas, o conselho deverá atender aos requisitos estabelecidos pela Lei das Sociedades por Ações.

9. Tradução livre do original: *Freethinkers are those who are willing to use their minds without prejudice and without fearing to understand things that clash with their own customs, privileges, or beliefs. This state of mind is not common, but it is essential for right thinking.* Fonte: Lev Tolstói. 1869. *Guerra e Paz*.

10. 4ª ed., de 2009, seção 2.5.

11. A curiosidade é um aspecto importante para a boa atuação do conselheiro. Nesse sentido, é útil o seguinte adágio: "Não espere, inspecione."

12. Tradução livre do original: *In my long experience, I have never met outside directors who have not considered themselves to be totally independent, even if they happen to be ex-CEOs, or professional advisers to the executive, or even the brother or wife of the CEO.* Fonte: *sir* Alastair Ross Goobey, ex-presidente do conselho da International Corporate Governance Network (ICGN). Discurso durante Congresso Anual do IBGC em 11/11/2002.

13. De acordo com a legislação, no máximo 1/3 (um terço) do conselho pode ser composto por diretores da própria companhia.

14. Fonte: *Código das Melhores Práticas de Governança Corporativa do IBGC* (2009), 4ª ed. Além dos vínculos descritos, deve-se destacar que um longo tempo no cargo ou outras relações mais sutis com a gestão ou com os acionistas controladores podem minar a independência de um conselheiro.

15. Tradução livre do original: *If the CEO is the heart of the company pumping vibrancy through its very core, the chairman is the soul of the corporation, its conscience, its moral keeper.* Andrew Kakabadse. 2007, p. 19. *Leading the Board.* Ed. Palgrave Macmillan. 248 p.

16. De acordo com o artigo 160 da Lei das S.A., aplicam-se aos membros de quaisquer órgãos com funções técnicas ou destinados a aconselhar administradores os mesmos deveres e responsabilidades legais impostos aos diretores e conselheiros de administração.

17. Entre outras recomendações comuns aos comitês do conselho, destacam-se a: composição por 3 a 5 membros; realização de reuniões com frequência mínima trimestral; necessidade de elaboração de um regimento interno específico, descrevendo as atribuições e regras de funcionamento do órgão; e, coordenação preferencialmente por conselheiro independente.

18. Em geral, o pacote de remuneração de altos executivos é composto por quatro elementos: (1) remuneração fixa; (2) bônus variável em função do alcance de metas anuais; (3) benefícios (automóvel, planos de saúde, previdência etc.); e (4) incentivos para retenção no longo prazo (planos de ações e opções exercíveis após permanência mínima de alguns anos, bônus de retenção etc.).

19. Em geral, o processo de seleção do diretor-presidente se inicia com a elaboração do perfil ideal do executivo a ser contratado. Na sequência, pode-se optar por uma empresa especializada de recrutamento de executivos, a qual ficará encarregada de apresentar uma lista curta de candidatos adequados ao perfil definido. Nesse processo, podem ser avaliados executivos internos e externos à organização.

20. Para as companhias brasileiras, o órgão regulador norte-americano autorizou a substituição, caso desejado pela companhia, do comitê de auditoria por um conselho fiscal com funções adaptadas, chamado de conselho fiscal "turbinado" pelo mercado.

21. Instrução CVM 509, de 16/11/2011. Disponível em http://www.cvm.gov.br/port/infos/Comunicado509.asp.

22. O quórum mínimo para solicitação de instalação do conselho fiscal varia em função do patrimônio líquido da companhia, conforme Instrução 324/00 da CVM.

23. A Lei prevê ainda (artigo 163) que: § 1º Os órgãos de administração são obrigados a colocar à disposição dos membros do conselho fiscal, dentro de dez dias, cópias das atas de suas reuniões e, dentro de 15 dias de seu recebimento, cópias dos balancetes e demais demonstrações financeiras elaboradas periodicamente; § 2º O conselho fiscal, a pedido de qualquer dos seus membros, solicitará aos órgãos de administração esclarecimentos ou informações, desde que relativas à sua função fiscalizadora; § 3º Os membros do conselho fiscal assistirão às reuniões do conselho de administração, se houver, ou da diretoria, em que se deliberar sobre os assuntos em que devam opinar; § 4º Se a companhia tiver auditores independentes, o conselho fiscal, a pedido de qualquer de seus membros, poderá solicitar-lhes esclarecimentos ou informações; e § 5º Se a companhia não tiver auditores independentes, o conselho fiscal

poderá, para melhor desempenho das suas funções, escolher contador ou firma de auditoria e fixar-lhes os honorários, dentro de níveis razoáveis, vigentes na praça e compatíveis com a dimensão econômica da companhia, os quais serão pagos por esta.

24. Seção 5.5.

25. Enquanto na Itália as empresas podem, desde uma mudança na Lei Societária em 2004, escolher entre três modelos de governança (sendo apenas um deles composto pelo *collegio sindacale*), no Japão, a mudança da lei em 2003 passou a permitir que as companhias optem entre o *board of statutory auditors* ou o comitê de auditoria vinculado ao conselho de administração nos moldes anglo-saxões.

26. Essa visão foi reforçada após a SEC (*Securities and Exchange Commission*) norte-americana ter erroneamente aceitado equiparar o chamado conselho fiscal "turbinado" ao comitê de auditoria para as companhias brasileiras emissoras de ADRs 2 e 3.

27. Tradução livre do original: *Leadership is not charisma. It is not public relations. It is not showmanship. It is performance, consistent behavior, trustworthiness. The professional manager is a servant. Rank does not confer privilege. It does not give power. It imposes responsibility*. Fonte: Alfred Sloan. 1964. My Years with General Motors. Introdução.

CAPÍTULO 8

1. Tradução livre do original: *An organization, no matter how well designed, is only as good as the people who live and work in it.* Fonte: Dee Hock on Management. Artigo de M. Mitchell Waldrop. Fast Company. Outubro, 1996. Disponível em http://www.fastcompany.com/27454/dee-hock-management.

2. Fonte: *OCEG 2005 Ethics and Compliance Benchmarking Study*. Disponível em http://www.complianceweek.com/s/documents/oceg-results-2005.pdf.

3. *Committee of Sponsoring Organizations of the Treadway Commission*. Documento completo disponível em http://www.coso.org/ic.htm.

4. Tradução livre do original: *Risk comes from not knowing what you're doing*. Fonte: revista *Forbes*, 20/04/2014. Disponível em http://www.forbes.com/sites/jamesberman/2014/04/20/the-three-essential-warren-buffett-quotes-to-live-by/.

5. Há uma diferença na literatura entre incerteza e risco. O conceito de incerteza diz respeito à ausência de informações objetivas e quantificáveis sobre o futuro, o que leva a decisões subjetivas. Já o conceito de risco corresponde a qualquer medida numérica da incerteza, como a probabilidade de chuva ou a volatilidade do retorno de uma ação no mercado. O conceito de risco, portanto, diz respeito à probabilidade de resultados diferentes do esperado (p. ex., probabilidade de perda) ou ao grau de dispersão em relação a uma determinada estimativa.

6. Como exemplo, o código do IBGC afirma que cabe ao conselho de administração "assegurar-se de que a Diretoria identifica preventivamente – por meio de um sistema de informações adequado – e lista os principais riscos aos quais a organização está exposta, além da sua probabilidade de ocorrência,

a exposição financeira consolidada a esses riscos (considerando sua probabilidade de ocorrência, o impacto financeiro potencial e os aspectos intangíveis) e as medidas e os procedimentos adotados para sua prevenção ou mitigação".

7. Disponível em http://www.ibgc.org.br/CadernoGovernanca.aspx?CodCaderno=5.

8. *Committee of Sponsoring Organizations of the Treadway Commission – Enterprise Risk Management*, disponível em http://www.coso.org/documents/coso_erm_executivesummary.pdf.

9. *International Organization for Standardization – Risk Management: Principles and Guidelines on Implementation*, disponível em http://www.iso.org/iso/home/standards/iso31000.htm.

10. A construção de KRIs é explicada em documento específico do COSO *Developing Key Risk Indicators to Stregthen Enterprise Risk Management*: http://www.coso.org/documents/COSOKRIPaperFull-FINALforWebPostingDec110.pdf.

11. Uma concessionária de rodovias, por exemplo, pode ter parte substancial de sua receita derivada do movimento de veículos de pessoas físicas em viagens de lazer. Ao realizar uma análise com dados históricos, a empresa percebe que o movimento cai substancialmente quando ocorrem aumentos no preço da gasolina. Trata-se, naturalmente, de um parâmetro a ser monitorado, haja vista que um aumento no preço da gasolina (ou mesmo a perspectiva de aumento no curto prazo) pode ocasionar redução do tráfego e, consequentemente, deterioração do fluxo de caixa da companhia. Nesse caso, o acompanhamento das tendências futuras no preço do petróleo poderia ser utilizado pelas lideranças como um de seus indicadores-chave de risco. Ao se investigar a causa fundamental do evento que muitas vezes materializa o risco do negócio, identificam-se, portanto, os sinais de alerta que levam à construção dos KRIs.

12. Fonte: Machado de Assis. *Dom Casmurro*. 1899. Capítulo XCVII: A Saída. Disponível em http://machado.mec.gov.br/images/stories/pdf/romance/marm08.pdf.

13. *Vide* artigo 7º. Nos termos da Lei: "Serão levados em consideração na aplicação das sanções: VIII) a existência de mecanismos e procedimentos internos de integridade, auditoria e incentivo à denúncia de irregularidades e a aplicação efetiva de códigos de ética e de conduta no âmbito da pessoa jurídica." Lei 12.846, de 01/08/2013. Disponível em http://www.planalto.gov.br/ccivil_03/_Ato2011-2014/2013/Lei/L12846.htm.

14. Os ADRs são recibos que representam ações emitidas pela companhia em seu país de origem.

15. Mais informações, *vide* http://www.nytimes.com/2008/12/21/business/worldbusiness/21siemens.html.

16. Mais informações disponíveis em http://www1.folha.uol.com.br/cotidiano/2013/08/1320457-siemens-diz-que-governo-de-sao-paulo-deu-aval-a-cartel-no-metro.shtml.

17. O artigo 160 da Lei estende os deveres legais previstos aos diretores e conselheiros aos membros dos comitês estatutários com funções técnicas ou que sejam destinados a assessorar os administradores.

18. No jargão jurídico, utiliza-se a expressão "ato de liberalidade" para se referir à concessão gratuita a terceiros de vantagens bens ou direitos.

19. Por isso, além da previsão legal, é essencial que todo administrador saiba exatamente quais são suas competências previstas no estatuto, incluindo seus limites de alçadas.

20. Caso os acionistas decidam mover uma ação de responsabilidade civil contra o administrador sob a alegação de prejuízo ao seu patrimônio, o § 6º do artigo 159 deixa claro que "O juiz poderá reconhecer a exclusão da responsabilidade do administrador, se convencido de que este agiu de boa-fé e visando o interesse da companhia."

21. Vale a pena ainda destacar os §§ 3º e 4º do artigo 158. Enquanto o § 3º limita a responsabilização solidária dos administradores nas companhias abertas, o § 4º deixa claro a importância de o administrador comunicar à assembleia geral quaisquer descumprimento de deveres que tiver ciência de seu predecessor ou outro administrador responsável. Nos termos da Lei: "§ 2º ficará restrita, ressalvado o disposto no § 4º, aos administradores que, por disposição do estatuto, tenham atribuição específica de dar cumprimento àqueles deveres. § 4º O administrador que, tendo conhecimento do não cumprimento desses deveres por seu predecessor, ou pelo administrador competente nos termos do § 3º, deixar de comunicar o fato a assembleia-geral, tornar-se-á por ele solidariamente responsável."

22. Lei 10.406/2002. Disponível em http://www.planalto.gov.br/ccivil_03/leis/2002/l10406.htm.

23. Exceto as sociedades comanditas por ações, regidas pela Lei das Sociedades por Ações.

24. Decreto-lei 2.848, de 7/12/1940. Versão consolidada disponível em http://www.planalto.gov.br/ccivil_03/decreto-lei/del2848.htm.

25. Os incisos I a VII do artigo 177 detalham os indivíduos penalizáveis pela Lei: "I – o diretor, o gerente ou o fiscal de sociedade por ações, que, em prospecto, relatório, parecer, balanço ou comunicação ao público ou à assembleia, faz afirmação falsa sobre as condições econômicas da sociedade, ou oculta fraudulentamente, no todo ou em parte, fato a elas relativo; II – o diretor, o gerente ou o fiscal que promove, por qualquer artifício, falsa cotação das ações ou de outros títulos da sociedade; III – o diretor ou o gerente que toma empréstimo à sociedade ou usa, em proveito próprio ou de terceiro, dos bens ou haveres sociais, sem prévia autorização da assembleia geral; IV – o diretor ou o gerente que compra ou vende, por conta da sociedade, ações por ela emitidas, salvo quando a lei o permite; V – o diretor ou o gerente que, como garantia de crédito social, aceita em penhor ou em caução ações da própria sociedade; VI – o diretor ou o gerente que, na falta de balanço, em desacordo com este, ou mediante balanço falso, distribui lucros ou dividendos fictícios; VII – o diretor, o gerente ou o fiscal que, por interposta pessoa, ou conluiado com acionista, consegue a aprovação de conta ou parecer."

26. Lei 5.172/1966, disponível em http://www.receita.fazenda.gov.br/Legislacao/CodTributNaci/ctn.htm.

27. Além desses dispositivos legais, há ainda o Código de Defesa do Consumidor (CDC – Lei 8.078/1990), a Lei de Crimes contra o Sistema Financeiro (LCSF – Lei 7.492/1986) e a Lei de Crimes Ambientais (LCA – Lei 9.605/1998). O art. 75 do CDC estabelece que "quem, de qualquer forma, concorrer para os crimes referidos neste código incide nas penas a esses cominadas na medida de sua culpabilidade, bem como o diretor, administrador ou gerente da pessoa jurídica que promover, permitir, ou por qual-

quer modo aprovar o fornecimento, oferta, exposição à venda ou manutenção em depósito de produtos ou a oferta e prestação de serviços nas condições por ele proibidas". No caso das instituições financeiras, a LCSF prevê diversas penas de reclusão para os administradores que concorrerem para lesar o sistema financeiro nacional. Como exemplo, o artigo 3º prevê pena de reclusão de dois a seis anos para a pessoa que "divulgar informação falsa ou prejudicialmente incompleta sobre instituição financeira". Por fim, o art. 2º da LCA determina que "quem concorre para a prática dos crimes previstos nesta lei incide nas penas a estes cominadas, na medida de sua culpabilidade, bem como o diretor, o administrador, o membro de conselho e de órgão técnico, o auditor, o gerente, o preposto ou mandatário de pessoa jurídica, que, sabendo da conduta criminosa de outrem, deixar de impedir a sua prática, quando podia agir para evitá-la".

28. A importância segurada é definida pela empresa contratante. As taxas médias para a contratação giram ao redor de 0,5% a 3% sobre o limite contratado, dependendo do risco percebido. Em geral, a cobertura se divide entre os custos de defesa – incluindo custos de processos e honorários advocatícios – e condenações pecuniárias.

CAPÍTULO 9

1. O termo *outsider* representa a situação na qual os acionistas não possuem relacionamento próximo com a alta gestão de suas companhias, limitando-se a receber informações e dividendos periódicos.

2. O termo *insider* deve ser entendido como a atuação de alguns acionistas (notadamente os de maior porte) na diretoria executiva e/ou no conselho de administração.

3. Ou de representantes dos acionistas.

4. Denominados *blockholders*.

5. Nesses países, é comum os acionistas de referência procurarem reforçar seu poder por meio de mecanismos como ações com múltiplo direito a voto, estruturas piramidais e ações sem direito a voto.

6. Como toda generalização, há o risco de se incorrer em erros em função das especificidades das companhias. Como exemplo, é possível encontrar companhias diversificadas no sistema de acionistas como *insiders* (p. ex.; GE), ao mesmo tempo em que se observa um ativismo cada vez maior dos investidores institucionais no sistema de acionistas como *insiders*.

7. *Control enhancing mechanisms*, tais como ações com direito a voto múltiplo, estruturas piramidais, redes de participações acionárias cruzadas e ações sem direito a voto.

8. No original, *hostile takeovers*.

9. Esta seção foi elaborada primordialmente com base no documento: *OECD – Corporate Governance Factbook 2014*. Disponível em http://www.oecd.org/daf/ca/CorporateGovernanceFactbook.pdf.

10. A amplitude para delegação de poderes do conselho naturalmente varia de país para país. Em geral, cada país tem um rol de poderes indelegáveis do conselho de administração.

11. A regulação da União Europeia oferece atualmente a oportunidade de escolha entre os dois sistemas de conselho para as companhias europeias de capital aberto constituídas sob o formato *Societas Europeas*.

12. Disponível em http://www.oecd.org/daf/ca/CorporateGovernanceFactbook.pdf.

13. Em geral, o critério de independência do conselheiro exige que esse não tenha laços diretos com os executivos e com os acionistas de referência da companhia.

14. De acordo com a OCDE, três quartos dos países exigem atualmente a instalação de comitês de auditoria.

15. No caso da Alemanha, adotou-se o conselho de supervisão para fins de comparação.

16. Esta tabela foi elaborada com a compilação das informações produzidas pelas seguintes pesquisas e relatórios: *Corporate Governance Factbook 2014 – OECD*; *Towards Dynamic Governance 2014 – Heidrick & Struggles*; *Non-executive directors in Europe: Pay practices, structures and diversity of leading European companies – Hay Group, 2013*; *SpencerStuart Board Index 2013; The state of leadership succession planning today – Heidrick & Struggles, 2013*; *The Diversity Scorecard 2013: Measuring Board Composition in Asia Pacific – The Korn/Ferry Institute, 2013*; *GMI Ratings' 2013 Women on Boards Survey*; *Women in senior management: setting the stage for growth – Grant Thornton International Business Report 2013*; *11th Annual Survey of the Largest US Public Companies 2013 – Shearman & Sterling*; *2012 Board Practices Report: Providing insight into the shape of things to come – Deloitte.*

17. Os dados apresentados nesta seção são oriundos principalmente dos seguintes documentos: *SpencerStuart Board Index 2013*. Disponível em https://www.spencerstuart.com/research-and-insight/spencer-stuart-us-board-index-2013. 11th Annual Survey of the Largest US Public Companies 2013, Shearman & Sterling. Disponível em *http://corpgov.shearman.com/about-the-survey*. 2012 Board Practices Report: Providing insight into the shape of things to come, Deloitte. Disponível em http://www.deloitte.com/view/en_US/us/press/Press-Releases/52adc831cc32c310VgnVCM2000003356f70aRCRD.htm.

18. A Índia, com cerca de 8 mil companhias listadas ao final de 2013, ocupa a liderança mundial neste quesito. Fonte: *World Federation of Exchanges*: http://www.world-exchanges.org/statistics/monthly-reports.

19. Fonte: *The Wall Street Journal*. U.S. Public Companies Rise Again. 05/02/2014. Disponível em http://online.wsj.com/news/articles/SB10001424052702304851104579363272107177430.

20. Havia 132 companhias sediadas nos Estados Unidos entre as 500 maiores do mundo ao final de 2013. Fonte: *ranking* Global 500 da revista *Fortune*. Disponível em http://fortune.com/global500/.

21. Deve-se ressaltar que o modelo de governança norte-americano tem sido alvo de muitas críticas, tendo em vista os diversos problemas empresariais ocorridos ao longo da década de 2000, desde as fraudes contábeis de Enron, Worldcom etc. até a quebra de diversas instituições financeiras no final de 2008.

22. Executivo principal ou diretor-presidente da companhia.

23. Os CEOS norte-americanos exerciam, na prática, enorme controle sobre os conselhos de suas companhias até meados da década de 1980. Até então, os conselhos norte-americanos eram constituídos

em grande parte pelos próprios executivos da companhia, subordinados hierarquicamente aos CEOs. Eventuais membros externos nos conselhos eram muitas vezes executivos de outras companhias ou pessoas do relacionamento pessoal do CEO, indicados em chapas definidas pelos administradores da companhia. Uma pesquisa realizada com quatrocentos companhias no final da década de 1980 constatou que 63% dos conselheiros externos eram compostos por CEOs de outras empresas (Fonte: *The Economist*, 29/01/1990, p. 84-85. "Bored directors"). Embora o número de executivos nos conselhos tenha diminuído drasticamente nas duas décadas seguintes, muitos ainda questionam a real independência de boa parte dos conselheiros externos, que muitas vezes tendem a possuir laços pessoais estreitos com os executivos principais.

24. As companhias são pessoas jurídicas que residem no Estado onde foram incorporadas.

25. Fonte: *OECD 2013 Corporate Governance Factbook*. De acordo com a lei das sociedades anônimas de Delaware, o conselho de administração é o responsável pela supervisão da gestão da companhia, podendo implantar comitês com poder para tomada de decisões. Mais informações em http://en.wikipedia.org/wiki/Delaware_General_Corporation_Law.

26. Esta seção foi elaborada com base no seguinte documento: OECD, 2012. *Board Member Nomination and Election, OECD Publishing*. Disponível em http://dx.doi.org/10.1787/9789264179356-en.

27. Na prática, a SEC tende a influenciar as regras adotadas pelas bolsas de valores.

28. Abreviação de New York Stock Exchange.

29. A exigência de maioria de independentes não se aplica às companhias que têm um acionista com mais de 50% das ações. Naturalmente, são raras as companhias no mercado norte-americano sob esta condição.

30. A NYSE e a Nasdaq exigem ainda que os conselheiros se reúnam regularmente sem a presença de qualquer executivo da companhia. Essa prática, denominada "sessões executivas" deve ocorrer apenas com os conselheiros independentes ao menos duas vezes por ano. Em 2013, 54 das 100 maiores companhias norte-americanas realizavam essas sessões como parte de toda a reunião do conselho. As companhias devem adotar e disponibilizar publicamente suas diretrizes de governança corporativa, que deve incluir as qualificações mínimas para atuar no conselho e os critérios adotados pela companhia para classificar seus conselheiros como independentes. As companhias podem adotar critérios para a independência dos conselheiros mais exigentes que aqueles exigidos pelas bolsas de valores. Em 2013, 44 das 100 maiores companhias norte-americanas optaram por estabelecer critérios de independência mais rígidos que o mínimo exigido. As bolsas também obrigam as companhias a divulgar um resumo de suas políticas e procedimentos para revisar, aprovar ou ratificar as transações com partes relacionadas.

31. O termo *greenmail* é resultado da combinação das palavras *blackmail* (chantagem ou extorsão) e *greenbacks* (gíria para dólares). Mais informações em http://www.investopedia.com/terms/g/greenmail.asp.

32. Em março de 2014, o CalPERS detinha US$ 288 bilhões sob gestão. Mais de US$ 150 bilhões estão investidos em ações de milhares de empresas nos Estados Unidos. Fonte: https://www.calpers.ca.gov/index.jsp?bc=/investments/home.xml.

33. Uma das estratégias adotadas pelo CalPERS foi a exposição na mídia das companhias que apresentavam maior deficiência por meio de sua famosa *Focus List*. Anualmente, o fundo publica uma relação das empresas com pior desempenho econômico e práticas de governança corporativa. Essas companhias recebem ampla cobertura na imprensa, pressionando seus executivos a melhorar seu desempenho e governança a fim de evitar prejuízos à sua reputação pessoal. Mais informações em http://www.calpers-governance.org/focuslist/focuslist.

34. Mais informações sobre o CII em http://www.cii.org/.

35. Entre os casos famosos de substituição de CEOs na ocasião por pressão dos acionistas, destacam-se os ocorridos na GM, IBM e American Express. Fonte: *The Economist*, 6/02/1993, p. 11. "Getting rid of the boss".

36. Embora muitos investidores institucionais tenham, em tese, um horizonte temporal de longo prazo nos seus investimentos (como os fundos de pensão), eles podem muitas vezes vir a se comportar como acionistas de curto prazo em decorrência de fatores como os incentivos de seus gestores de recursos, agendas políticas ou adoção irrestrita dos pontos de vista das agências orientadoras de voto em assembleias (*proxy voting*).

37. O problema das opções de ações com datas retroativas (*stock options backdating*) ocorreu em função da manipulação das datas de concessão dos planos de opções de ações de executivos de centenas de empresas do país. De modo simples, os planos eram manipulados para serem concedidos nas datas com menor preço das ações, de forma a maximizar de maneira fraudulenta os ganhos dos executivos. O escândalo foi descoberto após pesquisa com 6 mil planos de opções entre 1992 e 2002 realizada pelo professor Erik Lie da Universidade de Iowa. O pesquisador encontrou uma estranha regularidade: os planos eram sempre concedidos nas datas de menor cotação das ações no ano. Ao calcular a probabilidade de isso acontecer aleatoriamente, chegou a um número astronômico.

38. *Vide* o Capítulo 2 para obter um detalhamento das críticas ao foco excessivo nos acionistas como objetivo central das práticas de governança.

39. *Vide* Bebchuk (2013) e Strine Jr. (2014) para ter acesso a um debate sobre a questão.

40. As informações sobre conselho de administração desta tabela relativas às companhias do S&P 500 são oriundas da publicação *SpencerStuart Board Index 2013*. As informações relativas às cem maiores companhias norte-americanas foram extraídas da publicação *11th Annual Survey of the Largest US Public Companies 2013, Shearman & Sterling*.

41. O índice Standard & Poor's que analisa o desempenho das quinhentas maiores companhias norte-americanas listadas.

42. Fonte: Gadhoum *et al.* (2005, p. 350). Os dados se referem a uma amostra de 3.607 companhias norte-americanas.

43. Os maiores fundos mútuos – BlackRock e PIMCO – detêm, cada um, cerca de 5% do total de ações listadas nos Estados Unidos. Fonte: *The 2009 Institutional Investment Report of the Conference Board of Canada*.

44. Nos Estados Unidos, as legislações estaduais em geral permitem a emissão de mais de uma classe de ações com direito a voto diferenciado, ou mesmo sem direito a voto. Apesar da emissão de diferentes classes de ações não ser muito comum, está presente em companhias renomadas que abriram seu capital nos últimos anos, como Google e Facebook. Nelas, os fundadores retiveram o controle por meio da emissão de ações que lhes dão um poder de voto muito superior aos demais acionistas.

45. Em 2013, o maior conselho era o da CME Group (bolsa de Chicago) com 28 membros, enquanto o menor conselho, da Microchip Technology, tinha 5 membros.

46. O conselho médio das empresas do S&P 500 é composto por 9,1 membros independentes e 1,7 não independentes. A proporção de independentes é superior a 75% em noventa das cem maiores companhias.

47. O comitê de auditoria é uma exigência para listagem na bolsa de Nova York desde 1978.

48. Cerca de 76% das companhias listadas utilizam ações como mecanismo de remuneração dos conselheiros.

49. As opções de ações têm sido utilizadas cada vez menos como mecanismo de remuneração de conselheiros. Em 2013, 20% das companhias do S&P 500 ofereciam planos de opções de ações para seus conselheiros, contra 74% em 2003.

50. Esse número permanece inalterado desde 2009. Em 2005, o percentual de separação dos cargos-chave era de apenas 19%. Curiosamente, a separação de cargos tende a ser maior nas companhias de menor porte: nas 1.500 companhias pertencentes ao índice S&P 1.500, 48,7% têm pessoas diferentes ocupando os cargos-chave.

51. 83 das 100 maiores companhias norte-americanas têm um membro do conselho denominado "conselheiro independente líder" (*lead independent director*). Em geral, com as seguintes funções: revisar, aconselhar ou aprovar a pauta das reuniões do conselho; agir como ligação entre os conselheiros externos e os executivos da companhia; convocar sessões executivas; revisar, opinar ou aprovar o calendário de reuniões do conselho; e, estabelecer contato com acionistas relevantes.

52. Em geral, permite-se que acionistas com, no mínimo, 3% das ações da companhia por, ao menos, três anos possam incluir candidatos para até 25% das vagas do conselho nos documentos enviados pela companhia aos acionistas.

53. Denominados *proxy statement*.

54. O *say on pay* é uma proposta que visa proporcionar aos acionistas o direito de emitirem sua opinião acerca da remuneração dos executivos nas assembleias de acionistas. A proposta foi aprovada em julho de 2009 no Congresso norte-americano, devendo se tornar obrigatória a partir deste ano. Independentemente do processo legislativo, dezenas de empresas já conferiram o *say on pay* aos seus acionistas, após pressão dos investidores. É importante destacar, entretanto, que a proposta não dá aos acionistas o poder para definir a remuneração dos executivos, mas apenas assegura o direito formal e anual de os acionistas emitirem sua opinião acerca dos pacotes de remuneração da companhia (*non-binding rule*). Em suma, trata-se da opinião dos acionistas, que pode ou não ser seguida pelos conselhos de administração.

55. A SEC exige ainda que o conselho ou comitê de nomeação explique se possui uma política para contemplar a diversidade na identificação dos potenciais conselheiros, bem como essa política é implementada implantada e como sua efetividade é avaliada.

56. Esta seção foi elaborada com base nas seguintes publicações: *The UK Approach to Corporate Governance, Financial Reporting Council 2010*; *The chemistry of governance: A catalyst for change. GrantThornton, 2012; Corporate Governance for Main Market and AIM Companies, London Stock Exchange, 2012.*

57. Das 2.462 companhias listadas, 1.624 delas eram britânicas. Dados de 31/05/2014. Fonte: http://www.londonstockexchange.com/statistics/companies-and-issuers/companies-and-issuers.htm.

58. *Dodd–Frank Wall Street Reform and Consumer Protection Act*, lei aprovada como resposta à crise financeira global de 2008 com o objetivo de aumentar a regulação sobre as instituições financeiras.

59. No início de 2009, ganhou força a ideia da mudança da expressão *comply or explain* por *apply or explain* (aplique ou explique), vista como uma abordagem mais flexível e que tende a ser mais bem recebida que a expressão "cumpra".

60. As empresas devem descrever seu nível de cumprimento em relação aos códigos de governança em seus relatórios anuais.

61. Mais informações sobre a abordagem britânica estão disponíveis em https://www.frc.org.uk/Our-Work/Codes-Standards/Corporate-governance.aspx.

62. As primeiras versões dos códigos de governança britânicos eram chamadas pelos presidentes das comissões responsáveis por sua elaboração. O código *Cadbury*, por exemplo, homenageia *sir* Adrian Cadbury. De forma similar, *sir* Ronald Hampel, Nigel Turnbull e Derek Higgs foram os presidentes das comissões dos códigos *Hampel*, *Turnbull* e *Higgs*, respectivamente.

63. Título oficial: "Financial Aspects of Corporate Governance". Disponível em http://www.ecgi.org/codes/documents/cadbury.pdf.

64. Título oficial: "Study Group on Directors' Remuneration". Disponível em http://www.ecgi.org/codes/documents/greenbury.pdf.

65. Disponível em http://www.ecgi.org/codes/documents/hampel.pdf.

66. Título oficial: "Internal Control: Guidance for Directors on the Combined Code". Disponível em http://www.ecgi.org/codes/documents/turnbul.pdf.

67. Título oficial: "The Combined Code: Principles of Good Governance and Code of Best Practice". Disponível em http://www.ecgi.org/codes/documents/combined_code.pdf.

68. Título oficial: "The Higgs Report: Review of the role and effectiveness of non-executive directors". Disponível em http://www.ecgi.org/codes/documents/higgsreport.pdf.

69. Título oficial: "Audit Committees – Combined Code Guidance". Disponível em http://www.ecgi.org/codes/documents/ac_report.pdf.

70. Disponível em http://www.ecgi.org/codes/documents/combined_code_final.pdf.

71. Disponível em http://www.ecgi.org/codes/documents/combined_code_june2008_en.pdf.

72. Título oficial: "A review of corporate governance in UK banks and other financial industry entities: Final recommendations". Disponível em http://www.ecgi.org/codes/documents/walker_review_261109.pdf.

73. Disponível em http://www.ecgi.org/codes/documents/cg_code_uk_sep2012_en.pdf.

74. Disponível em http://www.ecgi.org/codes/documents/stewardship_code_uk_sep2012_en.pdf.

75. O termo *stewardship* pode ser traduzido como "custódia". Deriva da palavra *steward*, usualmente empregada para identificar as pessoas responsáveis por gerenciar a propriedade de terceiros.

76. Em diversas companhias, é comum o diretor financeiro (CFO) também participar do conselho de administração.

77. A ABI representa os interesses coletivos de cerca de trezentos seguradoras britânicas, responsáveis por cerca de 90% dos recursos investidos em seguros do país. No total, seus associados possuíam cerca de £ 1,2 trilhão investidos em ações no Reino Unido em 2012. Mais informações em https://www.abi.org.uk/.

78. A NAPF representa cerca de 1.300 fundos de pensão do Reino Unido, com aproximadamente 16 milhões de beneficiários e ativos de £ 900 bilhões. Mais informações em http://www.napf.co.uk/.

79. O Hermes tem duas frentes de ação distintas: fundo de pensão e gestão de recursos. O fundo de pensão atua como o braço executivo do plano de previdência da British Telecom. O Hermes detém £ 27 bilhões em ativos sob gestão e £ 27 bilhões em ativos sob aconselhamento. O Hermes defende como filosofia investir visando retornos de longo prazo em companhias comprometidas em aprimorar suas práticas de governança, atuando como um dos principais ativistas globais. Mais informações em http://www.hermes.co.uk/.

80. Fonte: *Office for National Statistics. Statistical Bulletin. Ownership of UK Quoted Shares*, 2012. Disponível em http://www.ons.gov.uk/ons/dcp171778_327674.pdf .

81. Fonte: *Office for National Statistics. Statistical Bulletin. Ownership of UK Quoted Shares*, 2012.

82. Carlsson (2001, p. 63) afirma que o modelo de equilíbrio dos interesses foi reforçado por acontecimentos traumáticos ocorridos no século XX, como as duas guerras mundiais, hiperinflação, reformas monetárias e reintegração com a Alemanha Oriental, fazendo com que o consenso e a colaboração se tornassem importantes valores sociais.

83. *Mitbestimmungsgesetz* no original. *Co-determination in Germany: The Recent Debate. Heiner Michel, 2007*. Disponível em https://www.uclouvain.be/cps/ucl/doc/etes/documents/WDW004.pdf.

84. A sigla AG é uma abreviação do termo Aktiengesellschaft, referindo-se às corporações que emitem ações passíveis de negociação em bolsas de valores.

85. Abreviação de *Gesellschaft mit beschränkter Haftung*. A maioria das empresas é incorporada sob a forma de GmbHs. A lei é bem mais simples para as GmbHs com menos de quinhentos funcionários: elas devem eleger um grupo de diretores executivos responsáveis por todas as decisões de negócio e pela prestação de contas diretamente aos sócios. Coincidentemente ou não com a sujeição a regras de governança mais simples, essas companhias alemãs de porte médio, capital fechado e muitas vezes controle familiar (conhecidas pela denominação *Mittelstand*) têm sido o principal motor do crescimento do país desde a década de 1990. Em geral se localizam em cidades pequenas e exercem papel de liderança em suas comunidades, o que faz com que tenham forte senso de obrigação social, diminuindo seu interesse em terceirizar atividades ou transferir operações para o exterior. Elas exportam cerca de 80% de sua produção e empregam 70% das pessoas do setor privado. Fonte: *German Mittelstand: Engine of the German Economy*. Federal Ministry of Economics and Technology. Disponível em http://www.bmwi.de/EN/Topics/Economy/small-business-policy.html.

86. Alguns autores traduzem *Vorstand* como "diretoria" em vez de conselho de gestão. O órgão é chamado de *Geschäftsleitung* nas empresas limitadas (GmbH).

87. Um caso típico é ilustrado pela Siemens AG. A companhia tem vinte membros em seu conselho de supervisão, sendo metade eleita pelos funcionários. *Vide* http://w1.siemens.com/about/en/management-structure/supervisory_board.htm.

88. Embora raramente esse voto seja exercido, tendo em vista a permanente busca pelo consenso e as potenciais dificuldades subsequentes de governança da companhia em caso de eventuais deliberações decididas pelo voto de minerva.

89. Geralmente, o conselho de gestão reporta ao conselho de supervisão os seguintes temas: (i) estratégia prevista e políticas de negócios (planos de financiamento, investimento e de gestão de pessoas); e (ii) rentabilidade obtida (geralmente mensurada pelo retorno sobre patrimônio líquido – ROE) e transações com impacto significativo sobre rentabilidade ou liquidez.

90. Nas AGs de grande porte, um membro do conselho de gestão deve obrigatoriamente se dedicar às questões trabalhistas e de recursos humanos.

91. Carlsson (2001, p. 64) sugere que essa característica tem raízes históricas, advindas dos diversos problemas que a sociedade alemã enfrentou no século XX devido a líderes com poder excessivo.

92. Fonte: Charkham (1994).

93. Como exemplo, muitas empresas alemãs com ADRs no mercado norte-americano têm passado a utilizar a expressão CEO para aproximar sua estrutura de governança ao modelo mais conhecido pelos investidores internacionais. A Siemens AG é um exemplo de empresa que utiliza essa nomenclatura.

94. No original, *sprecher*.

95. A ascendência de um membro do conselho de gestão tende a variar em função do histórico e das características de cada empresa. Em empresas familiares, por exemplo, é possível que o líder do órgão (muitas vezes o fundador ou um descendente) possua forte ascendência sobre os demais membros do conselho de gestão, assemelhando-se a uma relação hierárquica.

96. O mercado de ações alemão é considerado subdesenvolvido quando comparado com outras economias avançadas. Como exemplo, apesar de ser um país com PIB superior à Inglaterra, detinha apenas 638 companhias domésticas listadas em janeiro de 2014, menos da metade em relação às 1.624 companhias britânicas listadas na bolsa de Londres. Fonte: *World Federation of Exchanges*: http://www.world-exchanges.org/statistics/monthly-reports

97. Além da posse direta de ações, os bancos muitas vezes exercem influência nas assembleias de acionistas por meio de um sistema de procurações de voto de seus clientes.

98. Fonte: Gadhoum *et. al.* (2005).

99. Fonte: Fehre *et al.* (2013).

100. O código alemão está disponível em http://www.ecgi.org/codes/documents/cg_code_germany_may2010_en.pdf.

101. Notadamente nos serviços de utilidade pública, como eletricidade e ferrovias.

102. Fonte: Charkham (1994).

103. Em homenagem ao líder da comissão e PDG do Banco Societé Generale, Marc Vienot. Os relatórios Vienot estão disponíveis em http://www.ecgi.org/codes/code.php?code_id=41.

104. O título original do relatório Bouton, lançado em setembro de 2002, é *Promoting Better Corporate Governance In Listed Companies.*

105. *Corporate Governance Code of Listed Corporations*, Disponível em http://www.ecgi.org/codes/code.php?code_id=259.

106. AFEP-MEDEF (*Association Française des Entreprises Privées et Mouvement des Entreprises de* France) *Code de gouvernement d'entreprise des sociétés cotées*. Disponível em http://www.ecgi.org/codes/code.php?code_id=393.

107. Para conselhos com oito membros ou menos, a diferença entre o número de homens e mulheres não poderá ser superior a duas pessoas. Fonte: *Journal Officiel de la République Française,* "LOI No. 2011-103 du 27 janvier 2011 relative à la représentation équilibrée des femmes et des hommes au sein des conseils d'administration et de surveillance et à l'égalité professionnelle".

108. Fonte: *The French State as Shareholder. Agence des participations de l'État*. Disponível em http://www.gouvernement.fr/sites/default/files/fichiers/the-french-state-as-shareholder.pdf.

109. Fonte: *OECD Corporate Governance Factbook 2014.*

110. Fonte: *OECD Corporate Governance Factbook 2014.*

111. Fonte: SILVEIRA, A. M., BARROS, L. A. 2013. *Concentration of Power and Corporate Performance Variability*. Disponível em http://ssrn.com/abstract=2225355.

112. Esta seção foi elaborada com base nas seguintes publicações: *Corporate Governance in the Nordic Countries*. 2009. Copublicação da *Danish Corporate Governance Committee, Finnish Securities Market Association, Icelandic Committee on Corporate Governance, Norwegian Corporate Governance Board* e *Swedish Corporate Governance Board.*

113. No caso da Suécia, cerca de 64% das companhias têm ao menos um acionista detentor de mais de 25% das ações. Em cerca de 26%, o maior acionista tem mais que 50% do total de ações.

114. Na Suécia, é muito comum a presença de conglomerados industriais controlados por famílias centenárias.

115. A atuação do Estado ocorre tanto diretamente quanto por meio do *Folketrygdfondet*, gestora de recursos estatal responsável pela gestão do fundo de pensão do governo norueguês.

116. Todos os países nórdicos permitem a emissão de ações com múltiplo direito a voto (*multiple voting rights*), com direito a voto limitado (*limited voting rights*) e a imposição de um limite máximo de votos por acionista (*voting caps*). Dinamarca e Finlândia permitem ainda a emissão de ações sem qualquer direito a voto.

117. Apesar de ser uma questão em aberto, a pressão dos estrangeiros – detentores de cerca de 40% das ações na região – parece estar surtindo efeito: a maioria das empresas listadas nos países nórdicos desde o ano 2000 não conta com mecanismos para aumentar o poder de controle, tais como as ações com múltiplo direito a voto.

118. Ou em um prazo máximo posterior estipulado pela assembleia.

119. No caso da Suécia, ao menos um conselheiro deve ser independente do acionista de referência.

120. Como exemplo, cabe ao conselho de administração aprovar todas as transações com partes relacionadas não rotineiras. Nessas matérias, os membros sujeitos a conflitos de interesses diretos ou indiretos devem obrigatoriamente se abster de votar.

121. Noruega, Dinamarca e Finlândia proporcionam às companhias o direito de optar entre um sistema com um único conselho (de administração) ou um sistema com dois conselhos (de supervisão e de gestão). A enorme maioria das companhias adota o modelo com apenas um conselho de administração.

122. E facultativa na Finlândia.

123. A legislação exige, no mínimo, dois conselheiros eleitos pelos empregados para as companhias com menos de mil funcionários e no mínimo três para aquelas com mais de mil funcionários. A proporção máxima de representantes de empregados não pode ser superior a 50% do conselho.

124. Fonte: *Japan Board Index 2013, SpencerStuart*. Disponível em https://www.spencerstuart.com/research-and-insight/japan-board-index-2013-english. *Survey on Corporate Governance of Listed Corporations 2013, Japan Association of Corporate Directors*. Disponível em http://www.jacd.jp/en/resources/130805_04report.pdf.

125. 3.407 companhias listadas na bolsa de Tóquio em janeiro de 2014. Fonte: *World Federation of Exchanges* – WFE. Disponível em http://www.world-exchanges.org/statistics.

126. Além disso, mais que 90% das companhias listadas não possuem acionistas com mais de 50% das ações.

127. O direito societário japonês, criado no século XIX por ocasião da Restauração Meiji, foi baseado no direito societário alemão.

128. Em junho de 2014, as instituições financeiras e empresas privadas japonesas detinham cerca de 50% do total das ações das companhias listadas na bolsa de Tóquio, contra 19% detidos por investidores pessoas físicas e 31% em posse de fundos estrangeiros. Fonte: *The Wall Street Journal*. 19/06/2014. "Foreign Ownership of Japan Shares Hits All-Time High". Disponível em http://online.wsj.com/articles/foreign-ownership-of-japan-shares-hits-all-time-high-1403173422.

129. Os *keiretsu* tornam praticamente impossível a existência de um mercado ativo de aquisições hostis, bem como diminuem sensivelmente a probabilidade de sucesso de uma nova empresa em determinada cadeia produtiva, minimizando a competição.

130. Vale destacar duas diferenças importantes entre o modelo japonês e o alemão: enquanto o modelo alemão é composto por dois conselhos (*two-tier boards*), o japonês tem apenas um conselho de administração. Além disso, não há representação de empregados nos conselhos japoneses, diferentemente do caso alemão.

131. O Japão tradicionalmente ocupa o último lugar nos comparativos internacionais relativos aos dias de greve de trabalhadores. Em 2000, por exemplo, o país apresentou uma média de um dia parado por trabalhador no ano, muito abaixo da média de 63,5 dias observada nos países do G-7. Fonte: http://www.nationmaster.com/country-info/stats/Labor/Strikes.

132. Para Carlsson (2001, p. 80), uma consequência da política de emprego vitalício é a priorização, por parte das empresas, de metas de crescimento absoluto e de participação no mercado em vez da maximização dos lucros.

133. Os *keiretsu* tornaram praticamente impossível a criação de um mercado de aquisições hostis ativo no Japão.

134. O original *Company with Statutory Auditors*.

135. No original *Companies with the Three Committees*.

136. Para obter mais informações sobre o ativismo societário no Japão, ver http://undervaluedjapan.blogspot.com.br/2014/05/the-little-post-about-shareholder.html.

137. Como exemplo, a Panasonic detinha ações de cerca de trezentas outras empresas em março de 2008, estimadas na ocasião a um valor de mercado de US$ 4 bilhões. Fonte: *The Economist*, 6/11/2008. "Criss-crossed capitalism – Japanese firms' tradition of cross-shareholdings is causing problems".

138. Na década de 1990, a situação era ainda pior: mais que 90% das companhias listadas realizavam suas assembleias no mesmo dia. Fonte: http://dealbook.nytimes.com/2014/06/23/in-japan-hundreds-of--shareholder-meetings-on-same-day/?_php=true&_type=blogs&_r=0.

139. De acordo com a agência especializada em governança corporativa RiskMetrics, mais de quinhentas companhias japonesas adotaram *poison pills* desde 2005.

140. Cerca de 50% dos conselhos de administração das companhias listadas do país se reúnem entre 14 e 21 vezes por ano, enquanto mais que 90% dos conselhos se reúnem mais que uma vez por mês.

141. Fonte: Bonn *et al.* (2004). Um exemplo interessante de redução drástica dos conselhos japoneses é o da Toyota: a companhia, que chegou a ter 40 conselheiros no início da década de 1990, tinha 13 conselheiros de administração em 2013.

CAPÍTULO 10

1. O início das atividades do mercado de capitais brasileiro data do século XIX, com a fundação da Bolsa de Valores do Rio de Janeiro em 1845 e a fundação da Bolsa de Valores de São Paulo em 1895 (originalmente denominada Bolsa de Fundos Públicos de São Paulo).

2. Deve-se destacar também a existência de um baixo nível de poupança interna como fator adicional para o subdesenvolvimento do mercado de capitais nacional durante o século XX.

3. Até o início da década de 1930, o Brasil era um país dependente da exportação de café e importador de produtos industrializados. Com a quebra da bolsa de Nova York em 1929, a diminuição da demanda internacional fez com que o modelo exportador-monocultor não se tornasse mais viável. A solução foi a chamada "política de substituição das importações", um plano que visava industrializar o Brasil para diminuir a dependência da exportação de *commodities* agrícolas. Um dos mecanismos utilizados foi o aumento das tarifas de importação, o que levou ao fechamento das fronteiras comerciais e ao isolamento do nosso mercado da competição internacional.

4. As empresas estatais em geral se dedicavam aos setores de infraestrutura.

5. As empresas multinacionais em geral se dedicavam à produção de bens de capital.

6. As empresas familiares em geral se dedicavam à produção de bens de consumo e ao setor de serviços.

7. Schneider (2004) detalha as características dos grandes grupos empresariais brasileiros de controle familiar.

8. Em função da geração de caixa de suas operações ou do acesso privilegiado a recursos do Estado.

9. Para um retrato conciso sobre a evolução dos mercados financeiros e de capitais no Brasil no último século, *vide* Black *et al.* (2008).

10. Lei 4.595/1964.

11. Lei 4.728/1965.

12. Lei 6.385/1976. Essa lei extinguiu o antigo sistema de corretores de fundos públicos das sociedades corretoras, dando início à bolsa como entidade sem fins lucrativos de posse de corretoras privadas.

13. Lei 6.404/1976.

14. Para mais detalhes sobre a evolução do mercado de capitais brasileiro, *vide* Portal do Investidor – CVM: www.portaldoinvestidor.gov.br.

15. Entre outros incentivos adotados, destacam-se: a isenção fiscal dos ganhos obtidos em bolsa de valores, a possibilidade de abatimento no imposto de renda de parte dos valores aplicados na subscrição pública de ações decorrentes de aumentos de capital e os programas de financiamento a juros subsidiados do BNDES (Banco Nacional do Desenvolvimento Econômico e Social) para os subscritores de ações distribuídas publicamente. Fonte: Portal do Investidor – CVM.

16. Fonte: http://www.portaldoinvestidor.gov.br/menu/Menu_Academico/O_Mercado_de_valores_mobiliarios_brasileiro/Historia_Mercado-Capitais.html.

17. Em muitos casos, os empreendedores optaram por abrir capital como forma de acessar recursos a custos baixos em função dos incentivos fiscais.

18. As empresas podiam emitir até dois terços de seu capital total sob a forma de ações preferenciais. A partir de 2001, com a aprovação da Lei 10.303/2001, o limite máximo foi reduzido para 50% do total das ações.

19. Pode-se afirmar que diversos problemas contemporâneos de governança no Brasil derivam da emissão de até dois terços do total de ações das companhias sob a forma de ações sem direito a voto. Essa possibilidade criou em muitas empresas um grande distanciamento entre o poder político do grupo de controle (percentual de ações com direito a voto) e o direito ao fluxo de caixa desse mesmo grupo (percentual total de ações em posse do grupo de controle). Esse distanciamento ocasionou muitas situações de divergência entre o melhor interesse do grupo de controle e o melhor interesse dos demais acionistas, resultando em problemas de governança e conflitos societários. Além disso, os incentivos fiscais governamentais induziram muitos empresários a criar teias societárias complexas como forma de minimizar a carga tributária de todo o grupo e maximizar os ganhos isolados do grupo de controle. Essas teias societárias, por sua vez, aumentaram substancialmente a possibilidade de expropriação dos acionistas distantes da atividade diária das empresas.

20. Fonte: De Carvalho (2000, p. 606). O Brasil tinha apenas duzentas companhias listadas ao final de 1970.

21. O primeiro programa de privatização ocorreu durante o governo de Fernando Collor (1990 a 1992). Após aprovar o PND – Programa Nacional de Desestatização pela Lei 8.031/1990, o programa teve início em outubro de 1991 com a privatização da Usiminas. Das 68 empresas incluídas no programa, entretanto, apenas 18 foram efetivamente privatizadas durante seu governo.

22. Vinte anos depois, em julho de 2014, as companhias privatizadas total ou parcialmente (caso das sociedades de economia mista) representavam cerca de 40% do Ibovespa. Nessa data, Vale e Petrobras eram as ações mais negociadas da BM&FBovespa.

23. Abreviação de *American Depositary Receipts*, títulos representativos de ações no país de origem.

24. Para obter mais informações, *vide* Standard & Poor's (2004).

25. Tais como Petros (Petrobras), Previ (Banco do Brasil) e Funcef (Caixa Econômica Federal).

26. A alteração ocorreu por meio da Lei 9.457/1997.

27. O *tag along* corresponde ao direito de os acionistas detentores de ações ordinárias receberem ao menos uma parte do oferecido aos acionistas controladores em caso de alienação do bloco de controle da companhia. Até a Lei 9.457/1997, assegurava-se um *tag along* de 100% aos minoritários ordinaristas, isto é, o direito deles venderem suas ações a um valor mínimo idêntico ao preço pago pelas ações do bloco de controle. Esse direito foi excluído em 1997, pouco antes da privatização da Vale do Rio Doce.

28. O mercado de ações brasileiro foi tradicionalmente caracterizado por elevada concentração de mercado, baixa liquidez e alta volatilidade. Como evidência, a Standard & Poor's (2004, p. 3) mostra que, em 2004, as vinte maiores companhias listadas ainda representavam cerca de 70% da capitalização de mercado da Bolsa, com apenas 4% das empresas listadas tendo suas ações negociadas diariamente.

29. Ao final de 1999, o Brasil possuía 487 companhias listadas em bolsa, contra 592 em 1989. Fonte: De Carvalho (2000, p. 606).

30. Em contrapartida, Silveira (2005) argumenta ser fundamental criar um círculo virtuoso para a governança corporativa no Brasil, o que levaria ao desenvolvimento do mercado de capitais nacional, e à maior competitividade de nossas companhias: "as iniciativas para aprimorar as práticas de governança no Brasil podem simultaneamente reforçar a proteção aos investidores e aprimorar o padrão de governança na alta gestão das empresas. Isso, por sua vez, levaria os investidores a pagarem mais pelos títulos das companhias, reduzindo seu custo de capital próprio e de terceiros. Como resultado, as empresas ficariam mais interessadas em utilizar o mercado de capitais como alternativa real de capitalização para crescimento. Com mais companhias e operações, o mercado de capitais tornar-se-ia cada vez mais sofisticado, levando à melhoria contínua da proteção aos investidores e a melhores práticas de governança, o que reforçaria o círculo virtuoso."

31. As ofertas públicas iniciais (*Initial Public Offerings*, no original) representam a primeira oferta de ações de uma companhia junto ao mercado. Um mercado de IPOs ativo é sinal de uma economia capitalista sadia, uma vez que ele reúne o capital de risco para o crescimento das empresas, principalmente as mais jovens e com maior potencial de inovação. O resultado tende a ser positivo não apenas para empreendedores e investidores, que podem se tornar sócios de bons negócios, mas para a sociedade em geral, dado o ganho de competitividade que o país tende a obter.

32. Em 2007, o Brasil respondeu por cerca de 6% dos IPOs nos mercados emergentes (64 ofertas entre 1.044 em países emergentes de todo o mundo). No período 2010-2013, esse percentual caiu para 1,3% (35 ofertas das 2.763 ocorridas em países emergentes nesse período). Enquanto o número de IPOs na bolsa de Nova York (NYSE) subiu cerca de 44% de 2012 para 2013 (78 para 112 ofertas), o mercado brasileiro se manteve estagnado. Fonte: *EY 2013 Global IPO Update: January-December 2013.*

33. Outra disfunção importante de nosso mercado acionário merece destaque. Em vez de priorizar as empresas pequenas, o Brasil privilegia a abertura de capital de companhias de grade porte, muitas vezes pertencentes a poderosos conglomerados econômicos. Como resultado, cerca de metade dos recursos levantados nos 143 IPOs de 2004 a 2012 foram canalizados para empresas que fazem parte de grandes grupos econômicos (p. ex., Santander, BB Seguridade, Cielo etc.) ou que passaram por processos de desmututalização (p. ex., BM&F, Bovespa etc.), em vez de terem sido canalizados para empresas novas e de empreendedores independentes. Como resultado, os mercados primários de ações têm funcionado muitas vezes de forma oposta ao planejado, aumentando a vantagem competitiva das grandes empresas em relação às menores e fortalecendo sua posição de mercado.

34. Esta seção foi elaborada com base no documento: OECD (2013), *Supervision and Enforcement in Corporate Governance, Corporate Governance.* Disponível em http://dx.doi.org/10.1787/9789264203334-en.

35. Nos estudos internacionais, o Brasil é caracterizado como um país pertencente ao sistema jurídico do *civil law*. Entre outras coisas, isso significa que os juízes procuram resolver os conflitos entre partes privadas primordialmente por meio das regras escritas na Constituição e outras legislações, tomando decisões com base em precedentes judiciais apenas em segundo caso.

36. Valores mobiliários são títulos ou contratos de investimento coletivo que geram direito de participação, parceria ou remuneração (inclusive resultante da prestação de serviços), cujos rendimentos advêm do esforço do empreendedor ou de terceiros. Entre os valores mobiliários, destacam-se as ações, debêntures, cotas de fundos de investimento em valores mobiliários, cotas de clubes de investimento, notas comerciais, contratos futuros, de opções e outros derivativos.

37. A Lei 6.404/1976 está disponível em http://www.planalto.gov.br/ccivil_03/leis/l6404consol.htm.

38. A criação da CVM foi inspirada na SEC (*Securities and Exchange Commission*) norte-americana. A Lei 6.385/1976 está disponível em http://www.planalto.gov.br/ccivil_03/leis/l6385.htm.

39. O Ministério Público Federal (MPF) também tem poder para investigar casos envolvendo questões de governança corporativa, desde que eles sejam considerados prejudiciais ao interesse público ou da sociedade em geral. O MPF pode indiciar pessoas nas esferas civil e criminal.

40. As políticas gerais da CVM devem ser aprovadas pelo Conselho Monetário Nacional (CMN). A CVM é dirigida por uma diretoria composta por um presidente e quatro outros diretores, todos indicados pelo presidente da República e aprovados pelo Senado. A fim de mitigar interferências políticas, os diretores possuem mandatos de cinco anos com estabilidade durante esse período, devendo um deles ser substituído a cada ano. Com exceção dos diretores, os membros da CVM são funcionários públicos contratados após aprovação em concurso público.

41. De 2008 a 2012, a CVM abriu 381 casos. Destes, 225 casos foram julgados e 127 foram encerrados por meio da celebração de acordos, os chamados "termos de compromisso".

42. Para obter mais informações sobre o CRSFN, *vide* http://www.bcb.gov.br/crsfn/crsfn.htm.

43. Além da oscilante atratividade internacional do Brasil, o problema passa pela falta de oferta de ações por parte das companhias e de demanda dos investidores. A baixa oferta decorre de, ao menos, quatro fatores: (1) a atuação do BNDES, uma fonte de recursos abundante, mais barata e menos rigorosa que o mercado; (2) o temor dos controladores de perder o controle absoluto das decisões, bem como de sofrer pressões excessivas de um mercado visto como focado no curto prazo; (3) o desconhecimento de muitos empreendedores sobre o mercado de ações, associando-o à especulação e não à produção; e (4) o maior nível de transparência exigido, que poderia impactar negativamente a "vantagem competitiva" de algumas empresas em relação a aspectos tributários e de relacionamento com agentes públicos. Já a demanda reduzida dos investidores resulta de duas outras causas: (1) o aumento do intervencionismo do governo no âmbito setorial e em grandes companhias listadas a partir de 2008; e (2) o mau desempenho e/ou surgimento de escândalos de governança em empresas recém-listadas.

44. Para obter mais informações sobre o Instituto Brasileiro de Governança Corporativa (IBGC), acesse www.ibgc.org.br.

45. Como descrito no site do IBGC, devem-se destacar os esforços individuais do administrador de empresas Bengt Hallqvist e do professor e consultor João Bosco Lodi, que vislumbraram em 1994 a necessidade de criação de um organismo destinado a aprimorar a alta gestão das organizações brasileiras.

46. Boa parte desses problemas foi resultado de alterações na Lei das Sociedades por Ações em 1997, particularmente aquela que retirou o direito de *tag along*. Por outro lado, a alteração na Lei promovida pelo governo visando maximizar seus ganhos nos processos de privatização acabou por fomentar o movimento em prol das melhores práticas de governança, levando a um efeito colateral positivo.

47. Entre os fundos ativistas pioneiros no Brasil, destacam-se o Fator Sinergia I (lançado em 1997), Dynamo Puma (1998) e Bradesco Templeton (1998). Todos faziam parte de um programa do braço de participações do BNDESPar (Banco Nacional de Desenvolvimento Econômico e Social) que visava aportar recursos em fundos de investimento que investissem em ações de empresas com pouca liquidez e grande potencial de crescimento. Esses fundos procuravam escolher companhias subavaliadas, adquirir participações acionárias relevantes e acompanhar a gestão de perto (muitas vezes por meio de assentos nos conselhos) até "criarem valor", desfazendo-se de suas participações no longo prazo.

48. O Código das Melhores Práticas de Governança do IBGC sofreu três revisões, em abril de 2001, junho de 2003 e em 2009, encontrando-se atualmente na 4ª edição. Uma nova revisão está prevista para 2015.

49. *Mckinsey. Investor Opinion Survey. June 2000.* Disponível em http://www.oecd.org/corporate/ca/corporategovernanceprinciples/1922101.pdf.

50. A adesão aos segmentos diferenciados de listagem é voluntária, via contrato entre as partes. Os segmentos são organizados em nível crescente de exigências. Para listagem no Novo Mercado, as companhias devem cumprir com as seguintes regras: o capital deve ser composto exclusivamente por ações ordinárias com direito a voto; no caso de venda do controle, todos os acionistas devem ter direito a vender

suas ações pelo mesmo preço (*tag along* de 100%); em caso de saída da listagem ou cancelamento do contrato com a BM&FBovespa, a empresa deverá fazer oferta pública para recomprar as ações de todos os acionistas no mínimo pelo valor econômico; o conselho de administração deve ser composto por, pelo menos, cinco membros, sendo 20% dos conselheiros independentes e com mandato máximo de dois anos; a companhia deve se comprometer a manter, no mínimo, 25% das ações em circulação (*free float*); deve haver divulgação de dados financeiros mais completos, incluindo relatórios trimestrais com demonstração de fluxo de caixa e relatórios consolidados revisados por um auditor independente; a empresa deve disponibilizar relatórios financeiros anuais em um padrão internacionalmente aceito; a empresa deve divulgar mensalmente as negociações com valores mobiliários da companhia pelos diretores, executivos e acionistas controladores. O regulamento completo para listagem no Novo Mercado se encontra disponível em http://www.bmfbovespa.com.br/pt-br/servicos/download/Regulamento-de-Listagem-do-Novo-Mercado.pdf.

51. A primeira Mesa-Redonda Latino-Americana ocorreu de 26 a 28 de abril de 2000 em São Paulo. Mais informações em http://www.oecd.org/daf/ca/latinamericanroundtableoncorporategovernance.htm.

52. A partir de 2001, o *tag along* aos acionistas detentores de ações ordinárias voltou a ser obrigatório, desta vez em uma proporção mínima de 80% do valor pago às ações do bloco de controle. Além da reintrodução parcial (80%) do *tag along* para minoritários ordinaristas, a lei promoveu outras alterações a fim de aumentar a proteção aos acionistas não controladores, entre as quais: (1) a obrigatoriedade de oferta pública de aquisição de ações (OPA) pelo valor econômico aos ordinaristas minoritários, em caso de: cancelamento do registro de companhia aberta, elevação da participação acionária à porcentagem que impeça a liquidez de mercado das ações remanescentes, ou em caso de fusão ou aquisição; (2) o direito de os preferencialistas elegerem um membro para o conselho de administração, desde que representem, no mínimo, 10% do capital social da companhia; (3) a limitação da emissão de ações preferenciais a 50% do total de ações emitidas, em vez dos 67% anteriores, para as sociedades anônimas instituídas após a publicação da lei; e (4) a possibilidade de o estatuto social prever a arbitragem como mecanismo de solução das divergências entre os acionistas e a companhia, ou entre os sócios controladores e os minoritários, propiciando uma forma mais rápida para resolução de conflitos.

53. O processo de pulverização das ações da Lojas Renner ocorreu após a saída de seu antigo acionista controlador (a multinacional norte-americana JC Penney), que optou por vender suas ações de controle diretamente na bolsa de valores.

54. Uma versão preliminar deste quadro foi publicada em formato de artigo pelo autor nas edições 71 (julho/2009) e 72 (agosto/2009) da revista *Capital Aberto*, seção "Governança".

55. Em abril de 2009, a CVM (Comissão de Valores Mobiliários) emitiu um Parecer de Orientação no qual deixou claro que não aplicaria penalidades a acionistas que votassem pela retirada ou modificação das *poison pills* do estatuto e não realizassem a oferta pública exigida pela cláusula pétrea.

56. O *insider trading* consiste no uso indevido de informações privilegiadas para compra ou venda de ações. É considerado crime pela Lei 10.303/2001 e estelionato pelo Código Penal brasileiro. As informações privilegiadas são aquelas que podem influir de modo considerável na cotação dos valores mobiliários de emissão da companhia, afetando a decisão dos investidores de vender, comprar ou reter esses valores. Enquadram-se como *insiders* os administradores (conselheiros e diretores da companhia), membros de quaisquer órgãos criados pelo estatuto, com funções técnicas ou destinadas a aconselhar os administra-

dores, membros do Conselho Fiscal, subordinados e terceiros de confiança dessas pessoas, e acionistas controladores.

57. Antes do anúncio da tentativa de aquisição, o ex-vice-presidente do conselho de administração e o ex--diretor financeiro da Sadia compraram ADRs da Perdigão no mercado norte-americano, revendendo--os com lucro após o anúncio. Além desses, um funcionário do banco contratado para auxiliar a Sadia no processo também realizou operações similares, sendo igualmente punido pela SEC. Todos realizaram acordos, com pagamento de multas junto à SEC e punição administrativa junto à CVM.

58. Em abril de 2009, a ANBID definiu novas regras para ofertas públicas visando minimizar o conflito de interesses dos bancos coordenadores no período pré-IPO. A entidade definiu que o banco líder da oferta que tiver mais de 10% de participação acionária na ofertante ou que receber mais de 20% do volume captado deverá dividir a função com uma instituição financeira que não esteja sujeita a conflito de interesses.

59. Os BDRs são o equivalente nacional dos ADRs no mercado norte-americano. Idealmente, deveriam servir como instrumento para que companhias estrangeiras tivessem suas ações negociadas no Brasil por meio de recibos com lastros em ações no país de origem das companhias. Entretanto, praticamente todos os BDRs níveis 2 ou 3 negociados em bolsa no Brasil são de empresas intrinsecamente brasileiras, com operações e administração local.

60. Para obter mais detalhes do caso Cosan, *vide* Donaggio (2012).

61. Para obter mais informações sobre a recusa de diversas empresas em divulgar a remuneração dos administradores de acordo com a Instrução 480, *vide* Barros *et al.* (2013).

62. Fonte: revista *Exame*, edição 981. 01/12/2010. "As empresas que dizem não à bolsa". Disponível em http://exame.abril.com.br/revista-exame/edicoes/0981/noticias/as-empresas-que-dizem-nao.

63. Para obter informações detalhadas sobre o caso, *vide* http://www.capitalaberto.com.br/temas/governanca-corporativa/cuidado-com-eles/.

64. Natura, CPFL Energia, Grendene, DASA e Porto Seguro. Além dessas, duas outras companhias realizaram IPOs em 2005 (Gol Linhas Aéreas e ALL Logística), ingressando no Nível 2 de governança corporativa.

65. Instrução 480.

66. Para obter mais informações sobre o CAF, *vide* http://www.cafbrasil.org.br/.

67. A Lei 12.846/2013 dispõe sobre a responsabilização administrativa e civil de pessoas jurídicas pela prática de atos contra a administração pública, nacional ou estrangeira. Ela está disponível em http://www.planalto.gov.br/ccivil_03/_ato2011-2014/2013/lei/l12846.htm.

68. Em geral, os principais casos polêmicos de governança divulgados pela mídia no Brasil se referem aos seguintes temas: relações de trocas de ações em operações societárias (p. ex., aquisição de controle, aumento ou fechamento de capital); transações com partes relacionadas; brigas entre acionistas do

bloco de controle; dificuldade de eleição de conselheiros indicados por minoritários; substituição de executivos ou eleição de administradores por ordem política; priorização de questões de governo ao invés de questões de negócio nas empresas sob controle estatal; e aprovação de pacotes de remuneração excessivos e desassociados do desempenho de longo prazo.

69. As informações foram coletadas junto ao banco de dados Economatica® pelo autor.

70. Foram analisadas todas as companhias que apresentaram presença anual em bolsa superior a 10%, isto é, que tiveram suas ações negociadas em, ao menos, 10% dos pregões. Tendo em vista o aumento da liquidez de nosso mercado, o percentual mínimo foi elevado para 30% nos anos de 2009 e 2014.

71. Foram analisadas todas as companhias que apresentaram presença anual em bolsa superior a 10% em 2004 e de 30% nos anos de 2004 e 2008.

72. Foram analisadas 271 companhias listadas na BM&FBovespa que apresentaram presença em bolsa no período de um ano superior a 30% (percentual de dias em que as ações tiveram alguma negociação dividido pelo total de dias em que houve pregão). Os dados foram obtidos junto ao sistema Economatica®, com data-base de 20/06/2014. Como o sistema apenas computa as participações acionárias diretas, é possível que alguns resultados se mostrem enviesados dada a presença de estruturas indiretas, tais como pirâmides ou redes de participações acionárias cruzadas.

73. Para a inclusão nesse grupo, adotou-se o seguinte critério: a soma do percentual das ações com direito a voto dos cinco maiores acionistas deveria ser inferior a 50% e a companhia não deveria fazer parte do grupo classificado como de controle disperso.

74. Com base no critério adotado, as seguintes companhias foram classificadas como de controle minoritário: ALL Logística, Anima, Bematech, BHG, BR Insurance, BR Pharma, BR Property, Cia Hering, Dimed, Direcional, Dufry, Eternit, Gafisa, GPC Part, Hotéis Othon, HRT Petróleo, Iochp-Maxion, Linx, Localiza, Lojas Marisa, Magnesita AS, Mills, Positivo Informática, Qualicorp, RaiaDrogasil, Rio Capital Partners, Rossi Residencial, Totvs e Ultrapar.

75. Além de o maior acionista deter menos do que 15% das ações, utilizou-se como critério adicional a obrigatoriedade de um *free float* (percentual do total das ações livre para negociação) mínimo superior a 90%.

76. As companhias que se enquadraram como de estrutura dispersa foram: BM&FBovespa, BRF, BR Brokers, BR Malls, Cetip, Embraer, Estácio Participações, Even, Kroton, Lojas Renner, PDG Realty e Valid.

77. A publicação concluiu ainda que nove tinham controle estatal, oito, estrangeiro; e sete foram classificadas como companhias pulverizadas. Fonte: revista *Capital Aberto*. Anuário 2012. Disponível em http://www.capitalaberto.com.br/edicoes/especial/anuario-de-governanca-corporativa-2012/.

78. Foram considerados apenas comitês compostos por maioria de conselheiros efetivos como membros.

79. A média da remuneração anual dos membros do conselho de administração foi de R$ 328 mil.

80. Como as companhias são obrigadas a divulgar a remuneração mínima, média e máxima do conselho, assumiu-se que a remuneração do presidente corresponde à remuneração máxima do órgão. A média da remuneração anual do presidente do conselho foi de R$ 802 mil. Os presidentes do conselho com maior remuneração foram os da Ambev (R$ 10,3 milhões) e Porto Seguro (R$ 7,8 milhões).

81. A média da remuneração anual dos membros da diretoria executiva foi de R$ 2,11 milhões.

82. Como as companhias são obrigadas a divulgar a remuneração mínima, média e máxima da diretoria executiva, assumiu-se que a remuneração do diretor-presidente corresponde à remuneração máxima do órgão. A média da remuneração anual do diretor-presidente foi de R$ 3,85 milhões. Os diretores--presidentes com maior remuneração anual foram os da Qualicorp (R$ 18,8 milhões) e Ambev (R$ 15,7 milhões).

83. Para obter mais informações sobre esse tema, *vide* Silveira e Barros (2011).

84. Para obter detalhes sobre o caso, *vide*: *The Economist*. "Oi! Brazil's shareholding elite receives a black eye from the regulator". 24/08/ 2006. Disponível em http://www.economist.com/node/7843572.

85. Este caso é descrito em detalhes no livro de Davis *et al.* (2006, p. 67-69).

86. Foram analisadas companhias listadas em, ao menos, um ano durante esse período.

87. Nessa análise, foram definidos como "acionistas relevantes" aqueles com participação acionária superior a 5% das ações votantes ou a 10% do total de ações da companhia.

88. Essa correlação positiva pode decorrer de aprimoramentos resultantes da entrada dos institucionais ou de medidas tomadas pelas empresas a fim de viabilizar os aportes de capital desses agentes.

89. O IPGC é um índice de práticas de governança corporativa composto de vinte perguntas binárias e objetivas. O índice foi criado e coletado pelo Professor Ricardo Leal, do Coppead (UFRJ), que cedeu gentilmente os dados para os testes. A pontuação é apresentada em uma escala de zero a dez.

90. A nota de governança do prêmio "As Melhores Companhias para os Acionistas", promovido pela revista *Capital Aberto*, é gerada de 24 perguntas. A amostra completa é composta por 569 observações de 175 companhias diferentes de 2007 a 2012. A pontuação é apresentada em uma escala de zero a dez.

91. Principalmente Previ, Petros e Funcef. Esses fundos eram acionistas relevantes de companhias como ALL, CPFL, Indústrias Romi, Telemar, Tupy, Usiminas, Vale etc. no início de 2012.

92. Acionistas relevantes de companhias como BR Properties, Dasa, Estácio Participações, Ideiasnet, Magnesita, PDG Realty, Valid etc. no início de 2012.

93. O BNDESPar era acionista relevante de companhias como Eletropaulo, Fibria, JBS, Mangels, Marfrig, Rede Energia etc. no início de 2012.

94. Foram considerados alinhados às práticas recomendadas de composição os conselhos com: (a) mais de 20% de independentes; (b) ao menos uma mulher como conselheira; e (c) 13 membros ou menos.

95. Foram considerados alinhados às práticas recomendadas de funcionamento os conselhos com: (a) ambos os comitês de auditoria e de remuneração instalados; (b) um número de reuniões entre 5 e 15 vezes; e (c) que afirmaram avaliar de formar regular o conselho como órgão ou os conselheiros individualmente.

96. Foram consideradas alinhadas às práticas recomendadas as empresas que: (a) divulgaram ter uma área de auditoria interna estrutura; e (b) com auditoria interna reportando-se diretamente ao conselho de administração.

97. Para obter mais informações sobre esse caso, *vide*: *O Estado de S.Paulo*. "O que selou o destino de Agnelli para que ele perdesse o comando da Vale". 02/04/2011. Disponível em http://economia.estadao.com.br/noticias/geral,o-que-selou-o-destino-de-agnelli-para-que-ele-perdesse-o-comando-da-vale,61198e.

98. Para obter mais informações sobre esse caso, *vide*: *O Estado de S.Paulo*. "CVM julga polêmica de minoritários da Petrobras". 04/10/2013. Disponível em http://economia.estadao.com.br/noticias/geral,cvm-julga-polemica-de-minoritarios-da-petrobras-imp-,1081809.

99. Uma versão preliminar desta seção foi publicada pelo autor em formato de artigo nas edições 108 (agosto/2012) e 109 (setembro/2012) da revista *Capital Aberto*, seção "Governança".

100. Para obter mais informações, ver as publicações do "Grupo de Pesquisas em Direito e Gênero" da Direito-GV, disponíveis em http://direitosp.fgv.br/grupos/grupo-pesquisas-direito-genero.

101. Uma análise das cinco maiores companhias privadas do país em capitalização de mercado (AmBev, Bradesco, Itaú, Telefônica e Vale) realizada em 2012 mostrou número ainda mais impressionantes: dos 58 cargos de conselheiros titulares dessas companhias, apenas um assento (menos que 2%) era ocupado por uma mulher.

102. *Vide* Bertrand *et al.* (2005).

103. *Vide* Oakley (2000).

104. Fonte: Mateos de Cabo *et al.* (2010).

105. Fonte: McCann e Wheeler (2011).

106. Fonte: Sheridan e Milgate (2005).

107. A exceção tende a ocorrer na seleção de alguns conselheiros independentes, notadamente em empresas com estruturas de propriedade acionária mais pulverizadas.

108. Para um resumo do resultado de dezenas de estudos sobre o tema, *vide* Nielsen e Huse (2010).

109. Fonte: Carter *et al.* (2002), Smith *et al.* (2005) e Muller-Kahle e Lewwellyn (2011).

110. Fonte: Bernardi *et al.* (2009).

111. *Vide* Matsa e Miller (2012).

112. A Suécia, tida como o modelo de sucesso da abordagem voluntária ao atingir um percentual de 25% de mulheres em 2012, é na verdade um caso híbrido. O ambiente empresarial do país tem sido constantemente ameaçado por medidas legislativas similares às adotadas por seu vizinho norueguês ao longo da última década.

113. Fonte: Hewlett (2005).

114. É curioso observar que muitos dos grandes grupos nacionais entrevistados conheceram sua fase de maior expansão justamente no período em que o país não era democrático. Mais informações em: *Valor Econômico*, 10/11/2010. "Para empresas, motivação é colaborar com democracia". Disponível em http://www.valor.com.br/arquivo/856669/para-empresas-motivacao-e-colaborar-com-democracia.

115. Fonte: *Valor Econômico*, 19/08/2010. "Doações sem transparência". Disponível em http://www.valor.com.br/arquivo/842465/doacoes-sem-transparencia.

116. Fonte: *Valor Econômico*, 13/08/2010. "Pior que as doações ocultas". Disponível em http://www.valor.com.br/arquivo/841497/pior-que-doacoes-ocultas.

117. A questão das "doações ocultas" foi detalhada por Renata Rizzi em artigo de 13/08/2010 no mesmo jornal.

118. Uma versão preliminar desta seção foi publicada pelo autor em formato de artigo nas edições 62 (outubro/2008) e 63 (novembro/2008) da revista *Capital Aberto*, seção "Governança".

119. O IGCX é um índice oficial da BM&FBovespa com o objetivo de medir o desempenho de uma carteira teórica composta por ações de empresas pertencentes aos segmentos Nível 1, Nível 2 e Novo Mercado.

120. Como exemplo, entre janeiro de 2009 e março de 2014, o IGCX obteve um retorno acumulado de 82,4%, contra 18,4% do Ibovespa no período. Fonte: *Boletim Empresas da BM&FBovespa*. Ano 13, número 202. Disponível em http://www.bmfbovespa.com.br/pt-br/download/Boletim-Estatistico-Empresas-marco-2014.pdf.

121. Na mesma data, a soma dos pesos de Vale e dos três grandes bancos nacionais – Itaú, Bradesco e Banco do Brasil – representava 25% do IGCX, demonstrando a elevada concentração em poucas companhias.

122. O retorno esperado de uma carteira pode ser obtido por meio de algum modelo de apreçamento de ativos financeiros que leve em consideração o risco. O CAPM (*Capital Asset Pricing Model*) é o modelo mais popular utilizado pelo mercado com essa finalidade.

123. Como o de Drobetz, Schillhofer e Zimmermann (2003).

124. Nenova (2003) e Dyck e Zingales (2004).

125. O estudo de Dyck e Zingales (2004) analisou trocas de controle acionário de 412 companhias em 39 países, encontrando prêmios pelo controle que variaram de –4% no Japão a +65% no Brasil. Dentre 39 países analisados, o Brasil foi o que apresentou o maior prêmio pelas ações do bloco de controle, mostrando que aqui os controladores parecem auferir muito mais benefícios que os de outros países. Para fins de comparação, Dyck e Zingales (2004) observaram que países com presença substancial de empresas familiares e propriedade concentrada como Canadá, Noruega e Suécia apresentaram prêmios médios de apenas 1%, 1% e 6%, respectivamente. O estudo de Nenova (2003) utilizou outra abordagem para mensuração do valor dos votos do bloco de controle, analisando 661 empresas de 18 países. Como resultado, encontrou prêmios pelo controle variando de 0% na Dinamarca a 50% no México. Novamente, o Brasil se destacou negativamente. Junto com Itália e Coreia do Sul, apresentou prêmio de controle médio de 25%, ficando em segundo lugar como ambiente com maior prêmio pelo controle. Canadá e Suécia apresentaram prêmios de apenas 4% no estudo de Nenova (2003), como comparação.

CAPÍTULO 11

1. Para as empresas com controle compartilhado minoritário, há o risco adicional de criação de mecanismos que visem fazer com que determinado grupo permaneça no poder mesmo sem deter a maioria do capital votante (via *poison pills*, por exemplo).

2. Há diversas definições para o conceito de empresa familiar. Aqui, será adotada a definição amplamente aceita de que as empresas familiares são aquelas cujo controle acionário (maioria do capital votante) está em mãos de uma ou mais famílias unidas formalmente (neste caso, exercendo controle conjunto da companhia).

3. O controle compartilhado ocorre quando um grupo de acionistas (em geral, de dois a quatro) tem participações acionárias relevantes e exerce de forma conjunta o controle da companhia (geralmente regrados por um acordo de acionistas), sem que qualquer deles detenha isoladamente o poder para deliberar sobre as principais questões empresariais.

4. Tradução livre do original: *A successful business is often the best thing that can happen to a family –and the worst... There often seems to be nothing scientific about the management of a family company. Much of what goes on is rooted in emotion, and succession is the most emotional issue of all. Business professors hate this kind of situation; psychiatrists thrive on it.* Fonte: Gordon Pitts. 2000. *In the blood – battles to succeed in Canada's family businesses.* Doubleday Canada. 320 p.

5. Tradução livre do original: *Families are from Venus, businesses from Mars.* Fonte: http://ronforeman.com/2003/06/24/family-business-stories-quotations/.

6. Para os familiares envolvidos, há outra peculiaridade do ponto de vista pessoal. Enquanto na maioria das famílias o nível de contato tende a diminuir ao longo do tempo, nas empresas familiares o nível de contato pode até aumentar, haja vista que alguns filhos podem passar a ter mais contato com os pais na vida adulta, em função das questões profissionais, que na infância (como resultado da ausência de tempo dos pais).

7. Autores como Bernhoeft e Gallo (2003) classificam as empresas em uni ou multifamiliares. A empresa unifamiliar é aquela que se originou de um único tronco familiar, enquanto a multifamiliar é o produto

de um grupo de pessoas que não têm um vínculo familiar entre si, mas que legam a seus herdeiros um vínculo societário. Para os autores, o comprometimento das próximas gerações tende a ser ainda mais difícil nas empresas multifamiliares, em razão da maior complexidade de relacionamentos. Como resultado, diversos pontos devem ser trabalhados de maneira preventiva, incluindo: a criação de uma história comum sobre o empreendimento; o preparo e a cultura societária de todos os herdeiros; e a discussão sobre os critérios para definição de lideranças e processo decisório.

8. Criar mecanismos sistemáticos de reporte para os acionistas da família que não atuam como executivos, de forma a evitar que a assimetria de informação sobre o negócio leve a conflitos dentro da família.

9. Esse é o famoso dilema crescimento *vs.* controle das empresas familiares. Por um lado, a família passa a demandar mais recursos da empresa na medida em que o tempo passa dado o aumento do número de membros e da busca de recursos para seus projetos pessoais de vida. Por outro lado, a empresa também passa a demandar mais recursos, na medida em que seu processo de crescimento exige capitalização contínua e investimentos de longo prazo. O caminho natural seria o aporte de recursos externos, com a entrada de eventuais novos sócios e diluição do controle. Entretanto, como em geral a família deseja manter seu controle e poder de mando, tem-se o dilema em questão.

10. De maneira a estabelecer foros para o tratamento das questões familiares, societárias e de gestão, a fim de conciliar os distintos interesses individuais sob um interesse e planejamento empresarial maior.

11. Promover um processo educacional para equalizar a informação entre todos os herdeiros sobre o negócio, capacitando-os para o papel de acionistas (sendo mais importante que os preparar para o papel de executivos, na medida em que a maior parte tende a seguir carreiras profissionais fora da empresa).

12. Criar competências não apenas para um bom processo decisório na empresa, mas também para um bom processo decisório na família e no conselho de administração.

13. No Brasil, dois tipos de empresas fechadas têm mostrado interesse especial em aprimorar suas práticas de governança: as com alto potencial de crescimento e as em fase de transição de gerações ou de sucessão. Em relação às empresas com alto potencial de crescimento, é natural que necessitem de recursos externos para novos projetos de investimento. Para essas, a adoção da boa governança facilita o acesso ao capital. Em relação às empresas familiares em momento de transição, as práticas de governança são úteis para torná-las menos dependentes de pessoas específicas, notadamente em relação aos empreendedores.

14. Fonte: Villalonga e Amit (2006). Além desse trabalho, outros merecem destaque. Anderson e Reeb (2003) observaram um maior valor de mercado para empresas familiares pertencentes ao índice S&P 500 nos Estados Unidos. Resultado similar foi encontrado por Sraer e Thesmar (2007) para empresas listadas na França. Barontini e Caprio (2005), por sua vez, também obtiveram evidências de maior valor de mercado e melhor desempenho operacional em uma amostra com empresas de diversos países da Europa continental. Por outro lado, diversos estudos chegaram a resultados opostos. Morck *et al.* (2000) observam uma influência negativa da propriedade familiar sobre o desempenho financeiro no Canadá. Pérez-Gonzales (2006) constata um forte declínio no desempenho de empresas familiares após a primeira sucessão de lideranças da companhia. Para o autor, seus resultados demonstram que o nepotismo tende a prejudicar o desempenho da empresa, ao limitar a meritocracia nos cargos executivos. Bennedsen *et al.* (2006) reforçam essa ideia, ao constar um impacto negativo na rentabilidade operacional das companhias familiares após processos de sucessão na Dinamarca.

15. É comum associar a "governança nas empresas familiares" ao tema específico da sucessão. Embora seja um aspecto-chave nessas companhias, a sucessão deve ser vista também como um processo mais amplo de substituição de lideranças e coordenação nos três núcleos de poder, e não apenas como uma busca para encontrar uma nova pessoa apta a "tocar o negócio".

16. Esta seção foi elaborada com base no Capítulo 1 do livro do IBGC *Governança em Empresas de Controle Familiar: Casos de Destaque no Brasil.* O livro foi organizado e coordenado pelo autor dessa obra, sendo o Capítulo 1 de sua autoria.

17. *Vide* Davis *et al.* (1997).

18. No caso de empresas multifamiliares, constituídas por dois ou mais sócios de famílias distintas, o modelo tem de ser adaptado, uma vez que cada empreendedor contará uma esfera familiar distinta e superposta em parte com a gestão e a propriedade da empresa.

19. Os públicos de interesse baseiam-se nos modelos propostos por Bernhoeft e Gallo (2003, p. 16) e Bornholdt (2005, p. 36).

20. John Davis, Marion M. Hampton, Ivan Lansberg e Kelin E. Gersick, autores do livro *Generation to Generation: Life Cycles of the Family Business.*

21. O conselho consultivo é um órgão não deliberativo com a missão de assessorar a direção da empresa por meio de sugestões e recomendações. Eles podem ser permanentes ou temporários, auxiliando a empresa no processo gradual de aprimoramento rumo às melhores práticas de governança. Em algumas situações, evoluem de um caráter provisório para se transformarem posteriormente em um conselho de administração. Como descrito no *Manual IFC de Governança para Empresas Familiares*, "o conselho consultivo pode ser visto como uma 'solução de meio termo' entre um conselho de administração plenamente dominado pela família e um mais independente. Muitas empresas familiares reconhecem a necessidade de contar com um conselho independente, mas ao mesmo tempo se sentem desconfortáveis ao compartilhar informações sensíveis da companhia e o poder de decisão com pessoas de fora". Os conselhos consultivos tendem a ser formados por membros com vasta experiência e notório saber em áreas específicas de conhecimento. O órgão pode ser especialmente útil durante um processo de transição ou grande mudança, como na iminência de uma abertura de capital, implantação do processo sucessório, reestruturação organizacional, fusões e aquisições etc. Por outro lado, o órgão possui uma desvantagem: sua ausência de poder e autoridade sobre a empresa pode desmotivar seus membros e diminuir a responsabilização sobre as decisões.

22. O rol de objetivos do Conselho de Família foi criado com base em três fontes principais: Bornholdt (2005), *Manual IFC de Governança em Empresas Familiares* (2007) e 4ª edição do *Código das Melhores Práticas de Governança Corporativa do IBGC* (2009).

23. De acordo com o *Manual IFC de Governança em Empresas Familiares,* é fundamental ter regras claras para a entrada de familiares na companhia, uma vez que (p. 21): "Muitas empresas familiares que deixam de estabelecer políticas quanto a empregar seus membros acabam tendo mais empregados da família do que a companhia de fato necessita." O documento destaca ainda que "não há um conjunto único de regras corretas" que todas as empresas familiares deveriam seguir. Enquanto algumas famílias proíbem terminantemente que seus membros trabalhem na empresa, outras permitem que familiares

trabalhem na empresa, mas impõem sobre eles certas condições, como um nível educacional mínimo requerido, experiência de trabalho anterior e limites de idade.

24. O trabalho foi realizado com o patrocínio parcial do órgão norte-americano CIPE (*Center for International Private Enterprise*).

25. As empresas analisadas foram Gerdau, Gol, Itaú, Klabin, Localiza, Marcopolo, Natura, Net, Pão de Açúcar, Randon, Sadia, Saraiva, Suzano, Ultrapar e Weg.

26. No Brasil, as empresas estatais federais são coordenadas pelo Departamento de Coordenação e Governança das Empresas Estatais (DEST), órgão de assistência direta e imediata ao ministro de Estado do Planejamento. O DEST atua sobre as empresas em que a União, direta ou indiretamente, detém a maioria do capital social com direito a voto, ou seja, as empresas públicas, sociedades de economia mista, suas subsidiárias e controladas. O órgão tem como Missão "Aperfeiçoar a atuação do Estado enquanto acionista das empresas estatais federais, com vistas a potencializar os investimentos da União em benefício da sociedade." Em janeiro de 2010, o DEST acompanhava 109 empresas estatais nos setores de energia elétrica, petróleo, transporte, finanças e outros.

27. Deve-se ainda destacar que, na medida que as empresas estatais adotam boas práticas de governança, aumenta também o controle da sociedade sobre o uso que o Estado faz de suas companhias.

28. As empresas públicas podem ser sob forma de sociedade (sendo algumas sociedades por ações), enquanto as sociedades de economia mista devem obrigatoriamente ser constituídas sob a forma de sociedades por ações.

29. Alguns textos apresentam outras modos de classificação das empresas estatais, como: atuação em setores competitivos *vs.* não competitivo/monopólios; empresas listadas *vs.* não listadas em bolsa.

30. Um exemplo interessante de ausência de continuidade nas práticas administrativas foi citado por sr. Francisco Gros, ex-presidente do BNDES, durante o Debate Público GVlaw número 7 "Importância e Gargalos da Governança Corporativa nas Empresas Estatais", ocorrido em 30 de maio de 2006. De acordo com o executivo (Edesp/FGV, 2006, p. 47), o BNDES passou por um longo processo de planejamento estratégico e reestruturação organizacional durante o início da década de 2000. Após a mudança de governo federal em 2002, o novo governo optou por substituir todos os cinquenta quadros mais seniores do banco, incluindo superintendentes, diretores e conselheiros. Perdeu-se assim grande parte do capital intelectual acumulado nos anos anteriores, recomeçando-se tudo praticamente da estaca zero.

31. Os casos apresentados nesta seção foram elaborados exclusivamente com base em informações públicas divulgadas em veículos de ampla circulação e credibilidade da mídia especializada. Com efeito, o autor desta obra visa apenas apresentar casos com repercussão pública negativa relacionados com a governança de estatais, sem juízo de valor sobre a qualidade do governo de tais companhias.

32. Fonte: *Valor Online*. "Requião reitera ser contra reajuste na Copel e anuncia tarifa social". 22/08/2003. *Valor Online*. "Copel confirma suspensão de reajuste; presidente do Conselho renuncia". 27/08/2003. *Valor Econômico*. "Requião suspende trégua com mercado". 17/06/2009. *Valor Econômico*. "Copel não vai repassar reajuste de cerca de 13%". 24/06/2009. *Valor Econômico*. "Governo do Paraná enfrenta resistência de conselho da Copel". 20/07/2009

33. Em 2008, a Copel passou a integrar o Nível 1 de Governança Corporativa da Bovespa.

34. Fonte: *Valor Online*. "Exposição ao dólar e 'efeito Requião' fazem Moody's rebaixar Copel". 14/02/2003.

35. Fonte: revista *Capital Aberto*. "A destreza de um RI de estatal". Ano 3, n. 30, fevereiro/2006, p. 52-54.

36. Fonte: *Valor Econômico*. "Nossa Caixa paga R$ 2 bi pela Folha de SP". 28/03/2007. *Valor Econômico*. "Após cair 22,8% em uma semana, Nossa Caixa fala com os analistas". 02/04/2007. *Valor Econômico*. "Preço pago pela Nossa Caixa leva em conta acordos feitos". 20/04/2007.

37. A Nossa Caixa foi adquirida em 2009 pelo Banco do Brasil. Como resultado, seu controle passou do governo do Estado de São Paulo para a União Federal e o banco fechou seu capital.

38. A aquisição da Folha diminuiu em dois terços e em três quartos o lucro projetado da Nossa Caixa para os anos de 2007 e 2008, respectivamente. Fonte: *Jornal Gazeta Mercantil*. "Nossa Caixa nega interferência do Governo". 13/04/2007.

39. Fonte: revista *Época*. "O amigo-problema de Ciro". 12/08/2008. Revista *Época*. "O problema do amigo de Ciro". 20/02/2009.

40. De acordo com a revista *Época*, o diretor acusado de irregularidade havia sido indicado para ocupar o cargo pelo então ministro Ciro Gomes. Reforçando o caráter político da escolha, o diretor havia atuado anteriormente como subsecretário da Indústria e do Comércio do Ceará durante seu governo, além de ter sido o responsável pela arrecadação de recursos para sua campanha eleitoral.

41. Apesar da repercussão negativa, o caso do BNB reforça a necessidade de controles internos efetivos e supervisionados de modo independente. Sem a presença de uma área bem estruturada de auditoria interna e de um comitê de auditoria verdadeiramente independente, provavelmente o caso não viria a público. O caso também evidencia a necessidade de processos transparentes e meritocráticos para a escolha de executivos, deixando de lado o velho hábito de loteamento político de cargos técnicos.

42. Fonte: *Valor Econômico*. "Ações caem 8% com temor de ingerência política". 09/04/2009. *Valor Econômico*. "Sob nova direção, BB passa ao controle de Mantega". 09/04/2009. *Valor Online*. "Motivo da saída de Lima Neto do BB segue mal esclarecido". 08/04/2009.

43. Não foi encontrada menção ao papel do conselho de administração na decisão de substituição do diretor-presidente em qualquer das publicações na mídia especializada.

44. Fonte: *Valor Econômico*. "Maguito Vilela assume cargo no BB sem aval de minoritário no conselho". 27/08/2007.

45. Fonte: *Valor Econômico*. "Petrobras cria comissão interna para apurar vazamento de balanço". 10/03/2009. *Valor Econômico*. "Pelo menos cem são suspeitos de vazar balanço da Petrobras". 11/03/2009. *Valor Online*. "CVM não atua em questão tributária da Petrobras, mas apura vazamento". 18/05/2009.

46. A própria companhia apenas tomou ciência do caso quando analistas enviaram o relatório por e-mail a sua área de relações com investidores.

47. Fonte: *Valor Online*. "Petrobras não consegue descobrir responsáveis por vazamento de balanço". 07/05/2009.

48. Fonte: *O Estado de S.Paulo*. "Minoritário da Petrobras se mobiliza, mas perde". 20/12/2012. Disponível em http://economia.estadao.com.br/noticias/geral,minoritario-da-petrobras-se-mobiliza-mas-perde--imp-,850769. *Valor Econômico*. "Assembleia da Petrobras é investigada pela CVM". 20/08/2012. Disponível em http://www.valor.com.br/imprimir/noticia_impresso/2794780.

49. Fonte: *Folha de S. Paulo*. "Entenda o caso da Refinaria de Pasadena". 30/03/2014. Disponível em http://www1.folha.uol.com.br/poder/2014/03/1433096-entenda-o-caso-da-refinaria-da-petrobras-em-pasadena-eua.shtml.

50. Fonte: *Folha de S. Paulo*. "Paulo Roberto Costa diz que recebeu R$ 1,5 milhão de propina por Pasadena". 18/09/2014. http://www1.folha.uol.com.br/poder/2014/09/1518282-paulo-roberto-costa-diz--que-recebeu-r-15-mi-de-propina-por-pasadena.shtml.

51. Esta tabela foi elaborada com base nas conclusões do evento "2º Encontro Latino-Americano sobre Governança nas Empresas Estatais", realizado nos dias 17 e 18/11/2005 em Brasília-DF.

52. A OECD (Organisation for Economic Co-operation and Development) é uma entidade formada por 31 países (em sua maioria desenvolvidos) que realiza estudos, análises e iniciativas a fim de promover maior desenvolvimento econômico em todo o mundo. Mais informações em www.oecd.org.

53. Fonte: *Corporate Governance Guidelines for State-Owned Enterprises* (SOEs) da OCDE. 2005. Disponível em http://www.oecd.org/dataoecd/46/51/34803211.pdf.

54. O quadro resume as principais recomendações do documento da OCDE.

55. Um exemplo da possível "crise existencial" interna na tomada de decisões foi citado por sr. Dalmo Nogueira Filho, então presidente da Sabesp, durante o Debate GVlaw "Importância e Gargalos da Governança Corporativa nas Empresas Estatais". De acordo com o executivo (Edesp/FGV, 2006, p. 47) "Faz sentido para uma empresa que quer agir como empresa privada fazer investimento que claramente vai dar prejuízo? É uma dúvida, uma questão que a gente enfrenta no dia a dia e discutimos com o Conselho de Administração."

56. Esta visão foi corroborada durante o Debate GVlaw "Importância e Gargalos da Governança Corporativa nas Empresas Estatais" por sr. Francisco Gros, ex-presidente do BNDES e da Petrobras. De acordo com o executivo (Edesp/FGV, 2006, p. 47): "Não existe conflito entre políticas públicas e políticas empresariais. Políticas públicas são fundamentais... Mas o custo tem de ser explicitado e, se é público, tem de estar no orçamento disputando outras verbas públicas... Política pública é responsabilidade do Estado. As empresas têm de ser bem administradas, inclusive para executar essas políticas com maior eficiência e menor custo."

Pré-impressão, impressão e acabamento

GRÁFICA SANTUÁRIO

grafica@editorasantuario.com.br
www.editorasantuario.com.br

Aparecida-SP